成都大学年鉴

2020卷

CHENGDU UNIVERSITY

成都大学年鉴编写组 编

四川大学出版社

项目策划：梁　平
责任编辑：杨　果
责任校对：孙滨蓉
封面设计：璞信文化
责任印制：王　炜

图书在版编目（CIP）数据

成都大学年鉴．2020卷 / 成都大学年鉴编写组编
．— 成都：四川大学出版社，2022.1
　ISBN 978-7-5690-5251-0

　Ⅰ．①成… Ⅱ．①成… Ⅲ．①成都大学－2020－年鉴
Ⅳ．① G649.287.11-54

中国版本图书馆CIP数据核字（2022）第010077号

书　名	成都大学年鉴（2020卷）
	CHENGDUDAXUE NIANJIAN（2020JUAN）
编　者	成都大学年鉴编写组
出　版	四川大学出版社
地　址	成都市一环路南一段24号（610065）
发　行	四川大学出版社
书　号	ISBN 978-7-5690-5251-0
印前制作	四川胜翔数码印务设计有限公司
印　刷	成都金龙印务有限责任公司
成品尺寸	210mm×285mm
插　页	4
印　张	23.75
字　数	689千字
版　次	2022年4月第1版
印　次	2022年4月第1次印刷
定　价	88.00元

◆ 版权所有 ◆ 侵权必究

◆ 读者邮购本书，请与本社发行科联系。
电话：(028)85408408/(028)85401670/
(028)86408023　邮政编码：610065
◆ 本社图书如有印装质量问题，请寄回出版社调换。
◆ 网址：http://press.scu.edu.cn

四川大学出版社
微信公众号

◀ 2020年12月1日，成都市教育局党组书记、局长，成都大学党委书记刘强在"党的十九届五中全会精神宣讲报告会"上作宣讲报告

2020年4月21日，王清远参加四川省科学技术奖励大会并上台领奖，由王清远教授主持完成的成果"波形钢腹板组合梁桥抗疲劳关键技术及应用"获得2019年四川省科学技术进步一等奖 ▶

◀ 2020年4月16日，学校与中共成都市委党校建立战略合作关系

2020年11月24日，欧洲科学、艺术与人文学院院士，清华大学国家文化产业研究中心主任熊澄宇（左一）受聘为我校战略指导委员会副主任、旅游与文化产业学院名誉院长 ▶

2020年6月9日，学校举行2020届毕业典礼暨学位授予仪式

2020年9月9日，学校与成都市生态环境局签订合作协议

2020年9月24日，学校举行新生开学典礼

2020年9月，药学院获中国药学会科学技术奖

2020年10月23日，学校学生合唱团参加"蓉城之秋"成都国际音乐季《奋进新时代》音乐会演出，该活动由中国音协主办，被誉为新时代的《黄河大合唱》

◀ 2020年10月，学校获2020年"挑战杯"四川省赛"优胜杯"

2020年10月，学校获评2020年全国大中专学生志愿者"三下乡"社会实践活动优秀单位 ▶

◀ 2020年11月9日，学校迎接教育部临床医学专业认证委员会专家进校考察

2020年12月7日，成都市教育局党组书记、局长，成都大学党委书记刘强到师范学院调研（右二为刘强）▶

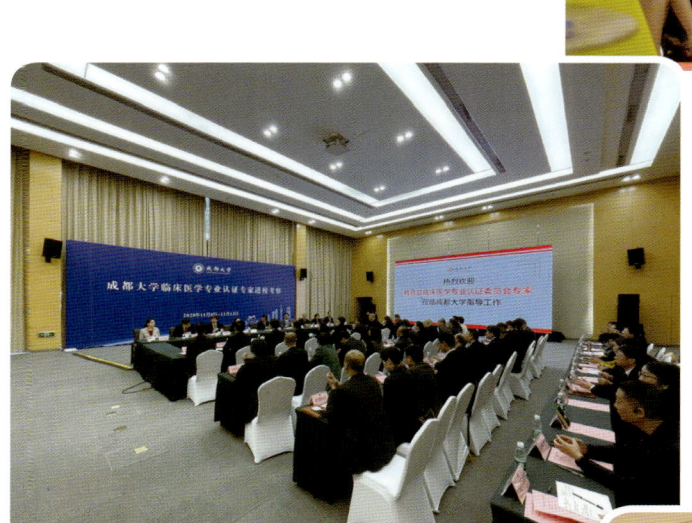

▲ 2020年11月21—22日，第二届国际汉语教学理论与实践学术研讨会在学校召开

▲ 2020年12月，学校第十一次学生代表大会、第二次研究生代表大会顺利召开

中国动画学年会暨第二届中国高校动画与未来影像年度峰会

2020年12月5日 中国·成都

▲ 2020年12月，第五届中国动画学年会暨第二届中国高校动画与未来影像年度峰会在学校举行

大会 第二次研究生代表大会

2020年12月22日

2020年12月，学校"大学生精细化志愿服务参与社区治理创新项目"获第五届中国青年志愿服务项目大赛铜奖

2020年12月6日，学校举行校园马拉松暨校友健康跑活动

2020年12月，大运村建设风貌

2020年12月，学校友谊公园风貌

《成都大学年鉴（2020卷）》编委会

主　任　刘　强　王清远

副主任　杨玉华

委　员　吴明发　郑典宜　刘　斌　桂雨维

参与编写人员（排名不分先后）

李兴泉	唐　伟	孟　晖	赵　琦	张学梅	陈　静	彭长宇
李　维	陈　琳	李　艳	高山山	王仕平	练丰丽	肖小琼
邹　亮	吴启红	杨　阳	李　行	张　蓉	席　原	屈　陆
周小骥	邱　果	陈　扬	胡　屹	冉毅嵩	黄　敏	肖　红
陈　葵	阳　东	刘　超	陈　钧	王建武	陈小平	田　东
邵　军	桂世权	林育晟	闫贞铮	孙付春	赵显柱	胡　强
李　兵	彭时平	吴明发	杜小丹	周　宏	任家乐	杜小安
魏　青	杜　洁	张　繁	文光富	羊　冯	杨　进	任　敏
陈　晶	雷兰成	李江山	杨　涛	蔡业新	龙艳华	苗倬鼐
刘　晓	覃晓兰	杨汉国	夏雪娇	夏玲玲	陈亚莉	孟　飞
叶富云	王　繁	苗　苗	毛　斌	朱　林	江志军	傅碧波
赵　静	朱　鑫	杨嫦君	黎书宏	张婷婷	陈　冉	陈　蜀
孙　茜	郭小照	徐　谧	赵建峰	李欣颖	张一赫	田　园
夏敬标	肖　聪	唐　勇	程　川	郑典宜	刘　斌	桂雨维
王丽萍	陈　希	张　炬	聂志萍	帅煜朦	王彦丹	顾　磊
唐怀彬	罗祥德	徐云莹	喻　瑾	黄李文超		

目　录

一、综述……………………………………………………………………………（1）
　　学校概况……………………………………………………………………………（1）
　　成都大学 2020 年工作要点…………………………………………………………（4）
　　成都大学 2020 年工作总结…………………………………………………………（13）
　　成都大学校领导信息（2020 年）……………………………………………………（16）
　　成都大学机构设置与干部名单（2020 年）…………………………………………（17）
　　成都大学 2020 年议事协调机构……………………………………………………（24）
　　成都大学 2020 年大事记……………………………………………………………（30）

二、党建工作………………………………………………………………………（33）
　　组织工作……………………………………………………………………………（33）
　　党风廉政建设………………………………………………………………………（35）
　　统战工作……………………………………………………………………………（37）

三、科学研究………………………………………………………………………（40）
　　科技处（科技成果转化中心）………………………………………………………（40）
　　社科处………………………………………………………………………………（43）
　　天府文化研究院……………………………………………………………………（51）

四、人才培养………………………………………………………………………（54）
　　教务工作……………………………………………………………………………（54）
　　学生工作部（学生处）工作…………………………………………………………（65）
　　研究生工作…………………………………………………………………………（67）
　　学科建设工作………………………………………………………………………（70）
　　机械工程学院………………………………………………………………………（90）
　　电子信息与电气工程学院…………………………………………………………（92）
　　计算机学院…………………………………………………………………………（95）
　　食品与生物工程学院………………………………………………………………（99）
　　建筑与土木工程学院………………………………………………………………（102）
　　旅游与文化产业学院………………………………………………………………（105）
　　商学院………………………………………………………………………………（107）
　　文学与新闻传播学院………………………………………………………………（109）
　　外国语学院…………………………………………………………………………（111）
　　马克思主义学院……………………………………………………………………（113）

法学院 …………………………………………………………………………（114）
　　中国－东盟艺术学院 ……………………………………………………（116）
　　中国－东盟艺术学院美术与设计学院 …………………………………（118）
　　中国－东盟艺术学院影视与动画学院 …………………………………（122）
　　中国－东盟艺术学院音乐与舞蹈学院 …………………………………（124）
　　中国－东盟艺术学院国际部 ……………………………………………（126）
　　体育学院 …………………………………………………………………（128）
　　师范学院 …………………………………………………………………（130）
　　基础医学院　护理学院（筹）……………………………………………（132）
　　药学院、四川抗菌素工业研究所 ………………………………………（135）

五、校园文化
　　共青团工作 ………………………………………………………………（138）
　　新闻宣传工作 ……………………………………………………………（141）

六、师资队伍建设
　　党委教师工作部、人事工作 ……………………………………………（143）

七、办学条件
　　安全保卫工作 ……………………………………………………………（145）
　　离退休工作 ………………………………………………………………（148）
　　发展规划工作 ……………………………………………………………（150）
　　财务工作 …………………………………………………………………（151）
　　审计工作 …………………………………………………………………（154）
　　国有资产管理工作 ………………………………………………………（156）
　　实验室与设备管理工作 …………………………………………………（159）
　　后勤服务工作 ……………………………………………………………（161）
　　图书馆工作 ………………………………………………………………（166）
　　档案工作 …………………………………………………………………（168）
　　信息网络中心工作 ………………………………………………………（170）
　　心理健康教育与研究工作 ………………………………………………（172）
　　期刊中心工作 ……………………………………………………………（174）
　　社区建设工作 ……………………………………………………………（176）
　　继续教育工作 ……………………………………………………………（178）

八、校友工作 ……………………………………………………………………（182）

九、国际合作
　　国际合作与交流工作 ……………………………………………………（184）

十、大运村建设 ………………………………………………………………（188）

十一、工会（扶贫办）工作 …………………………………………………（190）

十二、附属单位
　　成都大学临床医学院、附属医院 ………………………………………（192）
　　成大资产经营有限责任公司 ……………………………………………（197）

目 录

十三、表彰奖励及附件 ……………………………………………………………（199）
  成都大学获国家级表彰奖励汇总 ………………………………………………（199）
  成都大学教师、学生获国家级奖励、表彰汇总 …………………………………（200）
  成都大学获省部级奖励、表彰汇总 ………………………………………………（214）
  成都大学教师、学生获省部级奖励、表彰汇总 …………………………………（216）
  成都大学获市级奖励、表彰汇总 …………………………………………………（230）
  成都大学教师、学生获市级奖励、表彰汇总 ……………………………………（231）
  附件1 2020年12月在册高级职称人员名单 ………………………………（233）
  附件2 2020年晋升专业技术职务人员名册 ………………………………（255）
  附件3 2020年引进人才目录 …………………………………………………（259）
  附件4 2020年度考核优秀人员名单（含中干）……………………………（264）
  附件5 2020年学生社团一览表 ……………………………………………（267）
  附件6 2020年纵向立项项目及经费来源统计（自科）…………………（270）
  附件7 2020年度国家级项目立项统计表（社科）……………………………（280）
  附件8 2020年横向项目立项及经费统计表（自科）……………………（281）
  附件9 2020年横向项目立项及经费统计表（社科）……………………（288）
  附件10 2020年纵向科研项目结题一览表（自科）………………………（296）
  附件11 2020年横向项目结题一览表（自科）……………………………（299）
  附件12 2020年横向项目结题一览表（社科）……………………………（300）
  附件13 2020年校资助项目结项统计表 …………………………………（302）
  附件14 2020年著作成果统计一览表 …………………………………………（303）
  附件15 2020年校地合作情况一览表 …………………………………………（304）
  附件16 2020年新增省部级科研平台情况一览表 ………………………（305）
  附件17 2020年12月在岗教职工花名册 …………………………………（306）

一、综述

学校概况

成都大学于1978年经教育部批准设立,传承了百年办学历史,是四川省和成都市共建的本科院校,国家中心城市成都重点建设的综合性大学,2021年第31届世界大学生夏季运动会运动员村所在高校,拥有百年历史的三级甲等综合附属医院、国家级抗生素研发基地的四川抗菌素工业研究所。学校具有学士、硕士学位授予权,设有博士后实践基地。学校是教育部"卓越工程师教育培养计划"高校、教育部国防教育特色高校、教育部"双万计划"一流本科专业建设点立项单位、四川省博士学位授权立项建设单位。

建校40多年来,学校扎根成都、立足四川、服务全国、面向世界,紧随国家及区域特别是成都重大发展战略,锐意改革,快速发展。秉承"自爱、自修、自尊、自强"的成大校训、"求真务实、自强不息"的成大精神、"雅成大德、恒成大器"的成大校风,围绕特色鲜明、国内一流的应用型城市大学办学定位,实施"人才战略、特色战略和国际化战略"三大发展战略,着力"校城融合、开放协同、区域应用"的人才培养特色,学校已为国家的经济建设和社会发展培养了十五余万名各类人才。

学科专业 学校围绕高素质应用型人才核心素养、科技发展、产业进步需求,科学规划设置学科专业,不断促进学科专业间融合。现设有艺术学、文学、管理学、教育学、经济学、法学、工学、医学、理学、农学10个学科门类,62个本科专业。现有硕士学位授权一级学科2个,专业学位类别7个,建有博士后创新实践基地,2017年获批成为四川省博士学位授权立项建设单位。药学学科2019年入选校友会评选的中国高水平学科,位列全省第二;旅游管理等13个专业2019年入选"双万计划"国家级、省级一流专业。

师资队伍 学校以"四有"教师为标准,大力实施人才强校战略,持续加大优秀人才引进力度,完善教师管理和发展机制,弘扬高尚师德,持续激发教师专业发展活力。现有博士生导师30余人,专任教师近1500人,正高职称教师200余人,副高职称教师500余人,博士教师近700人。学校特聘中国工程院院士樊代明为名誉校长。

人才培养 学校紧紧围绕立德树人,坚持以本为本,全面落实四个回归,加大教育教学改革,建设开放灵活的课程体系和学习支持体系,培养高素质应用型人才。学校现有全日制在校生24000余人(其中研究生1394人,留学生694人)。学校生源质量不断提升,2020年12个专业在四川、甘肃、河南、新疆本科一批次招生,94%的文理科新生成绩高于一本线。学校食品科学与工程专

业、自动化专业、机械设计制造及自动化专业通过国家工程教育专业认证，有"双万计划"国家级一流专业1个，省级一流专业12个；有教育部产学合作协同育人项目120个，大学生创新创业训练计划项目221项；有省级卓越计划试点专业3个、应用型示范专业4个，精品资源共享课程2门，精品在线开放课程11门，创新创业教育示范课程7门，应用型示范课程9门，课程思政示范课程2门、一流课程3门；2019年获批省级教学改革项目28项；近两届获得四川省教育教学成果一等奖5项。近五年，学生获得国家级学科竞赛奖励1057项，省级奖励1578项，学校连续五年获"互联网＋创新创业大赛"省优秀组织奖。近五年，学校毕业生平均就业率93%，学生公寓工作成果"打造高品质'三室一厅＋'，构建'四美'育人体系，建设公寓思政高地"获得全国高校学生公寓工作创新成果一等奖，学生事务服务项目140余项，累计服务430余万人次，累计接待400余批次高校、政府机关、社会组织来访交流。学校建有拔尖创新人才培养基地——张澜学院，两届毕业生考研国家线上线率84%；创新创业学院是全国首批"斯坦福创新创业课程实验中心"，获批国家众创空间，入选"全国百家特色空间"。学校位列2019中国高校创业竞争力排行榜第93位。建校至今，学校为社会培养了十五万余名各类人才，遍布全国各地乃至海外，尤其在成渝地区，成大校友在科技、教育、文化、企业等领域卓有成就，为社会的经济建设和发展做出了卓越的贡献。

科学研究 学校围绕国家经济社会特别是区域重大发展战略布局，聚焦适应区域产业聚集区、重点支柱产业及新兴产业，持续提升科研服务水平和支撑能力。现有科研人员1200余人，建有包括科技部国际科技合作基地、教育部国别和区域研究中心、农业部重点实验室、四川省重点实验室、四川省工程技术研究中心、四川省工程实验室、四川省2011协同创新中心在内的各级各类科研平台74个。近五年，承担国家重点研发计划及重大专项17项，国家自然科学基金89项（其中重点项目1项，面上项目19项），国家社科基金29项，国家艺术基金6项。国家自然科学基金和国家社会科学基金立项数均位居省内高校前十，国家艺术基金立项数位居省内高校前三。2019年科研经费2.48亿元，近五年师均科研经费超过10万元。近五年，获得省部级及以上科研奖励61项，其中一等奖8项，二等奖12项，三等奖41项。此外，我校教师负责的"超长寿命疲劳裂纹萌生机理与寿命预测"项目荣获2018年度国家自然科学二等奖，参与的"阿卡波糖原料和制剂生产的关键技术及产业化"项目荣获2014年度国家科技进步二等奖，负责的"'三礼'名物词研究"入选2015年度《国家哲学社会科学成果文库》。获得专利授权近1200项。2019年发表SCI来源期刊文章408篇，在2020年最新公布的自然指数Nature Index榜单中，位列在川高校第6位，全国高校第166位，全球高校第823位。多篇论文入选ESI来源期刊高被引及热点论文，并先后在《自然·微生物学》《新英格兰医学杂志》《柳叶刀》《德国应用化学》等国际顶级学术期刊发表署名文章，ESI来源期刊文章总被引频次超过11000次。王清远教授自2014年以来，连续六年入选中国"高被引学者"榜单。

地方服务 学校对接成都"5＋5＋1"现代产业体系及功能区建设需求，构建"政校企互动、产学研结合"的生态系统。学校与中国农科院、新华三集团和成都市多个区（市）县及市级部门建立了政产学研用战略合作，合作建有中国农科院成都研究生分院、新华三IT学院、成都生态文明研究院、成都市机关事务管理与文化建设研究中心、成都新闻学院、天府文化研究院、成都文献中心、成都足球学院、成都研究院、成都市旅游研究院、成都会展经济发展研究院、成都药物产业技术研究院等。学校建有全国唯一的幼儿体育发展研究中心。近五年，学校定点帮扶甘孜州石渠县、阿坝州九寨沟县和简阳市新市街道石家村、石钟镇民强村，获评四川省"2018年先进定点扶贫单位"，2018年和2019年连续两年获评四川省"高校定点扶贫先进单位"，3位扶贫干部获评四川省"脱贫攻坚先进个人"。

一、综述

国际交流 学校将"高规格实施一流国际化项目"纳入未来五年"六个一流"建设目标，实施一个学院对接一个国际一流学科（大学）工程。学校与35个国家（地区）的124所高校签署了合作备忘录，其中包括35所世界知名大学、10所世界知名年轻大学和44所成都国际友城高校。与美国新罕布什尔大学共建孔子学院和4所孔子课堂，是省内第二所在海外建立孔子学院的高校，该孔子学院荣获2019年度"全球先进孔子学院"称号。累计招收留学生2560人，生源国54个。2020年培养留学生694人〔其中学历生494人（含研究生139人，本科生355人），非学历短期生200人〕。开展5个本专科层次中外合作办学项目，累计培养学生2163人，项目在校生人数924人。开展40个本硕博多层次海外联合培养项目和42个海外校际交流交换项目，累积参与学生近1000名。设立泰国和新西兰2个海外校友分会。连续5年举办国际交流周，每年举办约6场国际会议，来校外国专家近600人，聘请泰王国诗琳通公主为名誉教授。目前有长期外籍专任教师28人。"四川省泰国研究中心"入选教育部国别和区域研究中心备案名单。促成成都市与泰国清迈府和新西兰哈密尔顿市建立国际友城关系。牵头成立"成都国际友城高校联盟"并担任联盟秘书处和第一届执行理事长单位。

办学资源 学校位于国家中心城市成都，中国高等教育"西三角"新布局链接点，发展区位条件优势明显。学校毗邻3万余亩青龙湖湿地公园，环境优美，地铁4号线设成都大学站，交通便利。学校校舍建筑面积73.83万平方米，其中教学科研行政用房面积33.54万平方米。教学科研仪器设备总值2.56亿元，图书馆馆舍面积4.8万平方米，现有阅览座位5000余个，馆藏纸质图书总量226.68万册，电子期刊4万余种。拥有三甲综合成都大学附属医院和成大附中、附小、附幼。体育场馆设施先进，功能完备。正在建设20余万平方米的第31世界大学生夏季运动会运动员村项目以及18万平方米的中国－东盟艺术学院新园区。

着眼未来，学校全体教职员工将携手同心，共同奋斗，坚持党的领导，坚持立德树人，贯彻全国教育大会精神，扎根中国大地办大学，加快建设成为成都的创新大学、开放大学、窗口大学，以成大之治成效展示成都之治形象，为早日建成特色鲜明、国内一流的应用型城市大学而不懈努力！

成都大学2020年工作要点

2020年是全面建成小康社会之年,是成都实现新时代"三步走"战略目标第一步的关键之年,是成都大学全面开启"特色鲜明、国内一流应用型城市大学"建设新征程的起步之年。学校工作总的要求是,坚持以习近平新时代中国特色社会主义思想为指导,全面贯彻中央、省委、市委精神,落实市委"创新提能年"各项要求,全面推进学校第七次党代会精神的落实,加强党对学校工作的全面领导,落实立德树人根本任务,紧扣"六个一流"目标任务,坚持科学发展、内涵发展,特色发展、跨越发展,实现学校服务成都大城崛起、服务经济文化社会发展的更大作为。

一、全面加强党的领导,推动学校科学发展

(一)全面打赢新冠肺炎疫情防控攻坚战

目标任务:加强统一领导、统一指挥、统一行动,坚定不移把中央和省委、市委各项决策部署落到实处;凝聚力量、联防联控,确保防疫工作组织有力有序,全校师生安全稳定。

工作措施:

1. 加强党的领导,将打赢疫情防控阻击战作为重大政治任务,坚决落实中央关于疫情防控的各项要求及市委各项决策部署,坚定信心、同舟共济、科学防治、精准施策。

2. 充分发挥党组织战斗堡垒作用和共产党员先锋模范作用,全面动员基层党组织和广大党员站在疫情防控第一线。坚持党建引领,联防联控,组织党员干部做好群众工作,全面防控,做好正面宣传和信息发布,增强信心。

3. 按照统一领导、统一指挥、统一行动的原则,建立防控工作领导小组和指挥系统,组织防控工作开展;将师生生命安全和身体健康放在第一位,严格落实防控工作要求,确保防控工作万无一失,学校工作井然有序。

4. 科学研判,做好复工复学各项准备。根据疫情防控形势,调整学校教学工作安排,精心组织线上教学;加强留学生日常管理;加强毕业班学生管理,健全就业工作体系,形成全员参与的就业工作格局,把开展就业状况布点监测工作作为重要任务,加大支持力度,完善激励与考核机制,为毕业生充分就业、高质量就业搭建多元化就业平台,提供高水平就业服务,保证疫情影响下的毕业生就业率不低于全省平均水平。

(二)深入学习贯彻学校第七次党代会精神

目标任务:把党代会精神传达到全体党员和干部群众中,全力以赴抓好学校第七次党代会精神和各项工作的落实。

工作措施:

1. 认真制订学习计划,精心组织实施。各级领导班子要带头组织集体学习活动,认真研读党

代会报告原文，尤其是学校今后一段时期改革发展的目标、战略和主要任务。各党支部要围绕学习党代会精神开展专题组织生活，及时向党外人士和离退休老同志传达党代会精神。

2. 研究制订党代会目标任务分解实施方案，明确责任分工。加强对党代会精神落实情况的检查督促。

3. 全方位、多层次做好学校第七次党代会精神贯彻情况的宣传，着力宣传各单位贯彻落实党代会精神的具体措施、创新工作、取得成效。

（三）落实新时代加强党的领导各项要求

目标任务：全面落实学校党委把方向、管大局、作决策、抓班子、带队伍、保落实的领导作用，严格落实中央、省委、市委决策部署，加强学校工作统筹。

工作举措：

1. 巩固"不忘初心、牢记使命"主题教育成果。深化检视问题的整改，推动建章立制，建立健全不忘初心、牢记使命长效机制。

2. 加强和规范党内政治生活。开展经常性"政治体检"，涵养积极健康的政治文化，进一步提升领导干部政治素养，坚决做到"两个维护"，加强和改进政治素质考察。

3. 坚持学习新思想，落实新要求。坚持把党委常委会学习新思想作为"第一议题"工作制度；改革党委理论学习中心组学习方式，定期开展导学、研讨、实地调研，丰富学习内容和方式。加强二级单位中心组学习制度贯彻情况的检查督促，开展二级单位教职工政治理论学习观摩学习活动。

4. 深化落实高校思想政治工作要求。推动学校思想政治工作"76条"落地落实；抓好学校意识形态工作"40条"责任清单落地落实，进一步夯实意识形态工作责任制；加强意识形态工作定期研判机制建设，强化网络意识形态管理，制定工作类QQ群、微信群建设管理办法；强化统筹协调，建立"三全育人"工作领导小组和组织机构，构架大思政体系和工作机制，形成可转化可推广的一体化育人模式；落实《新时代爱国主义纲要》，加强学生爱国教育、爱校教育，培育社会责任感，建设以教育者为主导的"服务育人"和以大学生为主体的"服务学习"共生的新型学生工作模式；加强马克思主义学院建设，落实教育部有关思政课建设的要求，提升思政课建设质量。推进教育部服务育人精品项目深化建设；打造立德树人精品工程，推动"专业思政"建设的内容、途径、方法和载体建设，建设10个"专业思政"示范专业，20个示范教学团队，20项"课程思政"改革项目；加强学生学业指导，创新"互联网+"学生管理模式，启动书院制学生社区试点；丰富资助育人体系。加强师德师风建设，完善招聘引进教师师德考察，强化日常教育督导、完善考核评价机制，强化师德考核结果运用。全面深化心理健康教育教学改革，努力探索构建应用型人才积极心理品质培养的心理育人模式。深化教育部国防教育特色学校建设，增强师生员工国防观念和知识；完成四川省高校人民武装部规范化建设试点年度任务，加强新生军事课建设。

5. 出台学校综合改革实施意见。结合落实成都市即将出台的支持成都大学高质量发展的意见的要求，通过对标对比，科学分析学校的发展现状和短板，强化目标导向和问题导向，明确综合改革目标方向和具体举措；扎实推进省级综合改革试点项目建设，确保改革实效。出台校院两级管理改革实施办法，激发学院发展活力；继续实施学院发展N个1工程，以项目形式予以资助支持。

6. 继续推进发展规划编制实施。发挥好学校高水平发展战略咨询委员会作用，加强沟通互动、协作交流，定期组织论坛活动，开展战略咨询；创新高教研究路径方法，着重加强对校本问题研究，定期推出高质量研究报告。正式出台《成都大学建设特色鲜明、国内一流的应用型城市大学战略规划（2020—2025）》，并推进实施；开展学校"十三五"事业发展规划及子规划、院（所）规划落实情况督查，查缺补漏，力求全面完成；启动"十四五"事业发展规划编制。

7. 加强干部和人才队伍建设。做好中层领导干部任期届满调整工作，扎实推进高素质专业化干部队伍建设；持续加强干部教育培训，推进干部队伍能力水平提升。持续加强干部监督管理，认真贯彻落实全国、全省和全市干部监督工作会议精神。

8. 助力脱贫攻坚圆满收官。贯彻中央打赢脱贫攻坚三年行动计划及四川省实施意见，落实脱贫攻坚各项任务，继续加强教育、科技、医疗等帮扶力度，提高帮扶地脱贫质量，巩固脱贫成果。

（四）汇聚学校事业发展的各方面力量

目标任务：充分调动统一战线、离退休、群团组织等各方面力量，形成事业发展的强大合力。

工作举措：

1. 加强统一战线工作。加强党外知识分子思想政治工作，在党外知识分子中开展"弘扬爱国主义奋斗精神，建功立业新时代"活动，定期召开统战工作领导小组会议和民族宗教工作领导小组会议，及时传达学习中央和省委市委统战工作、民族宗教工作重大决策和重要会议精神，研究推动统战工作中的重要问题和重大事项。

2. 充分发挥工会和教代会、工代会作用。适时召开成都大学第六届教职工代表大会暨第八届工会会员代表大会（以下简称"双代会"），高质量完成"双代会"委员及各专门委员会的换届工作。充分发挥工会职能，积极推进依法治校、民主管理、民主监督渠道。充分发挥各二级学院工会组织在学院改革发展中的参与、监督和决策作用。

3. 加强共青团和学生组织建设。召开学校第十二次团代会和第十一次学代会。出台《关于规范和加强基层团支部设置及选举的指导意见》；完善推优入党体制机制；出台《成都大学学生社团改革实施方案》，加强社团建设与管理，加强思政教育对社团活动的融入；开展学生社团骨干专题培训班，进一步规范社团建设与管理。

4. 加强离退休工作。落实中央、省委、市委关于离退休干部党建工作要求，加强离退休干部党组织工作标准化建设。构建关心关爱离退休职工工作体系；进一步加强关工委建设，继续做好关心下一代工作。

5. 提高校友工作质量。建立教育基金会；充分挖掘校友资源，继续完善校友数据信息库建设，探索建立常态化联系服务校友新模式。

二、落实重点工作任务，推动学校特色发展

（一）提升学科建设水平

目标任务：进一步凝练提升，初步形成鲜明的学科特色；实现单位申请条件与申博学科条件指标双达标；增列 4~8 个硕士学位点。

工作举措：

1. 对接成都"5+5+1"现代产业体系细分领域，助推成都"三城三都"建设，立项一批对接成都现代产业体系的优势特色学科；鼓励各学院结合实际基础和学科特色，培育新的学科增长点。

2. 加强药学申博学科建设，重点围绕亟需重点解决的问题和困难专题推进；跟进艺术学理论学科建设，凝练学科方向，突出学科特色，加强师资队伍建设，力争尽快达标。

3. 有序推进硕士点专项评估迎评工作，实现药学一级学科评估提档升位。加速缩小工程、临床医学、农业科学、化学等学科的 ESI Top1‰ 学科门槛值。

4. 提高研究生课程质量，建立研究生教育多维度质量评价与反馈体系，实现课程教学评教满意率达到 80%。

一、综述

（二）启动四川抗菌素工业研究所综合改革

目标任务：启动四川抗菌素工业研究所综合改革，理顺管理体制和运行机制，确保四川抗菌素工业研究所持续发展和二次创业。

工作举措：

1. 充分发挥四川抗菌素工业研究所生物医药学科优势，整合学校生物医药学科资源筹备组建药学院，完善全面融入学校教学与科研工作的管理体制和运行机制。

2. 科学编制四川抗菌素工业研究所在人才培养、科学研究、学科建设等方面5年发展规划。

3. 以药学博士学位授权点建设为抓手，强化学科和人才队伍建设，建成创新药物研发和药物制备关键共性技术研究为特色的药物研究机构和人才培养高地。

（三）继续加强重点项目建设

目标任务：落实市委市政府相关工作要求，建好天府文化研究院，提升中国－东盟艺术学院影响力，进一步推进新华三IT学院建设，筹建医美研究院。

工作举措：

1. 申报天府文化学院。力争获批为四川省重点中华传统文化学院。深入开展成都市天府文化特色校园建设，继续深入开展天府文化特色教育；组织专家深入基层开展天府文化系列讲座。编写出版《成都走向世界文化名城之路》，编译出版《天府文化与成都的现代化追求》，推广"天府文化"对外宣传系列丛书。面向企事业单位对外宣传干部开展天府文化国际化传播人才的培训。

2. 提升中国－东盟艺术学院影响力。积极推进中国－东盟艺术学院新校区建设工作。充分用好凤凰山现有空间，体现国际化、高端化、特色化。大力引进优秀艺术人才、教授和博士，培养教学科研团队，提升学院实力，形成名家领衔、组成多元、梯队合理的教师队伍。创办《中外艺术研究》期刊，开办民族男高音、国画创作、舞台美术、喜剧艺术等专业方向高层次研修班。高水平举办第三届民族男高音、第五届中国动画学年会、2020中国－东盟青年交流周等惠及省内外师生和广大市民的大型艺术交流活动、学术论坛。持续加强留学生招生工作，细化管理制度，提高教学质量。

3. 加强新华三IT学院建设。加强与新华三IT集团的沟通，落地落实相关产学研项目，探索校企合作的成都模式；优化相关专业结构，推进人才培养方式改革；建立双方教师、工程师互派机制，建设稳定的双师型师资队伍。

4. 推进医美研究院筹建。加强与市级相关部门沟通，积极推进医美研究院立项建设；强化医学相关学科建设；医教结合推进国际一流护理学院建设。

（四）做好迎接大运各项工作

目标任务：强化统筹推进，按期、高效、优质完成大运村建设运行相关重点筹备任务。协助完成39万余平方米的建设和18万余平方米的改造任务。提升校园环境风貌和网络信息化建设水平。推进5000亩校园用地控规的落实。"我为大运作贡献"活动取得实效。

工作措施：

1. 进一步加强统筹，以迎接大动会为契机，全面提升办学条件、提升学校管理服务水平和国际化水平；协同完成大运会筹委会财务和审计工作组、场馆建设和基础设施提升工作组、大运村建设管理工作组、内宾接待工作组、新闻宣传工作组、开闭幕式工作组、后勤保障工作组、志愿者工作组、交通保障工作组、医疗和反兴奋剂工作组、安保工作组、注册工作组、市场和食品管理工作组、信息技术工作组、广播电视工作组相关事宜；定期召开迎大运专题工作会议，全力推进、有序

谋划迎接大运各项准备工作，打好迎接大运会关键之年的攻坚战。

2. 全面完成建设、改造。按照"大运必备、学校必需"原则，科学合理开展建设、改造工作；做好学生宿舍腾挪工作的宣传引导和服务保障，确保大运村建设顺利推进和校园和谐稳定；进一步加强与城投教育集团的配合，克服疫情影响，力争按照大运村建设和改造工作计划和要求推进。加强与设计、建设单位沟通协调，高标准设计、高质量实现大运村信息化建设。

3. 全力协同保障大运村服务。围绕大运特色校园文化建设、天府特色校园文化建设、时尚艺术特色校园文化建设，系统规划和统筹实施校园文化景观，整体提升校园文化环境。加强外语、体育人才培养，结合大运会需要开展相应专业、课程建设；以大运会为契机，推进学科、专业、科研、人才的国际合作与交流。

4. 大力营造迎接大运动氛围。拟定大运会期间文化活动和宣传推广方案。完成英文网站建设，服务大运全球推广。以大运村建设为契机，积极创建全国文明校园。全校动员、各方参与，协同创新，深化推进"我为大运作贡献"活动。

三、全面提升发展质量，深化内涵建设任务

（一）继续加强人才队伍建设

目标任务：充实数量、调整结构、提高素质，引进院士等2名，博士生导师6~8名，青年博士200名。成功申请3个以上省级人才项目。

工作举措：

1. 以需求为导向，聚焦博士点建设和学校学科重点，充分挖掘，加大力度引进紧缺高层次人才；柔性引进高层次人才和外籍教师。

2. 提高人才引进效率，加大招聘宣传，以更加高效的方式加快引才；强化统筹，不断完善各环节管理，为引进人才提供更加便捷的服务。

3. 建强高层次人才库，加大对各类人才项目政策的把握和宣传引导，提高人才项目申报和推荐度。采取积极措施推进人才团队建设。

4. 完善并实施《成都大学教职工培训工作实施办法》，实施系统化、全程化培养计划，提升培训工作覆盖面、质量和水平。

5. 明确教师师德师风建设的责任体系，健全工作机制；完善和实施《成都大学加强教师师德师风建设实施意见》《成都大学教师师德师风考评管理办法》等制度。

（二）加强本科教学工作

目标任务：提高课堂教学质量，建设国家级一流课程1门，省级一流课程3门，国家级一流专业3个，2个专业通过专业认证。

工作举措：

1. 全面开展一流本科课程建设。紧紧围绕"六卓越一拔尖"、一流专业建设、高水平新工科建设、《教育部关于一流本科课程建设的实施意见》等目标任务，制定《成都大学一流本科课程建设管理办法》，建设校级五类金课100门。立项建设课程思政项目50项。

2. 系统推进一流专业建设。根据教育部、省教育厅"一流专业"建设标准，结合《成都大学一流专业建设管理办法》，构建"三级四类"一流专业建设体系，强化专业内涵建设。全面做好软件工程、临床医学2个专业认证专家进校考察工作，确保通过专业认证。

3. 深化教育教学改革。开展成都大学优秀教学成果项目的规划与培育工作，提前谋划第九届

四川省高等教育教学成果奖的申报。探索开展包括实践课程、实验项目、实习实训基地、大创项目及竞赛等实践类金课项目建设。通过提高开课门槛、集体备课、加强研讨等方式，提高通识选修课质量。依据一流专业建设指标科学编制专业招生计划，探索和试行全员招生机制，强化和创新招生宣传，提升生源质量。

4. 推进产教融合协同育人。进一步优化实践教学培养体系，加强校企合作，促进产教深度融合，加强实践教学基地建设，完善"创孵一体化"双创实践育人机制，获批教育部产学合作育人项目20项以上。以大学生创新创业大赛和大学生创新创业训练计划为抓手，深化创新创业教育，开展学科竞赛、大创训练营、创业综合实训等第二课堂活动，校院共建专创融合双创课程20门；加强创新创业园区入驻企业管理。

5. 提高教育教学质量。根据审核评估专家反馈问题，严格落实整改措施，迎接专家回头看。适机召开全校本科教学工作会议，统一思想，全面启动振兴本科教育行动计划。深化课堂教学模式改革，加强信息化教学平台和智慧教室建设，积极推动教育信息技术与教育教学深度融合，构建基于"互联网+"的课程体系，以学生学习为中心，开展探究式、互动式、研究型教学，优化教学设计，切实提高课堂教学质量。积极备战第六届"互联网+"学生创新创业大赛、四川省第九届大学生艺术展演活动、"创青春"大学生创新创业项目大赛，力争获国家级奖项。

6. 加强实验室建设与管理。进一步健全校院二级实验室管理制度，开展实验室管理和技术培训，加强实验室安全特别是实验危化品管理；逐步建立适合学校教学、科研使用的实验室信息化管理系统；推进实验室暨全校所有大型精密贵重仪器设备开放共享，开放使用效率在2019年基础上提高10%以上；完成实验室建设项目到期验收，全面推进实验室绩效考评。

（三）推进科研工作创新

目标任务：瞄准大平台、大项目、大团队、大成果加强建设，力争纵横向到校科研经费过亿元；国家级各类项目立项30项；国家级、省级奖励有新的突破；高水平论著再创新佳绩。争取国家级、省部级平台有新突破。

工作举措：

1. 加强科研工作总体规划，强化沟通协作，拓展国家和区域重大问题研究合作平台，巩固现有国别和区域研究中心成果。

2. 扎实推进高等研究院和博士后创新实践基地建设，加强科研创新团队建设和发展。

3. 推动校院二级科研管理和公共评价，持续修订完善科学技术奖励办法、科技工作量管理办法、科研项目管理办法；进一步放宽横向科研经费管理，推进经费"包干制"结算。

4. 充分发挥成都研究院的作用，深入研究成都产业发展需要，整合资源探索拟订环戎大创新港建设计划。

5. 继续推进与相关市级部门、区市县以及企事业单位的合作，重点推进与中科招商的合作、与市经信局联合成立燃气轮机工程技术研究院的建设及与天投集团的合作。

6. 打造学术期刊"五位一体"综合型学术平台；进一步加强各刊编辑委员会建设，完善"专家库"；加强作者队伍、编辑队伍建设，提升期刊质量。持续推进《中国抗生素杂志》《教育与教学研究》等期刊的办刊水平，为下一轮冲击中文核心期刊奠定良好基础。

（四）深化国际合作与交流

目标任务：加强对外宣传工作提升学校国际影响力，服务大运村建设。拓展境外合作高校10～15所，中外合作联合办学项目1个，海外联合培养项目5个，留学生达到800～1000人，其中

学历留学生达到500人。建设2~3门留学成都品牌特色课程。

工作举措：

1. 高效率聚集一批国际和区域一流学科、一流专业和一流科研资源，强化优质资源的国际合作与交流。

2. 与英国斯特灵大学合作，共同申报教育部非独立法人中外合作办学机构，筹建成都大学斯特灵学院，实现学校中外合作办学的层次突破和质量提升。

3. 与泰国、新西兰高校推进境外办学项目，力争1~2所大学项目落地并启动实施。

4. 建设留学成都品牌课程，加强对外汉语教学法的理论与实践研究，面向在蓉高校及其他教育机构，举办"对外汉语教学师资培训班"；拓展学生国际暑期课程项目。

5. 开拓留学生招生新渠道，面向其他市属高校，启动留学生专升本招生项目。

（五）加强继续教育工作

目标任务：提高继续教育工作质量和效益，服务终生学习体系建设。

工作举措：

1. 提升继续教育工作质量。加强继续教育专业力量建设，成立课程研发中心，加大学历与非学历课程开发投入；推进"线上+线下"混合式教学模式；全面实现学分制管理，加强教学点精细化管理，加快网络课程建设。

2. 做大做强非学历教育，做好"成都大学网络培训平台"建设。拓展非学历教育项目，打造优质"成大培训"品牌。非学历教育经费收入突破6000万元。

3. 加强高教自考工作。持续推荐特色专业的国考和省考网络课程资源建设，提高自考助学的针对性、有效性和过关率。拓展自考助学点10~12个，规模达1.2万人以上。

四、构建高效治理体系，促进管理创新

（一）完善内部治理结构

目标任务：初步构建规范、高效的治理体系。

工作举措：

1. 将党的十九届四中全会精神列入党组织理论学习重点内容，聚焦重点改革任务，推进制度建设和治理能力建设。

2. 坚持和完善党委领导下的校长负责制，出台学校党委运行规则、党委常委会和校长办公会议事规则，严格执行民主集中制各项制度，严格议事决策的前期征求意见、沟通协调、法律审查等各项要求，提高决策的科学性和决策质量。

3. 深化推进依法治校。完成学校章程修订工作，加大对学校章程的宣传；加强对规章制度落实情况的督查；加强合同管理，明确合同管理职责、权限，加强合同的法务审查；加强普法宣传，推进法律进高校，提升师生法制意识和水平。

4. 畅通民主管理渠道。充分发挥各级工会组织作用，畅通民主渠道，充分收集学校师生对学校改革发展的意见建议；切实推进党务公开、校务公开；加强信访工作管理，出台学校信访工作管理办法，建立规范的信访工作流程。切实加强师生服务热线管理。

（二）加强内部管理

目标任务：落实机构编制工作条例，开展人事制度改革调研，提升考核工作的科学性、有效性，构建高效、专业、协同、精细的机关服务文化。

一、综述

工作举措：

1. 按照党管机构编制、优化协同高效、机构编制刚性约束、机构编制瘦身与健身相结合的原则，梳理各职能部门、直属业务机构工作职责，科学界定机构职责、岗位职责。

2. 研究修订学校考核办法。结合二级学院管理改革和学院N个1工程建设，拟订个性化目标考核实施办法；改革机关和直属业务单位年度考核办法。深化教师考核评价制度改革；坚持业绩导向，优化绩效结构。

3. 加强外事工作管理。严格落实有关外事工作纪律要求，加强党对外事工作的领导，修订完善学校外事工作管理制度。

4. 加强资产管理。积极争取各种专项资金，确保年度经费投入向一流应用型人才培养倾斜。启动制定资产配置与占有绩效评价办法和有偿使用办法；进一步健全资金使用绩效评估机制，提高资金使用效益；严格人员经费、项目经费管理；改革创收经费管理办法。强化预算的刚性约束，提高预算执行率。理顺国有产权关系，按省教育厅要求完成学校所属企业的体制改革工作。

5. 提升机关服务能力。统筹教师服务大厅管理，拓展服务项目，优化办理流程；实现办事流程全公开，严格执行首问责任制，限时办结制。持续推进档案信息化建设，深化档案开发利用。

6. 加强信息化建设与应用。建成以需求为导向的"一站式"教职工网上服务平台，实现数据多跑路，教师少跑腿；推进信息化应用在行政管理、教学科研管理等业务中的深度应用，实现会议申请、合同（协议）签订等涉及多部门协作事务的无纸化办公；完成新版教务系统、人事系统与统一数据中心的对接和推广使用，启动财务系统升级工作；升级一卡通系统，实现虚拟卡、人脸识别、会议签到等新功能。将所有内容发布类网站迁徙到站群系统，提高站群服务质量和能力；进一步优化网络安全体系，筑牢网络安全屏障，实现可控可管。

7. 加强校园环境综合治理。建立校园环境管理标准，落实环境管理责任，推进建设一流公园城市示范校园；进一步加快后勤社会化改革进程，推进节约型校园建设。

8. 建设平安校园。全面落实领导干部和教职员工安全生产责任制，制定各单位安全工作责任清单。修订《成都大学突发公共事件应急处置预案》，提高突发公共事件应急处置能力。借助大运村建设契机，建设国内一流的高校安全指挥、管理和服务中心，有机融入校园综合高效的管理服务平台，建设平安和谐成大。

（三）推进民生工作

目标任务：提升教职工收入水平，构建教职工培养体系和服务体系，提升教职工获得感。

工作举措：

1. 继续争取调高学校人员绩效经费限额标准，制定绩效调整方案并组织实施；调整公积金缴存基数。

2. 完善教职工培训工作。构建教职工终身学习提升体系，加强政治素质、业务素质、文化素质等的培训，提升培训参与面。开发优质培训课程，提高培训工作质量。

2. 加强学科资源建设服务。加强图书馆建设，提升图书馆智能化水平；推进环境文化建设工作，打造高品位阅读环境。

3. 建设完成"成大社区服务活动中心"挂牌成立"成大社区（筹）"，争取社区服务公共资金、社区文化营造和环境改造等专项资金到位启用。

4. 完成"学校地铁便民通道"建设。

五、以党的政治建设为统领推进全面从严治党

目标任务：全面加强党的建设。

工作举措：

1. 坚持以党的政治建设为统领。落实坚定维护中央权威和集中统一领导的各项规定，严守党的政治纪律和政治规矩。充分发挥学院党委（总支）政治核心作用，附属医院全面落实党委领导下的院长负责制。

2. 加强思想建设。加强理论武装，开展重大主题学习宣传，深入开展中华优秀传统文化、革命文化和社会主义先进文化教育，践行社会主义核心价值观。推动建立校园融媒体中心，增强校媒影响力，新媒体平台影响力保持全国高校媒体影响力前100名；搭建学校外宣工作新渠道，在学习强国平台、各级权威媒体等发布正面宣传学校文稿不少于100篇。持续打造"成大讲坛"活动品牌，举办高水平学术讲座。加强舆情监测和联动处置工作。

3. 充分发挥党支部战斗堡垒作用。全面加强党支部标准化规范化建设，继续实施党建"三个一"重点项目，推进党建工作水平提升；深入实施"双带头人"培育工程，建强教师党支部书记队伍；加强党务工作队伍建设，不断强化党建工作基础保障。

4. 加强作风建设。坚持和完善领导干部定点联系制度，深化落实中央八项规定和省委省政府十项规定、市委市政府十条办法及其实施细则，重点整治在传达落实上级部门和学校党委有关精神、决策部署方面表态多调门高、行动少落实差等突出问题。大力整治在联系服务群众方面消极应付、冷硬横推，在学校改革发展方面不担当、不作为或乱作为、假作为，在文风会风及检查调研方面搞形式、走过场、重留痕、轻效果等突出问题。严格落实督查督办制度，建立对决策事项和批交办事项落实情况回访复核、效果评估机制。

5. 加强党风廉政建设，扎实推进"不忘初心、牢记使命"主题教育查找问题整改、巡察反馈问题整改、政府审计反馈问题整改、纪委督察问题整改等工作，以整改工作推动制度建设各项要求落实。制定全面从严治党党委主体责任和纪委监督责任实施办法、党风廉政定期分析研判制度、重点领域和关键环节监督工作实施办法、会计师事务所和造价咨询机构的管理办法等，修订领导干部问责办法，进一步明确党风廉政建设责任边界、加强廉政风险预防、突出廉政风险防控重点、强化审计在监督中的作用。强化廉政教育，加大监督执纪问责力度，提升反腐败斗争效果。

一、综述

成都大学 2020 年工作总结

一、扎实做好疫情防控

第一时间成立疫情防控应急指挥部，加强统一指挥、联防联控，对校园封闭式管理，确保全校师生生命安全和身体健康；组织线上教学，开设课程 1236 门，保证了疫情期间"停课不停教，停课不停学"；派出附属医院两批共 48 名医护人员驰援武汉，在市级医院中派出援鄂人数第一；附属医院获成都市"五一劳动奖状"，援鄂医疗队的朱俊臣获市委新冠肺炎疫情防控先进个人、四川省第八届先进工作者；四川抗菌素工业研究所积极参与新冠肺炎病毒药物科研攻关，紧密跟踪抗 COVID-19 药物研究进展，及时启动瑞得西韦的首仿研究工作；药生学院科研团队的新冠肺炎最新研究成果获《中草药》网络首发；中国-东盟艺术学院疫情期间开展的在线学术活动得到了市领导肯定性批示；肉类加工四川省重点实验室及时编制发布了《肉制品加工企业新型冠状病毒肺炎防控指南》，在全国范围应用并受国家科技部关注。

二、大运村建设全力推进

精心组织，确保如期完成大运村新建项目任务，大运村 22 个新建单体已全部完成主体结构施工，进入装饰装修阶段，新建面积约 40 万平方米，所有新建子项将在年底全部完工。全力推进学生宿舍、食堂、体育、风貌、弱电等 5 个方面改造工作，完成学生宿舍 11~16 栋、第 4 食堂、3 大场馆场地改造工作，完成校区内 5G 覆盖和物联网接入认证系统第一阶段测试部署，拟订《智慧大运村运营管理平台建设项目需求方案》，完成学校楼栋外立面外墙砖改造项目 8 个，绿化提升项目、管网改造、校园慢行系统、文化石雕塑等基本完工。

三、人才队伍建设卓有成效

以需求为导向，聚焦博士点建设、重点学科、一流专业建设重点，加大力度引进紧缺高层次人才。2020 年，引进博士生导师 7 人、名誉院长 3 人、特聘教授 11 人、特聘学者 15 人，引进特聘研究员（副研究员）22 人、青年博士 70 余人。入选第十四批四川省卫生健康委学术技术带头人及后备人选 6 人，四川省三八红旗手、四川省第八届先进工作者各 1 人。

四、学科专业建设有力推进

对接成都"5+5+1"现代产业体系细分领域，遴选 4 个优势学科和 5 个特色学科（方向）进行分类建设。加速靠近 ESI 学科 Top1‰ 的门槛值，工程学门槛差距缩短至 57.93%，提升 18.6 个百分点；高被引论文达 19 篇，增长 35.7%。临床医学专业获得教育部临床医学专业认证工作委员会专家高度认可。药学等 13 个专业获准参加国家级一流专业建设点申报，"教师职业道德""出纳

实务"等2门课程获国家级一流课程立项,"中国法制史"等3门课程获省级一流课程建设;"教育学A""新媒体概论"获省级课程思政示范课程建设;立项教育部产学合作协同育人项目立项35项,立项数量名列全省第2位,全国第32位。

五、硕士博士点建设有效突破

博士点申报工作有力推进,获批为四川省博士建设单位递进培育计划"优先培育"类建设单位排名第二(2019年全省排名第四)。12个硕士学位点和3个博士学位点通过省级形式审查,通过数量全省排名第一。招收2020级硕士研究生600名,增长70%,增幅全省第三,连续6年荣获硕士研究生招生考试目标责任先进单位。

六、人才培养能力和水平全面提高

生源质量明显提升,本科在川招生投档线全部超过一本线;2020届毕业生一次性就业率为86.41%,居全国100所布点监测高校前列,超过全省高校平均就业率10个百分点;获评四川省"三全育人"综合改革试点高校,入选2019年度全国易班共建高校优秀工作案例,荣获"2019—2020年度四川省高校学生公寓先进集体"、四川省心理行业首届"十佳心育学校"称号。预计全年学生获得省部级以上各类奖项近500项,其中国家级和国际比赛奖项将超过200项,位居全省前列。

七、科研水平全面提升

截至11月,各级各类科技项目立项总计584项,其中,国家级项目立项20项,省部级项目立项41项,厅局级及其他项目立项170项;授权专利306项,其中发明专利31项;发表论文SCI来源期刊471篇,A&HCI来源期刊1篇,SSCI来源期刊9篇,CSSCI来源期刊50篇,中文核心41篇。获文旅部2020年文化和旅游优秀研究成果奖1项,四川省第十八次社会科学优秀成果奖10项,四川省第十九次社会科学优秀成果奖已初审通过533项。获2020年度四川省科学技术奖5项,第一完成单位数位列省属高校第3位。新增四川省社会科学高水平研究团队1个,组织申报省部级科研平台4个。预计到校纯科研经费约9000万元。

八、国际合作与学术交流全面拓展

新增与韩国嘉泉大学电气工程及其自动化本科合作办学项目,目前运行中外合作办学项目4个,近两年在校生规模增长49.6%。与英国斯特灵大学合作筹建的"成都大学斯特灵学院"已通过省教育厅评审推荐,进入教育部评审阶段,有望成为省内第1所普通本科院校中外合作办学非独立法人机构。探索海外分校办学新路径,筹建成都大学泰国那黎宣分校,力争年底之前签署合作协议。新增国(境)外合作院校14所,美国新罕布什尔大学孔子学院全球首批完成孔子学院总部转隶至中国国际中文教育基金会,新增本硕博海外联合培养项目5个,奥地利籍外教Lechner Patrick获市政府"金沙友谊奖"。

九、地方服务能力明显提升

深化校地企合作,与成都天府新区投资集团、电信五所、天府超算中心签订战略合作协议,与川铁集团、宜宾市筹建成大川铁宜宾研究院;与四川省食品药品检验检测院达成战略合作意向;加快推进与扬子江药业共建抗感染创新药物研发联合实验室。协调对接成果转化项目3项,完成成果

一、综述

转化1项。开展非学历教育项目41项,举办新经济人才培养工作系列报告会11场。全面落实对口扶贫各项任务,组织专题培训9场,培训公务人员600余人次,采购和代销扶贫产品近300万元,获四川省"高校定点扶贫先进单位"称号。附属医院在2020年度中国医院人文品牌峰会上获奖6项,在全省三级公立医院绩效考核中位列全市第3名。天府文化研究院各项课题研究深入推进,开展多项面向成都市民的天府文化相关讲座和宣传活动。

十、内部管理有效加强

编制完成《成都大学建设特色鲜明、国内一流的应用型城市大学战略规划纲要（2020—2025）》；《人民日报》、央视新闻、"学习强国"平台、《中国青年报》、《中国教育报》等社会媒体报道400余条；学校官方微博获"2020四川教育政务新媒体高校微博影响力奖",进入全国高校周排行前50名,最佳排名第15名,被评为新浪微博校园MCN四川高校优质账号前三名。与中国书画频道合作在北京奥体公园书画频道美术馆成功举办"大美山川画意成都"画展,这是四川省高校师生作品首次进京办展。

成都大学校领导信息（2020年）

职务	姓名
党委书记	刘 强（2020.10起）
党委副书记、校长	王清远
党委副书记	冯 炼
党委副书记、纪委书记	苏 波
副校长	唐毅谦
副校长	彭晓琳
副校长	杨玉华
副校长	王小军
副校长	刘 娅
副校级领导	苏 蓉

统稿人：任　敏
审稿人：李兴泉

一、综述

成都大学机构设置与干部名单（2020年）

机构名称	负责人
学校办公室 （党委办公室、校长办公室）	主　任：薛常兵 副主任兼机关第一党总支书记：杨春霞（2020.07） 副主任：杨春霞（2020.01—2020.07） 　　　　杨　琨（2020.01—2020.06） 　　　　王　涛（2020.06起） 　　　　曾　勤（2020.12起）
党委组织部（党校）	部　长：李兴泉 常务副部长（正处级）：王家芝 副部长：任　敏（2020.12起）
纪委办公室 （监察处）	副书记、主　任（处长）：安　鸿（2020.01—2020.12） 副主任（副处长）：唐　伟（2020.06起）
党委宣传部 （新闻中心）	部　长：陈　钧 副部长：唐　伟（2020.01—2020.06） 　　　　王建武（2020.06起） 新闻中心副主任：李　洁
党委统战部	部　长：孟　晖 副部长：唐　伟（2020.01—2020.06） 　　　　朱　睿（2020.12起）
党委教师工作部、 人事处	部　长、处　长：张　弘 副部长、副处长（正处长级）兼机关第二党总支书记：李　焰 副处长：练丰丽（2020.01—2020.06） 　　　　陈小平 　　　　刘　飞（2020.12起）
党委学生工作部 （学生处）	处　长：李　维（2020.07起） 副处长（主持工作）：李　维（2020.01—2020.07） 副处长：许庆荣（2020.01—2020.11） 　　　　王　涛（2020.01—2020.06） 　　　　王　磊（2020.12起）
党委武装部 （保卫处）	处　长：田　东 副处长：李　靖 　　　　刘　刚（2020.01—2020.06） 　　　　庄世洪（2020.12起）
离退休教职工党委 （离退休工作处）	书记（处长）：邵　军 党委副书记：王祖芳（2020.12起） 副处长：严雅莉（2020.01—2020.06）　肖　军

续表

机构名称	负责人
发展规划处 (高等教育研究所)	处　长：桂世权（2020.11起） 副处长（主持工作）：桂世权（2020.06—2020.11） 副处长：邱　果（2020.01—2020.06）　严　彦（2020.12起）
教务处 (招生办公室)	处　长（主任）：叶安胜 副处长：胡　屹（2020.01—2020.06） 　　　　孙雁霞（2020.01—2020.06） 　　　　彭长宇 　　　　张　洪（2020.12起） 　　　　刘　茜（2020.12起）
研究生处 (学科建设办公室)	处　长（主任）：陈　琳 副处长：李　艳 副主任：施　亚（2020.01—2020.06） 　　　　高山山（2020.12起）
科研处 (科技成果转化中心) (2020.01—2020.06)	副处长（主持工作）：赵　琦 副处长：张学梅（2020.01—2020.06） 副处长（科技成果转化中心副主任）：孙付春（2020.01—2020.06）
社科处 (2020.06起)	处　长：张学梅（2020.11起） 副处长（主持工作）：张学梅（2020.06—2020.11） 副处长：朱盈盈（2020.12起）
科技处 (科技成果转化中心) (2020.06起)	副处长（主持工作）：赵　琦 副处长：刘坤平（2020.12起） 　　　　孔清泉（2020.12起）
财务处	处　长：杨长恩 副处长：林育晟　张　勤
审计处	处　长：闫贞铮（2020.11起） 副处长（主持工作）：闫贞铮（2020.06—2020.11） 副处长：闫贞铮（2020.01—2020.06） 　　　　陈江涛（2020.06起）
国际合作与交流处 (港澳台办公室)	处　长：杜　洁 副处长：冉毅嵩（2020.01—2020.06） 　　　　杨　茜（2020.12起） 　　　　牟　磊（2020.12起）
国有资产管理处	处　长：孙付春（2020.11起） 副处长（主持工作）：孙付春（2020.06—2020.11） 副处长：陈江涛（2020.01—2020.06） 　　　　徐建明 　　　　杨良才（2020.12起）
实验室与设备管理处	主　任：赵显柱 副主任：胡　强
后勤处	处　长：李　兵 党总支书记：李　兵（2020.01—2020.06） 　　　　　　黄　沛（2020.06起） 副处长：李　洪 　　　　李群兰（2020.01—2020.12） 　　　　向兆山 　　　　虞海霞（2020.12起）

一、综述

续表

机构名称	负责人
基建处	处　长：张　繁 副处长：周　云 　　　　袁　翱（2020.01—2020.06） 　　　　冯建立（2020.12起）
工会、扶贫办	常务副主席兼扶贫办主任（正处长级）：徐　涛 扶贫工作办公室常务副主任（正处长级）：谢　沣 扶贫办副主任：平　原（2020.12起） 副主席：文光富
团委	副书记（副处级）：刘　超（2020.12起） 副书记（正科级）：刘　超（2020.01—2020.12）
校友工作办公室	主　任：杨　阳（2020.06起）
图书馆	馆　长：汪令江（2020.01—2020.06） 　　　　刘先强（2020.06起） 党总支书记：彭时平（2020.06起） 副馆长：林　玲
档案馆	馆　长：吴明发（兼机关第三党总支书记）
信息网络中心	主　任：杜小丹 副主任：何　源
心理健康教育中心	主　任：周　宏
期刊中心	主　任：代显华 副主任：张锦波（2020.01—2020.06） 　　　　杨儒平（2020.01—2020.12） 　　　　刘　涛（2020.12起） 　　　　任家乐（2020.12起）
社区建设办公室	主　任：杜小安 副主任：刘　蓉
海外教育学院	院　长：杜　洁 党总支书记：周　一（2020.01—2020.06） 　　　　　　许庆荣（2020.11起） 党总支副书记：邓丽娜（2020.01—2020.06） 　　　　　　许庆荣（2020.06—2020.11） 副院长：邓丽娜（2020.06起） 孔子学院中方院长：刘亚玲
继续教育学院	院　长：魏　青 党总支书记：黄晓红（2020.01—2020.06） 党支部书记：黄晓红（2020.07起） 副院长：黎方军 　　　　毛艳萍 　　　　姬海红（2020.01—2020.05）
创新创业学院	院　长：陈　烈（2020.07起） 副院长：陈　烈（2020.01—2020.07） 　　　　王　磊（2020.01—2020.12）（聘任） 　　　　李瑞瑾（2020.12起）

续表

机构名称	负责人
机械工程学院	院　长：李　俭（2020.01—2020.06） 　　　　冯　威（2020.11起） 党委书记：王仕平 副院长（主持工作）：冯　威（2020.06—2020.11） 副院长：唐　茂 　　　　冯　威（2020.01—2020.06） 　　　　任振兴（2020.12起） 党委副书记：王建武（2020.01—2020.06）
信息科学与工程学院 （2020.01—2020.06）	院　长：雷　霖（2020.01—2020.06） 常务副院长：高朝邦（2020.01—2020.06） 党委副书记：肖小琼（2020.01—2020.06） 副院长：方　红（2020.01—2020.06） 　　　　罗正华（2020.01—2020.06） 　　　　于　曦（2020.01—2020.06）
电子信息与电气工程学院 （2020.06起）	院　长：雷　霖（2020.07起） 党委书记：练丰丽（2020.11起） 党委副书记：练丰丽（2020.06—2020.11） 副院长：罗正华（2020.07起） 　　　　罗浚溢（2020.12起）
计算机学院 （2020.06起）	院　长：高朝邦（2020.07起） 党委书记：肖小琼（2020.07起） 副院长：于　曦（2020.07起） 　　　　古沐松（2020.12起） 　　　　王　进（2020.12起） 党委副书记：孟　源（2020.12起）
药学与生物工程学院 （2020.01—2020.06）	院　长：刘达玉（2020.01—2020.06） 党委书记：阳　东（2020.01—2020.06） 副院长：张　崟（2020.01—2020.06） 农业部杂粮加工重点实验室副主任：彭镰心
食品与生物工程学院 （2020.06起）	院　长：刘达玉（2020.07起） 党委书记：邹　亮（2020.11起） 党委副书记：邹　亮（2020.06—2020.11） 副院长：张　崟（2020.07起） 　　　　王新惠（2020.12起） 农业部杂粮加工重点实验室副主任：彭镰心
建筑与土木工程学院	院　长：李文渊（2020.01—2020.06） 　　　　吴启红（2020.11起） 副院长（主持工作）：吴启红（2020.06—2020.11） 党委书记：黄　进 副院长：吴启红（2020.01—2020.06） 　　　　王锡琴 　　　　董建辉（2020.12起）
旅游与文化产业学院	院　长：诸　丹 党委书记：杨　阳（2020.01—2020.06） 　　　　孙雁霞（2020.11起） 副院长：张学权　练红宇 党委副书记：孙雁霞（2020.06—2020.11） 　　　　周　红（2020.12起）

一、综述

续表

机构名称	负责人
商学院	院　长：马　胜 党委书记：李　行 副院长：刘金彬（2020.01—2020.06） 　　　　许欣欣（2020.12起） 党委副书记：涂　静
文学与新闻传播学院	院　长：谭　平（2020.01—2020.06） 　　　　谭筱玲（2020.11起） 副院长（主持工作）：谭筱玲（2020.06—2020.11） 党委书记：陈　静（2020.01—2020.06） 　　　　张　蓉（2020.06起） 副院长：张建锋 　　　　谭筱玲（2020.01—2020.06） 党委副书记：杜　娟
外国语学院	院长：李　萍 党委书记：席　原 副院长：魏尼亚（2020.01—2020.06） 　　　　杨儒平（2020.12起） 　　　　白　杨（2020.12起） 　　　　牟　磊（挂职）（2020.01—2020.12） 党委副书记：刘　莉（2020.01—2020.12） 　　　　张　亮（2020.12起）
马克思主义学院	院长、党总支书记：彭时平（2020.01—2020.06） 党总支书记：安　鸿（2020.06起） 院　长：屈　陆（2020.11起） 副院长（主持工作）：屈　陆（2020.06—2020.11） 副院长：屈　陆（2020.01—2020.06） 　　　　岳　鹏 　　　　邱晓霞（2020.12起）
法学院	院　长：邓陕峡（2020.11起） 党总支书记：张　蓉（2020.01—2020.06） 　　　　施　亚（2020.11起） 党总支副书记：施　亚（2020.06—2020.11） 副院长（主持工作）：邓陕峡（2020.06—2020.11） 副院长：邓陕峡（2020.01—2020.06） 　　　　唐文娟
中国－东盟艺术学院	党委书记：周小骥 党委副书记、纪委书记：黄先政 副院长：罗　徕 办公室主任：杨　琨（2020.11起） 办公室副主任（主持工作）：杨　琨（2020.06—2020.11） 办公室副主任：杨　柯（2020.12起）
中国－东盟艺术学院美术与设计学院	执行院长：罗　徕 党总支书记：徐　红（2020.01—2020.06） 　　　　邱　果（2020.11起） 党总支副书记：邱　果（2020.06—2020.11） 　　　　胡忠浩（2020.12起） 副院长：代钰洪（2020.12起） 　　　　张鸶鸶（2020.12起）

续表

机构名称	负责人
中国－东盟艺术学院影视与动画学院	执行院长：郭道荣 党总支书记：陈　扬 党总支副书记：苟强诗（2020.12起） 副院长：代钰洪（2020.01—2020.12） 　　　　张　娟（2020.12起） 　　　　王珏殷（挂职）
中国－东盟艺术学院音乐与舞蹈学院	党总支书记：黄　敏（2020.01—2020.06） 　　　　　　胡　屹（2020.11起） 党总支副书记：胡　屹（2020.06—2020.11） 副院长：景　鹏（2020.01—2020.06） 　　　　黄金城（2020.12起） 　　　　何洋托美次仁（聘任）
国际部	主　任：冉毅嵩（2020.11起） 副主任（主持工作）：冉毅嵩（2020.06—2020.11） 副主任：万　群（2020.12起）
体育学院	院　长：冉　建 党总支书记：黄　沛（2020.01—2020.06） 　　　　　　黄　敏（2020.06起） 副院长：朱　斌（2020.01—2020.12） 　　　　张　象 副书记：吕　佳
师范学院	院　长：刘先强（2020.01—2020.06） 　　　　李　敏（2020.11起） 副院长（主持工作）：李　敏（2020.06—2020.11） 党委书记：肖　红 副院长：桂世权（2020.01—2020.06） 　　　　张　勇 　　　　李　敏（2020.01—2020.06） 　　　　蒲永明（2020.12起） 党委副书记：卢　煦
医学院（护理学院） （2020.01—2020.06）	常务副院长：杨　林（2020.01—2020.06） 党委书记：陈　葵（2020.01—2020.06） 副院长：符　佳（2020.01—2020.06） 　　　　邹　亮（2020.01—2020.06） 党委副书记：张　亮（2020.01—2020.06）
基础医学院 （2020.06起）	院　长：杨　林（2020.07起） 党委书记：陈　葵（2020.07起） 副院长：符　佳（2020.07—2020.12） 　　　　牛　蓓（2020.12起） 　　　　李　建（2020.12起） 党委副书记：张　亮（2020.07—2020.12） 　　　　　　刘　莉（2020.12起）
医学中心 （2020.10起）	办公室专职副主任：符　佳（2020.12起）

一、综述

续表

机构名称	负责人
附属医院（临床医学院） （2020.01—2020.06）	附属医院（临床医学院）党委书记：孟　晖（2020.01—2020.06） 附属医院副院长（主持工作）：杨　进（2020.01—2020.06） 附属医院（临床医学院）党委副书记、纪委书记：余阳燊（2020.01—2020.06） 附属医院副院长：汪晓阳（2020.1—2021.06） 　　　　　　　　李世云（2020.1—2021.06） 　　　　　　　　陈侣林（2020.1—2021.06） 　　　　　　　　杨　滢（2020.1—2021.06） 临床医学院副院长：杨　滢（2020.1—2021.06）
临床医学院、附属医院 （2020.06起）	临床医学院、附属医院院长：杨　进（2020.07起） 临床医学院、附属医院党委书记：孟　晖（2020.07起） 临床医学院、附属医院党委副书记、纪委书记：余阳燊（2020.07起） 副院长：李世云（2020.07起） 　　　　陈侣林（2020.07起） 　　　　杨　滢（2020.07起） 　　　　兰　海（2020.12起） 　　　　时　政（2020.12起）
四川抗菌素工业研究所 （2020.01—2020.06）	副所长（主持工作）：郭晓强（2020.1—2021.06） 党委书记：阳　东（2020.1—2021.06） 党委副书记、纪委书记：甘茂杰（2020.1—2021.06） 副院长、副所长：褚以文（2020.1—2021.06）
药学院、四川抗菌素工业研究所 （2020.06起）	院长、所长：郭晓强（2020.07起） 党委书记：阳　东（2020.07起） 党委副书记、纪委书记：甘茂杰（2020.07起） 副院长、副所长：褚以文（2020.07起） 　　　　　　　　付　强（2020.12起）
成大资产经营有限责任公司	总经理：羊　冯 副总经理：徐　斌（2020.1—2021.06） 　　　　　罗　斌 　　　　　李群兰（2020.12起）
天府文化研究院 （2020.06起）	常务副院长：陈　静（2020.06起）

统稿人：陈　晶

审稿人：李兴泉

成都大学 2020 年议事协调机构

一、学校新型冠状病毒感染的肺炎疫情防控领导小组（《成都大学学校办公室关于印发〈成都大学新型冠状病毒感染的肺炎疫情防控工作方案〉的通知》成大办〔2020〕3 号　2020 年 1 月 23 日）

防控领导小组下设综合协调组、疫情防控组、医疗救治组、后勤保障组、学生工作组、教工工作组、基建协调组、教学协调组、保卫安全组、宣传舆情组等 10 个工作小组。各部门、各学院要成立疫情防控工作组，负责本部门、院（所）新型冠状病毒感染的肺炎疫情各项防控工作，确保责任落实，防控工作有力有效。

二、疫情防控应急指挥部（《关于调整设立疫情防控应急指挥部的通知》成大办〔2020〕6 号　2020 年 1 月 31 日）

指 挥 长：王清远
副指挥长：冯　炼　苏　波
成　　员：学校办公室、党委组织部、党委宣传部、纪委办公室（监察处）、党委教师工作部、人事处、财务处、国资处负责人。指挥部办公室设在学校办公室，办公室主任为薛常兵。

三、调整设立疫情防控期间教学工作组织领导小组（《关于调整设立疫情防控期间教学工作组织领导小组的通知》成大办〔2020〕10 号　2020 年 2 月 20 日）

组　　长：王清远
副 组 长：唐毅谦　彭晓琳　王小军　刘　娅
成　　员：党委宣传部、学生处、教务处、研究生处、人事处、国际合作与交流处、财务处、国有资产管理处、实验室与设备管理处、图书馆、信息网络中心、海外教育学院、继续教育学院、创新创业学院负责人，各学院、附属医院、四川抗菌素工业研究所党政负责人。

领导小组办公室设在教务处，办公室主任由教务处处长兼任。

四、大运村成都大学项目指挥部（《成都大学学校办公室关于印发〈2021 年第 31 届世界大学生夏季运动会（运动员村）成都大学项目筹备工作方案〉的通知》成大办〔2020〕13 号　2020 年 3 月 4 日）

总指挥长：王清远
常务副指挥长：冯　炼
副指挥长：唐毅谦　彭晓琳　杨玉华　王小军　刘　娅

一、综述

领导小组下设 15 个工作组，组长由领导小组副指挥长兼任，副组长为成员单位主要负责同志，第一个成员单位为牵头单位。

（一）综合协调组

组　　长：冯　炼

成员单位：学校办公室、党委组织部、党委宣传部、党委教师工作部（人事处）、财务处、国有资产管理处

（二）项目建设组

组　　长：冯　炼

成员单位：基建处、国有资产管理处、后勤处、信息网络中心、建筑与土木工程学院

（三）宿舍改造组

组　　长：冯　炼　彭晓琳　刘　娅

成员单位：基建处、学生处、国有资产管理处、后勤处、信息网络中心、各相关学院

（四）弱电改造与信息技术组

组　　长：唐毅谦

成员单位：信息网络中心、基建处、保卫处、后勤处、信息科学与工程学院

（五）餐厅改造与餐饮服务组

组　　长：冯　炼　刘　娅

成员单位：后勤处、基建处、信息网络中心、资产经营公司、药学与生物工程学院

（六）体育场馆建设改造与运行组

组　　长：冯　炼

成员单位：体育学院、基建处、资产经营公司

（七）校园环境与文化提升组

组　　长：王小军

成员单位：党委宣传部、基建处、后勤处、保卫处、图书馆、档案馆、文学与新闻传播学院、美术与设计学院、天府文化研究院

（八）住宿与会议服务组

组　　长：冯　炼、杨玉华

成员单位：资产经营公司、学生处、后勤处、旅游与文化产业学院

（九）医疗与公共卫生组

组　　长：刘　娅

成员单位：附属医院、后勤处、医学院（护理学院）、校医院

（十）休闲与商业服务组

组　　长：杨玉华

成员单位：资产经营公司、后勤处、信息网络中心、商学院

（十一）安保与交通组

组　　长：杨玉华

成员单位：保卫处、后勤处

（十二）后勤保障组

组　　长：刘　娅

成员单位：后勤处

（十三）外事与活动组

组　　长：冯　炼　彭晓琳

（十四）语言服务组

组　　长：王小军

成员单位：外国语学院、中国－东盟艺术学院国际部

（十五）志愿服务工作组

组　　长：彭晓琳

成员单位：团委、法学院、外国语学院、体育学院、医学院（护理学院）、文学与新闻传播学院

五、选人用人整改工作领导小组（《中共成都大学委员会关于印发〈成都大学落实市委第四巡查组选人用人专项巡察反馈意见整改实施方案〉的通知》成大委发〔2020〕22号　2020年6月24日）

组　　长：校长、党委副书记　王清远
副组长：党委副书记　冯　炼
　　　　党委副书记、纪委书记　苏　波
成　员：党委常委
领导小组下设办公室，办公室设在党委组织部

六、成都大学中层领导干部任期（聘期）满调整选任工作领导小组（《中共成都大学委员会关于印发〈成都大学2020年中层领导干部任期（聘期）满调整选任工作实施方案〉的通知》成大委发〔2020〕15号　2020年6月8日）

组　　长：王清远
副组长：冯　炼　苏　波
成　员：唐毅谦　彭晓琳　杨玉华　王小军　刘　娅　李兴泉　陈　钧　孟　晖　刘达玉

七、成都大学岗位设置与聘用工作领导小组（《成都大学关于成立第四轮岗位设置与聘用工作组织机构及专门工作机构的通知》成大发〔2020〕3号　2020年6月11日）

组　　长：王清远
成　员：冯　炼　苏　波　唐毅谦　彭晓琳　杨玉华　王小军　刘　娅　苏　蓉　李兴泉
　　　　陈　钧　孟　晖　刘达玉
　　　　学校办公室、党委组织部、党委教师工作部、人事处、教务处、学科建设办公室、社科处、科技处等部门负责人

八、成都大学岗位设置与聘用工作监督小组（《成都大学关于成立第四轮岗位设置与聘用工作组织机构及专门工作机构的通知》成大发〔2020〕3号 2020年6月11日）

监督小组负责岗位设置与聘用工作中的纪律监督。
组　长：苏　波
成　员：安　鸿　徐　涛　唐　茂　肖　良

九、成都大学专业技术岗位聘用委员会（《成都大学关于成立第四轮岗位设置与聘用工作组织机构及专门工作机构的通知》成大发〔2020〕3号 2020年6月11日）

主　任：王清远
副主任：唐毅谦　彭晓琳　杨玉华　王小军　刘　娅
成　员：人事处、教务处、学科建设办公室、社科处、科技处负责人，各学院院长，学校教授委员会、学术委员会、职称评审委员会委员中的正高职称教师代表

十、整改工作领导小组（《中共成都大学委员会办公室关于印发〈成都大学落实市委第四巡察组巡察反馈意见整改实施方案〉的通知》成大委办〔2020〕4号 2020年6月23日）

组　长：王清远
副组长：冯　炼　苏　波
成　员：唐毅谦　彭晓琳　杨玉华　王小军　刘　娅

领导小组下设办公室，挂靠在学校办公室，党委组织部、纪委办公室、党委宣传部、党委学生工作部、发展规划处、党委教师工作部、人事处、财务处、审计处为成员单位

十一、保密委员会（《中共成都大学委员会关于调整学校保密委员会成员的通知》成大委发〔2020〕23号 2020年7月17日）

主　任：王清远　校长、党委副书记
副主任：冯　炼　党委副书记
成　员：苏　波　党委副书记、纪委书记
　　　　唐毅谦　副校长
　　　　彭晓琳　副校长
　　　　杨玉华　副校长
　　　　王小军　副校长
　　　　刘　娅　副校长

保密委员会下设办公室，办公室设在学校办公室，办公室主任由薛常兵同志兼任。学校办公室、党委组织部、纪委办公室、党委宣传部、党委统战部、党委教师工作部、党委学生工作部、保卫处、教务处、研究生处、科技处、社科处、国际合作与交流处、财务处、国有资产管理处、审计处、档案馆、信息网络中心、继续教育学院为成员单位。

十二、"630 专项行动"工作领导小组（《成都大学关于学历信息清理核查工作的报告》成大〔2020〕50 号　2020 年 7 月 27 日）

学校党委书记和校长任组长，分管纪委办公室（监察处）、党委宣传部、党委学生工作部、研究生处、教务处、继续教育学院、档案馆的副校长任副组长。专项行动工作领导小组下设办公室，办公室主任由教务处处长、研究生处处长、继续教育学院院长担任，负责专项行动统筹协调工作

十三、成都大学师德建设委员会（《中共成都大学委员会办公室关于印发〈关于完善成都大学师德建设组织体系的通知〉的通知》　成大委办〔2020〕10 号　2020 年 8 月 3 日）

学校党委书记、校长任委员会主任，副书记、副校长任委员会副主任。

学校办公室、党委组织部、纪委办（监察处）、党委宣传部、统战部、党委教师工作部、人事处、党委学生工作部、党委武装部（保卫处）、教务处、研究生处、社科处、科技处、国际合作与交流处、校工会、心理健康教育中心为委员会成员单位。委员会下设办公室，挂靠党委教师工作部、人事处。

十四、党风廉政建设和反腐败工作领导小组（《中共成都大学委员会印发〈关于进一步强化落实党风廉政建设主体责任和监督责任的实施意见（试行）〉的通知》成大委发〔2020〕26 号　2020 年 9 月 30 日）

完善党风廉政建设和反腐败工作领导小组，党政主要负责人任组长，其他班子成员为副组长，成员由学校办公室（党委办公室）、党委组织部、纪委办公室、党委宣传部、党委教师工作部、人事处、财务处、审计处、国有资产管理处等单位主要负责人组成，负责领导、督促、指导、检查党风廉政建设和反腐败工作。领导小组下设办公室，办公室设在学校办公室（党委办公室）。

十五、专项工作领导小组（《关于研究相关问题的会议纪要（一）》成大阅〔2020〕64 号　2020 年 10 月 15》

组　　长：何　荣　王清远
副组长：冯　炼　苏　波
成　　员：唐毅谦　彭晓琳　杨玉华　王小军　刘娅　李兴泉　陈　钧　孟　晖　刘达玉

十六、规划管理工作领导小组（《成都大学关于印发〈成都大学"十四五"事业发展规划纲要编制工作方案〉的通知》成大发〔2020〕12 号　2020 年 10 月 18 日）

组　　长：党委书记、校长
成　　员：党委常委、校级领导

十七、"法律进学校"工作领导小组（《中共成都大学委员关于印发〈成都大学深入推进"法律进学校"实施方案〉的通知》成大委发〔2020〕31 号　2020 年 11 月 27 日）

分管宣传思想工作的党委副书记任组长，分管教学工作和学生工作的副校长任副组长，学校办公室、党委组织部、党委宣传部、党委学工部（学生处）、党委武装部（保卫处）、教务处、社科处、团委、信息网络中心、马克思主义学院、法学院等职能部门和学院为成员单位。领导小组下设工作办公室，挂在党委宣传部，负责具体工作事务的协调和组织。

十八、政府采购工作领导小组（《成都大学关于印发〈成都大学政府采购管理办法〉的通知》成大发〔2020〕16号 2020年12月9日）

学校校长任组长，分管副校长任副组长，成员主要由学校办公室、国有资产管理处、财务处、教务处、研究生处、学生处、科技处、社科处、基建处、实验室与设备管理处、保卫处、后勤处、档案馆、图书馆、信息网络中心、体育学院等部门人员组成。

成都大学 2020 年大事记

1月7日，我校与澳大利亚乐卓博大学签订合作备忘录。

1月6日至7日，四川省第七届高校辅导员素质能力大赛在我校举行。

1月7日，四川省高校学生思想政治工作研究会2019年年会在我校召开。

1月9日，成都大学大运村B区、中国－东盟艺术学院主体结构封顶。

2月25日，四川长虹电器股份有限公司向我校捐赠近10万元的防疫物资。

3月，药生学院特聘研究员谢佳妮作为第一作者、以成都大学为第一单位，在国际权威期刊Biomaterials（影响因子10.273）上发表了题为"Graphdiyne nanoradioprotector with efficient free radical scavenging ability for mitigating radiation-induced gastrointestinal tract damage"的研究论文。

3月，我校与韩国嘉泉大学合作举办的"电气工程及其自动化专业本科教育项目"顺利获批。

3月，我校各级党组织开展"危难面前显忠诚、挑战面前显担当"主题党日活动。

4月16日，我校与市委党校建立战略合作关系。

4月，我校获6项四川省科学技术进步奖，其中一等奖2项，三等奖4项。

4月，我校获评2019年度全省高校定点扶贫先进单位。

4月，我校向泰国友好合作高校捐赠防疫物资。

5月14日，在成都市第十七届人民代表大会第三次会议上，市长罗强作政府工作报告，指出支持成都大学加快建设国内一流的应用型城市大学。

5月，我校在2020年自然指数排名[①]中位列全球903，中国169。

5月，王清远教授第6年入选中国"高被引学者"榜单。

5月，中国－东盟艺术学院影视与动画学院广播电视编导专业黄如一作品《鹤鸣山涧》，登上我国国家级5G新媒体平台——央视频。

5月，我校教师赵礼昌获评2019年四川省优秀驻村工作队队员。

6月11日，我校张娟教授荣获四川省三八红旗手荣誉称号。

6月20日，我校当选成渝地区双城经济圈智库联盟第一届主席单位。

6月30日，我校机械设计制造及其自动化专业通过国家工程教育专业认证。

6月，5791名学子从成大毕业。

6月，我校35个项目获教育部2019年第二批产学合作协同育人项目立项。

6月，我校中国－东盟艺术学院音乐与舞蹈学院副院长何洋托美次仁所撰写的文章"A

[①] 自然指数于2014年11月首次发布，目前已成为评价科研机构高水平学术成果产出的重要指标。该排名统计时间节点为2018.12.1—2019.11.30。

reimagined world: international tertiary dance education in light of COVID-19"在在线刊物 *Research in Dance Education* 上发表,这是我校首篇发表在 A&HCI 上的艺术类学术论文。

6月,外籍教师 Abomohra(马文标)教授以第一作者、成都大学为第一单位和通讯单位,在国际顶级综述类期刊 *Progress in Energy and Combustion Science*(SCI 一区收录,影响因子 26.467)上发表了题为 "Potential of fat, oil and grease (FOG) for biodiesel production: A critical review on the recent progress and future perspectives" 的论文。

7月15日至16日,川渝欧美同学会在四川省广安市举行助力双城经济圈建设暨纪念小平同志赴法勤工俭学100周年活动。成都市欧美同学会副会长、校长王清远参加纪念活动作题为《双城经济圈下的教育发展与人才培养》的主题报告。

7月21日,我校社科联荣获"全省社科组织先进集体"荣誉称号。

8月,我校学子在第十三届全国大学生节能减排竞赛中获全国二等奖。

9月7日,中国药学大会暨第十五届中国药学会科学技术奖颁奖仪式在山东济南举行,由华北制药集团与成都大学褚以文、王欣荣团队合作完成的"器官移植抗排斥微生物药物的关键技术开发及产业化"项目荣获第十五届中国药学会科学技术奖一等奖。

9月,成都市生态环境局与我校签订合作协议,在我校成立成都生态文明研究院。

9月,我校师范学院陈大伟老师获评2020年四川省教书育人名师,建筑与土木工程学院曾永刚副教授获评2020年成都市优秀青年教师,体育学院青年教师刘雨老师获评2020年成都市教坛新秀。

9月16日,成都市政法委、成都市法学会授予我校法学院"2015—2020成都市法学研究杰出贡献单位"荣誉称号。

9月17日,中国工程院原副院长、成都大学名誉校长樊代明院士在校作"后疫情时代的整合医学发展"主题报告。

9月25日,男高音歌唱家、国家一级演员、全国青联常委刘和刚受聘为音乐与舞蹈学院特聘院长。

10月,附属医院五名专家杨进、兰海、梁隆斌、陈侣林、魏雪梅入选第十四批四川省卫生健康委学术技术带头人,陈林、邢莎莎入选学术技术带头人后备人选。

10月,我校获评2020年全国大中专学生志愿者"三下乡"社会实践活动优秀单位。

10月,我校有2门本科课程进入国家级一流本科课程认定,认定数位居全省第12位。师范学院陈大伟教授团队负责建设的"教师职业道德"被认定为"线上一流课程",商学院王积慧团队的"出纳实务"被认定为"线上线下混合式一流课程"。

11月,中国-东盟艺术学院与中国舞蹈家协会签订战略合作协议。

11月,我校2020年师德师风专题培训班开班。

11月,我校学子苗露入选全国大学生就业创业典型人物。

11月,我校体育学院学生罗朝昆、外国语学院学子陈涛荣获"2019年度中国大学生自强之星"荣誉称号。

11月,我校受邀在线参加合作高校德国克劳斯塔尔工业大学2020中国周活动。

11月,我校期刊《教育与教学研究》首次入选"RCCSE中国核心学术期刊(A-)",《中国抗生素杂志》入选《2020世界期刊影响力指数(WJCI)年报》,《成都大学学报(社会科学版)》入选"RCCSE中国准核心学术期刊(B+)"。

12月5日,我校留学生志愿者马妮微(Manivongkoung)获聘成都大运会志愿者宣传大使。

12月5日，第五届中国动画学年会在我校举办。

12月6日，我校第八届工会会员代表大会第一次会议召开。大会审议通过《第七届工会委员会工作报告》《第七届工会经费审查委员会工作报告》和《第七届工会财务工作报告》，选举产生第八届工会委员会委员和经费审查委员。

12月8日，中国人工智能学会首批会士、中国人工智能学会副秘书长与常务理事、四川省人工智能学会理事长、四川大学人工智能首席科学家章毅教授受聘成为我校计算机学院名誉院长。

12月12日，我校获"中国教育后勤协会教育后勤信息化建设优秀单位"荣誉称号。

12月，我校旅游与文化产业学院学子在2020年（第十四届）全国高校商业精英挑战赛会展创新创业实践竞赛中荣获一等奖1项、二等奖2项和三等奖1项，4位老师获最佳指导教师奖，学校获最佳院校组织奖。

12月22日，我校入选成都市人民对外友好协会第八届理事会理事单位。

12月26日，据中国教育后勤协会物业管理专业委员会在中国教育后勤协会官方网站发布"2020全国学校物业管理50强单位排名"专家评审结果，我校成功入选2020全国学校物业管理机构50强。

12月，根据《中国大学及学科专业评价报告（2020—2021）》发布结果，我校产品设计专业被评为五星级特色专业，在全国高校专业排名中位列第43位。

二、党建工作

组织工作

【概况】党委组织部以习近平新时代中国特色社会主义思想为指导，充分发挥党组织的政治核心、党支部的战斗堡垒和党员的先锋模范作用，着力建设忠诚干净担当的高素质干部队伍，着力凝聚和服务学校各方面优秀人才，为建设特色鲜明、国内一流的应用型城市大学提供坚强的组织保证。

【着力建设一支忠诚干净担当的高素质干部队伍】一是修订和完善干部选拔任用管理制度。制定《成都大学中层领导干部选拔任用工作实施细则（试行）》《成都大学2020年中层领导干部任期（聘期）满调整选任工作实施方案》《成都大学内设机构调整及中层领导干部岗位设置方案》。二是按计划完成干部调整选拔工作。本年度调整选拔干部124名，其中新提拔74人，免职18人，平职交流32人。三是从严管理监督干部。严格落实干部提醒、函询、诫勉制度，实现干部谈心谈话全覆盖。按照新要求制定《成都大学领导干部个人事项报告核查整改方案》，建立问题台账。四是不断强化干部教育培训。全年选送14名领导干部参加中央、省市干部专题培训，组织12名领导干部参加省教育工委调训；60余名师生党支部书记参加省、市专题培训班学习。选派5名中层干部到大运会执委会工作，选派近10名干部到石渠、九寨、简阳等地参与脱贫攻坚。利用国家教育行政学院网络平台，举办暑期中层领导干部治理能力提升专题网络培训班学习，中层干部培训实现全覆盖。

【推动基层党组织建设全面进步】一是发挥党组织战斗堡垒和党员先锋模范作用。第一时间成立由11名党员组成的抗疫排查突击队，协助十陵街道对成大花园1650户住户全面摸排。划拨20万元党费、组织党员自愿捐款42万余元支持学校开展疫情防控工作。在援鄂医疗队伍中建立2个临时党支部，在抗疫一线发展党员16人。附属医院荣获"成都市抗击新冠肺炎疫情防控先进集体"，学校3名党员获得"成都市抗击新冠肺炎疫情优秀共产党员""成都市抗击新冠肺炎疫情先进个人"等荣誉称号。二是增强基层党组织政治功能和组织力。选优配强学院领导班子，对二级学院执行《党政联席会议制度》和《党组织会议制度》情况进行专项督查。三是全面加强党支部标准化规范化建设。全覆盖开展"危难面前显忠诚、挑战面前显担当"主题党日活动。制定校院两级党组

织、青年教师、学生班级"三联"工作制度。食品与生物工程学院党委获得"蓉城先锋"示范党组织荣誉称号。学生公寓党建获得"全市基层党建优秀创新项目三等奖"。四是不断加强党员教育管理。全年积极分子培训1835人，发展对象培训977人。全年发展党员447人，其中教师党员23人。附属医院《我是党员我先上》纪录片获得全市党员教育电视片二等奖。五是加强党建工作队伍建设。教师党支部"双带头人"占比98%。举办师生党支部书记网络专题培训班，党支部书记培训实现全覆盖。健全党务工作者保障激励机制，拟定《成都大学党务工作者队伍建设暂行办法》等文件。

【着力凝聚和服务学校各方面优秀人才】一是坚持党管人才原则，为学校发展凝聚各方面优秀人才。协助相关部门抓好人才队伍建设。做好优秀人才的选拔、管理与服务工作，加强与人才的思想沟通和交流，进一步彰显了高层次人才吸引力。

统稿人：雷兰成
审稿人：李兴泉

党风廉政建设

【概况】纪委办公室（监察处）忠诚履行纪检工作职责，始终保持高压正风肃纪，聚焦疫情防控、巡察整改和重点工作任务，以健全工作制度为引领，以创新工作机制为抓手，以重点领域专项监督检查为突破，加大案件查办力度，一体推进不敢腐、不能腐、不想腐，推动学校党风廉政建设"两个责任"进一步落地落实。

【强化监督检查】采取直抵一线现场、电话抽查、文档抽查等方式，进行常态监督、信访调查监督、专项检查，先后开展新冠肺炎疫情防控工作、学习贯彻党代会精神、疫情防控期间线上教学责任落实、"三重一大"事项有关工作等专项监督检查，涉及30多个职能部门、20多个教学单位，对落实不到位的10余位相关负责人进行约谈。通过党风廉政意见回复工作，严把干部选任、学术推荐、职称（务）晋升、人事聘用和评优推优人选的廉洁关，全年出具各类廉洁意见260余人次。

【深化巡察整改】全面落实市委第四巡察组巡察反馈问题整改、市纪委监委系统内部督察反馈问题整改，强化对表销号、建章立制，推动问题整改。纪委办公室具体牵头和参与12项市委巡察整改工作；全面落实和推进市纪委监委内部督察要求的35项工作；同时，对市委第四巡察组移交的巡察发现的14件问题线索，学校纪委开展调查核实。

【开展警示教育】召开年度干部警示教育会议，以身边人身边事进行警示教育。关口前移加强警示教育，在新任处级干部任前集体谈话前集中组织观看警示教育片，进行廉政知识测试，教育引导党员干部筑牢拒腐防变的思想道德防线。在节假日等关键节点，严明纪律要求，严防节日腐败；发布分享典型案例、警示教育素材，通过案例分析开展警示教育。

【加强纪律审查】2020年，受理信访举报31件，问题线索处置30件，初步核实问题线索21件，谈话函询6件。立案审查8件，涉及人员8人。给予党纪处分11人，其中党内警告6人，党内严重警告4人，开除党籍1人。给予谈话提醒5人，批评教育1人，诫勉谈话、责令书面检查、提醒谈话9人，完成四川抗菌素研究所重大案件的延伸调查审理及相关人员处理。

【协助推进党风廉政建设】协调出台学校《关于进一步强化落实党风廉政建设主体责任和监督责任的实施意见（试行）》，对校、院两级班子、党组织主要负责人、班子成员和纪检工作机构履行党风廉政建设"两个责任"进行责任界定、任务分工，建立责任报告、责任考评和责任追究三项工作机制，形成党委顶层推动党风廉政建设的工作体系。制定和推动实施《2020年全面从严治党、党风廉政建设和反腐败工作实施方案》。梳理近年来市纪委监委通报的履行"两个责任"不力、教育监管不到位的典型案例，编发专报进行通报。

【专题开展纪检系统作风建设】制定了《成都大学纪检系统作风建设实施方案》，3至4月集中开展学校纪检系统作风建设，要求全校各纪检机构和人员围绕"五查五看强作风，严守纪律树形象"，着力解决政治意识、工作作风、纪律规矩、工作效率等方面存在的突出问题，开展了一次典型教育、一次专题民主生活会（剖析反思会）、一次主题党课、一轮谈心谈话、强化一批制度建设、

启动一个纪法学堂、配强一支纪检队伍等"七个一"活动，通过纪检监察干部队伍转作风、改作风，影响和促进、推动所在单位及学校整体作风转变。

【内部管理】优化机构设置，增强队伍力量，增加1个副处级干部岗位、1个工作人员编制。优化工作制度流程，开展规章制度"废改立"工作。加强专用工作平台建设，按上级要求完成检举举报平台建设和纪检监察外网建设工作。开展纪检工作业务能力教育培训，全员参加上级纪委组织的专项培训近40人次。创新举办"嘤鸣清风·纪法学堂"，凸显高校纪检工作特色，在系统内以"小切口、大制度"为原则，营造人人讲人人学的良好氛围，提升纪检干部业务素质，建强学校纪检系统队伍，该形式得到成都市纪委监委、成都市广播电视台《廉情观察》栏目深度报道。

【创新制度和工作机制】建立和实施纪检监察工作"三项制度"："廉情专报"请示报告制度、"纪检信息"学习教育制度、"纪检监察建议书"执纪监督制度。全年向学校职能部门发出纪律检查建议书2份、印发廉情专报12期、纪检信息1期和纪检系统学习资料4期。

【深化纪检监察工作"三转"】把握"监督的再监督"定位，聚焦主责主业，"转职能、转方式、转作风"，全面落实退出人事招聘、招生考试、采购招标现场监督，通过随机抽查、明察暗访、受理信访等方式，发挥"监督保障执行、促进完善发展"作用。启动清理纪检监察机构参与的议事协调机构，涉及50多个议事协调机构，完成初步梳理和研判。

统稿人：李江山
审稿人：唐　伟

二、党建工作

统战工作

【概况】统一战线基本情况：民主党派成员296人，主要有民革、民盟、民建、民进、致公党、农工党和九三学社7个民主党派，设有民革成都大学支部、民盟成都大学委员会、民进成都大学支部、致公党成都大学支部和九三学社成都大学支社5个基层组织。统战团体共4个，分别为成都大学党外知识分子联谊会（注册会员29人）、成都大学侨联（79人）、成都大学台联（18人）和成都大学新侨联谊会（注册会员35人）。学校民主党派和无党派人士担任省、市人大代表2人，省、市、区政协委员11人，文史研究馆馆员2人。

【加强党委对统战工作的领导】深入贯彻落实中央及省委、市委对新时期高校统战工作的要求，先后召开统一战线工作领导小组会议、党委常委会议、统战工作例会，贯彻落实全省第三次高校统战工作联席会议（扩大）会精神以及省委常委、统战部部长田向利同志在全省基层统战工作提升年现场会上的讲话精神。要求各二级单位党组织统一思想，形成大统战的共识；凝心聚力，落实学校第七次党代会精神；发挥优势，服务学校中心工作。要充分发挥统一战线的独特优势，力争新突破、新成效，展现新气象、新作为，为学校的发展建设贡献统战的智慧和力量，做成成大特色。

【加强党外知识分子思想政治工作】坚持思想引领，重视理论学习。将党外知识分子的思想政治学习纳入学校党委理论中心组暨教职工理论学习体系，及时传达学习中央和省委、市委重要文件、重大决策和重要会议精神，通报党和国家大政方针。强化实践教育，增进思想共识。开展"蓉城智荟 同心行动"，引领学校党外知识分子走进社区宣讲新民法、走进园区参观调研东部新区建设。开展"同心工坊 同心大运 我为大运做贡献"系列主题活动，团结党外知识分子融入大运、服务大运。与民盟成都大学委员建立"新时代爱国主义心理教育基地"，团结凝聚广大党外知识分子，在立德树人的教育工作中，贯彻落实《新时代爱国主义教育实施纲要》，创新推动新时代爱国主义教育入脑入心入行。组织党外专家先后赴西藏、巴中、马边开展医学巡讲、医疗义诊"同心"社会服务，支持党外专家结合专业、学科开展川渝双城经济圈建设合作调研考察。开展统战慰问，帮助统战成员解决实际问题。

【加强党外代表人士队伍建设工作】组织党外代表人士参加各级各类培训10余人次。积极向省市统战上级部门举荐推荐优秀党外人才30余人次。其中9人入选省、市无党派人士重点人选，5人入选成都市民主党派代表人士数据信息库，2人分别当选四川知联会、省欧美同学会理事，2人当选四川省统一战线理论研究会第七届理事会理事，1人当选市欧美同学会文体旅专委会副主任。5人推荐为第二届四川省侨联特聘专家候选人，2人推荐为成都市政协理论研究会第三届理事会副会长、理事候选人。

【加强民主党派和无党派人士工作】支持民主党派基层组织建设，2020年各民主党派发展备案5人。各民主党派基层组织在省、市委会的组织建设、参政议政、社会服务、社情民意等先进评选中，荣获多个民主党派组织和个人表彰。服务人大代表、政协委员参政议政工作。2020年提交参

政议政议案、提案、社情民意信息30余件。其中5条获省市立案受理；1条获成都市政协采纳；2条荣获区政办优秀提案；1条获全国政协副主席何维同志的肯定批示；1条获中共省委常委、成都市委书记范锐平同志，时任成都市政府市长罗强同志圈阅，并得到中共成都市委常委吴凯同志的肯定性批示；1条列为2020年市政协副主席韩轶联系督办的重点提案。

【加强民族宗教工作】成立民族宗教工作领导小组，形成党委统一领导，各职能部门各负其责、协同联动、齐抓共管的工作局面，系统做好民族宗教工作。建立少数民族学生思想、学习、生活、心理、就业的相关工作机制，全面贯彻落实党的民族政策，加强对各民族学生的教育、管理、引导，增进"五个认同"，促进民族团结。加强对宗教工作的引领、规划、指导和督查，维护校园和谐稳定。

【加强侨台联和归国留学人员工作】加强对侨联及新侨工作的指导，2020年，学校侨联坚持"围绕中心、服务大局""以人为本、为侨服务"，在凝聚侨心、汇聚侨智、发挥侨力方面切实做好各项工作，在侨法宣传活动和为侨服务阵地建设方面积极作为，为成都市和学校的发展贡献了侨界力量。其中1人入选第八届"中国侨界贡献奖"专家，并获全国二等奖。学校侨联成绩优异，荣获"成都市侨联工作先进单位""侨法颁布30周年宣传工作先进单位"荣誉称号。学校新侨田海稣副教授的爱心团队联合欢行公益分别开展了3场新春暖心公益慰问活动，捐赠价值近30000元的"福牛蓉宝"新春礼盒200余份。

【加强统一战线宣传工作】围绕大团结大联合的主题，全方位多渠道开展统一战线宣传工作，通过每月统战简讯、官网官微、信息报送等载体，宣传统战先进人物、典型事迹，讲好统战好故事，传播统战好声音，弘扬正能量。发布《成都大学统战工作简讯》11期。在学校官网、学校官微新媒体平台、统战专题网站发布新闻宣传稿件80余条。向省、市统战部报送信息30余条。

附件

各级人大代表、政协委员、政府参事室参事、文史研究馆馆员及各民主党派、统战团体主要负责人名单

1. 各级人大代表、政协委员
四川省人大代表：诸　丹
成都市人大代表：桂世权
四川省政协委员：苏　蓉　罗　徕
成都市政协委员：张　强　王　影　杜小丹　张学权　黄　鸣　杨　冬
金牛区政协委员：员　晋
成华区政协委员：邓盛齐
龙泉驿区政协委员：马丽娃（常委）
2. 各级政府参事室参事、文史研究馆馆员
成都市文史研究馆馆员：邓经武　朱名燕
3. 各民主党派、统战团体主要负责人
民革成都大学支部主委：李　斌
　　　　　　　　副主委：王　影

二、党建工作

民盟成都大学委员会主委：桂世权
　　　　　　　　副主委：马丽娃　张鸳鸳　朱盈盈
民进成都大学支部主委：苟兴华
　　　　　　副主委：杜小丹　林育晟
致公成大支部主委：罗　徕
　　　　副主委：肖　军　刘碧崇
九三学社成都大学支社主委：张学权
　　　　　　　　　副主委：韦思铭　杨　挺
成大侨联主席：阳　春
　　副主席：杨　林　蒲　蓓　王英华
　　秘书长：周　琳
成都大学台联主席：王世勋
成都大学党外知识分子联谊会会长：张居盛
　　　　　　　　　　副会长：杨　冬
　　　　　　　　　　秘书长：宋　芹
成都大学新侨联谊会会长：杨　林
　　　　　　副会长：严　俊　李　建

统稿人：杨　涛
审稿人：孟　晖

三、科学研究

科技处（科技成果转化中心）

【概况】2020年科技处（科技成果转化中心）紧密结合国家省市相关文件精神，围绕市委市政府战略部署、学校发展战略规划及党政工作要点，积极开展各项工作及学校安排的其他工作，圆满完成年初确定的工作目标任务，部分工作实现新的突破。

【做好科研规划管理及学校核心工作】加强日常思想政治学习教育工作。全面推进贯彻落实第七次党代会精神。不断完善科研管理制度，根据上级相关文件精神，结合学校实际，制定了《成都大学科学研究奖励办法》《2020年度科研考核办法》《成都大学短期管理助理及科研助理岗位用工实施办法》。认真做好"十三五"科技工作总结与"十四五"科技发展规划。积极参与完成学校博士点建设工作、临床医学认证、第五轮学科评估、学校审计工作等核心工作。

【科研项目与经费】国家自然基金申报数量增长49.3%。全年组织申报各级各类纵向项目490项，其中国家级项目213项，相比较去年增加了70项，增长率49.3%。各级各类纵向项目立项总计127项，其中，国家级项目立项16项，省部级项目立项23项，厅局级及其他项目立项88项。国家自科基金结项10项。自然科学类科研经费到账共计5164.40万元，其中纵向科研经费3859.62万元，横向科研经费1304.78万元，划拨人才科研启动费777.58万元。专项科研经费2300万元。

【完成科技经费统计上报】2020年3月底，完成教育部2019年度高校科技/社科统计上报工作，在前期与省教育厅、市科技局多次沟通的基础上，最终2019年科研经费上报共计2.48亿元，2019年师均科研经费超过17万元，近五年师均经费超过10万元，极大地支撑了学校的博士点建设，补足了师均科研经费不足的短板。

【获奖情况】省科技进步奖第一单位获奖数量位列全省（含中央部属院校）第8位，省属普通高校第3位。2020年度四川省科学技术进步奖共计申报14项，第一单位9项提名，位居全省高校第4位；最终获奖5项，其中一等奖1项，二等奖2项，三等奖2项；第一单位获奖数4项，居全省普通高校第3位，全省高校（含中央部属院校）第8位。认真做好2020年教育部高等学校科学研究优秀成果奖（科学技术）申报工作，共有4项成果通过教育部形式审查。

【科研平台建设情况】学校又新增一省部级科研平台，"高等学校学科创新引智计划"（简称"111"计划）入围最终答辩环节。经前期准备，2020年学校共推荐2个中心申报四川省工程技术研究中心,"四川省杂粮产业化工程技术研究中心"获批建设,至此我校共有省部级平台16个,其中自然科学类9个。通过三年的建设,学校"新材料设计制备与使役性能研究学科创新引智基地"首次参加由科技部和教育部共同组织的地方高校平台申报,并入围最终答辩环节,圆满完成了申报任务,现等待最终批复。另外,还推荐"新材料设计制备及使役性能研究创新引智基地"申报四川省引才引智基地;推荐杂粮科普基地、汽车设计文化与体验科普基地申报省科普基地。完成国家国际科技合作基地依托单位的变更工作。日常加强现有平台的管理和建设,各平台运行良好。

【论文、专著及专利情况】2020年自然指数排名位于全国高校第166位。依托于全球顶级82种学术期刊发布的自然指数(Nature Index),学校排名逐年提升。学校于2016年首次进入榜单列全国高校363位,2017年283位,2018年187位;2019年210位,2020年166位(统计时间节点为:2019年1月1日—2019年12月31日)。全年发表SCI来源期刊论文545篇,成都大学作为第一作者发文283篇,作为通讯作者发文264篇。其中ESI高被引论文总计21篇;中科院分区一区的论文89篇;影响因子超过10的论文16篇,超过5的论文111篇。ESI工程学科成为学校首个超过全球前1‰阈值50%的学科,另有三个学科(农学、化学、临床医学)超过30%,预计2021年底到2022年初,学校有1个学科进入全球前1‰,2~3个学科接近全球前1‰,这将有力地推动相关学科建设,促使学校科研整体实力上台阶。全年授权专利358项(发明专利50项,实用新型专利229项,外观设计专利79项)。

【地方服务】2020年,通过积极对接与沟通,本着优势互补,构建稳定长效的校地合作关系的目的,深入推动校地企战略合作,通过多方的沟通与协调,推动完成我校与成都天府新区投资集团、电信科学技术第五研究所、成都超算中心、西藏诺迪康药业股份有限公司战略合作协议签订。持续推进学校职务科技成果混合所有制改革及科技成果转化,完成部委、四川省关于我校2019年度科技成果转化工作汇报等相关事宜,并向上总结汇报了我校科技成果转化相关情况。完成2017—2019年成果转化相关资产下账,积极推动转化专利成果。

【高等研究院建设发展情况】继续加强各科研团队人才梯队建设。为支持各团队的建设,广泛吸收海内外优秀人才,经学校批准本年度共引进包括院士候选人等在内的特聘高端学者及特聘(副)研究员等高层次人才共29人,截至年底,高研院建成了一支接近70人的专职科研队伍,包括特聘(副)研究员36人,特聘学者17人,特聘教授14人。全年积极配合人事处开展多位特聘研究员、特聘教授的年度或聘期考核。

【其他工作】极力推进仪器设备采购、装修改造等工作,人才专项中科研设备经费使用绩效考核良好。因高等研究院各类大精仪器设备购置、到货、验收付款、实验室装修改造、文化建设涉及招标采购、工程实施等多项流程,多部门管理,为提高经费使用绩效,高等研究院多次组织召开专题会,与基建处、后勤处、国资处、实验设备管理处等部门反复沟通协调,报送校长办公会议题等,极力推动各项工作的开展,最终使得人才专项中科研设备经费使用绩效考核良好。2020年高等研究院共完成仪器设备招标采购3次,采购设备数量38台,采购金额2119.76万元,其中34台已完成到货验收并付款;完成先进材料多尺度变形及破坏力学研究所和肿瘤生物学与创新药物研究中心实验室配套装修改造工程、高等研究院文化建设项目、高研院外部环境风貌提升项目等,总金额为453.56万元。为提升高层次人才引进和培育专项经费使用率,经多方协商,对2019年未付款的仪器设备采取签订补充协议的方式,截至年底,2019年高层次人才引进和培育专项经费中的专用设备经费支出共5100万元,结转使用率达到100%。2020年高层次人才引进和培育专项经费中科研经费共支付2140万元,使用率为97.3%。

另外,因综合楼C栋上下水、用电量、排污以及通风等都无法满足整栋楼的实验室运行需要,

我部门还多次联系后勤、基建对部分实验室进行上下水、用电、排污等进行局部改造施工。

附件

2020年成都大学成果转化情况一览

成果名称	登记号	交易类型	定价方式	受让企业
一种氟基硅酸钙生物陶瓷材料及其制备方法和应用	ZL201210528004.8	转让	协议定价	四川亿诺森生物科技有限公司

统稿人：蔡业新

审稿人：赵　琦

社科处

【概况】为全面贯彻中共中央、教育部《关于进一步繁荣发展哲学社会科学的意见》，结合省市相关文件精神，围绕市委市政府战略部署，根据学校发展战略规划及党政工作要点，在学校党委和行政领导下，社科处主管学校哲学社会科学研究与发展，负责全校哲学社会科学研究的规划、组织、协调、管理和服务工作。

【学以致用，建章立制，规范社科新管理】一是加强日常思想政治学习。深入学习贯彻习近平新时代中国特色社会主义思想，贯彻落实中央、省市重要会议及文件精神，结合工作实际，深入贯彻学习党的十九届五中全会的精神、教育部部长陈宝生在全国教育工作会议上的讲话等内容。根据学校"大学习、大调研、大走访"主题教育活动安排、主题党日活动等，经常性地开展集中学习，进行专题讨论，积极组织党课学习及交流讨论，开展批评和自我批评，树立岗位工作责任意识，爱岗敬业。二是谋划"十四五"规划。根据范锐平书记调研及提出的"541"要求，切实推进成都大学第七次党代会提出的建设特色鲜明、国内一流的应用型城市大学，我处立足实际，对全校人文社科学院进行了广泛的调研，摸清我校人文社会科学的现状，针对人文社科学院发展中的问题和难点进行了探讨，调研其他相关高校20余所，完成了"十三五"科研子规划总结，参与了学校"十四五"规划科研部分和"十四五"科研子规划的编制工作。三是完善科研管理制度。为深入贯彻落实习近平总书记在哲学社会科学工作座谈会上的讲话等系列讲话精神，推进人文社会科学创新体系建设，增强我校人文社会科学影响力，推动人文社会科学事业蓬勃发展，制定了《成都大学人文社会科学振兴发展计划（试行）征求意见稿》《成都大学人文社会科学研究奖励办法（试行）征求意见稿》《成都大学人文社会科学出版资助基金实施办法（试行）征求意见稿》《成都大学人文社会科学预研究项目管理办法（试行）征求意见稿》《成都大学哲学社会科学境外发表论文（出版著作）管理办法（试行）征求意见稿》《成都大学境外资金和非政府组织资助监督管理办法（试行）征求意见稿》《成都大学人文社会科学科研工作量管理办法（试行）征求意见稿》等管理文件。根据学校文件废改立的精神要求，结合学校实际及最新国家、省市最新文件精神，重新梳理和修订了《成都大学科技成果登记及科技档案归档实施细则（修订）征求意见稿》等管理文件，印发了《国家（省部）科研项目经费管理文件及案例汇编》和《社科工作服务指南》，人文社科学院教师每人各一册。四是积极参与完成学校其他核心工作。配合研究生处，完成了1个博士点、12个硕士点材料审核工作；协助学科办对商学院工商管理专业迎接国家第五轮学科评估；与人事处配合，做好三级、四级专业技术岗岗聘和青椒人才计划材料审核工作，三级、四级专业技术岗竞聘和直通车岗聘条件修改工作；积极参与发规处制定《关于支持成都大学建设特色鲜明、国内一流的应用型城市大学的实施意见（征求意见稿）》、参与了"十四五"总规划科研部分和科研子规划的编制工作；开展了国家社科基金项目及四川省社科规划项目经费专项督查；根据成都市委第四次巡视组巡视反馈意见及成都大学审计工作联席会议相关精神，针对科研横向项目存在违反规定报销差旅费的情况进行了整

改,追回违规使用资金66150元。暑假组织人文社科学院科研人员开展了国家、省、市相关科研经费管理文件的学习,督促相关人员严格遵守规定,科学编制项目预算和决算,合理合规使用资金。

【量质并举,稳步推进,彰显社科新成绩】一是科研项目与经费。2020年全年组织申报各级各类社科类纵向项目690项,共立项170项,其中国家级项目4项,包括国家社科基金一般项目1项、西部项目2项、艺术学项目1项;省部级项目23项,包括教育部人文社科一般项目1项、教育部国际合作与交流司2项、四川省社科规划项目16项、四川艺术基金项目2项、国家民委民族研究项目1项、国家广播电视总局社科研究特别委托项目1项;厅局级项目立项121项、其他纵向项目22项。截至2020年12月22日,人文社科到账纯科研经费达到2335.54万元,其中纵向630.24万元,横向1705.3万元,首次突破2000万元。二是政府奖励。一方面获成都市社会科学优秀成果奖项数有所突破。2020年我校作为第一完成单位荣获成都市第十四次哲学社会科学优秀成果奖37项,获奖项数同比增长12%,占总颁奖数142项的26%,其中一等奖1项,二等奖5项、三等奖31项。另一方面组织申报四川省第十九次社会科学优秀成果奖有所突破。积极组织我校全体社科工作者申报四川省第十九次社会科学优秀成果奖,经全校努力,请奖申报突破600项,最终成都大学社科联共受理652项,审核通过597项,经省社会科学评奖委员会办公室审查,344项申报成果合格。我校积极组织校外评审专家对申报合格成果进行初评,最终推荐26项(含绿色通道1项)优秀成果至省社科联。最后,组织申报文旅部2020年文化和旅游优秀研究成果奖。这是我校首次组织申报文旅部2020年文化和旅游优秀研究成果奖,经组织申报最终成功推荐1项成果至文旅部。三是科研平台建设。首先省部级平台建设取得显著进展。我处积极推进省部级、市级及校级平台的申报和建设工作。在中共四川省委宣传部、中共成都市委宣传部指导和支持下,整合学校资源和成都市相关资源,采纳各方专家意见、建议,推进筹建成都大学传统工艺研究院。根据《校长办公会决定事项通知》(〔2020〕336号)文件相关要求,同意该研究院按省级科研平台进行建设,为申报四川省中华传统文化研究院作准备。其次加强平台的管理和建设。不断加强现有平台的日常管理和建设,确保各级平台运行良好,积极组织开展第三批文化和旅游部重点实验室申报工作;组织申报成都市第二批哲学社会科学研究基地,成渝双城经济圈研究中心获批成立;组织申报四川省教育厅第一批全省高校重点中华优秀传统文化学院,成都大学天府文化学院获批成立。组织统筹城乡教育发展高水平研究团队、四川动漫研究中心等2个基地完成省重点研究基地2018—2020年的评估工作,协助区域和国别研究基地——泰国研究中心顺利通过教育部的评估并获得优秀。新增校级科研平台——韩国研究中心,稳步推进韩国研究中心申报教育部区域与国别研究中心筹备工作,协助师范学院筹建区域教育发展研究院。四是论文、专著及专利情况。全年,发表论文总数787篇,其中SCI/SSCI来源期刊16篇、A&HCI来源期刊1篇、CSSCI来源期刊82篇、中文核心期刊68篇。出版著作75部,其中第一署名单位58部。研究报告获得肯定性批示有7项(其中省级1项,副省级5项,厅局级1项),被政府部门采纳有7项(其中国家级1项,厅局级5项,其他1项);获得实用新型专利授权9项,发明专利申请6项,软件著作权2项。

【抢抓热点,服务地方,构建校城新融合】我处全面梳理、汇总、分析了学校与市级部门、区市县以及企事业单位开展的校院企地合作情况,利用人文社科科研与地方经济文化的交叉融合点,积极引导从事应用型的科研人员从为地方经济服务的角度寻找研究的热点。成渝地区双城经济圈研究中心为推进成渝地区双城经济圈基础研究和应用研究发挥了积极作用。旅游生态研究院完成了成都、甘孜、阿坝三地旅游联动发展规划研究及新津梨花溪文化旅游区科创空间规划设计,开展了系列地方乡镇文旅资源调研。会展经济发展研究院承办了2020国际会议业CEO峰会暨全球会议目的地竞争力指数发布活动等,以创新理念推进成都智库建设,为地方经济文化建设作出"智囊团"应

三、科学研究

有的贡献。

【学术交流，专家汇聚，营造学术新氛围】2020年，我处积极组织学术交流活动，邀请多名知名教授来校开展学术讲座，并邀请国家社科基金学科评议组评审专家、扬州大学文学院教授、博士生导师姚文放教授就社科基金项目的申报进行线上辅导，学校教师362人参加了本次辅导。另外，根据学校学术活动与交流资助管理办法，我处积极支持各人文社科学院科研学术活动、专家讲座等，进一步浓厚了学校学术氛围，充分发挥学术育人的作用。

【社科联工作成绩显著】2020年度成都大学社科联受理了全校社科工作者的省社科评奖申报600余项，做好了组织、协调工作，完成了申报成果的审核，组织校外专家对经省社会科学评奖委员会办公室审查合格的成果开展初评工作，最终将初评结果报送至省社科联。高效完成省、市社科联交办的各项工作，根据四川省人力资源和社会保障厅、四川省社会科学界联合会决定（川社联发〔2020〕4号），成都大学社科联被授予"全省社科组织先进集体"称号。

附件

成都大学2020年社科高水平论文一览表

序号	论文题目	第一作者	所属单位	发表刊物	收录类别	发表时间
1	Adolescents Exhibit Late Maturation of Long-Range Beta Coherences in Affective Processing	张文海	师范学院	Journal of Research on Adolescence	SSCI	2020.06
2	Prevalence and Correlates of PTSD and Depressive Symptoms One Month after the Outbreak of the COVID-19 Epidemic in a Sample of Homequarantined Chinese University Students	王钢	师范学院	Journal of Affective Disorders	SSCI	2020.05
3	Differential Dynamic Decision-making Model for Multi-stage Investment of Scenic Area	蒋奇杰	商学院	Alexandria Engineering Journal	SCI	2020.08
4	Associated Credit Risk Contagion with Incubatory Period: A Network-Based Perspective	徐凯	商学院	Complexity	SSCI	2020.08
5	Emotional Contexts Modulate Anticipatory Late Positive Component and Reward Feedback Negativity in Adolescents With Major Depressive Disorder	廖彩之	师范学院	Frontiers in Psychiatry	SSCI	2020.04
6	Effects of International Crude Oil Prices on Energy Consumption in China	邹高禄	旅游文化与产业学院	Energies	SSCI	2020.08
7	Finance Business Partnering and Manufacturing Firms' Performance: A mediating Role of Non-financial Performance	张翼飞	商学院	Journal of Business Economics and management	SSCI	2020.03
8	The Temporal Course of Vicarious Embarrassment: An Electrophysiological Study	曹云飞	师范学院	Social Neuroscience	SCI	2020.04
9	Fairness as a Social Cue and Verbal Framing in Risky Choices An Examination of the Ambiguity and Ambivalence Hypothesis	彭嘉熙	师范学院	Current Psychology	SSCI	2020.12

续表

序号	论文题目	第一作者	所属单位	发表刊物	收录类别	发表时间
10	Impact of Parental Absence on Insomnia and Nightmares in Chinese Leftbehind Adolescents: A Structural Equation Modeling Analysis	王 钢	师范学院	Children and Youth Services Review	SSCI	2020.05
11	Career Calling and Job Satisfaction in Army Officers: A Multiple Mediating Model Analysis	彭嘉熙	师范学院	Psychological Reports	SSCI	2020.10
12	Short Boredom Proneness Scale: Adaptation and validation of a Chinese version with college students	彭嘉熙	师范学院	Social Behavior and Personality	SSCI	2020.02
13	Chinese Industrial Outward FDI Location Choice in ASEAN Countries	马 胜	商学院	Sustainability	SSCI	2020.01
14	Data Estimation of Injury-Prone Sports by 3D Image Joint Probability Distribution	唐 迅	体育学院	Journal of Medical Imaging and Health Informatics	SCI	2020.04
15	A Reimagined World International Tertiary Dance Education in Lightof COVID-19	何洋托美次仁	中国—东盟音乐与舞蹈学院	Research in Dance Education	A&HCI	2020.06
16	舞台"活雕塑"健美健身动作造型的艺术空间探索	邓 嘉	体育学院	体育学刊	CSSCI	2020.09
17	人力资本积累——经济结构转型与高等教育发展	杨姗姗	商学院	财经科学	CSSCI	2020.11
18	人工智能机器人的刑事可罚性	王德政	法学院	中州学刊	CSSCI	2020.10
19	人工智能体犯罪主体资格的理论廓清与现实应对	王德政	法学院	新疆社会科学	CSSCI	2020.09
20	论宅基地和小产权房买卖中的"外来户"	米传振	法学院	重庆大学学报（社会科学版）	CSSCI	2020.07
21	论青藏高原河流名称藏英翻译模式及其意义	连真然	师范学院	西藏大学学报	CSSCI	2020.09
22	社会性别维度下中国现代文学叙事中的女性书写研究	谭 梅	师范学院	山东社会科学	CSSCI	2020.11
23	睡眠剥夺对风险决策的影响机制探讨	彭嘉熙	师范学院	心理科学进展	CSSCI	2020.11
24	比较视野下的艺术学科建设与文化艺术学术体系建构	刘晓萍	中国—东盟影视与动画学院	艺术百家	CSSCI	2020.04
25	悖论之美：敦煌壁画图像在动画影像中的形态嬗变	薛 峰	中国—东盟影视与动画学院	当代电影	CSSCI	2020.10
26	文化圈层景观格局下马来西亚电影的空间生产——从文化地理学与媒介地理学出发	刘晓萍	中国—东盟影视与动画学院	北京电影学院学报	CSSCI	2020.10
27	"电影机器"在中国大陆地区的扩散	刘 彤	中国—东盟影视与动画学院	电影艺术	CSSCI	2020.11

三、科学研究

续表

序号	论文题目	第一作者	所属单位	发表刊物	收录类别	发表时间
28	20世纪80年代国产娱乐片的"伤痕"叙事	陈彦均	中国－东盟影视与动画学院	北京电影学院学报	CSSCI	2020.11
29	成都大学中国－东盟艺术学院美术与设计学院高铁作品选	高 铁	中国－东盟美术与设计学院	当代文坛	CSSCI	2020.01
30	罗晓飞作品选	罗晓飞	中国－东盟美术与设计学院	当代文坛	CSSCI	2020.01
31	叙述·观念·话语——现代性知识话语论域"中国风"的三种叙述方式	佘国秀	中国－东盟美术与设计学院	北京社会科学	CSSCI	2020.06
32	图像叙述视域中的阿来小说《云中记》研究	佘国秀	中国－东盟美术与设计学院	民族文学研究	CSSCI	2020.03
33	艺术还是商品：传统年画研究的视角转换	杨 冬	中国－东盟美术与设计学院	南京艺术学院学报（美术与设计）	CSSCI	2020.01
34	黑镜——解蔽技术语境下后人类社会的离奇景象及现代性危机	张郑波	中国－东盟美术与设计学院	中国电视	CSSCI	2020.01
35	认知传播的理论谱系与研究进路——以体认、境化、行动的知觉－技术逻辑为线索	朱婧雯	中国－东盟影视与动画学院	南京社会科学	CSSCI	2020.05
36	电影如何激发观众的情感——卡尔·普兰丁格认知－知觉理论述评	卢 康	中国－东盟影视与动画学院	北京电影学院学报	CSSCI	2020.06
37	陌生人社会反思及疗愈——以新冠肺炎疫情报道为例	刘 彤	中国－东盟影视与动画学院	当代传播	CSSCI	2020.08
38	新时期军事体育科学训练抽绎	吕寻金	体育学院	西安体育学院学报	CSSCI	2020.09
39	三维动画视觉特征的形成与流变	罗天昱	师范学院	中国电视	CSSCI	2020.07
40	"8·8"九寨沟地震对区域旅游流地理分布及其流动的影响	刘大均	旅游文化与产业学院	干旱区资源与环境	CSSCI	2020.07
41	服务市场竞争加剧与地区制造业出口技术复杂度——基于兑现服务开放承诺的倍差法分析	龚 静	商学院	国际商务（对外经济贸易大学学报）	CSSCI	2020.09
42	论新中国70年广播电视传播理念的嬗变——基于媒介社会学框架之再梳理	欧阳宏生	中国－东盟影视与动画学院	现代传播（中国传媒大学学报）	CSSCI	2020.01
43	美国超级英雄动漫改编电影特征及内涵分析	杨 明	中国－东盟影视与动画学院	当代电影	CSSCI	2020.03

续表

序号	论文题目	第一作者	所属单位	发表刊物	收录类别	发表时间
44	2019年历史题材电视剧述评	朱婧雯	中国－东盟影视与动画学院	中国电视	CSSCI	2020.05
45	20世纪20年代图书馆员的技术学习与观念改造——以新会景堂图书馆所藏笃定与谭卓垣问答录为据	刘春玉	外国语学院	图书馆建设	CSSCI	2020.01
46	英语阅读中代词歧义消解机制研究——来自眼动追踪的证据	唐慧君	外国语学院	外语教学与研究	CSSCI	2020.01
47	民初宪法会议的困境与破解尝试（1916—1917）	彭涛	文学与新闻传播学院	史学月刊	CSSCI	2020.03
48	显现与弥合：中国图书版权贸易中的"距离效应"	车南林	文学与新闻传播学院	现代出版	CSSCI	2020.05
49	艾芜致樕绍农书信及序文	杨倩	文学与新闻传播学院	新文学史料	CSSCI	2020.05
50	跨文化视角下俄语语言理论与教学的整合性研究示范	张程	文学与新闻传播学院	中国出版	CSSCI	2020.07
51	基于知识图谱的儿童体质健康研究热点与研究前沿演化分析	李垂坤	体育学院	首都体育学院学报	CSSCI	2020.01
52	中华民族传统体育与中国社会现实生活世界的背离与回归	吕寻金	体育学院	首都体育学院学报	CSSCI	2020.05
53	消费习惯形成视角下城镇化质量对农村居民消费的影响	韦淼	商学院	农村经济	CSSCI	2020.04
54	例论商业动画电影的实验属性	罗天昱	师范学院	当代电影	CSSCI	2020.03
55	教育是实现特困地区有效脱贫的路径保障——以"三区三州"特困地区为分析个案	范小梅	师范学院	西北师范大学学报（社会科学版）	CSSCI	2020.01
56	民国四川女性报刊与女性文学创作：1912—1936	谭梅	师范学院	四川师范大学学报	CSSCI	2020.03
57	庭审实质化背景下监察调查取证规则的检视与完善	李海峰	法学院	社会科学	CSSCI	2020.05
58	文化海报设计	彭芳燕	中国－东盟美术与设计学院	现代出版	CSSCI	2020.08
59	绿色发展视域下我国城乡生态融合共生研究	眭海霞	旅游文化与产业学院	农村经济	CSSCI	2020.04
60	数字经济推动政府治理变革：外在挑战、内在原因与制度创新	衡容	商学院	电子商务	CSSCI	2020.06
61	对世界优秀男子网球运动员不同站位发球技术的运动学对比分析	刘雨	体育学院	体育科学	CSSCI	2020.08
62	论习近平新时代中国特色社会主义思想大众化	岳鹏	马克思主义学院	广西社会科学	CSSCI	2020.03

三、科学研究

续表

序号	论文题目	第一作者	所属单位	发表刊物	收录类别	发表时间
63	基于可持续发展的高原藏区旅游扶贫绩效评价	陈 颖	旅游文化与产业学院	社会科学家	CSSCI	2020.06
64	高校辅导员微信朋友圈思想政治教育内容及功能研究	王鹏云	体育学院	学校党建与思想教育	CSSCI	2020.10
65	西藏普惠金融发展水平测度及影响因素研究	李 蕴	商学院	西藏民族大学学报（哲学社会科学版）	CSSCI	2020.07
66	非法证据排除规则在监察程序中的价值预期与合理运用	李海峰	法学院	法治研究	CSSCI	2020.11
67	地域文化的电视呈现与效果提升	但 敏	中国—东盟影视与动画学院	新闻爱好者	CSSCI	2020.10
68	李星丽作品	李星丽	中国—东盟美术与设计学院	传媒	CSSCI	2020.02
69	传统文化的现代性阐释——浅析纪录片《中国的宝藏》	刘 颖	中国—东盟美术与设计学院	当代电视	CSSCI	2020.07
70	探析文博类电视文化节目文化传承的长尾效应	董 泓	中国—东盟美术与设计学院	当代电视	CSSCI	2020.08
71	高铁影响下成渝城市群旅游流网络的变化特征	刘大均	旅游文化与产业学院	世界地理研究	CSSCI	2020.05
72	考虑潜伏期的关联信用风险传染机理研究	徐 凯	商学院	运筹与管理	CSSCI	2020.03
73	信息双向传播、个体反应对关联信用风险传染的影响	徐 凯	商学院	系统工程	CSSCI	2020.03
74	基于随机前沿的区域创新绩效研究：创新网络结构视角	吴中超	商学院	技术经济	CSSCI	2020.04
75	RIS框架下应用型高校产学研协同创新与区域产业对接机制研究	吴中超	商学院	中国高校科技	CSSCI	2020.06
76	"版权蟑螂"式维权："视觉中国"系列网络事件反思	刘 彤	中国—东盟影视与动画学院	传媒	CSSCI	2020.01
77	新中国70年谍战剧的发展和变迁	邓 瑶	中国—东盟影视与动画学院	当代电视	CSSCI	2020.03
78	供需共振视域下中国与东南亚各国电视剧贸易合作路径探析	车南林	文学与新闻传播学院	电视研究	CSSCI	2020.04
79	"双链融合"应用型大学的产学研协同创新运行机制分析	吴中超	商学院	宏观经济管理	CSSCI	2020.04
80	民族纪录片《石榴花开》的视觉艺术及审美特征	李星丽	中国—东盟美术与设计学院	当代电视	CSSCI	2020.11

续表

序号	论文题目	第一作者	所属单位	发表刊物	收录类别	发表时间
81	新型农业经营主体的会计职能需求及其体系构建	詹孟于	商学院	河北经贸大学学报	CSSCI	2020.11
82	明末清初中西会遇中的譬喻：以天主存在的比喻证明为中心	何先月	马克思主义学院	基督教思想评论	CSSCI	2020.10
83	新历史主义小说在中国	邱岚	文学与新闻传播学院	中外文化与文论	CSSCI	2020.11
84	从《我所见到的牛津》的译介看李科克对中国现代文化的潜在影响	张睿睿	文学与新闻传播学院	现代中国文化与文学	CSSCI	2020.08
85	中国与澜湄五国出版产品贸易合作的问题与对策	车南林	文学与新闻传播学院	中国文化产业评论	CSSCI	2020.01
86	《儿童世界》对现代中国儿童文学本土化发展的影响	谭梅	师范学院	现代中国文化与文学	CSSCI	2020.03
87	法国汉学家朱利安对中国山水画道的哲学比较阐释	张郑波	中国－东盟美术与设计学院	中外文化与文论	CSSCI	2020.11
88	抢劫罪与敲诈勒索罪的区分——以最高人民法院第147号指导案例为切入点	王德政	法学院	法治论坛	CSSCI	2020.11

天府文化研究院

【概况】天府文化研究院深入开展学术研究、文化传播、人才培养、决策咨询工作，高水平建设天府文化研究院，切实有效"传承巴蜀文明、发展天府文化"，积极为成都文化建设与城市发展提供学术与智力支持。针对成都城市未来建设目标，成立"城市文化传播中心"。聚焦世界文化名城建设，从城市文化形象打造、文化符号提炼、文创产品开发、文化空间规划、文化生活优化、文化软实力提升等角度广泛开展宣传工作，有效推动天府文化的传承与传播。获评四川省首批"天府文化学院"。四川省教育厅发文正式公布第一批全省高校重点中华优秀传统文化学院名单，天府文化研究院被评为全省第一批高校重点中华优秀传统文化学院。启动高水平建设天府文化研究院项目。为更好地配合成都市文化建设与发展，服务于成都大学与地方区域经济社会、科研服务、协同发展的深度融合，在市委宣传部和学校各级领导的大力支持下，启动了高水平建设天府文化研究院项目。明确了研究院下一步在人才培养、科学研究、社会服务和空间打造等方向的发展目标和重点工作。

【学术研究】天府文化研究院汇集国内外一流专家学者，培养天府文化研究专精团队，深入开展天府文化的研究与普及，出版一系列天府文化研究的精品力作，丰富了天府文化的国际化传播路径，为构建公园城市人文环境提供了有力的学术支撑。出版《白鹿寻踪》《天府文化与成都的现代化追求英文版》《水利植国　优越秀冠　走近天府农耕文明》。此外，研究院博士独立撰写天府文化研究相关专著两部，《成都何在》由成都时代出版社出版，《颜之推家庭教育思想》（普及本）由山西人民出版社出版。积极申报国家社科基金资助项目，主持研究四川省哲学社会科学项目、成都市社科联合项目多项，在国内一流学术期刊上发表数篇论及成都城市建设、成都历史名人学术思想、成都古今文化特色的学术论文，其中权威C刊1篇，教改论文3篇，学术论文8篇。

【专题调研】完成"推进天府文化创新性发展，协同打造巴蜀文旅走廊"重大调研课题。为深入贯彻习近平总书记在中央财经委员会第六次会议上关于推动成渝地区双城经济圈建设的重要指示精神，落实省委关于成渝地区双城经济圈建设的重大战略部署，受成都市委宣传部委托，天府文化研究院承担了"推进天府文化创新性发展，协同打造巴蜀文化旅游走廊"的重大课题调研与执笔任务。完成市委宣传部《天府文化是巴蜀文化旅游走廊的璀璨明珠》报告文稿撰写。完成"天府文化高校传播路径"调研课题。为总结天府文化宣传普及成效，天府文化研究院受市精神文明建设办公室委托，从在蓉高校中选取部属院校、省属院校、市属院校开展集中调研，采集数据信息，完成调研报告文稿撰写。完成"先秦蜀文化的神秘浪漫特质与优雅时尚的城市形象塑造"调研课题。受成都市委宣传部文化传承发展处委托，对先秦时期蜀地的自然条件、古蜀的神话文学及古蜀文化的科学属性、哲学属性、美学属性进行深入挖掘和论证。在重新审视天府文化起源的基础上，对成都的环境个性、文化风貌和地标打造三个方面助力成都优雅时尚的城市形象，为成都世界文化名城的建设加入古蜀的智慧。开展"天府文化与区域文化一体化发展"系列调研。为进一步推进天府文化与

区域文化协同发展，为天府文化独特的区域表达方式提供对策建议。天府文化研究院协同成都市委宣传部文化传承发展处，对成都周边的区市县进行了"天府文化与区域文化一体化发展"系列调研，2020年对简阳、大邑、崇州、彭州等地进行了走访考察。跟进"简阳历史文化的挖掘与凝练"项目。简阳两千多年的建置史，为其孕育出了深厚丰富的历史文化，是表达天府文化的重镇。研究简阳文化是结合实际推动天府文化的一项重要举措。开展此课题研究旨在全面梳理简阳文化脉络，挖掘其核心和精髓，从中找到简阳文化在天府文化内涵中的担当和逻辑，增强本土文化自信和文化自豪。目前已形成最新方案，双方在研讨审议中。开展"武胜通史"项目调研。为深入推进中华优秀传统文化的传承发展，应武胜县史志办公室邀请，天府文化研究院将承担"武胜通史"项目的写作指导工作。该项目前期协调沟通良好，拟于2021年启动。

【协办"2020世界文化名城论坛·天府论坛"】天府文化研究院遵照市委宣传部指示，与成都市传媒集团共同筹办"2020世界文化名城论坛·天府论坛"。天府文化研究院院长、学术委员会主任应邀参加，两位专家分别在主题沙龙上发言，从天府文化的历史内涵、当代价值以及与创建世界文化名城关系的角度发表了独到见解。

【召开2020年成都市社科联联合项目结题评审会】天府文化研究院组织召开了2020年成都市社科联联合项目结题评审会。本次评审会共收到结题评审材料8项，评审通过6项，其中优秀结题4项。

【召开学术委员会议，专题研究天府文化】天府文化研究院组织召开了2020年天府文化研究院工作座谈会，全体在蓉学术委员会委员出席。会议总结了研究院成立以来已经完成以及正在进行的工作，并对如何高水平建设天府文化研究院进行论证研讨。此外，谭平院长还代表天府文化研究院参加了世界大学生运动会开幕式、闭幕式方案评审会议和四川省重大文化工程四川名人馆和四川省第二批历史名人的评审推荐会议，很好地提升了天府文化研究院的社会地位。

【人才培养】落实天府文化本土人才培养，面向汉语言文学、汉语国际教育、广播电视学、网络与新媒体等四个本科专业开设"成都通"本科生特色课程。现已有2016级、2017级、2018级三个年级共计1000余名学生通过课堂教学、社会实践、专题讲座、科普活动等形式加深了对成都悠久历史、天府文化实质内涵、城市未来发展目标的理解与把握，显著提升了就业竞争力、职业发展潜力。在成都大学文学与新闻传播学院面向新闻传播学专业硕士研究生开设专业课程"天府文化专题"，组织撰写课程教材，指导学生在成都15个区（市）县展开实践调研，全面拓展研究生解读、研究、宣传成都文化的能力，为成都城市建设、文化发展提供储备人才。研究院还积极组织开展、协作参与和天府文化研究及传播相关的各级各类人才培训，积极促进天府文化新人才培养方案，在各项文化交流活动中推广天府文化人才培养理念，实施学术研究、文化普及、人才培养三位一体共发展，取得了很好的成绩。

【文化普及】从创办以来，天府文化研究院一直致力于天府文化的传播与普及，将市民作为文化传承的重要力量，在社区、学校、干部培训、文化讲座中切实做好文化普及，并积极开展各类项目合作，促进发展。受新冠肺炎疫情影响，天府文化研究院讲座团队采取线上线下相结合的方式，先后在成都市博物馆、市妇联等单位开展专题讲座，并同步网络播出。内容涉及天府文化的历史渊源、代表人物、区域特色、时代发展、城市建设等多方面，总计达到30余场，线上线下听众约有4000余人，切实做好天府文化的推广与普及工作，得到了市民的高度评价。此外，谭平院长应四川电视台、成都电视台邀请，作为唯一嘉宾完成了五次巴蜀文化、天府文化专题节目录制，节目播出后取得了良好的社会反响。天府文化研究院与成都东周社文化传媒有限公司合作，联袂打造《品成都》天府文化高端视频节目，《品成都》节目组以节目内容生产为核心，由天府文化研究院的专家为顾问团和出镜嘉宾,结合成都大学相关专业师生,"东周社"负责组建电视专业团队,组成创作班子,精心创作。该项目计划用两年时间制作100集《品成都》专题片,形成"百集系列成都故事"规模。

统稿人:苗倬鼐
审稿人:陈 静

四、人才培养

教务工作

【本科招生概况】学校围绕适应在新技术环绕下成长起来的21世纪学习者需求，树立以学习者为中心的理念，加大教学改革，建设更加开放灵活课程体系和学习支持体系，不断推动从传授知识转变为引导和支撑学生朝着广泛、深入、艰巨的学习目标迈进。2020年，学校有全日制本专科在校生22729人；招生省份新增北京、上海、天津三市和湖北省，共计28个，基本覆盖全国大部分省份；一本招生规模持续扩大，录取人数较2019年增加187人；省内本科一批文、理科录取分数分别超出省控线14、16分，分列四川省属高校第七位、第十位。二本录取线明显提高，省内二本录取分数首次超出一本线；在二本（非中外合作）批次25个省份中，文理科或综合改革调档线均超所在省份一本省控线的省份16个，仅文科或理科录取线超所在省份一本线的省份3个；普通文理科中有94%的新生入学成绩超出生源地一本线。

【本科教育情况】机械设计制造及自动化专业通过国家工程教育专业认证，认证有效期6年，四川省仅我校和四川大学的该专业通过认证。截至目前，学校已有3个专业通过工程认证，人才培养质量得到认可和肯定。临床医学专业通过前期考察后，于11月9日至12日接受教育部临床医学专业认证专家组进校考察，取得良好反馈。2020年入选教育部一流专业"双万计划"13个，其中国家级一流专业建设点7个（学前教育、体育教育、机械设计制造及自动化、计算机科学与技术、食品科学与工程、会计学、动画），省级一流专业建设点6个（电子信息工程、小学教育、广播电视编导、视觉传达设计、药学、生物工程）。新增国家级一流课程2门，省级一流课程6门，省级应用型示范课程4门，创新创业教育示范课程1门。新增产学合作协同育人项目35项。近五年，产学合作协同育人项目获批教育部立项共计120项，涵盖六大类别。

【学校临床医学专业认证，专家进校考察】11月9日至12日，教育部临床医学专业认证工作委员会专家组组长、吉林大学李玉林教授，专家组副组长、广州医科大学魏东海教授，专家组成员上海交通大学邵莉教授、武汉大学余祥庭教授、复旦大学陈世耀教授、锦州医科大学李红玉教授、中南大学黄进华教授，专家组秘书西安交通大学王渊教授，专家组项目管理员北京大学汪恒老师一行9人莅临我校，开展为期四天的临床医学专业认证现场考察工作，全面了解学校临床医学专业教育教学情况。

11月9日上午，成都大学临床医学专业认证汇报会在综合楼B113举行。四川省教育厅副厅长彭翅、成都市人民政府副市长刘筱柳出席会议并讲话。专家组组长李玉林教授主持汇报会。市委教育工委书记，市教育局党组书记、局长，校党委书记刘强致欢迎词，校长、校党委副书记王清远主持欢迎仪式，校党委常委、副校长王小军汇报医学教育建设情况。全体校领导，相关职能部门负责人，临床医学院、基础医学院班子成员、系部主任、教师代表，校级教指委代表，校级督导代表参加会议。11月12日上午，成都大学临床医学专业认证专家进校考察反馈会在综合教学楼B113会议室举行。认证专家组全体成员，我校党委书记刘强，校长、党委副书记王清远出席反馈会。专家组组长、吉林大学李玉林教授代表专家组反馈专业认证现场考察初步意见。专家组副组长、广州医科大学教授魏东海主持会议。

【开展"2020相约成大"网络直播招生宣传系列活动】2020年5—6月，学校通过哔哩哔哩、360教育在线微博平台等开展了"2020相约成大"网络直播招生宣传系列活动。在本次活动中，学校教务处（招办）和各学院负责人、系主任以PPT、视频等形式进行直播宣传，共计开展16场直播，其中哔哩哔哩累计观看人数达到2万余人。直播过程中，各主讲人从考生家长关注度高的学院发展、专业建设、师资力量、课程建设、就业多方面对学校、学院进行了全方位介绍；在互动环节，主讲人对考生提出的招生政策和计划、新校区建设、地理位置、专业就业、实验室项目参与、双导师、学习课程、出国留学、考研、住宿环境、大运会等问题进行耐心解答，取得了良好的宣传效果。

【获奖及成果情况】2020年我校获省级以上奖项共计787项，其中国家级261项，省级526项，获奖总数比2019年净增18项。第六届中国"互联网+"大学生创新创业大赛，参赛队伍共计2521支，参赛人次达8741人次，经校赛选拔，推荐31支队伍参加省赛，获得省级金奖1项，银奖2项，铜奖10项。

2020年学校立项56项，重点资助有重大影响力的赛事。其中国家重点赛事共计56万元；省级重点赛事共计6万元，一般赛事共计2.7万元。资助标准为：国家级重点赛事1万元以上/项，省级重点赛事0.3万元以上/项，一般赛事0.3万元/项。

近五年，学生获得国家级学科竞赛奖励1237项，省级1929项。2020年大学生创新训练计划项目校级培育孵化414项，省级立项101项，国家级立项33项，比2019年净增10项省级。近三年我校大学生创新训练计划项目显性成果共计431项，其中公开发表期刊论文259篇，申请专利67项，取得软件著作权26篇，依托该项目参加学科竞赛获奖79项。第六届"互联网+"大学生创新创业大赛参与学生总计8741人次，指导教师3781人次，我校参加省赛项目总计31项，获四川省"互联网+"大学生创新创业大赛奖项总计13项，其中外国语学院学生徐灯枫负责的项目"林下还原野生猴头菇的研发和种植"获得省级金奖。学校位列2019中国公办高校创业竞争力排行榜第93位。截至2020年，张澜学院升学率为93%，4级过级率达到100%，6级过级率为85%，在SCI、EI等来源期刊上发表50余篇学术论文，申请国家专利20余项。

附件1

成都大学2019年在建省部级以上质量工程项目一览表

序号	项目类别	立项时间	项目等级	项目名称	项目负责人	所属单位
1	一流专业	2019	国家级	旅游管理	练红宇	旅游与文化产业学院
2	一流专业	2020	国家级	学前教育	刘先强	师范学院
3	一流专业	2020	国家级	体育教育	冉 建	体育学院

续表

序号	项目类别	立项时间	项目等级	项目名称	项目负责人	所属单位
4	一流专业	2020	国家级	机械设计制造及其自动化	李俭	机械工程学院
5	一流专业	2020	国家级	计算机科学与技术	叶安胜	计算机学院
6	一流专业	2020	国家级	食品科学与工程	刘达玉	食品与生物工程学院
7	一流专业	2020	国家级	会计学	马胜	商学院
8	一流专业	2020	国家级	动画	代钰洪	影视与动画学院
9	一流专业	2019	省级	法学	邓陕峡	法学院
10	一流专业	2019	省级	泰语	李萍	外国语学院
11	一流专业	2019	省级	自动化	雷霖	电子信息与电气工程学院
12	一流专业	2019	省级	软件工程	于曦	计算机学院
13	一流专业	2019	省级	土木工程	王清远	建筑与土木工程学院
14	一流专业	2020	省级	电子信息工程	唐毅谦	电子信息与电气工程学院
15	一流专业	2020	省级	小学教育	陈大伟	师范学院
16	一流专业	2020	省级	广播电视编导	郭道荣	影视与动画学院
17	一流专业	2020	省级	视觉传达设计	王小军	美术与设计学院
18	一流专业	2020	省级	药学	郭晓强	药学院
19	一流专业	2020	省级	生物工程	孙雁霞	食品与生物工程学院
20	一流线上课程	2020	国家级	教师职业道德	陈大伟	师范学院
21	一流混合课程	2020	国家级	出纳实务	王积慧	商学院
22	一流混合课程	2020	省级	模拟电子电路	胡庆	信息科学与工程学院
23	一流混合课程	2020	省级	出纳实务	王积慧	商学院
24	一流混合课程	2020	省级	高等数学A+（1）	韩天勇	电子信息与电气工程学院
25	一流线下课程	2020	省级	中国法制史	廖峻	法学院
26	一流线下课程	2020	省级	电工学	赵悦	机械工程学院
27	一流线下课程	2020	省级	产品造型基础	董泓	美术与设计学院
28	创新创业教育示范课程	2020	省级	绩效管理	李琳	商学院
29	创新创业教育示范课程	2018	省级	广告设计与制作	马丽娃	美术与设计学院
30	创新创业教育示范课程	2018	省级	Web前端开发基础	鄢涛 于曦	计算机学院
31	应用型示范课程	2019	省级	中级财务会计	曹明才	商学院
32	应用型示范课程	2019	省级	食品保藏原理	刘达玉	食品与生物工程学院

四、人才培养

续表

序号	项目类别	立项时间	项目等级	项目名称	项目负责人	所属单位
33	应用型示范课程	2019	省级	畜产品加工学	王 卫	食品与生物工程学院
34	应用型示范课程	2019	省级	财务管理	朱盈盈	商学院
35	应用型示范课程	2019	省级	证据法学	邓陕峡	法学院
36	创新创业教育示范课程	2020	省级	绩效管理	李 琳	商学院
37	"课程思政"示范课程	2019	省级	新媒体概论	刘 彤	影视与动画学院
38	"课程思政"示范课程	2019	省级	教育学A	万正维	师范学院
39	应用型示范课程	2020	省级	食品机械与设备	张 崟	食品与生物工程学院
40	应用型示范课程	2020	省级	基础会计	马 胜	商学院
41	应用型示范课程	2020	省级	行政法与行政诉讼法	唐文娟	法学院
42	应用型示范课程	2020	省级	课程与教学论	张 勇	师范学院

成都大学2019年在研教学改革项目目录

序号	项目名称	项目负责人	项目级别	所属单位
1	城市型综合大学卓越教师培养的立体化全景式协同研究	刘先强	省级重点	师范学院
2	食品与生物医药类工科人才的校城融合培养模式研究	刘达玉	省级重点	食品与生物工程学院
3	城市型大学"一带一路"国际化人才协同培养机制的研究与实践	王清远	省级重点	外海教育学院
4	"双创"教育引领应用型综合大学人才培养模式改革与实践	唐毅谦	省级重点	学校办公室
5	面向工程教育认证的机械类专业人才培养模式及质量保障机制改革与实践	唐 茂	省级一般	机械工程学院
6	建立实践教学基地建设长效机制,助推应用型人才培养	张学权	省级一般	旅游与文化产业学院
7	创新创业视域下高校艺术类工作室制人才培养模式的研究与实践	罗 徕	省级一般	美术与设计学院
8	以师导学,以创促学,以学带学——广告设计课程体系的创新能力模块重构	秦 洁	省级一般	美术与设计学院
9	"一带一路"背景下产品设计专业民族图样创新实践能力培养模式的改革与探索	熊丽娟	省级一般	美术与设计学院
10	地方高校拔尖创新人才培养机制的探索与实践	杨明娜	省级一般	商学院
11	区域国际化复合型"外语+"人才培养模式研究与实践	李 萍	省级一般	外国语学院
12	基于高等教育质量监测国家数据的实践教学质量保障体系构建	苏 蓉	省级一般	发展规划处

续表

序号	项目名称	项目负责人	项目级别	所属单位
13	成龙谷孵化园支撑下新工科大学生创新实践能力培养模式的研究与探索	张修军	省级一般	信息科学与工程学院
14	"互联网+"时代课程教学模式的改革研究与实践	鄢涛	省级一般	信息科学与工程学院
15	以OBE为导向基于契约机制的教学大纲设计与使用	李小玲	省级一般	信息科学与工程学院
16	学以致用，地方高校"三元耦合"协同培养计算机类专业创新创业人才探索与实践	游磊	省级一般	信息科学与工程学院
17	新工科背景下地方高校信息类专业创新创业人才培养体系的改革与实施	周晓清	省级一般	信息科学与工程学院
18	深度融合人工智能技术的创新创业型人才培养模式研究与实践	胡德昆	省级一般	信息科学与工程学院
19	基于区块链技术的创新创业类竞赛与"双创"理论课程深度融合的研究与实践——以计算机类专业为例	李立	省级一般	信息科学与工程学院
20	依托科研团队，探索和实践科研反哺教学，助推"应用型、创新型"人才培养	陈绍祥	省级一般	信息科学与工程学院
21	医学生专业教育与双创教育融合探索与实践	万君	省级一般	基础医学院
22	以口腔临床胜任力为导向的口腔护理人才培养模式初探	何隘	省级一般	基础医学院
23	基于大数据的"三位一体"大学生创新教育模式研究	程丽佳	省级一般	基础医学院
24	基于移动互联网技术的新型教学评价与大数据分析教学反馈的实践和研究	冉伶	省级一般	基础医学院
25	大学医学生专业基础知识在创新创业中的实践与探索	岳青	省级一般	基础医学院
26	新时代高校"学生事务"与大学生"服务学习"共生创新模式探索	黄敏	省级一般	音乐与舞蹈学院
27	地方综合性大学开展新工科教育的探索与实践	叶安胜	省级一般	教务处
28	以职业需求为导向的地方高校专业学位研究生培养质量保障体系的构建与实施	陈琳	省级一般	研究生处
29	食品科学与工程	刘达玉	省级一般	食品与生物工程学院
30	小学教育	陈大伟	省级一般	师范学院
31	会计学	刘金彬	省级一般	商学院
32	中级财务会计	曹明才	省级一般	商学院
33	食品保藏原理	刘达玉	省级一般	食品与生物工程学院
34	畜产品加工学	王卫	省级一般	食品与生物工程学院
35	财务管理	朱盈盈	省级一般	商学院
36	证据法学	邓陕峡	省级一般	法学院
37	广告设计与制作	马丽娃	省级一般	美术与设计学院
38	WEB前端开发技术	鄢涛	省级一般	信息科学与工程学院

四、人才培养

续表

序号	项目名称	项目负责人	项目级别	所属单位
39	法学	邓陕峡	省级一般	法学院

教育部高教司产学合作协同育人项目

序号	项目类别	立项批次	项目名称	项目负责人
1	创新创业教育改革	2018年第二批	基于探索者的CDIO创新教学模式改革	唐茂
2	教学内容和课程体系改革	2018年第二批	Android物联网教学内容和课程体系改革	铁玲
3	教学内容和课程体系改革	2018年第二批	基于"产学研"一体化的计算机专业应用型创新人才培养模式研究与实践——基于Python+人工智能方向	刘昶
4	教学内容和课程体系改革	2018年第二批	项目驱动教学法在微型计算机课程模块中的创新与实践	方红
5	师资培训	2018年第二批	大数据技术前沿培训项目	黄荣兵
6	实践条件和实践基地建设	2018年第二批	成都大学&东增电子校园直饮水项目实践基地	游磊
7	创新创业教育改革	2018年第二批	"学科竞赛链"与"成果转化链"双链融合培养嵌入式专业创新创业人才教育改革	游磊
8	创新创业教育改革	2018年第二批	"互联网+"大学生创新创业能力培养模式研究与探索	陈二阳 袁姜红 李跃鹏
9	创新创业教育改革	2018年第二批	基于OBE理念的第二课堂大学生创新创业能力培养实践机制探索	刘巧玲 肖小琼 张修军
10	创新创业教育改革	2018年第二批	基于创新创业平台与学科竞赛平台的线上线下混合双创教学模式研究与实践	李立
11	创新创业教育改革	2018年第二批	创新创业类竞赛与双创理论课程教学相融合的大学生创新能力培养模式研究与实践	李立
12	教学内容和课程体系改革	2018年第二批	隧道工程仿真技术综合教学实训体系建设	谢飞鸿
13	教学内容和课程体系改革	2018年第二批	绩效管理混合式教学改革研究	李琳
14	教学内容和课程体系改革	2018年第二批	跨境电商情景下《国际贸易实务》课程体系建设与改革	徐凯
15	教学内容和课程体系改革	2018年第二批	《生产运作管理》翻转课堂教学模式的实践和研究	吴中超
16	教学内容和课程体系改革	2018年第二批	面向创新人才培养的《财务管理案例分析》课程教学改革与探索	朱盈盈
17	实践条件和实践基地建设	2018年第二批	财务共享实践教学平台	刘金彬

续表

序号	项目类别	立项批次	项目名称	项目负责人
18	实践条件和实践基地建设	2018年第二批	财经新生职业导师计划	刘金彬
19	实践条件和实践基地建设	2018年第二批	法学专业模拟与实训系统建设项目	唐文娟
20	教学内容和课程体系改革	2018年第二批	基于"智能云教学"的妇产科护理学课程体系改革	李麟霞
21	教学内容和课程体系改革	2018年第二批	基于蓝墨云班课的《药理学》教学改革	邹 亮
22	师资培训	2018年第二批	基于医学生专业教育与双创教育协同培养模式视角的师资能力模型构建	万 君
23	师资培训	2018年第二批	成都大学医学院智能云教学青年师资培训项目	符 佳
24	教学内容和课程体系改革	2018年第二批	基于蓝墨云班课的《医学细胞生物学》实验教学改革	李 维
25	师资培训	2018年第二批	"互联网＋"视角下地方高校师资培训新模式的探索与实践	彭长宇 李瑞瑾
26	创新创业教育改革	2018年第二批	地方综合性大学实践创新育人体系改革与实践	林晓琴
27	实践条件和实践基地建设	2019年第一批	跨境电子商务实践教学平台	魏尼亚
28	实践条件和实践基地建设	2019年第一批	成都大学BIM沙盘＋VR互动教学实训室建设	王锡琴 刘 洁 董建辉
29	教学内容和课程体系改革	2019年第一批	基于超星在线平台的混合式金课教学模式探索与实践	叶安胜
30	教学内容和课程体系改革	2019年第一批	外贸单证教学探索与实践	徐 凯
31	创新创业教育改革	2019年第一批	地方高校师资培训新模式的探索与实践	李瑞瑾 彭长宇 林晓琴
32	创新创业教育改革	2019年第一批	基于众创空间的校企联合"五位一体"创新创业体系研究与实践	刘巧玲
33	教学内容和课程体系改革	2019年第一批	结合美学设计与传播的课程改革研究——以《外国建筑史》为例	陈佳美
34	教学内容和课程体系改革	2019年第一批	基于现代信息技术的慕课及翻转课堂的开发与研究——以成都大学桥梁工程CAD为例	高 珊 李文渊 林智敏
35	师资培训	2019年第一批	基于虚拟仿真实验项目的开发与应用师资培训	李文渊 邵俊虎 高珊
36	教学内容和课程体系改革	2019年第一批	基于开源技术的移动开发技术课程项目	黎忠文 杨剑锋 胡 威
37	师资培训	2019年第一批	教师的标准化实验知识及操作技能再提升培训	张 鉴
38	实践条件和实践基地建设	2019年第一批	国际合作人文艺术精品实践基地建设	何洋托美次仁

四、人才培养

续表

序号	项目类别	立项批次	项目名称	项目负责人
39	实践条件和实践基地建设	2019年第一批	基于产科教融合的生物工程人才校外实践基地建设与研究	时小东 彭镰心 邱爱东
40	实践条件和实践基地建设	2019年第一批	财务共享实践教学中心建设	曹明才
41	实践条件和实践基地建设	2019年第一批	计算机专业教学创新实践示范中心建设	王文杰
42	实践条件和实践基地建设	2019年第一批	基于市政设施施工管护的BIM实践基地建设	袁翱 蒋沂楠 袁超
43	教学内容和课程体系改革	2019年第一批	基于VR技术的慢病急症护理思维训练项目的开发	许毅
44	实践条件和实践基地建设	2019年第一批	《基础护理学》虚拟仿真实践教学基地建设	谈学灵 来平英
45	实践条件和实践基地建设	2019年第一批	成都大学建筑与土木工程学院工程管理系信息化（BIM）应用实训中心及实践基地建设	杨平
46	师资培训	2019年第一批	人工智能培训——提高教师的实践教学能力	雷霖 赵永鑫 李跃鹏
47	教学内容和课程体系改革	2019年第一批	力学课程教学中有限元辅助模拟建设	蔡萌琦

教育部高教司产学合作协同育人项目

序号	项目类型	项目批次	项目名称	项目负责人
1	新工科建设	2019年第二批	面向智能制造的自动化专业升级改造探索	方红
2	新工科建设	2019年第二批	自动化专业新工科建设	方红
3	新工科建设	2019年第二批	基于新工科建设的人工智能与机器人技术	李跃鹏
4	教学内容和课程体系改革	2019年第二批	数字SoC系统的FPGA实现	高俊枫
5	教学内容和课程体系改革	2019年第二批	计算机专业Android开发课程项目	黎忠文
6	教学内容和课程体系改革	2019年第二批	基于CDIO工程教育理念的应用型人才培养模式研究	陈二阳
7	教学内容和课程体系改革	2019年第二批	"新工科"背景下土建类《工程测量》课程改革与建设	徐万福
8	教学内容和课程体系改革	2019年第二批	思政教育视域下专业课程的教学改革与建设	黄进
9	教学内容和课程体系改革	2019年第二批	面向新工科的《统计学》课程改革与建设	刘洁
10	教学内容和课程体系改革	2019年第二批	法学示范性"课程思政"的教育教学改革	唐文娟
11	教学内容和课程体系改革	2019年第二批	基于虚拟仿真的课程教学软件的开发应用——以《房屋建筑学》为例	王钟箐
12	教学内容和课程体系改革	2019年第二批	课程思政视域下建筑设计类专业课程的教学改革与实施探索——以《幼儿园建筑设计》课程为例	张妍

续表

序号	项目类型	项目批次	项目名称	项目负责人
13	教学内容和课程体系改革	2019年第二批	面向应用型人才培养的《Python程序设计及数据分析》教学研究	易发胜
14	教学内容和课程体系改革	2019年第二批	基于CDIO模式的《非线性编辑》课程产学协同育人教学改革研究	彭 涛
15	教学内容和课程体系改革	2019年第二批	《英语视听说》(国际化人才英语演讲)教学内容和课程体系改革	李 萍
16	教学内容和课程体系改革	2019年第二批	面向应用型人才培养的《Python程序设计》示范课程建设	赵丽琴
17	教学内容和课程体系改革	2019年第二批	人工智能课程教学改革	赵永鑫
18	教学内容和课程体系改革	2019年第二批	基于"云财务"的管理会计示范课程建设	朱盈盈
19	教学内容和课程体系改革	2019年第二批	建筑结构抗震课程教学中有限元辅助模拟建设	侯 杰
20	教学内容和课程体系改革	2019年第二批	《电机原理与拖动基础》课程教学内容改革	赵永鑫
21	教学内容和课程体系改革	2019年第二批	《面向对象程序设计》教学内容和课程体系	余小东
22	师资培训	2019年第二批	新一代信息技术背景下应用型本科院校"复合型"师资培养研究	赵丽琴
23	师资培训	2019年第二批	集成电路测试系统软件开发师资培训	李 立
24	师资培训	2019年第二批	教师虚拟仿真实验知识及操作技能培训	刘文龙
25	师资培训	2019年第二批	财务共享实践教学师资研修	周筱蕊
26	师资培训	2019年第二批	新一代信息技术背景下本科院校"双师型"师资培养研究	赵丽琴
27	师资培训	2019年第二批	基于BIM与GIS融合应用的师资培训	袁 伟
28	师资培训	2019年第二批	大数据技术高校师资培训	陈晓丹
29	实践条件和实践基地建设	2019年第二批	基于BIM技术和三维激光扫描技术的建筑施工BIM实践基地建设	袁 翱
30	实践条件和实践基地建设	2019年第二批	产教共同体背景下IT类专业校外实践基地建设研究	陈二阳
31	实践条件和实践基地建设	2019年第二批	计算机人工智能创新实践教学体系建设	古沐松
32	实践条件和实践基地建设	2019年第二批	跨境电商校内实训基地建设	徐 凯
33	实践条件和实践基地建设	2019年第二批	成都大学建筑学VR虚拟现实实践基地建设	龚曲艺
34	创新创业教育改革	2019年第二批	建筑学创新创业一体化实训平台建设	李际梅
35	创新创业教育改革	2019年第二批	以企业导师制为核心的应用型城市大学校企合作的探索与实践——以成都大学建筑与土木工程学院为例	向 黎

附件 2

成都大学 2020 年本科专业设置一览表

序号	专业大类	专业名称	专业代码	备注
1	中国语言文学类	汉语言文学	050101	
2		汉语国际教育	050103	
3	外国语言文学类	英语	050201	
4		泰语	050220	
5		商务英语	050262	
6	新闻传播学类	网络与新媒体	050306T	
7		广播电视学	050302	
8	音乐与舞蹈学类	音乐表演	130201	
9		舞蹈表演	130204	2020年招生
10	戏剧与影视学类	广播电视编导	130305	
11		动画	130310	
12	美术学类	绘画	130402	
13	设计学类	视觉传达设计	130502	
14		环境设计	130503	
15		产品设计	130504	
16	经济与贸易类	国际经济与贸易	020401	
17	法学类	法学	030101K	
18	社会学类	社会工作	030302	2019年新增
19	马克思主义理论类	思想政治教育	030503	2020年新增
20	教育学类	艺术教育	040105	2014年停招
21		学前教育	040106	
22		小学教育	040107	
23		特殊教育	040108	
24	体育学类	体育教育	040201	
25		社会体育指导与管理	040203	
26		休闲体育	040207T	
27	数学类	信息与计算科学	070102	
28	心理学类	应用心理学	070203	
29	机械类	机械设计制造及其自动化	080202	
30		材料成型及控制工程	080203	
31		车辆工程	080207	
32	仪器类	测控技术与仪器	080301	
33	电气类	电气工程及其自动化	080601	

续表

序号	专业大类	专业名称	专业代码	备注
34	电子信息类	电子信息工程	080701	
35		通信工程	080703	
36	自动化类	自动化	080801	
37	计算机类	计算机科学与技术	080901	
38		软件工程	080902	
39		网络工程	080903	
40		数字媒体技术	080906	
41		物联网工程	080905	
42		数据科学与大数据技术	080910T	2020年招生
43	土木类	土木工程	081001	
44	测绘类	测绘工程	081201	
45	化工与制药类	制药工程	081302	
46	环境科学与工程类	环境工程	082502	
47	建筑类	建筑学	082801	
48	食品科学与工程类	食品科学与工程	082701	
49		食品质量与安全	082702	
50	生物工程类	生物工程	083001	
51	临床医学类	临床医学	100201K	
52	药学类	药学	100701	
53	医学技术类	口腔医学技术	101006	
54	护理学类	护理学	101101	
55	管理科学与工程类	工程管理	120103	
56		工程造价	120105	
57	工商管理类	工商管理	120201K	
58		会计学	120203K	
59		财务管理	120204	
60		文化产业管理	120210	
61		审计学	120207	
62	旅游管理类	旅游管理	120901K	
63		会展经济与管理	120903	

统稿人：刘　晓

审稿人：彭长宇

学生工作部（学生处）工作

【概况】2020年党委学生工作部牢记"立德树人"初心使命，践行"以生为本"发展理念，保持"战时状态"，坚决打好学生疫情防控、宿舍改造搬迁、毕业生就业"三大战役"，着力在大学生思想政治教育、就业、资助、事务大厅服务、宿舍管理等方面服务学生成长成才。

【资助育人，助力成长】2020—2021学年，我校本专科家庭经济困难学生认定人数为8556人，其中特别困难2373人。完成本专科679名国家励志奖学金、5932名国家助学金的评选工作，报送72名学生的征兵入伍国家资助申请。发放疫情期间留校学生生活慰问和临时困难补助505人，发放新生奖学金275人，全年本专科各类资助总金额达2476.4815万元，受助15883人次。拓展校友资助，共计吸纳社会资金40.14万元，资助120人次。完成学院学生资助育人示范项目7个立项。开展"为家庭经济困难学生寄送返校所需防疫物资""为受疫情影响较重地区、偏远地区家庭经济困难新生邮寄'爱心助学包'""诚信教育宣传作品征集"和"防诈骗金融知识进校园"等资助育人活动。设置541个勤工助学岗位；建立就业帮扶台账，发放补贴140余万元；发放国家奖助学金、勤工助学酬金、孤残学生慰问等19类奖助项目资金3856余万元。优化升级学生事务服务项目，累计接待办理学生事务480万余人次，接待来访参观交流20余批次；构建学生健康动态管理网络体系，累计学生健康动态管理数据353万条。公寓服务提升获得感，在学生宿舍8栋试点构建第一个书院制学生社区；新增党员服务站3个，优化升级6个；荣获"2019—2020年度四川省高校学生公寓先进集体"。

【学生事务服务大厅2020年高效运行】2020年，我校新增ISP学生综合服务平台疫情防控管理、校友服务2项模块，为大运宿舍搬迁、毕业生离校、秋季开学共计9批次学生返校及返校后出入校园管理提供保障；完成服务空间改造，优化功能布局，增设10台自助终端服务设备，开发ISP学生综合服务平台语音版操作平台。

【开展系列宿舍活动】2020年10月26日—11月16日，我校举办首届橙园社区"21天打卡"活动（第一季），全校5830名住宿学生踊跃参与；2020年11月15日—11月27日，我校举办首届"'喜迎大运，唱响大运'学生宿舍歌唱大赛"，全校300余间学生寝室积极踊跃参与，评选出一、二、三等奖各1、2、3名，优秀奖5名；2020年11月20日—12月6日，我校举办第二届"寝室愿景规划大赛"，全校350多间学生寝室积极踊跃参与，评选出一、二、三等奖各1、2、3名，优秀奖4名。

【疫情防控期间完成大运村学生宿舍的改造和搬迁】2020年2—5月，组织教职员工为住宿学生返校打包和搬迁包裹共63000余个，邮寄包裹共5590个，进行寝室卫生整理和通风4827间，完成寝室窗帘的更换和清洗晾晒1400余间。每批次均提前交付改造施工，为大运村建设学生宿舍改造赢得宝贵的时间。

【打造思政品牌活动】开展"学四史，铭初心，担使命"等各类主题思想教育活动20余次；举办公寓微党课品牌项目"橙园微课"系列活动70余场次；讲好战"疫"育人故事，发布、转载防

疫推文1600余篇,开展防疫特别季名师沙龙、朋辈沙龙8场。优化以教育部网络思政平台"易班"为中心的"微信+微博+自媒体"载体建设,易班工作站获四川省易班共建高校"易班特色应用"荣誉称号,推送新媒体图文1140篇,浏览量22.7万余次。

【组织返校、迎新、毕业工作】科学制定春秋两季"学生返校、迎新工作方案",完成春、秋季10个批次共24325名学生返校工作。2020年6月9日,"思源致远"毕业生典礼在学生活动中心演播厅举行,3万余人通过线上直播感受毕业氛围。2020年9月24日,2020级新生"载梦起航"开学典礼在学生活动中心演播厅举行,6000余名学生通过直播线上观看。

【加强合作,精准施策,做好毕业生就业工作】2020年5月21日,党委常委、副校长彭晓琳率机械、建工、旅游、文新、商学院等负责人赴宜宾与市人力资源服务中心以及各商协会会长、宜宾各大型企业人力资源负责人等开展校企合作座谈。会后彭晓琳代表学校向宜宾临港房协授牌。临港房协将作为我校在宜宾的首个针对毕业生就业合作的平台,搭建成大毕业生与宜宾企业的沟通桥梁。

精准施策,形成"学校领导主抓、部门分工负责、院系上下联动、师生全员参与"的就业工作新格局;整合、提供校内科研、教学、管理工作岗位87个,吸纳应届毕业生在校就业;开拓招收第二学士学位学生120人。通过邮件、短信、微信等渠道向用人单位发送邀请函10300余份,组建高质量就业单位库2300家,举办17场"空中双选会",3896家单位参加,提供17377个招聘岗位。推送就业信息7175条,浏览量达1560171余次;校院两级举办线上宣讲会562场。毕业生初次就业率为86.41%,高于全省高校平均就业率0.64个百分点,高于全国高校平均就业率5.41个百分点。圆满完成教育部2020届就业布点监测工作。

2020届考研录取率为14%,较2019届提高2.35%,考取"双一流"和海外名校的比例增加到20.1%。学校2020届毕业生就业工作获人民网专题报道。

【承办大型会议】2020年1月6日—7日,全省114所高校分管学生思想政治工作校领导、学生思想政治工作部门负责人和参赛选手近500人参与比赛,我校刘翱翔辅导员获二等奖。1月7日下午,四川省高校学生思想政治工作研究会2019年年会在成都大学召开。来自全省109所高校约300名代表参会。我校党委学工部副部长许庆荣代表学校在会上作题为《构建高校"一站式、三聚合、五协同"学生公寓(社区)党建和思政工作新格局》的主题交流发言

【开展"我为大运做贡献,当好大运主人翁"精品班会大赛】2020年11月—12月开展"我为大运做贡献,当好大运主人翁"精品班会大赛,评选出一、二、三等奖各1、2、3名。此次大赛进一步凝聚了全校力量全力以赴支持和协同建好大运村的深厚氛围。

【学工党支部通过教育部首批"全国党建工作样板支部"验收】学工党支部自2018年12月入选全国党建工作样板支部培育创建单位以来,积极探索"三维一体"党员教育实践模式,优化升级一站式学生事务服务大厅,打造公寓(社区)一站式党群服务空间和易班工作站,开展大学生艺术节、"名师沙龙"、"CC空间"创客校园行等特色活动,构建"入学教育+主题教育+典礼教育"日常思政教育格局,形成了一套可借鉴、可复制、可推广的高校党支部建设经验,如期完成培育创建任务,顺利通过首批"全国党建工作样板支部"验收。

【获奖情况】紧密结合学科专业打造育人特色,立项二级学院学生工作特色项目17项。公寓党建荣获成都市2019年度基层党建优秀创新项目三等奖。"构建'一站式、三聚合、五协同'学生公寓(社区)党建新格局"党建项目获成都市委组织部表彰。加强辅导员队伍专业化职业化建设,辅导员全年立项课题30余项,发表论文52篇,其中核心3篇,获得省、市级以上奖项29项,学校奖励7项。

统稿人:覃晓岚

审稿人:李 维

四、人才培养

研究生工作

【概况】我校是国务院学位委员会首批（1981年）确定的硕士学位授予单位。现有博导资格教师27人，硕士研究生导师436人，各类在校研究生近1400人。学校以培养高层次应用型人才为目标，立足学科优势，培育行业化人才，采用双导师指导模式，构建了产学高度结合、校企密切协同的创新培养机制。通过增强课程内容的前沿性和高质量课程学习，强化研究生的科学方法训练和学术素养培养。要求并支持研究生更多参与前沿性、高水平的科研工作，促进课程学习和科学研究的有机结合，利用学中做、做中学等方法加强研究生的科研能力。通过走出去、引进来的方式，以企业需求为导向，探索与企业建立"共建共享"的长效机制，深入开展应用型科学研究协同创新和成果转化，努力形成企业出任务、学校做研究、企业用成果的共建模式。每年投入专项建设经费支持研究生科研成果转化，引领研究生潜心钻研，多出优秀科研成果，多进行成果转化。

【加强学习，系统谋划，落实精神】通过专题学习、专栏报道、持续跟踪，做好全国研究生教育会议精神的系统学习、普及宣传、广泛研讨，开设"聚焦全国研究生教育会议"专栏，收集整理发布相关报道50余条。系统谋划学科与研究生教育的"十四五"规划，学习领会全国研究生教育会议精神的基础上，全面总结"十三五"研究生教育工作，围绕改革创新认真谋划"十四五"发展，确定了"一个目标、四项任务、十大举措"。2020年，研究生处在学校党委的领导下，认真学习领会习近平总书记关于研究生教育工作的重要指示、李克强总理重要批示、孙春兰副总理在全国研究生教育会议上的重要讲话精神以及四川省研究生教育会议精神，以"立德树人、服务需求、提高质量、追求卓越"为主线，紧紧围绕早日建成"特色鲜明、国内一流应用型城市大学"的奋斗目标和学校2020年工作要点，在广泛调研基础上起草了《成都大学研究生教育五年行动计划》。

【积极扩大研究生招生规模】100%完成争取到的600名招生指标，招生规模较上年增长70%；统一组织了全校13个学科（领域）的网络远程复试工作，实现复试录取工作"安全、公平、公正"；强化疫情防控下的网络宣传，2021年一志愿报考3215人，比上年增长76%；组织完成2021级研究生自命题工作，印制试卷4250份，通过机要寄送到全国311个考点，安全、规范组织考生完成初试。

【依序开展研究生招生组考工作】通过多方调研、优化架构、健全部门协作机制、强化流程管理设计等，有序开展疫情防控下的2021年全国硕士研究生招生考试考点相关工作；组织3468名考生在我校完成网上信息确认，组织监考及考务工作人员320多名，在常态化疫情防控形势下组织考生在我校考点完成硕士研究生招生考试，考场秩序良好，实现"平安研考"的总目标。

【首次开展网络远程招生复试工作】受新冠肺炎疫情影响，为确保研究生招生复试工作的安全性、公平性和科学性，学校首次以网络远程复试形式开展。通过考前"两识别、四比对"要求的资格审核，考中完善的"三随机"工作机制，考后及时的信息发布，多渠道密切解答考生疑问，学校研究生招生首次网络复试工作圆满结束。

【圆满完成研究生复试录取工作】 完成2020级硕士研究生招生计划，录取600人（含推免生1人）。其中全日制学术硕士51人，全日制专业硕士549人（含士兵计划8人），非全日制专业硕士10人。实现招生考试复试录取工作考生零投诉。

【加强制度建设，提升教育质量】 突出质量提升、内涵发展、严格管理，制定修订研究生教育教学管理文件12份。其中，修订《研究生涉密学位论文管理规定》《研究生学位论文开题报告管理办法》《优秀硕士学位论文评选办法》，进一步建立健全学位管理制度，强化过程管理，不断提高研究生学位论文质量。严肃学术不端"三级"查重，严格落实学位论文100%送审第三方平台盲评，建立"预答辩+答辩"二级评审制度。首次开展国际研究生授位工作，全年授予硕士学位240人，评选出年度优秀论文12篇。扎实推进一系列评估与质量保障体系建设改革举措，连续四年100%通过四川省硕士学位论文抽检。

【扎实推进质量保障体系建设】 设立督导专家听课和学生评教制度，定期发布《研究生教学督导简报》，加强对授课质量的监测和评估。建立研究生质量信息分析机制。编制有《2020届硕士研究生成长评价报告》《2015—2019届硕士毕业生就业与培养质量评价报告》《成都大学2020年度学位与研究生教育年度质量报告》。以评估工作为抓手，全面推进研究生人才培养质量保障体系建设。全面检查我校学位授权点建设水平和人才培养质量，以评促建，以评促改，进一步提高人才培养质量，推进学位点内涵建设。

【强化引领课程思政育人实效】 发挥课程思政协同作用，以研究生课程教学为抓手，启动9门研究生"课程思政"示范课程建设。组织学院院长、导师、任课教师和管理人员150余人次参加"导师立德树人与研究生思想政治教育专题研修班""研究生课程思政教学设计与实施"等培训活动。探索"导学思政"育人渠道，组织各学院开展10场"研究生思想政治教育"分享交流会，在部门网站、公众号连载"导学思政在成大"系列报道近20篇，实现对研究生的思想塑造、行为引导和价值引领。

【创新驱动研究生教育科研成果】 2020年度，首次组织研究生优秀科研成果申报，审定各类奖励49项；首次开展研究生学科竞赛资助，共资助3个学院3项赛事；首次开展案例库建设项目申报，共遴选9个项目。

【圆满完成硕士学位授予工作】 严格落实学术不端"三级"查重机制，继续通过第三方平台实现论文100%双盲审，论文评阅合格率首次实现100%，连续四年100%通过四川省硕士学位论文抽检。首次开展留学研究生授位工作，全年授予硕士学位240人（其中留学研究生40人），国内研究生授位率94.3%。首次通过"云端"评审校级优秀硕士学位论文，评选出年度优秀论文12篇。

【全面实现研究生管理系统升级】 基于学校信息化建设整体规划和一体化设计，通过调研、采购、建设，完成13000余条的数据迁移，形成了校、院、生三级架构，构建起技术先进、环节完善、高效便捷、规范安全的基于互联网的研究生综合管理信息系统。从最初的手工排课到今天新版管理系统的上线，从完备基础功能到现在过程化、精细化管理新版本，实现了研究生从入校到毕业的全过程信息化管理。

【疫情防控与教育教学工作"双战双赢"】 面对突如其来的新冠疫情，我处迅速反应、主动作为，"放假不停工，通信不中断"，从大年初一开始多渠道发布各级政策措施，做好疫情防控工作信息报送，落实落细新学期开学工作预案，全力保障学生健康及在校学习生活的安全有序，坚守教育质量生命线。先后拟定和发布工作预案8份，在线召开视频会议3次，圆满完成疫情期间2906人次的线上教学任务。通过慕课平台开设疫情防控专题公共课程2门，供研究生多渠道学习掌握疫情相关知识。连续129天报送研究生教学信息11万余字，实现课程不停学、管理不间断。

【获奖情况】 2020年荣获四川省高等教育招生考试委员会颁发的"四川省2020年度硕士研究生考试目标责任先进单位"。荣获教育部学位与研究生中心《中国研究生》编辑部颁发的2020年"中国研究生"主题宣传活动优秀组织奖。

统稿人：杨汉国
审稿人：李 艳 陈 琳

学科建设工作

【学科建设概况】学校围绕高素质应用型人才核心素养、科技发展、产业进步需求，科学规划设置学科专业，不断促进学科专业间融合。现设有艺术学、文学、管理学、教育学、经济学、法学、工学、医学、理学、农学10个学科门类，拥有硕士学位授权一级学科2个，专业学位类别7个，建有博士后创新实践基地，2017年获批成为四川省博士学位授权立项建设单位。经过3年建设，2020年10月，获四川省博士建设单位递进培育计划"优先培育"类建设单位。我校是国务院学位委员会首批（1981年）确定的硕士学位授予单位。现有博导资格教师27人，硕士研究生导师436人，各类在校研究生近1400人。学校努力提升学科核心竞争力，学科内涵建设取得新成效，在国内最有影响力的软科中国大学排名榜和艾瑞深中国校友会网大学排名中均进入全国高校前300强，综合指标进入区域一流大学、中国高水平大学行列。拥有四川省重点学科3个（含四川省医学重点学科2个）；药学学科在第四轮学科评估中排名全省第三；2019年入选校友会评选的中国高水平学科，位列全省第二。

硕士学位授权一级学科：药学、工商管理。

硕士专业学位授权点：教育、新闻与传播、体育、材料与化工、农业、会计、艺术。

四川省重点学科：微生物与生化药学。

四川省医学重点学科：骨外科、泌尿外科。

【全力奋战博士点申报攻坚工作】全力打好申博攻坚战，狠抓短板弱项、细化责任清单、加强形势研判、注重潜力挖掘、拓宽发展路径，最终获批四川省博士建设单位递进培育计划"优先培育"类建设高校，位列全省12所申博高校的第二名。

【精心组织硕士点审核增列工作】主动对接成都现代产业体系需求，充分挖掘整合校内资源，开展多轮申报，共遴选21个培育点，涉及全校15个学院。通过反复打磨、专家把脉、学校推荐、省上评审，共有11个硕士点最终通过四川省学位办审核公示，通过数量全省排第一，创学校学位点增长史上的奇迹。

【大胆创新硕士点动态调整工作】积极向四川省教育厅、成都市教育局、四川大学争取定向支持政策，超常规开展动态调整增列工作，争取到四川大学撤销的9个指标用于增列我校的6个学术学位授权点和3个专业学位授权点，6个学术学位授权点最终通过四川省学位办审核公示。

【对接产业推进学科内涵建设】对接成都"5+5+1"现代产业体系细分领域，助推成都建设"三城三都"，遴选9个优势特色学科（方向）进行分类建设。实施ESI学科突破计划，完成6期数据跟踪简报，高被引论文增长23.5%，工程学学科门槛值差距缩小最快，全年缩小19.07个百分点。启动第五轮学科评估和专业学位水平评估工作，细化分解指标，明确进度安排，强化主体责任；工商管理和教育硕士顺利通过教育部专项评估。加强马克思主义等人文社科学科建设，积极推动与成都市委党校建立战略合作关系，实现重点学科共建、优质师资和教学资源共享。

四、人才培养

【加强立德树人导师队伍建设】 落实导师立德树人职责落实体系。组织开展 2020 年研究生导师遴选工作，严格导师选聘条件，遴选新增导师 105 名；全面实施研究生导师招生资格审核制度，对聘期内无项目、无经费、无成果的导师暂停招生。抓好教育培训，完善导师培训体系，实现导师"线上"培训全覆盖，与国家教育行政学院合作开发 100 余门远程课程资源，组织全校 330 名校内导师和 100 名校外导师参加暑期线上培训；组织学院及部门 52 人参加"全国研究生导师立德树人与研究生思想政治教育专题研修班"。增强导师的使命感和荣誉感，加强师德监督，制作和发放导师资格证 105 本；健全投诉机制，畅通投诉渠道，对导师不作为、乱作为等师德问题做到有诉必查、有查必果。

附件

省级重点学科情况一览表

序号	学科名称	所属学科门类	所属一级学科	类别	批准部门	批准时间	批准文号
1	微生物与生化药学	医学	药学	省级重点学科	四川省教育厅、四川省人民政府学位委员会	2008	川教〔2003〕294 号
2	泌尿外科	医学	临床医学	省级医学重点学科	四川省卫生与计划生育委员会	2016	川卫办发〔2016〕219 号
3	骨外科	医学	临床医学	省级医学重点学科	四川省卫生与计划生育委员会	2017	2017 年 12 月 26 日（无文件号）

硕士学位授权点一览表

类型	一级学科（类别）	代码	二级学科（领域）	设置时间
学术学位	药学	1007	药物化学	1998
			药剂学	2011
			生药学	2011
			药物分析学	2011
			微生物与生化药学	1981
			药理学	2001
	工商管理	1202	会计学	2016
			企业管理	
			旅游管理	

续表

类型	一级学科（类别）	代码	二级学科（领域）	设置时间
专业学位	教育	0451	小学教育	2016
			学前教育	
			心理健康教育	2020
			特殊教育	
	体育	0452	体育教学	2018
			运动训练	2020
	新闻与传播	0552	新闻与传播	2018
	材料与化工	0856	材料与化工	2018
	农业	0951	农艺与种业	2015
			农业科技组织与服务	2014
			农业工程与信息技术（含原农业信息化、农业机械化领域）	
			食品加工与安全	
	会计	1251	会计	2018
	艺术	1351	音乐	2014
			广播电视	
			美术	
			艺术设计	

数据统计截至 2020.12.31

2020 年研究生导师名册

姓名	性别	一级学科（专业类别）	二级学科（领域）
蔡萌琦	女	材料与化工	材料工程
陈 渝	男	材料与化工	材料工程
程丽佳	女	材料与化工	材料工程
董志红	女	材料与化工	材料工程
冯 威	男	材料与化工	材料工程
耿 放	男	材料与化工	材料工程
苟富均	男	材料与化工	材料工程
何忠平	男	材料与化工	材料工程
黄彦彦	女	材料与化工	材料工程
霍 峰	男	材料与化工	材料工程
姜中涛	男	材料与化工	材料工程
康泰然	男	材料与化工	材料工程
孔清泉	男	材料与化工	材料工程

续表

姓名	性别	一级学科（专业类别）	二级学科（领域）
兰 丽	女	材料与化工	材料工程
李寒梅	女	材料与化工	材料工程
李红梅	女	材料与化工	材料工程
李俊龙	男	材料与化工	材料工程
李开南	男	材料与化工	材料工程
李青竹	男	材料与化工	材料工程
李 涛	男	材料与化工	材料工程
刘 荣	女	材料与化工	材料工程
刘文龙	男	材料与化工	材料工程
刘小楠	男	材料与化工	材料工程
马文博	男	材料与化工	材料工程
欧俊科	男	材料与化工	材料工程
彭建设	男	材料与化工	材料工程
宋慧瑾	女	材料与化工	材料工程
孙寿华	男	材料与化工	材料工程
孙 艳	女	材料与化工	材料工程
王皓民	男	材料与化工	材料工程
王清远	男	材料与化工	材料工程
吴 笛	女	材料与化工	材料工程
吴万霞	男	材料与化工	材料工程
肖 丹	男	材料与化工	材料工程
鄢 强	男	材料与化工	材料工程
颜 强	男	材料与化工	材料工程
余 雪	女	材料与化工	材料工程
张 坤	男	材料与化工	材料工程
张 颖	女	材料与化工	材料工程
张 振	男	材料与化工	材料工程
赵 峰	男	材料与化工	材料工程
赵 勇	男	材料与化工	材料工程
周文俊	男	材料与化工	材料工程
曹胜华	男	材料与化工	制药工程
陈 仰	男	材料与化工	制药工程
程 强	男	材料与化工	制药工程
褚以文	男	材料与化工	制药工程

续表

姓名	性别	一级学科（专业类别）	二级学科（领域）
邓盛齐	男	材料与化工	制药工程
何 钢	男	材料与化工	制药工程
胡建平	男	材料与化工	制药工程
李 建	男	材料与化工	制药工程
李俊龙	男	材料与化工	制药工程
刘坤平	男	材料与化工	制药工程
刘 涛	男	材料与化工	制药工程
马文博	男	材料与化工	制药工程
任 静	女	材料与化工	制药工程
王 辂	男	材料与化工	制药工程
王欣荣	男	材料与化工	制药工程
严 砺	男	材料与化工	制药工程
颜 军	男	材料与化工	制药工程
姚 倩	女	材料与化工	制药工程
张 颖	女	材料与化工	制药工程
赵 飞	男	材料与化工	制药工程
陈建西	女	工商管理	会计学
刘金彬	男	工商管理	会计学
刘婷婷	女	工商管理	会计学
潘和平	男	工商管理	会计学
孙 美	女	工商管理	会计学
张翼飞	男	工商管理	会计学
张尊帅	男	工商管理	会计学
蔡萌琦	女	工商管理	技术经济与管理
曾 珠	女	工商管理	技术经济与管理
曾自强	男	工商管理	技术经济与管理
黎忠文	女	工商管理	技术经济与管理
李文洁	女	工商管理	技术经济与管理
李文渊	男	工商管理	技术经济与管理
王清远	男	工商管理	技术经济与管理
王锡琴	女	工商管理	技术经济与管理
许明强	男	工商管理	技术经济与管理
许欣欣	女	工商管理	技术经济与管理
叶安胜	男	工商管理	技术经济与管理

续表

姓名	性别	一级学科（专业类别）	二级学科（领域）
高丽楠	女	工商管理	旅游管理
何方永	女	工商管理	旅游管理
贾岷江	男	工商管理	旅游管理
练红宇	女	工商管理	旅游管理
廖 涛	女	工商管理	旅游管理
刘 婕	女	工商管理	旅游管理
刘雪莲	女	工商管理	旅游管理
刘亚玲	女	工商管理	旅游管理
潘声旺	男	工商管理	旅游管理
唐建兵	男	工商管理	旅游管理
王小红	女	工商管理	旅游管理
王雪婷	女	工商管理	旅游管理
王玉琼	女	工商管理	旅游管理
尹 泓	女	工商管理	旅游管理
张学权	男	工商管理	旅游管理
郑 萌	男	工商管理	旅游管理
诸 丹	男	工商管理	旅游管理
曾 珠	女	工商管理	企业管理
曾自强	男	工商管理	企业管理
常晓鸣	男	工商管理	企业管理
傅剑波	男	工商管理	企业管理
龚 静	女	工商管理	企业管理
李 好	男	工商管理	企业管理
李 琳	女	工商管理	企业管理
李 毅	男	工商管理	企业管理
李 月	女	工商管理	企业管理
马 胜	男	工商管理	企业管理
唐凯江	男	工商管理	企业管理
陶钟太朗	男	工商管理	企业管理
文 华	女	工商管理	企业管理
吴中超	男	工商管理	企业管理
徐 凯	男	工商管理	企业管理
许明强	男	工商管理	企业管理
许欣欣	女	工商管理	企业管理

续表

姓名	性别	一级学科（专业类别）	二级学科（领域）
袁 佳	女	工商管理	企业管理
张爱民	男	工商管理	企业管理
张千友	男	工商管理	企业管理
张学梅	女	工商管理	企业管理
朱盈盈	女	工商管理	企业管理
庄爱玲	女	工商管理	企业管理
蔡 利	女	会计	会计
曾 珠	女	会计	会计
陈建西	女	会计	会计
李 琳	女	会计	会计
廖 涛	女	会计	会计
林 雁	女	会计	会计
刘金彬	男	会计	会计
刘婷婷	女	会计	会计
马 胜	男	会计	会计
潘和平	男	会计	会计
孙 美	女	会计	会计
孙 平	男	会计	会计
谭洪涛	男	会计	会计
文 华	女	会计	会计
谢柳芳	女	会计	会计
徐 凯	男	会计	会计
许明强	男	会计	会计
许欣欣	女	会计	会计
张千友	男	会计	会计
张学梅	女	会计	会计
张翼飞	男	会计	会计
张尊帅	男	会计	会计
朱盈盈	女	会计	会计
庄爱玲	女	会计	会计
陈大伟	男	教育	小学教育
代显华	女	教育	小学教育
范崇高	男	教育	小学教育
苟 萍	女	教育	小学教育

四、人才培养

续表

姓名	性别	一级学科（专业类别）	二级学科（领域）
黄培森	男	教育	小学教育
黄先政	男	教育	小学教育
黄媛媛	女	教育	小学教育
黄云峰	男	教育	小学教育
柯 玲	女	教育	小学教育
黎昌友	男	教育	小学教育
李 巍	男	教育	小学教育
刘华锦	女	教育	小学教育
卢 悦	女	教育	小学教育
彭嘉熙	男	教育	小学教育
谭 梅	女	教育	小学教育
唐文娟	女	教育	小学教育
万正维	女	教育	小学教育
续 静	女	教育	小学教育
姚便芳	女	教育	小学教育
岳刚德	男	教育	小学教育
桂世权	男	教育	心理健康教育
廖彩之	男	教育	心理健康教育
魏 青	女	教育	心理健康教育
杨 林	男	教育	心理健康教育
彭时平	男	教育	学科教学（思政）
彭晓琳	女	教育	学科教学（思政）
岳 鹏	男	教育	学科教学（思政）
李 欣	男	教育	学科教学（体育）
冉 建	男	教育	学科教学（体育）
徐 明	男	教育	学科教学（体育）
白 杨	女	教育	学科教学（英语）
黄 鸣	女	教育	学科教学（英语）
李萍（1966）	女	教育	学科教学（英语）
胡希东	男	教育	学科教学（语文）
彭 晓	女	教育	学科教学（语文）
王 涛	女	教育	学科教学（语文）
杨 挺	男	教育	学科教学（语文）
殷晓燕	女	教育	学科教学（语文）

续表

姓名	性别	一级学科（专业类别）	二级学科（领域）
张 起	男	教育	学科教学（语文）
曾 莉	女	教育	学前教育
陈 寒	男	教育	学前教育
邓泽军	男	教育	学前教育
何 叶	女	教育	学前教育
黄 旭	男	教育	学前教育
李 敏	男	教育	学前教育
刘先强	男	教育	学前教育
彭苉潼	女	教育	学前教育
蒲永明	男	教育	学前教育
苏 蓉	女	教育	学前教育
孙 钠	女	教育	学前教育
王德林	男	教育	学前教育
王 钢	男	教育	学前教育
曾 珠	女	农业	农村与区域发展
曾自强	男	农业	农村与区域发展
练红宇	女	农业	农村与区域发展
廖 涛	女	农业	农村与区域发展
刘金彬	男	农业	农村与区域发展
刘雪莲	女	农业	农村与区域发展
唐建兵	男	农业	农村与区域发展
陶钟太朗	男	农业	农村与区域发展
王小红	女	农业	农村与区域发展
许明强	男	农业	农村与区域发展
张学梅	女	农业	农村与区域发展
张学权	男	农业	农村与区域发展
曾祥平	男	农业	农业机械化
董 浩	男	农业	农业机械化
董万福	男	农业	农业机械化
甘露萍	女	农业	农业机械化
雷 霖	男	农业	农业机械化
李 俭	男	农业	农业机械化
李玉龙	男	农业	农业机械化
刘征明	男	农业	农业机械化

四、人才培养

续表

姓名	性别	一级学科（专业类别）	二级学科（领域）
彭建设	男	农业	农业机械化
孙付春	男	农业	农业机械化
徐 一	男	农业	农业机械化
鄢 强	男	农业	农业机械化
袁 容	女	农业	农业机械化
傅剑波	男	农业	农业科技组织与服务
刘金彬	男	农业	农业科技组织与服务
程 皓	男	农业	农业信息化
方 红	男	农业	农业信息化
高朝邦	男	农业	农业信息化
黎忠文	女	农业	农业信息化
李小玲	女	农业	农业信息化
刘 昶	女	农业	农业信息化
罗正华	男	农业	农业信息化
苗 放	男	农业	农业信息化
蒲 强	男	农业	农业信息化
唐毅谦	男	农业	农业信息化
温怀玉	男	农业	农业信息化
严刚峰	男	农业	农业信息化
叶安胜	男	农业	农业信息化
易发胜	男	农业	农业信息化
于 曦	男	农业	农业信息化
张建伟	男	农业	农业信息化
代立春	男	农业	农艺与种业
何 钢	男	农业	农艺与种业
彭卫红	女	农业	农艺与种业
孙雁霞	女	农业	农艺与种业
谭芙蓉	女	农业	农艺与种业
汤晓玉	女	农业	农艺与种业
王跃华	女	农业	农艺与种业
严 俊	女	农业	农艺与种业
赵 琦	男	农业	农艺与种业
陈 功	男	农业	食品加工与安全
陈林（1982）	男	农业	食品加工与安全

续表

姓名	性别	一级学科（专业类别）	二级学科（领域）
陈 龙	男	农业	食品加工与安全
承 磊	男	农业	食品加工与安全
邓 杰	男	农业	食品加工与安全
邓 禹	男	农业	食品加工与安全
董宏波	男	农业	食品加工与安全
樊学良	男	农业	食品加工与安全
付 强	男	农业	食品加工与安全
甘人友	男	农业	食品加工与安全
耿 放	男	农业	食品加工与安全
苟兴华	男	农业	食品加工与安全
郭晓强	男	农业	食品加工与安全
郭秀兰	女	农业	食品加工与安全
何明雄	男	农业	食品加工与安全
何正有	男	农业	食品加工与安全
胡建平	男	农业	食品加工与安全
胡一晨	女	农业	食品加工与安全
康泰然	男	农业	食品加工与安全
李寒梅	女	农业	食品加工与安全
李红梅	女	农业	食品加工与安全
李 建	男	农业	食品加工与安全
李俊龙	男	农业	食品加工与安全
李 强	男	农业	食品加工与安全
李 翔	女	农业	食品加工与安全
李云成	男	农业	食品加工与安全
林家富	男	农业	食品加工与安全
刘达玉	男	农业	食品加工与安全
刘文龙	男	农业	食品加工与安全
刘 悦	女	农业	食品加工与安全
罗 霞	女	农业	食品加工与安全
马文博	男	农业	食品加工与安全
梅汝槐	男	农业	食品加工与安全
孟凡冰	女	农业	食品加工与安全
牛 蓓	女	农业	食品加工与安全
潘声旺	男	农业	食品加工与安全

续表

姓名	性别	一级学科（专业类别）	二级学科（领域）
彭镰心	男	农业	食品加工与安全
邱爱东	男	农业	食品加工与安全
邱露	男	农业	食品加工与安全
任贵兴	男	农业	食品加工与安全
任思冲	男	农业	食品加工与安全
孙雁霞	女	农业	食品加工与安全
谭欢	女	农业	食品加工与安全
唐杰	男	农业	食品加工与安全
唐仁勇	男	农业	食品加工与安全
万燕	女	农业	食品加工与安全
王剑波	男	农业	食品加工与安全
王金秋	女	农业	食品加工与安全
王敬东	男	农业	食品加工与安全
王卫	男	农业	食品加工与安全
王文国	男	农业	食品加工与安全
王新惠	女	农业	食品加工与安全
王跃华	女	农业	食品加工与安全
王战国	男	农业	食品加工与安全
邬晓勇	男	农业	食品加工与安全
吴波	男	农业	食品加工与安全
吴笛	女	农业	食品加工与安全
吴华昌	男	农业	食品加工与安全
吴琪	男	农业	食品加工与安全
夏燕莉	女	农业	食品加工与安全
向达兵	男	农业	食品加工与安全
徐莺	女	农业	食品加工与安全
严俊	女	农业	食品加工与安全
姚倩	女	农业	食品加工与安全
张德权	男	农业	食品加工与安全
张佳敏	女	农业	食品加工与安全
张亚玉	女	农业	食品加工与安全
张崟	男	农业	食品加工与安全
张云峰	男	农业	食品加工与安全
张振	男	农业	食品加工与安全

续表

姓名	性别	一级学科（专业类别）	二级学科（领域）
赵 飞	男	农业	食品加工与安全
赵 钢	男	农业	食品加工与安全
赵江林	男	农业	食品加工与安全
赵军宁	男	农业	食品加工与安全
赵 琦	男	农业	食品加工与安全
赵志平	男	农业	食品加工与安全
周美亮	男	农业	食品加工与安全
朱大洲	男	农业	食品加工与安全
朱永清	男	农业	食品加工与安全
邹 亮	男	农业	食品加工与安全
邹 强	男	农业	食品加工与安全
陈茂林	男	体育	体育教学
陈 胜	男	体育	体育教学
邓 嘉	女	体育	体育教学
付 燕	女	体育	体育教学
黄巧婷	女	体育	体育教学
李 杉	女	体育	体育教学
李 欣	男	体育	体育教学
吕寻金	男	体育	体育教学
冉 建	男	体育	体育教学
上官若男	女	体育	体育教学
陶朔秀	女	体育	体育教学
许 杰	男	体育	体育教学
杨 成	男	体育	体育教学
张 象	男	体育	体育教学
朱 斌	男	体育	体育教学
车南林	女	新闻与传播	新闻与传播
李京丽	女	新闻与传播	新闻与传播
李立（1971）	男	新闻与传播	新闻与传播
李萍（1965）	女	新闻与传播	新闻与传播
廖 峻	男	新闻与传播	新闻与传播
刘 茜	女	新闻与传播	新闻与传播
欧阳宏生	男	新闻与传播	新闻与传播
彭 涛	男	新闻与传播	新闻与传播

四、人才培养

续表

姓名	性别	一级学科（专业类别）	二级学科（领域）
谭 平	男	新闻与传播	新闻与传播
谭筱玲	女	新闻与传播	新闻与传播
吴 双	女	新闻与传播	新闻与传播
杨玉华	男	新闻与传播	新闻与传播
付 强	男	药学	生药学
耿 放	男	药学	生药学
何正有	男	药学	生药学
胡一晨	女	药学	生药学
宋 芹	女	药学	生药学
王跃华	女	药学	生药学
夏燕莉	女	药学	生药学
徐玉玲	女	药学	生药学
赵 琦	男	药学	生药学
曾志刚	男	药学	微生物与生化药学
程丽佳	女	药学	微生物与生化药学
褚以文	男	药学	微生物与生化药学
邓 杰	男	药学	微生物与生化药学
苟兴华	男	药学	微生物与生化药学
何 钢	男	药学	微生物与生化药学
李端华	男	药学	微生物与生化药学
林家富	男	药学	微生物与生化药学
刘 岜	女	药学	微生物与生化药学
彭 楠	男	药学	微生物与生化药学
孙 敏	女	药学	微生物与生化药学
唐 杰	男	药学	微生物与生化药学
王 辂	男	药学	微生物与生化药学
王欣荣	男	药学	微生物与生化药学
杨星勇	男	药学	微生物与生化药学
赵克雷	男	药学	微生物与生化药学
邓盛齐	男	药学	药剂学
李寒梅	女	药学	药剂学
刘 荣	女	药学	药剂学
刘 涛	男	药学	药剂学
任 静	女	药学	药剂学

续表

姓名	性别	一级学科（专业类别）	二级学科（领域）
谭 欢	女	药学	药剂学
陶 静	女	药学	药剂学
王战国	男	药学	药剂学
吴万霞	男	药学	药剂学
严 砺	男	药学	药剂学
姚 倩	女	药学	药剂学
张亦斌	男	药学	药剂学
张 颍	女	药学	药剂学
朱照静	男	药学	药剂学
邹 亮	男	药学	药剂学
曾 文	女	药学	药理学
陈侣林	女	药学	药理学
程 强	男	药学	药理学
邓 禹	男	药学	药理学
龚 立	男	药学	药理学
金 健	男	药学	药理学
兰 海	男	药学	药理学
李 辉	男	药学	药理学
李 建	男	药学	药理学
李世云	男	药学	药理学
鲁 兰	女	药学	药理学
彭 西	女	药学	药理学
时 政	男	药学	药理学
王昉彤	女	药学	药理学
魏雪梅	女	药学	药理学
杨德华	男	药学	药理学
杨 进	男	药学	药理学
杨 林	男	药学	药理学
张 波	男	药学	药理学
张乐乐	男	药学	药理学
张 舒	男	药学	药理学
赵军宁	男	药学	药理学
朱 洁	女	药学	药理学
李 楠	女	药学	药物分析学

续表

姓名	性别	一级学科（专业类别）	二级学科（领域）
刘坤平	男	药学	药物分析学
任凤英	女	药学	药物分析学
唐克慧	女	药学	药物分析学
吴笛	女	药学	药物分析学
肖丹	男	药学	药物分析学
颜军	男	药学	药物分析学
张春然	女	药学	药物分析学
曹胜华	男	药学	药物化学
陈林（1977）	男	药学	药物化学
陈龙	男	药学	药物化学
陈仰	男	药学	药物化学
董宏波	男	药学	药物化学
郭晓强	男	药学	药物化学
何周坤	男	药学	药物化学
胡建平	男	药学	药物化学
黄维扬	男	药学	药物化学
金天	男	药学	药物化学
康泰然	男	药学	药物化学
李红梅	女	药学	药物化学
李俊龙	男	药学	药物化学
李青竹	男	药学	药物化学
刘悦	女	药学	药物化学
马文博	男	药学	药物化学
梅汝槐	男	药学	药物化学
孙晓华	男	药学	药物化学
王启卫	男	药学	药物化学
游勇	男	药学	药物化学
袁伟成	男	药学	药物化学
张振	男	药学	药物化学
赵飞	男	药学	药物化学
赵建强	男	药学	药物化学
赵经伟	男	药学	药物化学
郑哲彬	男	药学	药物化学
代钰洪	男	艺术	广播电视

续表

姓名	性别	一级学科（专业类别）	二级学科（领域）
但敏	女	艺术	广播电视
苟强诗	男	艺术	广播电视
郭道荣	男	艺术	广播电视
黄颖	女	艺术	广播电视
李京丽	女	艺术	广播电视
李立（1971）	男	艺术	广播电视
李立（1981）	男	艺术	广播电视
李茂华	女	艺术	广播电视
李姝	女	艺术	广播电视
刘茜	女	艺术	广播电视
刘倩	女	艺术	广播电视
刘彤	男	艺术	广播电视
刘晓萍	女	艺术	广播电视
刘源	男	艺术	广播电视
卢康	男	艺术	广播电视
倪泰乐	男	艺术	广播电视
彭吉象	男	艺术	广播电视
谭平	男	艺术	广播电视
谭筱玲	女	艺术	广播电视
王小军	男	艺术	广播电视
韦庠	男	艺术	广播电视
夏立伟	男	艺术	广播电视
向朝楚	男	艺术	广播电视
谢建华	男	艺术	广播电视
许志强	男	艺术	广播电视
余洪	男	艺术	广播电视
张娟	女	艺术	广播电视
钟舒	女	艺术	广播电视
钟远波	男	艺术	广播电视
朱婧雯	女	艺术	广播电视
蔡育坤	男	艺术	美术
曾越	女	艺术	美术
陈志才	男	艺术	美术
成璨	女	艺术	美术

续表

姓名	性别	一级学科（专业类别）	二级学科（领域）
郭 萍	女	艺术	美术
侯李游美	女	艺术	美术
贾玉平	男	艺术	美术
李 猛	男	艺术	美术
李 明	男	艺术	美术
刘 勃	男	艺术	美术
刘 颖	女	艺术	美术
龙 红	男	艺术	美术
罗 徕	男	艺术	美术
罗晓飞	男	艺术	美术
马光剑	男	艺术	美术
马 健	男	艺术	美术
秦安建	男	艺术	美术
饶建华	男	艺术	美术
谭 华	男	艺术	美术
汤志刚	男	艺术	美术
王 践	男	艺术	美术
王申勇	男	艺术	美术
王书峰	男	艺术	美术
王兴国	男	艺术	美术
魏学峰	男	艺术	美术
吴胜景	男	艺术	美术
徐 斌	男	艺术	美术
徐 泽	男	艺术	美术
杨 波	男	艺术	美术
杨 冬	女	艺术	美术
张建翔	男	艺术	美术
张郑波	男	艺术	美术
朱 敬	男	艺术	美术
曾 筱	女	艺术	艺术设计
董 泓	男	艺术	艺术设计
高德武	男	艺术	艺术设计
高 铁	男	艺术	艺术设计
黄莓子	女	艺术	艺术设计

续表

姓名	性别	一级学科（专业类别）	二级学科（领域）
李星丽	女	艺术	艺术设计
廖夏妍	女	艺术	艺术设计
吕 南	女	艺术	艺术设计
马丽娃	女	艺术	艺术设计
毛天斌	男	艺术	艺术设计
彭芳燕	女	艺术	艺术设计
秦 洁	女	艺术	艺术设计
万 国	男	艺术	艺术设计
王小军	男	艺术	艺术设计
徐澜婷	女	艺术	艺术设计
许燎源	男	艺术	艺术设计
詹 颖	女	艺术	艺术设计
张鸳鸳	女	艺术	艺术设计
张 蔚	女	艺术	艺术设计
赵 浩	男	艺术	艺术设计
郑晓东	男	艺术	艺术设计
曾 勤	女	艺术	音乐
曾晓安	男	艺术	音乐
冯 健	男	艺术	音乐
胡郁青	女	艺术	音乐
黄金城	男	艺术	音乐
姜丽娜	女	艺术	音乐
景 鹏	男	艺术	音乐
李萍（1965）	女	艺术	音乐
廖红梅	女	艺术	音乐
吕宏伟	男	艺术	音乐
蒲 涛	男	艺术	音乐
唐 榕	女	艺术	音乐
汪 浩	男	艺术	音乐
汪黎明	男	艺术	音乐
韦思铭	女	艺术	音乐
魏 平	女	艺术	音乐
郁钧剑	男	艺术	音乐
张 强	女	艺术	音乐

四、人才培养

续表

姓名	性别	一级学科（专业类别）	二级学科（领域）
张小燕	女	艺术	音乐
周毅琼	女	艺术	音乐

统稿人：夏雪娇

审稿人：高山山　陈　琳

机械工程学院

【学院概况】学院现有教职工95人，专任教师81人，其中教授12人，副教授27人，讲师41人，特聘教授1人，70%具有博士学位。学院现下设机电工程、材料工程、车辆工程3个系，建有国家级工程实践教育中心、省级工程技术研究中心、市级校企联合实验室、校级交叉学科研究中心、大学生创新创业园区各1个，拥有近12000平方米的独立科研实验实训及行政办公场地。学院现有4个本科专业，其中机械设计制造及其自动化和材料成型及控制工程为一本招生专业、测控技术与仪器和车辆工程为二本招生专业，拥有材料与化工专业一级硕士点，机械专业硕士点，材料科学与工程学术硕士点。学院现有在校本科生、研究生1600余名。

【党建工作】学院党委坚持以习近平新时代中国特色社会主义思想为指导，深入贯彻落实党的十九届五中全会及省委、市委重要会议精神，落实上级党委决策部署。不断增强"四个意识"、坚定"四个自信"、做到"两个维护"，充分发挥政治核心、战斗堡垒、先锋模范作用，巩固深化"不忘初心、牢记使命"主题教育成果，坚持以师生为中心的发展思想，落实立德树人的根本任务，坚定不移加强党的领导。把疫情防控作为重要任务，以支部引领筑堡垒，统筹做好疫情防控和各项事业发展。切实履行抓基层党建和全面从严治党工作第一责任人职责，健全和完善支部党建责任体系。学院党委现有党员156人，共7个支部，新发展入党积极分子104人，新发展党员40人，转正党员20人。落实"三会一课"、固定党日、民主评议党员等组织生活制度。组织"学习强国""蓉城先锋"学习。优化党支部设置并按期换届，教师党支部"双带头人"工作室建设已实现全覆盖。认真开展"六示范六带头"、党建进公寓活动。基层"三个一"项目和党建课题3项课题顺利开展，申请党建课题和党建精品课题2项。

【科研平台建设与科研成果】学院立项获国家自科基金面上项目1项，发表SCI来源期刊高水平论文15篇，申报四川省科技进步奖4项，全年申请与授权国家专利近30项，以成大为第一署名单位和第一作者发表学术论文70篇，到校科研经费300万元。成功获批机械专业硕士点、材料科学与工程学术硕士点。科研转化生产力，积极服务地方产业，切实扩大行业影响，成为成都市新材料学会副会长单位、中国核学会核工程力学分会理事单位，并与宜宾市企业共同开展平台建设工作，成功建立四川省粉末冶金工程技术研究中心领军人才工作站。积极开展国家高等学校创新引智计划"新材料设计制备与使役性能研究学科创新引智基地"申报工作。四川省粉末冶金工程技术研究中心全年发布开放课题10项，为学校、地方相关企事业单位提供科研服务近20次，进一步完善了四川省粉末冶金工程技术研究中心、材料与工程学科交叉中心实验室、新材料实验室的空间建设、制度建设、人员建设等工作，并积极开展四川省科技厅第二轮评估工作。承办2020年全国动力灾变与力学前沿研讨会，组织各类中外学术讲座与座谈11次，参加省内外学术会议40余人次。除各项教师培训提升计划外，学院全年共引进各类优秀人才15人，其中教授（博导）3人、教授（硕导）1人、副教授（硕导）2人，特聘副研究员2人，青年博士9人，具有博士后研究经历

四、人才培养

3人。

【本科教学与实践】 2020年6月30日，机械设计制造及其自动化专业正式通过中国工程教育认证。为强化专业建设，材料、测控和车辆三个专业已向专业认证协会提交认证申请。学院将张澜学院的学业导师制度与以学生为中心的专业认证理念相结合，启动以导师制为引领的本科教育教学综合改革工作。开展和推进成都大学与泰国艺术大学的"2+2"的本科双学位项目，计划2021年实现招生。与海外教育学院德语教研室推进中德合作项目，寻求与德国克劳斯塔尔工业大学的本科语言班与硕士双学位项目的合作。申报成都大学国际合作专项入库资金2项。积极做好"双万"计划建设工作。机械设计制造及其自动化专业获四川省教育厅推荐申报国家级一流专业建设点。测控技术与仪器获校一流专业建设点立项，校级一流课程立项9门。5项成果申报学校教学成果奖，3名教师参加学校教师教学创新大赛。本科教学工作审核评估整改稳步推进。大力开展创新创业教育。

【学生毕业就业】 主动与成都龙泉驿区就业局、浙江绍兴就业局、遂宁市安居区人社局进行对接，获取就业资源40余家，已与中国东方航空股份有限公司四川分公司、中国华能集团有限公司、格力电器（成都）有限公司等优质企业搭建平台。整合各系部室就业资源40余家。学院对毕业生进行全面摸排，针对未就业毕业生分类别建立就业动态档案，一人一卡。对16位建档立卡毕业生进行"一对一"精准帮扶。学院总体就业率90.32%，研究生就业率100%，高质量就业率超过75%。考研报考率为41.87%，录取率19.06%，65人考取四川大学、电子科技大学、重庆大学、西南交通大学等校的研究生。学院连续四年荣获成都大学"就业工作先进集体"。

【学生思政教育和文体活动】 积极推进课程思政建设，立项校级课程思政项目3项，1名教师获学校第二届"课程思政"教学设计大赛三等奖。辅导员队伍发表学生工作论文5篇，学生工作特色项目立项1项，获四川省第二届高校大学生职业发展与就业指导课程教学大赛三等奖、四川省高校后勤协会学生公寓管理工作先进个人、成都市属高校优秀辅导员等荣誉称号。学院稳步推进"德文艺体"四体一位的工科学生人文素养提升工程，开拓创新、脚踏实地地深入开展了一系列主题教育活动。50余位机械学子积极相应地方号召，加入了当地疫情防控志愿者队伍，为当地疫情防控工作筑起了坚实的铜墙铁壁。辛一航同学获评"四川省优秀青年志愿者"，刘佳伟等3人获成都大学"疫情防控志愿者标兵"称号，刘凤斌等15人获成都大学"疫情防控优秀志愿者"称号。组织开展机械工程学院"读经典·悦分享"寒假读书交流会、"身边榜样·前行力量"学长学姐系列课堂、"橙园"微课等，积极组织开展了我院2020年"机械杯"篮球赛、乒乓球赛等院级赛事。努力提升自身文化水平和综合素质，培养全面发展的新时代大学生。

【学生创新创业】 积极发挥"成龙谷"C区优势，将配套专利成果转化保障体系和创业基金储备，截至目前共入驻创业团队12支，均由专业教师带队指导。获全国大学生工程训练综合能力竞赛、全国大学生机械创新设计大赛等学科竞赛国家级奖项5项，省级40项。获四川省"互联网+"学生创新创业大赛银奖2项。大学生创新训练计划共获37项校级和15项省级立项。大学生创新创业项目国家级2项、省级6项顺利结题。

统稿人：夏玲玲
审稿人：王仕平

电子信息与电气工程学院

【学院概况】2020年，电子信息与电气工程学院坚持以习近平新时代中国特色社会主义思想为指导，深入学习贯彻党的十九大和十九届一中、二中全会精神，积极推进"两学一做"学习教育常态化制度，以全面从严治党为主线，牢固树立"四个意识"，坚定"四个自信"，着力加强学院的思想、组织、作风、反腐倡廉和制度建设，持续加强学科建设、教育教学改革、科研团队和平台建设，内培外引并重优化师资队伍结构，强化优势专业发展，打造多元化学生工作品牌特色。取得的突出成绩有：自动化专业入选省级一流本科专业建设点后，被省教育厅列入申报2020年国家级一流本科专业建设点推荐名单；电子信息工程专业获评省级一流本科专业建设点；电气工程及其自动化申报成功校级一流专业；成功申报"机器人工程"专业；"模拟电子电路课程"获首批省级线下、线上线下混合式、社会实践一流本科课程立项；"大学物理A1/B"获校级一流课程立项；学院教师获准国家自然科学基金2项；省部级科研项目立项4项；发表SCI、EI来源期刊论文17篇；学科竞赛累计获奖37项，其中国家级奖励4项，省级奖励41项；荣获"北斗杯"全国青少年科技创新大赛实物类三等奖1项、第四届全国大学生FPGA创新设计大赛二等奖3项。2020届毕业生421人，考研录取人数为44人，录取率9.71%；2021届研究生报考人数140人，报考率达32.11%。考研录取率和报考率再创学院历史新高。

【思想政治建设】学院党委扎实推进基层党组织建设和党员队伍建设两个基础工程，全面落实各项党建工作任务，创新推动学院群团、统战工作，共同为学院教学、科研及人才培养提供坚强保障和队伍支撑。学院党委以习近平关于教育的重要论述的教育学习为重点，开展多种形式的教师师德师风教育、学生社会主义核心价值观教育学习活动，继续推进党员教师"一对一"帮扶建档立卡学生工作，寓党建于育人之中、服务之中，较好地发挥了党组织团结师生、增强学院凝聚力作用。

【师资队伍建设】引进特聘副研究员、博士专任教师共17人；推进教师分类管理，落实新进教师导师培养，鼓励并支持教师参加培训提升，参与师资培训教师达总人数100%，师资队伍结构不断优化。探索教学、科研团队建设新路径：在加强教师师德师风教育引导基础上，积极挖掘学院资源和争取学校支持，建设职工小家，为每位教师提供工位及办公条件，让良好的工作氛围为教师带来归属感；分步开展教师职业发展规划指导、教育引导教师爱生、敬业，通过自身的努力获得职业幸福感、荣誉感。

【学科建设】学院规范管理，持续深化教育教学改革，提高整体教学质量。自动化专业继2019年入选省级一流本科专业建设点后，2020年10月被省教育厅列入申报2020年国家级一流本科专业建设点推荐名单，并已完成网报。电子信息工程专业获评省级一流本科专业建设点，电气工程及其自动化申报成功校级一流专业，新申报"机器人工程"专业。课程建设方面，学院"模拟电子电路"获首批省级线下、线上线下混合式、社会实践一流本科课程立项（公示阶段）；"大学物理A1/B"获校级一流课程立项；在学校职能部门的大力支持下，学院申报的电子信息工程硕士专业学位授权点已顺利通过省教育厅公示，并推荐向国家学位办申报，为学院今后学科建设工作奠定了良好的基础。

【教学改革和课程思政建设】教学改革与教学质量工程项目取得新进展，学院新增教育部产教协同育人项目8项。截至目前，学院共获得"教育部产学合作协同育人项目"38项；教材建设方面，学院《现场总线控制网络技术》获成都大学2020年优秀教材一等奖，《计算机控制技术》获成都大学2020年优秀教材三等奖。学院积极推动课程思政建设工作，促进人才培养质量的不断提高，"模拟电子电路"获准申报省级"课程思政"示范课程；自动化教学团队、电子信息教学团队、"电磁场与电磁波"和"大学物理A2"课程，获校"课程思政1212工程"建设立项。

【科学平台建设和科研成果】学院建立博士工作室，为博士教师提供良好工作环境，积极鼓励青年博士参加科研能力提升训练、加强与科研院所、企业的项目合作，积极支持教师申报国家、省级、市级科研平台建设项目。2020年教师获准国家自然科学基金2项（其中，面上项目1项，青年基金1项）；省部级科研项目立项4项，厅局级科研项目立项12项，其他纵向项目10项；发表SCI、EI来源期刊论文17篇（第一作者14篇）；获批实用新型专利申请40项、实用新型授权24项、发明专利申请23项、发明专利授权1项、软件著作权授权27项；出版著作与教材3本。科研非经费计分总计完成2300余分，超额完成科研积分；科研经费到校289万元，其中横向182万元，纵向107万元。

【学生工作】学院在册学生人数1679人；学生全年获得各类奖学金人数达248人，获得各类荣誉称号人数达291人次；家庭经济困难学生586人，建档立卡学生73人，励志奖学金51人；2020届共有毕业生421人，2020届考研录取人数为44人，录取率9.71%；2021届研究生报考人数为140人，报考率达32.11%。考研录取率和报考率再创学院历史新高；在学校2020年"双十佳"评选活动中，学院廖钧华同学凭借两次获得国家奖学金、综合测评连续三年专业第一、科研方面获得各类证书38项，一举获得学校2020年"十佳大学生"；2018级通信工程2班以优异的班级成绩、学科竞赛成绩荣获学校2020年"十佳班级"；2位青年教师获得学校"十佳班主任"。在四川省团委组织的"挑战杯"四川省大学生创业计划竞赛中，学院项目"低成本可重构'非合作型'无人机无源探测系统"荣获银奖、"慧农-果园鸟病虫害防控系统"荣获铜奖。学院学生会荣获由成都市学联颁发的"成都市优秀学生会分会"；学院分团委荣获成都大学"五四红旗分团委"荣誉称号。

【对外交流】对外合作与地方服务工作成效明显，与海外教育学院合作的"中韩电气工程与自动化本科专业联合办学项目"获教育部批准，2020年首届招生66人。两院多次探讨、交流教学计划和培养方案，积极听取海外教育学院学生的意见反馈。对于外方授课，制定了学院专业教师参与辅助教学的模式；针对学生实践能力的培养，计划采用与学院紧密融合办学的方式，如鼓励海外教育学院学生参加学院第二科创室活动等；多位学院教师参与了地方政府和单位的项目评审、发展咨询。

【创新创业工作】学院学科竞赛累计获奖37项，其中国家级奖励4项，省级奖励41项；2020年9月荣获"北斗杯"全国青少年科技创新大赛实物类三等奖1项、2020年12月荣获第四届全国大学生FPGA创新设计大赛二等奖3项。学院成龙谷B区共有6个教师团队，入驻企业2家。开展校友创业沙龙4场，优秀校友分享会、学术讲座2场。举办"PCB大赛""电子创意设计比赛"等5项比赛，累计参加人数达500余人次。成龙谷B区学生在学科竞赛、创新创业竞赛中，取得优异成绩，园区各团队累计获得国家级奖励4项，省级奖励23项。学生发表论文7篇，实用新型专利、软件著作权授权8项。第二课科创工作室建设已经成为学院特色品牌，"乐学思享"开展专题课堂3讲；举办《电信青年说》第一季；邀请电信科学技术第五研究所总工程师、教授级高级工程师、研究生导师楚鹰军开展"乐学思享"电信大讲坛专题讲座,加强学生对行业发展前景认识;着力提升工科学生人文素养,开展活动4次,覆盖学生216人。

【实验室建设】按照成都大学资金出入库要求,认真合理规划实验室建设,进一步规范实验教学,实验开出率100%,保障了实验教学的正常开展。切实做好实验队伍建设,提高教师业务水平,实验教辅人员学历与科研水平得到了提升。实验室开展了实践教学自查,规范了教师日常实验教学活动,完善了实验室管理档案材料,增加了综合性、设计性实验的数量,确保日常教学工作规范有序,实验管理、教学档案材料完整统一。实验室管理规范、制度完善,做到每日开展实验室巡查。完成了学院分拆后实验室资产分拆工作和对实验室归属、实验室设备等国有资产的清理工作以及2020年设备报废的校内流程。完成了电子信息工程一流专业资金出库项目10万元的设备采购、建设工作;完成了6批次专业设备维修工作。实验耗材购买有申请、登记、领用记录,材料齐全,经费按预期方案执行,使用率在98%以上,耗材购买严格按照学校招标规定履行比选手续并签订购买合同。完成了信息处理与控制工程教学示范中心校级验收工作。积极落实实验室防疫的各项工作,做好实验室消毒通风等工作。

统稿人:陈亚莉

审稿人:练丰丽

四、人才培养

计算机学院

【学院概况】学院系1978年自动化专业、数学专业发展而来，1985年工业自动化专业改为微机专业，1997年由数理系、计算中心组建成计算机系，2007年组建信息科学与技术学院，2015年3月更名为计算机学院，2015年底与电子信息工程学院合并组建信息科学与工程学院，2020年6月，成立计算机学院（新华三IT学院）。

学院现有在校本科生1928余人，在读研究生17余人。教职工101人，其中教授7人，博士34人，副高以上职称占专任教师50%；拥有四川省学术和技术带头人后备人选1人，四川省海外高层次留学人才1人，ESI高被引作者1人，博士生导师2人。引进的名誉院长章毅教授是IEEEFellow、四川大学人工智能首席科学家。

学院现有计算机科学与技术、软件工程、物联网工程、网络工程和数据科学与大数据技术五个本科专业，致力于培养专业基础扎实、技术能力强、综合素质优的应用型工程技术人才。计算机科学与技术为国家级特色专业，软件工程入选四川省和国家级卓越人才培养计划。2020年软件工程专业获批四川省一流专业建设点，2021年计算机科学与技术专业获批国家一流专业建设点。学院现设有两系两部两中心，即计算机工程与应用系、软件工程与大数据系，数学基础部、计算机基础部和实验技术中心、创新创业中心。学院拥有四川省高校重点实验室——模式识别与智能信息处理实验室、四川省计算机实验教学示范中心。

学院建有大数据研究与应用研究所、网络智能信息技术研究所、物联网技术和应用研究所、云计算机信息安全研究所、商业智能应用研究所、数学不等式及应用研究所。学院大力开展校企合作，分别与紫光旗下新华三集团联合创立成都大学新华三IT学院，与龙泉区政府联合成立"成龙谷创新创业中心"，面向行业和产业需求，积极服务地方行业发展，培养城市主导产业工程技术人才。学院积极拓展与海外大学在人才培养、科学研究等领域的深度合作，与韩国和德国开展了软件工程、计算机科学与技术等专业的本硕连读国际项目，与美国、泰国、丹麦等国家开展本科联合培养项目。学院以培养学生"会做人、精技能、善发展"为目标，实行学长导师制。实施以科技创新引领学生全面发展和素质提升的"341"三全育人体系，毕业生就业率保持在90%以上，入职中国移动、百度、IBM、腾讯、阿里巴巴等知名企业的学生逐年增多，毕业生薪酬水平在学校各专业中名列前茅。学院本年度培训聘请国家级提升工程2.0专家组组长及成员2名、提升工程2.0省级核心专家5名及省外一线校长、名师6名，结合学院师资力量，共授课292学时，本年度累计培训818人次。到账经费48.6万元。

【党建工作】学院党委坚持深化理论武装，严格落实各项规章制度；学习贯彻学校第七次党代会精神，深入开展十九届五中全会精神学习，认真开展学院"十三五"总结和"十四五"规划制定；抓好党建重要工作，创建党建特色工作，常态化开展"两学一做"学习教育。党支部战斗堡垒作用与党员先锋模范作用继续发挥，打造计算机教工党支部双带头人工作室，在教学、科研等领域

挖掘、培养优秀党员代表，积极参加校级以上各类优秀评选活动；初步探索学院党支部战斗堡垒作用发挥机制，建立健全学院党建特色项目扶持机制，全力聚焦一个党支部的示范建设，推进教师党员一对一帮扶建档立卡（孤残）学生项目，结合工会活动开展凝聚统战力量，开展统战座谈会，共话学院发展重大事项。院党委始终坚持围绕学院中心任务，服务学院发展大局，在学院教学、科研、人才培养的工作中体现政治核心和监督保证作用，把握方向、调动力量、组织协调、推动发展，确保学院各项事业不断向前推进。

【教学工作】继续严格进行教学管理，圆满地完成了学校下达的各项教学任务。在疫情下，学院利用自身专业优势，加大了线上授课的力度，确保了教学不受疫情影响，获得了学生的高度好评。加强国家级、省级一流专业建设。学院积极推进软件工程、计算机科学与技术专业申报国家一流专业，请教教指委专家20余人，参加相关会议10余场，对申报材料进行了深入细致的改进，目前获得专家的广泛好评。同时，认真准备物联网工程专业的一流专业申报，目前已获得校一流专业立项。深入推进工程认证，软件工程专业在通过教育部受理的基础上，进一步进行深入推进，目前已经确定专家将进校考察。同时，计算机科学与技术专业提交了工程认证申请。"网络攻防技术""计算机基础（基础应用）""操作系统原理""高等数学A+1""C语言综合项目实践"五门课程完成校一流课程立项建设项目立项工作。一门示范课程、两个示范专业，一个示范教学团队获批；《C语言综合项目实践》获批校级"课程思政"示范课程；计算机科学与技术获批校级"专业思政"示范专业；计算机科学与技术和软件工程获批校级"专业思政"示范教学团队。三本教材获全国教材建设奖推荐：《C语言综合项目实战》《新编C语言程序设计基础教程》《大学计算机基础》。五本教材获2020成都大学优秀教材奖：《C语言综合项目实战》《Web前端开发技术》《新编C语言程序设计基础教程》《新编C语言程序设计基础同步教程》《高等数学》。教材建设校级立项七项：《"互联网+"背景下高校师生双创竞赛实战技法》（重点项目）、《新编计算机基础与人工智能》、《数据库原理及应用》、《线性代数及其应用》（教材）、《线性代数辅导与提高》（辅导）、《Web前端开发技术》、《Linux程序设计实用教程》。提升实习实训管理信息化水平，圆满完成实习实训工作学院将实习实训工作全部通过校友邦系统管理。2020年，完成了共计2700余人/次的在线日志、周志、总结报告的批阅审核等系列工作。

【科研工作】学院加强科研团队与平台建设，获得国家级科研项目立项1项；厅局级科研项目立项6项，发表SCI来源期刊论文18篇，实用新型专利申请11项，实用新型授权2项；发明专利申请5项；软件著作权授权53项。出版著作与教材1本。非经费计分总计完成2676.51分，超额完成科研积分；科研经费到校113.51万元，其中，横向57.11万元，纵向56.4万元。开展电子信息硕士专业学位授权点申报工作、计算机科学与技术硕士学术学位授权点的申报工作，整合学院资源，遴选高水平学术带头人与学术骨干、高水平论文、获奖成果等开展填报工作。

【学科建设】学院在学科竞赛上获国家级奖项45项、省级奖项192项，学生发表论文共计4篇，获得专利软著9项。在"2020年'挑战杯'中国农业银行四川省大学生创业计划竞赛"中，我院项目"自闭症儿童智能辅疗犬""慧农——果园鸟害虫防空系统"分别获得四川省金奖、铜奖的优异成绩。学生申报创新训练计划81项，顺利结题57项；创业训练项目立项3项，创业实践项目立项4项；创业补贴申请获批3项。

【学生工作】学院推荐的十佳大学生2017软件工程专业吴忠明、十佳班级2017数字媒体技术2班获评；2018级研究生刘一达获评研究生国家奖学金，2017软件工程专业宋代雨获评本科生国家奖学金；在成都大学2020年"五四"评选表彰工作中，2019级网络工程2支部、2019级物联网工程1支部被评为青年大学习优秀团支部。党员义务维修队累计开展维修活动50余次，维修电子设备、电器100余件；成立"IT小火炬服务队"，充分发挥了学生党员的模范先锋作用。寝室搬迁，凸显党员示范作用。截至2020年6月2日，合计1234人返校参与宿舍搬迁工作。搬迁过程中充分发挥学生党员、入党积极分子的示范作用，做好同学们的思想开导工作以及帮助未返校学生的搬迁任务等，最终顺利完成搬迁任务。

【成立精英训练营】这是学院2020年探索系统化、精英化人才培养模式的新思路、新举措和新成果。以学长科创工作室为依托，从2020级新生中选拔招募了17位学生集结成班，力求培养出一支理论功底扎实、实践经验丰富的应用型人才队伍，促进学院整体学风建设提升。开展"主持人大赛""团情杯知识竞赛""师生趣味运动会""大运会知识竞赛"等。学院学生分会荣获成都市优秀学生分会；在校级比赛中，获得一等奖1项、二等奖3项、三等奖3项。

【开展暑期社会实践】我院项目"新冠疫情下基于'大数据技术'的成都大学线上教学状况的调研"荣获校级三等奖。在校团委成功立项6项活动，有第三届"橙子杯"电子竞技英雄联盟联赛、第四届"数学建模知识竞赛"、第十三届IT来袭等。其中电子竞技协会参与由腾讯公司主办的"第一届王者荣耀高校联赛区域总选"比赛，获得全国亚军。加强教师党员一对一帮扶建档立卡（孤残）学生，建立长效帮扶机制，帮助困难学生成长长才，发挥教师党员的先锋模范作用。学院成立"微光"助学金，向有经济困难的学生提供临时生活补助，2020年11月首批向3名家庭经济困难学生发放了助学金。

【学生项目立项】"建档立卡学生'菜单式'精准帮扶路径探索——以计算机学院为例"项目获得2020年学生资助育人特色项目，"精英训练营计划"获得2020年学生处特色项目立项。学术论文《论疫情常态化背景下学生党员先锋作用的发挥》在《智库时代》2020年第32期发表、《智慧教育生态体系初探》在中文核心期刊《教育与教学研究》2020年第11期发表。辅导员成绩：方林红、敬晶获得成都大学2020届就业工作先进个人，方林红获得成都大学2020年度优秀班主任，方林红在"我为大运做贡献，当好大运主人翁"精品主题班会中获得优秀奖。2020届我院考研录取人数为37人，录取率8.71%；2021届研究生报考人数为135人，报考率28%，完成学校下达的考研报考目标任务。配合食品与生物工程学院农业硕士点评估，开展农业工程与信息技术领域评估，从研究生导师队伍建设、师德师风相关成果、思政教育相关成果、研究生培养过程质量监控、研究生学位授予、毕业生质量等方面对本领域进行全方位评估。

【师资工作】学院有教职工101人，其中教授7人，博士34人，副高以上职称占专任教师50%。引进的名誉院长章毅教授是四川大学人工智能首席科学家。2020年面试青年博士12人次，其中办理入职手续6人次，引进名誉院长1人次。

【实验室建设】严格按照学校的相关文件规定，保证实验室的正常使用，保证实验教学有序开展。围绕工程认证，完成配套实验室建设，为软件工程专业认证的顺利开展，学院完成了8间实验室的改造、文化建设工作，完成了共计394万元的设备采购、验收工作，为实验室长期稳定发展打下坚实基础。推进新华三IT学院共建实验室建设。为推进产教融合、校企合作与新华三集团联合改建了计算机网络实验室，完成了新华三集团捐赠的72台设备的安装调试工作。

【对外交流合作】学院立足专业设置和学生培养计划，主动与学校国际合作处等相关职能部门对接，积极推动项目宣讲、学生引导、推荐申报等各项工作开展，先后完成德国克劳斯塔尔工业大学、韩国岭南大学、日本县立广岛大学等联合培养项目的宣讲和招生工作。共组织开展线下宣讲会两场，"海外云"——德、日专场线上宣讲两场，参与学生600余人次。一名学生考取日本县立广岛大学硕士。积极参与英国斯特灵学院的中外联合办学机构申请，完成该学院对应的"数据科学与大数据"专业的人才培养方案、师资等方面的对接工作，并参加教育部的答辩，获得专家的一致

好评。

【疫情防控】学院成立以院长、书记为第一责任人，班主任为成员的学院预防控制新型冠状病毒领导小组。把学院学生的疫情防控工作作为学院重点工作之一。在全年的疫情防控工作中未出现疫情事故。做好宣传动员，实行联防联控。微信公众平台开设"学生志愿者战'疫'故事""网课进行时""疫情防控知识"等疫情专栏，我院学生参与防疫志愿活动共计23人。为保障疫情期间"停课不停学"的总体要求，疫情期间，学院向2016—2019级建档立卡、孤残学生共计138人发放人均100元的网络流量补贴，累计13800元，以减轻困难学生网络学习资费压力。

统稿人：孟　飞
审稿人：肖小琼

四、人才培养

食品与生物工程学院

【学院概况】在学校党委和行政的坚强领导下，学院党政班子团结一心，带领全体教职员工认真学习贯彻党的十九大和十九届五中全会精神，深入贯彻落实省、市重要决策部署和学校第七次党代会精神，创新党建工作思路，打造党建核心引擎，引领学院创新发展。学院工作厚植人才培养沃土，落实立德树人根本任务，学院班子围绕年度党政工作要点和重点工作任务共谋大局、狠抓关键，在党建、疫情防控、学院发展规划制定、服务大运会及学科建设等方面取得系列成效，为建设特色鲜明、国内一流的应用型城市大学的总体目标贡献力量。

【加强党建工作】学院建立学院整体工作的长效机制，以思想政治建设为核心，进一步加强学院班子自身建设，努力形成团结合力、崇严尚实、勤政廉洁的班子团队。本年度进一步落实了党委主体责任，督促班子成员落实"一岗双责"，进一步完善了学院党风廉政建设机制。进一步坚持和完善了学院院务、党务公开制度。进一步深化了服务型党组织建设，搭建党组织与党员、党员与群众沟通协作的桥梁，充分发挥了基层党组织的政治核心与战斗堡垒作用、党员的先锋模范作用。基层组织战斗堡垒作用进一步发挥，风清气正、干事创业的氛围进一步形成，全院师生凝聚力进一步加强。学院党委坚持以党建工作为引领，积极探索和推进学院的党建工作创新方式，把党建工作与学院业务工作、教师成长、学生培养等有机融合，全面推动学院事业改革高质量发展，相关工作受到成都市委组织部充分肯定，学院党委入选"成都市第三批'蓉城先锋'示范基层党组织"荣誉称号。

【助力疫情防控】为助力疫情防控时期全国肉制品加工企业及时安全有序恢复肉制品的市场供应，由肉类重点实验室牵头，在全国率先制定了《肉制品生产加工企业新型冠状病毒防疫卫生安全防控指南》（以下简称《指南》）及《生鲜肉品生产贮运防控技术规范》。《指南》已被国务院应对新型冠状病毒肺炎疫情联防联控机制综合组以正式法规文件（联防联控机制综发〔2020〕216号）向全国印发执行。团队成员王卫教授获得成都市"新冠病疫情防控先进共产党员"及"先进个人"荣誉称号。在防疫期间，学生也积极争做志愿者，参与疫情防控，其中8名同学获评学校"疫情防控优秀志愿者"，3名同学获评学校"疫情防控志愿者标兵"。

【推进疫情防控常态化下的混合教学】立项省级一流专业1项、省级应用示范型课程1项，立项校级一流专业1项、思政示范专业2个，立项校级"专业思政"示范教学团队2个，立项校级"课程思政"示范课5门，立项校级"课程思政"教改项目1项，立项校级线上一流课程3门，立项校级线下一流课程3门，立项校级虚拟仿真实验教学一流课程1门。在成都大学第二届"课程思政"教学设计大赛上，获理工组一等奖1项、二等奖1项。日常教学管理持续推进。疫情期间，学院所有课程全部采取线上授课，共开设48门本科生课程。本科教学方面，教师使用腾讯课堂网络教学占74%，超星网络教学平台占14%，其他12%。在线教学实现100%督导，督导质量全校第一；学生在线出勤及满意度分别保持在95%及99%以上。完成了教育部"630"专项行动检查工作。对学院教师近三年所有出版的教材教辅材料进行排查。完成了整个学期教学材料收集、整理和整改。学院有6位教师入选四川省教育指导委委员,其中1位为副主任委员。

【聚焦专业内涵建设】学科点建设取得新突破。学院申报了生物与医药专业学位博士点和3个学科类别。3个学科类别均已入选,并完成网络材料填报。入选的3个学科类别中,一级学科硕士点2个、专业学位点1个,分别为食品科学与工程和化学一级学科点,以及生物与医药专业学位点。研究生日常管理工作稳步推进。2020年研究生毕业生41人。论文查重合格率100%,盲审通过率100%。毕业生一次就业率85%。疫情期间,完成了140名研究生新生在线招生和全部研究生课程的在线教学。

【科研工作】本年度"四川省杂粮产业化工程技术研究中心"获得四川省科技厅立项建设。学院获得四川省科技进步一、二、三等奖共4项:参与完成的"四川地方猪遗传资源保护技术体系创建与产业化开发利用"成果获四川省科技进步一等奖,主持完成的"微生物发酵提升传统腌腊肉制品品质和安全性研究与集成应用"成果获四川省科技进步二等奖,主持完成的"苦荞功能因子高值化利用关键技术及产业化示范"成果获四川省科技进步二等奖,主持完成的"魔芋产业化综合开发及加工关键技术研究与应用"成果获四川省科技进步三等奖。耿放博士的"鸡蛋黄卵黄颗粒组装结构的聚集−解聚机理研究"和李寒梅博士的"基于生物正交反应和膜融合脂质体靶向修复血管内皮糖萼治疗急性肺损伤的研究"获得国家自然基金面上项目立项;谢佳妮博士的"纳米石墨炔水凝胶在皮肤放射防护中的应用及机制研究"获国家自然基金青年项目立项。"美姑县苦荞产业技术集成与科技扶贫示范基地建设"获2020四川省重点研发计划资助,经费100万元;参与的国家重点研发计划"杂粮产业链一体化示范"(2020YFD1001400)获得立项支持,经费200万元。参与四川省肉品重大项目3项,将获得科研经费约200万元。全院发表论文195篇,其中SCI来源期刊论文65篇(权威顶级刊物发表10篇),中文核心期刊论文79篇,专利授权9件,专利申请34件,科技成果鉴定1项,全年科研到账经费1200余万元。

【人才培养质量稳步提升】大力推进学生考研就业工作。深化考研学生的精准指导与服务,鼓励学生参与调剂,对调剂考生进行了调剂指导,学院录取人数再创新高,实际录取136人,录取率达到37.05%。食品科学与工程专业2020届毕业生考研录取率首次突破50%。学院大力促进2021届毕业生考研动员工作,2021届毕业生考研报考人数为269人,报考率达69.69%,学生继续深造意识不断提升。学院2020届毕业生整体就业率85.50%。遴选学院博士学位或副教授以上职称的教师担任学院2020级新生专业导师,2020级新生实现专业导师全覆盖。在专业导师的指导下,学生创新活动成果丰硕。创新团队学生获得学科竞赛国家级比赛奖项4项,省级比赛奖项21项,共计取得25项较好成绩,其中学生获得第十二届"挑战杯"中国大学生创业计划竞赛国家级铜奖1项。

【学生工作】学生在第五届中国青年志愿者服务项目大赛获得银奖一项,获学校第十届"开拓杯"大学生创业计划竞赛银奖3项,学院获学校第十届"开拓杯"大学生创业计划竞赛优秀组织奖。2018级生物工程第一支部获学校五四红旗支部。学生参加学校第十届体育舞蹈大赛获一等奖,在学校第三十三届排球联赛荣获二等奖。在学校云运动会上,获得公开组团体总分第一名;我院被评为四川省"三全育人"综合改革试点院系。配合大运村建设做好宿舍搬迁工作,涉及宿舍搬迁的学生达1400余人。

【人才队伍建设】辅导员以第一作者公开发表学工论文5篇,学工人员分别获成都市属高校优秀辅导员1人次,学校就业先进个人2人次,学校优秀班主任2人次,学校暑期"三下乡"社会实践优秀指导教师1人次。学院有国家农业产业体系岗位科学家2人以上,学院四川省学术带头人3

人以上、后备人选 10 人以上。

【加强地方合作】全力推进"政产学研"的深度融合与合作,加强与成都农业科技中心、中国农科院的深度合作,加强基于绩效的实习基地和重点实验室建设,创新管理模式抓住成都大学发展的政策和机遇。

统稿人:叶富云
审稿人:邹　亮

建筑与土木工程学院

【学院概况】学院现有教职工110人。其中，专任教师（含专业归属人员）101人中，正高级职称12人，副高级职称28人，中级职称58人，初级职称3人，师资职称结构趋于合理。具有博士学位50人，占比近50%。学院开设有建筑学、土木工程（一本）、工程管理（一本）、工程造价、环境工程、测绘工程6个本科专业，与海外教育学院联办工程造价（中外合作）专科专业。2020届毕业生479人，获得毕业证422人，毕业率88.1%；获得学位证343人，授位率71.6%。毕业生最终就业率90.28%。招生共计6个本科专业522人（含专升本53人），其中测绘工程60人，工程管理59人，环境工程58人，土木工程175人，工程造价60人，建筑学57人。全院学生总人数达1897人。

【党建工作】学院党委严格执行党政联席会议制度、党组织会议制度和"三重一大"会议制度。全年共计召开党政联席（含扩大）会议21次，党组织会议14次。严格落实疫情防控各项决策部署，师生党员抗疫捐款11292.6元。10余名学生加入一线志愿者抗击疫情团队。完成党委四个支部支委增补，制定完善《学生发展对象考核细则》。全年培训入党积极分子106人，发展党员39人，转正40人。开展党员教育培训，蓉城先锋参学率和达标率均达100%，学习强国最高分达20732分。组织党支部书记、党务工作者参加线上线下党务培训10人次。认真开展学"四史"和"不忘初心、牢记使命"主题教育。组织党员教师赴对口帮扶地简阳市民强村开展"走进扶贫优美乡村，讲好小康脱贫故事——听基层党支部书记讲党课"主题党日活动；以及参观建川博物馆、郫都区战旗村等爱国主义教育基地。党建"三个一"重点项目立项7项，其中党建精品项目2项，党建研究课题4项（1项为重点课题），党建阵地建设1项。

【学科建设】年内新增专业硕士学位类别2个，分别是土木水利、资源与环境。

【队伍建设】年内引进青年博士10人，博士高工2人，特聘副研究员1人，特聘教授（兼职）2人。入职编内专任教师1人。晋升职称副高3人，中级3人；职称申报副高5人，中级1人。申报"青椒计划"科研新锐3人，教学名师3人。参加国内外线上线下各级各类专题培训、进修、交流100余人次。教师曾永刚荣获"2020年成都市优秀青年教师"称号，吴启红教授到简阳驻村扶贫。

【人才培养】大学生创新训练计划项目：年内学院大学生创新训练计划项目顺利结题62项，包括国家级2项、省级4项和校级56项。新立项大学生创新训练计划项目国家级2项，省级4项，校级56项。学科竞赛项目：年内学院共5个项目获学科竞赛立项，包括重点项目3项，一般项目2项；获奖共计13项，其中包含国家级二等奖1项；另"互联网+"大学生创新创业大赛获校级金奖、省级铜奖。2020届优秀本科毕业设计（论文）奖共获奖14名，其中一等奖6名，二等奖8名。

【教学工作】立足本科教学改革，推进专业建设，测绘工程专业获批校级一流专业建设立项。

四、人才培养

校级"一流课程"建设项目获批6项,其中线上线下混合式一流课程1项,线下一流课程5项。教育部2019年度第二批产学合作协同育人项目立项获批11项。"专业思政"示范教学团队立项2项,"课程思政"示范课程立项4项以及"课程思政"教改项目立项1项。其中,《地理信息系统原理与应用》课程获2020年省级"课程思政"示范课程立项。校级教材建设重点项目立项2项,一般项目立项4项。学校第二届"课程思政"教学设计大赛中获理科组三等奖2项。申报2020年校级教学成果奖7项。《建筑设备》教材获学校2020年"优秀教材奖"评选优秀奖1项。学院完善教学质量监控体系,课不停学,圆满完成线上教学工作。疫情期间,停课不停学,圆满完成线上教学。打造院级课程之星教学团队5个,推出关于线上教学教师风采新闻共26篇。开展师生在线教学培训10余次。开展在线教学督导检查,院领导、系主任、学院教学督导共听课100余节,巡课120余节次。在为期一个月教学检查中,共检查38位教师56门课程。按学校迎接本科教学审核评估教学材料专项检查要求,结合专家反馈意见,成立专项整改小组,确定具体整改方案,落实教学整改工作。

【科学研究和社会服务】谢飞鸿教授团队牵头主持的科技进步类项目首次提名四川省科学技术奖三等奖。申报的引智项目获国家外国专家局资助。国家基金申报数创最高,其中国家自然科学基金申报27项,国家社会科学基金申报5项。本院教师获批国家级项目3项,其中以成都大学为依托单位申报立项2项。以成都大学为依托单位,立项省部级项目2项,厅局级项目10项(自然科学类6项,社会科学类4项),其他纵向项目4项(自然科学类2项,社会科学类2项)。发表论文共计137篇,其中SCI来源期刊论文35篇[建筑与土木工程学院为第一单位论文13篇,含行业顶级刊物论文7篇(中科院分区一区、二区)]。同时,马文标教授在国际顶级综述类期刊发表文章(SCI一区收录,影响因子26.467)。此外,以建工学院为第一单位发表EI来源期刊论文2篇,CSSCI来源期刊论文3篇,核心期刊论文20篇。申请专利52项(发明专利26项,实用新型专利26项),授权发明专利2项,实用新型专利13项。授权软件著作权23项。出版专著5部。到账经费(不含校内项目)共计330.0602万元,其中纵向经费57.7258万元,横向经费272.3344万元。学院科研团队组织申报校级科研平台17项,第一批次获批7项。

【实验室建设】中央财政支持地方高校发展专项第二期建设资金300万元购置的设备及软件平台、水泥与混凝土省级虚拟仿真实验教学项目建设和20万元购置虚拟仿真软件平台以上两项完成设备验收。完成2019年成都大学实验室建设信息系统集成采购项目(40万元)采购设备家具的安装调试及网络布线工作。完成中外合作办学沙盘采购13万元项目和项目管理沙盘的招标采购及设备验收。完成建筑学专业教学设备家具28.069万元的招标采购。协助马文标教授完成NEEL科研实验室建设及设备招采。

【学生工作】就业考研指导工作成效突出,2020届毕业生最终就业率90.28%,荣获"成都大学2020届毕业生就业工作先进集体"称号,毕业班班主任向黎、陈佳美获评"就业工作先进个人"。2020届毕业生研究生报考168人,报考率35.1%;录取人数62人,考取率14.69%。学生会获评成都市优秀学生分会,学生会主席黎朋获评成都市优秀学生会工作人员。2017级工程造价专业王毅然荣获成都大学2019—2020学年"十佳大学生"称号;2017级土木工程专业黎鹏荣获"十佳共青团干部"称号;2017级土木工程专业苏焓荣获"十佳共青团员"称号;2017级工程管理专业黄洁获评"十佳青年志愿者"称号;学院青年志愿者协会获评十佳青年志愿者集体;分团委以全校第一的成绩获评五四红旗团委,土木工程2017级1班团支部获评五四红旗团支部;学生社团BIM协会评定为五星级社团。2018级土木工程5班杨雅鑫同学有幸入选为"蓉耀青年"成都大学生新思想宣讲团成员。学院微博及微信公众号粉丝共计5044余人。年内共发布微博1400篇,推送

微信170篇，内容涵盖时事政治、榜样力量、专业帮扶、就业服务等板块，挥新媒体协同育人功效。切实加强队伍建设，本年度选送辅导员参加各级各类业务培训9人次，共发表论文6篇，成功立项教育部协同育人项目2项、学校学生工作特色项目1项、党建精品项目1项、党建课题1项、资助育人项目1项。向黎获2020年度市属高校优秀辅导员荣誉称号，桂俊骁、孙也椒获校优秀班主任荣誉称号。本年度学院荣获2019年度征兵工作校级三等奖。学院教师万世明副教授设立"婕菁奖学金"，资助金额5000元。

【对外交流合作】年内开展与上海大学力学与工程科学学院学科专业建设线上交流。邀请同济大学土木工程学院院长赵宪忠教授到院就"十四五"发展规划交流指导；邀请西南交通大学教授潘毅到院做学术报告并交流指导，分别邀请南方测绘集团副总经理郭宝宇、上海华测副总裁胡炜和四川志德岩土总工付博到院交流并开设专题讲座。学院董建辉博士应邀在全国地质灾害防治新技术新装备新标准交流会上做专题报告。

统稿人：王　繁
审稿人：吴启红

四、人才培养

旅游与文化产业学院

【学院概况】学院创建于1994年，是四川省最早开办旅游管理专业的高等院校之一，设旅游管理、文化产业管理、会展经济与管理、酒店管理四个本科专业，旅游管理专业为国家一流专业建设点，同时招收旅游管理学术硕士。学院办学特色鲜明，形成以培养创意型人才为核心的"一三五五"人才培养模式，拥有四川省创意型旅游管理教学团队、四川省创意型旅游人才培养创新基地。学院秉承聚焦成都、服务成都、贡献成都的宗旨，与国家相关部委，四川省、成都市相关局委紧密合作，搭建了系列协同创新研究平台，包括中国会展城市竞争力大数据研究中心、中国会展经济研究会成都研究中心、四川高原藏区旅游扶贫中心、成都会展经济发展研究院、成都市旅游研究院、成都市旅游人才培训中心、成都市旅游产业促进中心、四川省教育厅社科基地四川景观游憩研究中心等，构建了政产学研融合的长效机制。学院现有教职工50余人。其中，高级职称教师22人，博士学历（含在读博士）教师27人。聘任欧洲科学、艺术与人文学院院士熊澄宇教授担任学院名誉院长。学院具有优良的实验实训条件，着力培养学生的专业技能与实践能力。现建有旅游规划设计中心、辅助设计实验室、文创综合实训室、方案创意实验室、旅游开发虚拟现实实验室、会展虚拟教学实训室、项目论证实验室、规划设计出图中心，实验室面积600余平方米。

【党建引领促进发展】以党的十九大、省市党代会精神为引领，深入学习贯彻落实学校第七次党代会精神。全年共组织开展党委中心组学习10次，主题党日活动6次，支部活动30余次，教职工政治学习5次，主题教育系列活动20场，廉政警示活动1次，立项党建课题1项。全年发展预备党员22人，党员转正27人，确定积极分子75名，培训学员80余人次。

【疫情防控保障教学】学院党委始终将全院师生生命安全放在第一位。在学校疫情防控指挥部的统一指挥部署下，学院制定了《旅游与文化产业学院返校到岗工作方案》，领导干部主动靠前，落实主体责任。统一思想、凝聚人心，调动全院师生主动性和积极性，强化联防联控，取得新冠肺炎疫情防控阶段性胜利，涌现出一批抗疫先进典型，被四川新闻网、成大新闻等媒体报道。

【发展规划高屋建瓴】顺利完成学院"十三五"规划总结。根据《成都大学建设特色鲜明、国内一流的应用型城市大学战略规划纲要（2020—2025）》，高质量编制《旅游与文化产业学院"十四五"发展规划纲要》，引领学院高水平建设发展。

【在世界级会展业研究平台贡献成大智慧】落户我校的全球顶级会展国际机构ICCA国际会议研究及培训中心（CIMERT）面向全球成功发布《把脉疫情下的全球国际会议产业走势》研究报告；成功举办"全球变革下国际会议产业合作的机遇与挑战"主题国际会议业CEO峰会并发布全球首个围绕会议目的地竞争力的专业评价指数，开展了为期一周六场的国际会展业务培训，获ICCA国际机构高度认可和市委市政府领导点赞。

【深度融入成都城市发展战略】致力于成都文旅、会展和生态文明建设等"5+5+1"现代产业及产业生态圈的研究与实践，与成都市文广旅局、博览局、机关事务管理局和生态环境局等主管部

门创新构建文旅融合发展实验室、会展经济研究院和生态文明研究院等系列研究平台,深度融入城市发展战略,把脉成渝双城经济圈建设契机。全年完成20余项智库服务成都项目。

【科研成果再上台阶】申报国家社科、自科基金项目20项,申报省部级项目17项,申报厅级项目19项;立项省部级厅级课题12项,结项7项;出版专著教材3部;发表研究论文46篇,其中SCI来源期刊论文1篇,C刊论文6篇,中文核心期刊论文3篇;申请发明专利8项,实用新型授权专利2项;获市哲学社会科学成果奖励3项,推荐省哲学社会科学奖1项。圆满完成四川省高校社科研究基地"四川景观与游憩研究中心"2020年课题发布、课题评审与课题结项工作,申报95项,立项41项。全年纵横向到校经费破千万元。高水平引进院士科研团队,聘任欧洲科学、艺术与人文学院院士及清华大学国家文化产业研究中心主任、清华大学博导熊澄宇教授担任学院名誉院长,积极谋划大人文社科改革发展的学校试点。

【专业建设再创佳绩】酒店管理获批2020年度新增本科备案专业。深入贯彻《关于高等学校加快"双一流"建设的指导意见》,深度推进旅游管理国家级一流专业建设。新建100余平方米实验室1个,新建天府花溪谷、广元花千谷、汇益展览、重庆商建等实践教学基地4个。完成对"CAD计算机辅助设计实验室"的全面改造。会展经济与管理专业立项2020年成都大学一流专业,《文化产业项目策划》等六门课程立项2020年成都大学一流课程。全面落实四川省教育厅《关于全面推进高校"课程思政"建设落实立德树人根本任务的实施意见》要求,广泛开展课程思政"1212"工程建设。旅游管理专业立项校级课程思政示范专业,文化产业管理专业立项校级课程思政示范培育专业,旅游管理及文化产业管理"专业思政"示范教学团队立项校级专业思政示范教学团队,《创意思维训练》《导游业务》两门课程立项校级课程思政示范课程,《创意思维训练》推荐申报省级课程思政课程,一名教师荣获2020年成都大学第二届"课程思政"教学设计大赛三等奖。

【学科建设稳步推进】旅游管理学科与商学院企业管理、会计学科共同申报工商管理一级学科建设项目,立项2020年成都大学优势学科。与商学院共同推进工商管理硕士点评估工作,顺利通过教育部硕士点合格评估。

【人才培养硕果累累】以学科竞赛促学生科研能力提升,全年共获得国家级奖项23项,省级奖项10项,立项国家级大学生创新训练计划1项,省级1项,校级9项。多措并举促学生就业深造,2020届毕业生就业率达82.59%,考取研究生19人,考研报考率达33.7%。

统稿人:苗　苗
审稿人:杨　阳

四、人才培养

商学院

【学院概况】在学校党政的领导下,深入学习贯彻党的十九届五中全会精神,扎实推动"十四五"规划编制工作,认真贯彻落实成都大学第七次党代会精神,围绕"六个一流"建设目标,按照《成都大学新型冠状病毒感染的肺炎疫情防控工作方案》和《成都大学2020年工作要点》的目标任务要求,坚持做好疫情防控,不断推进学院的建设与发展。学院下设本科教育"工商管理""会计""经济"三个系,拥有"会计学""财务管理""审计学""国际经济与贸易""工商管理"五个专业。其中,"会计学"专业新增为2020年度国家级一流本科专业建设点。有"工商管理"一级学科学术硕士学位授权点,招收与培养会计学、企业管理、旅游管理三个专业的学术硕士研究生,现有本科生2130人,研究生119人。学院现有教职工101人,其中教授14人,副教授35人,博士56人,硕士生导师59人,特聘副研究员2名。2020年被评为成都大学目标考核"优秀单位"。

【学科建设】商学院通过2020年工商管理学科学位授权点专项评估。学院完成工商管理硕士专业学位(MBA)授权点申报,通过学校学位评定委员会审核,由四川省人民政府学位委员会办公室评审推荐,提交国务院学位委员会审批,是2020年全省唯一通过省学位办评审推荐的MBA授权点,在工商管理学科领域的学术硕士点和专业硕士点形成"一学两专"的布局。会计学专业经学校和四川省教育厅审核,已获批国家级一流本科专业建设点。教师团队打造的出纳实务被教育部认定为"线上线下混合式一流课程"。

【科研、地方服务】学院立项国家社科基金项目1项(项目负责人:何悦)发表高水平论文(SSCI/SCI/CSSCI检索)14篇,其中,SSCI中科院分区1区论文1篇(第一作者:李美慧,特聘副研究员),SSCI/SCI双检索、JCR分区2区论文1篇(第一作者:马胜),国家自然科学基金委A类期刊论文2篇(第一作者:徐凯),市政协2020年度优秀提案1份[提案《关于加快成都为国际供应链枢纽城市的建设》(169号),提案者:王影]。学院申报科研项目79项,其中国家级项目23项,省部级项目25项。立项国家级社科基金项目1项,省部级项目2项,厅局级项目13项。科研项目结项2项,其中国家级1项,省部级项目1项,厅局级1项。学院出版著作7部,其中学术专著4部,编著2部,教材1部;发表学术论文87篇,其中SSCI来源期刊论文3篇,SCI来源期刊论文2篇,CSSCI来源期刊论文10篇,中文核心期刊论文7篇,EI来源期刊及会议论文4篇;获成都市第十四次社会科学优秀成果三等奖5项;研究报告2篇,专利申请4件;学术论文总体数量与2019年持平。学院到校经费总计97.55万元;其中纵向经费61.02万元,横向经费36.53万元。学院与企业、研究院等达成多项合作协议,包括与成都市经济信息中心签署战略合作协议;承办首届成渝地区双城经济圈发展论坛,组织召开"成渝地区双城经济圈智库联盟"发起大会,联合主办"后扶贫时期民族地区旅游发展与乡村振兴研讨会";承办MPAcc会计名家公益大讲堂,赴宁波大学商学院开展对标学习,组织学生志愿者参与2020"双循环·双城记"天府论坛。立项成都市哲学社会科学研究基地——成渝地区双城经济圈研究中心。校内立项"企业管理研究中

心""成都经济发展研究中心""工商管理案例与质性研究中心"三个校级科研平台。截至目前，学院为四川省经济发展战略研究会副会长单位，成都审计学会会长单位、秘书长单位，四川省财政学会常务理事单位，中国企业管理研究会理事单位，中国侨联创新创业联盟理事单位，在"政产学研用"协同机制上体现商学院的应用型特质。

【国际交流合作】2020年商学院正在运行的国际化项目3个，受到疫情影响，招生规模较小。其中：(1) 商学院与泰国NIDA大学本硕"3+1+2"联合培养项目招生2人；(2) 商学院与泰国清迈大学本硕"3+1+2"联合培养项目招生8人；(3) 商学院与英国北安普顿大学本硕"3+1+1"联合培养项目有意向生源3名；(4) 2020年共招收海外留学生12名，其中本科生9名，研究生3名。完成商学院英文网站翻译和上线工作，提供了商学院对外展示的国际化窗口。

【师资队伍建设及人才引进】学院共引进人才7名，其中，特聘教授2名，副教授2名，青年博士3名。培养3名青年教师考取博士，1名教师晋升教授，3名教师晋升副教授；先后选派其他教职工参加国内各类线上线下进修培训达100余人（次）。

【党建及学生工作】组织师生进行了"抗疫精神"、十九届五中全会精神、抗美援朝精神、学校"开学第一课"等主题学习，除了"三会一课"的学习之外，先后组织了"危难面前显忠诚、挑战面前显担当"、"大学习、大走访、大调研"赴东部新区规划馆参观学习、"观城市之眼，洞见城市未来"等主题党日活动；开展了"学'四史'悟中国精神"知识竞赛，加强理论学习，提高政治觉悟，增强政治能力。开展线上研究生招生宣讲会10余场次。报名参加2021年硕士研究生考试979人。毕业生528人（占全校2020届毕业生的10%），就业率达91.29%，高出学校平均就业率（86.41%）4.88个百分点。2020届毕业生被国内外高校录取74人，考研录取率14%，比去年同期增长了3个百分点，其中国际经济与贸易专业录取率21%，专业录取率创新高。2021届学生考研报考210人，报考率41.5%，比去年同期增长了1.5个百分点。学院学科竞赛共计获奖91项，其中国家级获奖38项，省级获奖53项，学生发表论文18篇。学生申报大学生创新创业训练计划校级立项19项、省级立项5项、国家立项5项，创业项目获得专利1个，创业项目入园孵化1个，申请工商注册1项，组织创业团队申报创业补贴3万元。疫情期间，利用腾讯会议线上组织"考研复试云指导 助力学子勇夺魁"商学院2020届学生考研复试指导，为考研复试同学助力。2020届学生被国内外高校录取74人，创近六年学院研究生录取新高。利用腾讯会议线上组织"考研动员云宣讲 抗击疫情逐梦行"商学院2021届学生考研动员会，分析近五年商学院学生考研数据，分阶段指导学生考研，帮助同学们明晰考研方向，增强考研动力。2021届学生考研报考210人，报考率41.5%，学院学生考研氛围浓厚。学院组织2021届考研学生慰问活动，举办考研政治冲刺专题讲座，为2021届考研学子助力。

【非学历教育与ACCA培养班】2020年完成了ACCA、CMA、CPA2020年第二期培养班，2020年第二期CFA实验班，其中ACCA培养班2020年度共招收10人，CMA招收3人，CPA招收2人；CFA实验班招收13人。全年共计到账经费238216.5元。

统稿人：毛　斌
审稿人：李　行

文学与新闻传播学院

【学院概况】为全面贯彻落实学校第七次党代会精神的使命担当和任务要求，文新学院在2020年围绕学校"六个一流"建设目标、"七大工程"和"六大重点"工作，凝心聚力，直面挑战。学院党政工作顺利运行，学院建设和发展取得新的成绩与突破。2020年学院积极申报中国语言文学硕士点并初见成效；天府文化学院获批为四川省高校重点中华优秀传统文化学院；立项国家社科基金项目1项，科研经费到校267.7万元；获得成都市哲学社会科学奖二等奖1项、三等奖4项；立项教育部产学合作协同育人项目1项；内培博士1名，引进博士9名、特聘教授1名，为历年人数最多。积极联系高层次专家教授2名。

【党建工作】全面加强党的领导，深入学习贯彻全国"两会"精神、党的十九届五中全会精神、学校第七次党代会精神等，学院召开党委会12次、党政联席会19次、党委中心组学习会8次、教职工政治理论学习10次，师生党支部开展主题党日活动40次，学院领导班子成员开展党课8次。扎实做好疫情防控工作，实时掌握师生动态，及时收集报送重点核心防控数据237项。通过开展"四史"学习教育、观看纪录片《为了和平》等活动，加强新时代爱国主义教育；通过专题学习学校加强师德师风建设系列文件、开展《学习"五老"精神，加强师德师风》主题党日活动、全院教师宣誓、新进教师座谈、撰写学习习近平总书记教师节重要寄语精神心得、展板宣传等形式，进一步加强学院师德师风建设，引导教师们争做"四有"好老师。严格落实意识形态工作责任制。学院教师的学术活动和服务地方工作得到"学习强国"平台、新华网、人民网等中央媒体及四川新闻网、四川文化频道等地方媒体的报道10余次。"蓉城先锋"学习达标率为100%。成功申报学校党建"三个一"重点项目4项。加强党风廉政建设，持续正风肃纪。坚持党建带工建，落实统战工作。开展丹景台"快乐健康行"分工会暨统战活动，开展"职工小家"建设申报、成都市三八红旗手候选人推荐工作。

【科学研究工作】学院以学科建设为突破，积极申报中国语言文学硕士点，完成了申报材料的撰写和专家审核及修订。天府文化研究获批为学校特色学科。完成了四川省重点中华文化研究院申报工作。开展硕士生导师遴选工作，新增硕导4名。新闻与传播学位点建设势头良好。招收2020级新闻与传播研究生20人，报考我院2021级新闻与传播研究生160余人，较去年增长1倍；3名应届毕业生攻读博士，占比达到30%。获得国家社科基金立项1项，获得省级课题立项3项，厅局级课题立项1项。到校经费总计267.7万元。年内全院共发表论文44篇，其中CSSCI来源期刊（含扩展版）论文10篇，中文核心期刊论文6篇，中文一般期刊及会议论文28篇。共出版学术著作5部，其中专著3部，编著2部。获得成都市第十四次哲学社会科学优秀成果奖二等奖1项，三等奖4项。认真组织学院教师参与四川省第十九次社会科学优秀成果奖申报，学院送出30项，并最终选送5项到省上参加评奖，为历年最好。1项教师调研报告获得省委常委批示。

【教育教学工作】广播电视学专业被列为校级一流本科专业培育点建设。汉语言文学专业立项

课程思政"1212"工程"专业思政"示范专业建设项目。汉语言文学教学团队立项课程思政"1212"工程示范教学团队建设项目。《文学概论》《古代汉语》《社会学概论》等3门课程立项课程思政"1212"工程示范课程建设项目。《红楼梦鉴赏》《唐宋词鉴赏》等2部教材获得校级优秀教材评选优秀奖。校级教材建设项目立项5项,其中重点项目2项。"基于CDIO模式的《非线性编辑》课程产学协同育人教学改革研究"获得教育部2019年第二批产学合作协同育人项目立项。"国学经典导论教学改革研究"立项课程思政"1212"工程教改项目。建设期满本科教学工程建设项目结题3项。教师申报校级教学成果奖9项。发表教改论文7篇,出版教学专著2部。2020届毕业生累计过级率为83.29%。四川省大学生新媒体创意大赛三等奖2项;第十二届全国大学生广告艺术大赛四川赛区二等奖1项,优秀奖1项;四川省第九届大学生艺术展演活动高校美育改革创新优秀案例省级二等奖1项;大学生创新训练计划项目结题2项,省级立项1项;本科毕业设计(论文)校级优秀论文一等奖3名,二等奖7名。

【学生工作】突出人才培养特色,培养学生创新实践能力、专业技能和文化素养。暑期社会实践两个项目分获校二、三等奖。学院推行本科生导师制成效显现,获2020"挑战杯"四川大学生创业计划竞赛铜奖、第十届全国大学生电子商务挑战赛省赛二等奖等。学院承办了"爱成都、爱成大、迎大运"之"弘扬大运风采,共书大运精神"文学作品征集比赛,组织开展了"爱成都、爱成大、迎大运"主题知识竞赛初赛、辩论赛、第十二届国学普及与宣传等系列活动。组织参加"网络与新媒体讲习班"、封面新闻新媒体实践等专业实践与各类学术活动共18次。今年研究生发表北大核心论文2人次,获得第五届中国数据新闻大赛二等奖、第二届广州(国际)城市影像大赛获纪录片银奖等6项大奖。就业精准指导帮扶,先后召开就业工作专题会议、教职工大会、毕业生班主任会等20余次,组织开展全校人文社科类双选会2次、专场招聘会18次等线下就业活动,拓展了字节跳动、腾讯成都总部、成都传媒信息产业发展有限公司等就业市场。最终实现高质量就业101人,考取硕博研究生45人,10人考取"双一流"大学、4人考取世界排名前100知名院校,基层就业人数居全校第一。

【对外交流工作】主动寻求平台项目,积极参与学校英国斯特灵大学联合办学项目,完成了各项申报材料的撰写,并参加教育部答辩。积极参与筹备与泰国那黎宣大学合作境外办学的项目。鼓励参与学者交换项目,1名教师获得"中加交换学者"荣誉,公派赴不列颠哥伦比亚大学亚洲中心进行学术研究。积极开展面向海外招收留学生工作,对1名白俄罗斯留学生开展专业教学培养。

统稿人:黄李文超
审稿人:张　蓉

外国语学院

【学院概况】2020年，外国语学院紧密围绕学校党政工作要点和学院工作目标，以成都举办第31届世界大学生夏季运动会为新契机，以"建设特色鲜明、国内一流的应用型城市大学"为新目标，坚持"校城融合、开发协同、区域应用"的人才培养理念与实践路径，紧紧围绕立德树人，坚持以本为本，全面落实四个回归，加大教育教学改革，培养着力为"一带一路"语言服务及成都天府文化对外传播的高层次、专业性、应用型外语人才。同时，为国际化人才培养提供优质大学外语教学和外语类通识课程教学，并以教育部智库平台为中泰人文交流做出贡献。

【党建工作】学院党委按要求坚持开展年度理论学习中心组学习活动共计七次，使学院党政干部进一步明确了党中央的路线方针和政策，切实增强了干好工作的使命感和责任感，进一步加强了学院党政班子和干部队伍建设。学院党委结合师生特点和专业特点，深入研究分析党建工作现状，积极创新党建工作形式，坚持"三会一课"制度，努力破解组织生活和主题党日活动形式单一、内容刻板、脱离教学实际等难题。学院党委根据英语学科专业的特殊性，不断加强党对宣传思想和意识形态工作的绝对领导，下半年复学复课以来，做好宣传思想和意识形态工作，共同维护全体师生团结奋斗的思想基础。学院党委按照新时代全面从严治党的要求，认真落实党风廉政建设主体责任，持之以恒正风肃纪，引导学院行政干部筑牢拒腐防变的思想防线，要求干部带头做表率，切实改进工作作风，不与教职工争名利，真正把从严治党和民主治院工作落到实处。

【防疫工作】学院积极配合学校等上级部门，扎实做好防疫基础工作，及时传达学校疫情防控相关举措，及时转发相关宣传信息和重要提醒，提醒师生遵守学校、社区疫情防控相关规定，做好个人和家人的安全防护工作。疫情期间，全校大学英语公共课程以及专业外语线上教学工作通过网上教学的方式有序开展、顺利完成。身处武汉疫情第一线的唐慧君老师作为抗疫志愿者主动参与到了社区的志愿服务工作，11名同学成为抗疫志愿者，多名同学受到媒体报道或协会感谢。外国语学院校友、成都明路生物科技有限公司总经理王明捐赠一次性医用口罩3000只、84消毒液（500ml）1000瓶、75%消毒酒精（500ml）200瓶、免洗手消毒液（500ml）150瓶等价值两万余元的物资给学校，助力学校防控新冠肺炎疫情和做好开学各项防疫准备工作。

【大运工作】学院邀请北京大学、北京外国语大学、中国传媒大学等高校的国内顶级专家开展大运语言服务系列讲座23场，大运村多语语言服务中心口译员及来自四川大学、电子科技大学、成都大学等省内7所高校的近300余名大运语言联络官和成都大学大运志愿者参加讲座。大运会成都执委会外联部与成都大学大运村语言服务工作组联合选拔大运语言联络官，建立大运村多语语言服务中心口译员库，开展大运会语言联络官培训15次。顺利完成大运会筹委会大运村建设管理工作办公室委托翻译《2015韩国广州大运会运动员手册》《2019意大利那不勒斯大运会运动员手册》的工作。成都大学大运村语言服务工作组暑期特别推出"大运英语Class"系列，通过VLOG的网络化形式由大运语言联络官们拍摄故事性小视频，普及大运知识，学习英语口语。完成《国际赛事

实用交际口语》大运培训教材编写工作。

【师资建设】2020年博士教师4人，洽谈高层次人才21余名。

【人才培养】联合培养硕士项目录取23人，联合培养博士项目录取5人，其中1人获得奖学金。通过联合培养博士项目，学院今年输送了3名老师前往泰国国家发展管理学院攻读博士学位。目前累计派遣并支持青年教师攻读博士有5人。学院以多语语言志愿服务人才培养为特色，组织学生参加大型国际会议和省市大型活动志愿服务与赛事，包括"2020重庆线上国际博览会""第31届世界大学生夏季运动会""政协第15届三次会议"等，多次受到成都市外事办公室和国际友人的赞扬。

【学科建设】学院成功立项2020年"课程思政1212工程"立项建设项目3项，即思政示范课程英美文化1项、英语视听说1项、大学英语1项。完成校级一流课程立项建设项目共计4项：线上一流课程英语视听说（3）、线上线下混合式课程大学英语A（1）、线上线下混合式课程大学英语B（2）、线下一流课程英美文化（1）。积极申报翻译硕士点，为学院学科建设构筑基础。

【就业指导】搭建多元化就业平台，推进产教融合协同育人，构建"外语＋"精准就业指导体系构建，完成就业目标，其中泰语专业就业率100%。

【泰国研究中心建设】四川省泰国研究中心圆满完成教育部高校国别和区域研究备案中心评估工作并取得优异成绩。研究中心研究员咨政报告《关于借力中缅经济走廊建设开辟成都南向"蓉皎通道"的思考与建议》，于2020年11月获成都市委主要领导批示，并被成都市委办公厅《信息专报》综合采纳。完成泰国研究中心办公空间整体改造建设项目（硬装已完成、软装进行中），完成泰国研究中心设备采购。

【编制学院"十四五"发展规划】学院统一思想、强化组织、明确任务、规范流程，综合分析国家、四川省和成都市的政策法规与学校第七次党代会提出的发展目标，组织起草了《外国语学院"十四五"发展规划编制工作方案》。通过研讨会和座谈会等形式，面向行业主管部门领导、企业行业代表、校友学生代表和全体教职工，先后召开10余次研讨会和座谈会，共收到有关"学科专业布局、师资队伍建设、教学科研条件建设、教师团队建设、大就业工作格局构建"等领域的意见和建议90余条。系统梳理了"十三五"发展规划实施情况，总结成绩、查找问题，提出改进建议。围绕"学科建设、专业建设、人才培养、师资队伍建设、科研与地方服务、大学英语改革、国际合作与交流、内部管理机制建设、党建与文化建设"九大领域，集中资源，统筹推进学院的稳定发展，也为"十四五"发展规划夯实了基础。

【教师与学生获奖情况】学院团委获评2020年四川省高校名团干工作室。4名教师获得首届全国高等学校外语课程思政教学比赛全国二等奖。6名教师获得英语专业教学竞赛全国半决赛二等奖。3支大学英语教学竞赛团队参加第六届全国外语微课大赛。10名青年教师获得四川省二等奖，5名教师获得四川省三等奖。翻译技术教学团队5名青年教师获首届全国翻译技术教学大赛西南赛区二等奖。学生陈涛荣获"2019年度中国大学生自强之星"荣誉称号。学生获第六届四川省"互联网＋"大学生创新创业大赛金奖1项。2名学生获得"外研社杯"全国英语大赛获得二等奖。1名学生获得"外研社杯"全国英语大赛获得三等奖。学生获"挑战杯"四川省大学生创业计划竞赛铜奖1项，四川省口译大赛获二等奖1项、三等奖16项。

统稿人：朱　林

审稿人：席　原

马克思主义学院

【学院概况】我院是马克思主义理论教学与研究机构，承担全校本科生与研究生的思想政治理论课教学任务，下设6室1系1中心。

【学科建设】成功申报马克思主义理论一级学科硕士点。

【队伍建设】年内我院招聘了博士学位教师2名，8名辅导员转任思政课教师，市公招进编岗4名，校聘人事代理1名。选聘名誉院长1人，续聘特聘教授1人。内培教授1名，副教授1名。教师参加省内外学术会议30余人次。

【人才培养和教学工作】着眼专业教育与学生成长，一体化推进学生工作、专业建设和管理服务，强化思想政治教育专业特色。积极推进思政课教学改革。完善培养方案，与双流宣传部签订校地实践基地合作协议，完成思政课虚拟仿真实验室中央专项资金建设项目；开展慕课建设，全面推进教法创优。

【科学研究和社会服务】省哲学社会科学立项1项，厅局级5项；纵向立项5项，到账经费23.6余万元。出版著作1部，译著1部。发表CSSCI来源期刊及中文核心期刊论文3篇，普刊论文30篇，《成都日报》《四川日报》4篇。市哲学社会科学二等奖1项、三等奖1项。在央视国家级主流媒体展示成大教师风采。

【学生工作】招收首届思想政治教育专业30名本科新生。思想引领，严格管理，守正创新，积极探索学院学生工作特色之路。

【其他工作】加强对意识形态工作的领导，强化师德师风教育管理，不断提高规范意识、纪律意识和廉洁意识，学院环境风清气正。

统稿人：江志军
审稿人：屈 陆

法学院

【学院概况】学院系由1988年学校政治系、2006年学校经济政法学院法学系、2010年学校政治学院法学系变迁而来;2018年5月,成都大学法学院正式成立,下设法学系;2019年新增社会工作专业,并录取第一批社会工作专业本科生;2018年成都大学法学院被成都市委政法委、成都市法学会评为法学研究优秀单位。

【教师队伍建设】学院坚持"人才兴院、人才强院"战略。加大人才引进力度,引进具备博士学位教师10名,其中教授1名,副教授2名。增强教师培训力度。首次实现分类分层全员培训,学院共计35名教职工(其中10名为新进教师),本年度合计参培共142人/次,其中学院自主举办的培训4次,合计参培104人/次;学院送出的培训项目共14项,参培教师共计38人次。实现人均年度培训近3次。进一步推进"双师型"法学教师双向培养工作。内培新增"双师型"资格教师3人,聘请校外实务导师6名,落实"1+1"的教学机制。

【学科与专业建设】学院设法学(本科)专业、社会工作(本科)专业、法学(二学位本科)专业。全力以赴做好法律硕士点的申报工作,法律硕士点申报现已通过四川省2020年博士硕士学位授权审核公示。法学专业获推申报国家级一流本科专业建设点。法学专业获得校级2020年"课程思政1212工程""专业思政"示范专业立项,同时获法学"专业思政"示范教学团队立项。1门课程获省级第二批地方普通本科高校应用型示范课程立项,1门课程获省级首批线下一流本科课程立项。1门课程获校级线上线下混合一流课程立项,2门课程获校级线下一流课程立项;1门课程获第二批校级"课程思政"示范课程立项。教育部2019年第二批产学合作协同育人项目立项1项。校级2020年"课程思政1212工程""课程思政"教改项目立项2项。出版教材1部,2部教材获校级2020年"优秀教材奖"。法学第二学士学位获批,2020年9月首届招生40人。1名教师获第二届"课程思政"教学设计大赛一等奖,2名教师参与教学创新大赛,发表教改论文7篇。

【科研工作】学院的省部级科研项目、科研平台,以及论文、专著和获奖等方面成果丰硕。省部级课题立项共计6项,其中教育部项目1项,四川省社科规划一般项目3项,四川省法治专项1项,科普项目1项。成都市哲学社会科学一般项目1项。积极承担省、市级社会经济发展的实用型科研课题7项,注重科研成果转化。学院获"2015—2020成都市法学研究杰出贡献单位"奖项,是受表彰的20个杰出贡献单位中唯一的高等院校。到校科研经费共计65.67万元,其中纵向项目经费为17.45万元,横向科研项目经费为48.22万元,人均经费达到2.74万元。学院教师发表学术论文共计25篇,其中CSSCI来源期刊论文6篇;出版教材1部。戴琼瑶博士作为第一完成作者撰写的《关于我国直过民族稳定脱贫的几点建议》研究报告,获得了全国政协副主席何维的重要批示。学院获成都市第十四次哲学社会科学优秀成果二等奖1项,三等奖2项。积极动员和组织教师参与四川省第十九次社会科学优秀成果奖申报,共有25项成果参与申报,学校推荐3项成果至省社科联参与评奖。

四、人才培养

【学生教育与管理】 学院在校本科生 569 名。完善"三全育人"工作体系,严格落实"三联"工作,班子成员积极参与学生培养。筹备学院赛事中心,组成以专任教师、学工人员为骨干的教师团队,明确中心架构及分工,以赛促学。组织学生参加全国法律辩论赛、四川省"互联网+"创新创业大赛等赛事,共获得国家级奖项 7 项、省级奖项 2 项。扎实推进就业工作,2020 届毕业生的最终就业率为 91.13%。积极宣传大运,高质量完成大运建设宿舍搬迁工作。

【党建及综合管理】 学院党总支下设教工党支部 1 个,学生党支部 1 个,本年度新发展党员 20 人,转正党员 25 人,培训入党积极分子 71 名,发展对象 20 名。认真履行基层党建主体责任,抓好党总支政治建设,认真贯彻落实中央、省市各项决策部署,组织全体党员认真学习习近平总书记关于抗击新冠肺炎疫情的重要讲话精神、认真落实学院师生疫情防控重点工作;开展抗疫先进典型事迹宣讲暨主题党日活动。各类教育专题学习 10 余次。严格落实"三会一课"和领导班子成员"三联"工作,坚持"两学一做"。严格执行学院党总支议事规则和学院党政联席会议制度,持续做好党员教育管理的常态化,师生党员 100% 完成蓉城先锋学习;每季度 100% 按时收缴党费。实施党建引领学院学科发展计划,法律服务惠及校内外。调动党员教师大力参与学院法律硕士申报、"十四五"规划制定等工作;组织党员教师积极拓展校外实践基地,新增行业实践基地 5 个。首次开辟校企合作新渠道,与成都华律网络服务有限公司正式签署校企战略合作协议,探索"互联网+"法律的人才培养模式改革路径;组织师生到成都市红牌楼社区、南桥社区等多个社区开展普法宣传和法律服务,开展《民法典》宣讲和宪法宣传活动,推动法律进校园;在学生公寓开展党员亮身份、挂牌"党员寝室""党员示范寝室"的活动,发挥党员先锋模范作用;在学生事务大厅设法律咨询窗口,为全校师生提供法律咨询和服务。全面贯彻落实学校第七次党代会精神,扎实推进基层党支部的规范化、标准化建设。首次组织申报学校党建阵地项目并成功立项,推动学院党员活动室环境改造和文化建设。新增立项党建阵地 1 个、党建精品项目 2 个、党建课题 2 个,立项数是去年的 2.5 倍。

统稿人:傅碧波

审稿人:张　蓉

中国－东盟艺术学院

【学院概况】中国－东盟艺术学院成立于2017年11月19日，是成都市人民政府深入贯彻落实党的十九大精神，积极融入国家"一带一路"建设，加快建设西部文创中心和世界文化名城而批准，依托成都大学已有的艺术学科办学基础，按照新的体制和机制设立的，具有相对独立办学自主权，完全公办的非法人内设综合艺术学院。首任院长由著名音乐家郁钧剑担任，聘请著名艺术教育家彭吉象、著名作曲家徐沛东为学院特聘学术院长。学院现有教职工200余人，教授、副教授60余人，另特聘冯骥才、才旦卓玛、王晓棠、王次炤、冯远、冯双白、吉狄马加、仲呈祥、成龙、李谷一、张会军、苏志武、陈凯歌、潘公凯、韩美林、瞿琮等80余位艺术家和艺术教育家担任学院顾问、学术委员和客座教授。学院下设美术与设计学院、影视与动画学院、音乐与舞蹈学院和国际部四个教学单位，并聘请画家范扬、舞蹈家沈培艺、歌唱家刘和刚等担任专业学院的特聘院长。

学院现有全日制在校本科生、研究生、学历留学生3000余人。开设有视觉传达设计、环境设计、产品设计、动画、绘画、广播电视编导、音乐表演、舞蹈表演、数字媒体技术等9个本科专业，1个艺术专业硕士学位授权点，涵盖艺术设计、美术、广播电视、音乐表演4个研究领域。与马来西亚博特拉大学和马来西亚理科大学共同开展硕博联合培养项目，与哈尔滨音乐学院联合培养博士。动画专业为国家级特色专业，广播电视编导专业为四川省综合改革试点专业，动画、视觉传达设计、产品设计、广播电视编导四个专业为五星级专业。有四川省精品课程4门、成都市精品课程4门。学院拥有国家级实践教育基地、四川省哲学社会科学重点研究基地、"四川动漫研究中心"（中国唯一动漫研究中心）、四川省2011协同创新中心"四川动漫游协同创新中心"、四川省高等学校实验教学示范中心、成都市动漫原创中心等10余个教学和研究平台。

学院目前在凤凰山公园和成都大学校区办学。2021年，学院将整体迁入十陵新校区。新校区占地面积约17.5万平方米，总建筑面积18.9万平方米，包括艺术中心、音乐厅、美术馆、图书馆、体育馆、美术与设计学院、影视与动画学院、音乐与舞蹈学院、国际部、公共教学楼、行政办公楼、专家公寓、学生宿舍、学生食堂、配套附属用房、景观园林等。

【人才培养】夯实本科教育。学生在省级以上各类比赛中获奖280项，50余部学生微电影和动画作品登陆央视频；发展研究生教育。共录取2020级硕士研究生134名，占学校录取研究生总数的18.8%，新增硕士生导师32人，是学校规模最大的研究生培养单位。有6名应届硕士生考取泰国博士研究生。研究生报考率超过30%。克服疫情全球影响，共招生28个生源国的国际新生149人，招生数与往年基本持平。现共有国际生391人，规模在国内同类型艺术院校中名列前茅，做好在线教育与首届毕业生相关工作，确保稳定就业。上下齐心多方完成毕业生就业工作，就业率90%左右。

【学科建设】学院获得国家社科基金一般项目、国家社科基金艺术学项目和国家艺术基金项目共20余项、省部级项目20余项、厅局级项目100余项，获得四川省、成都市哲学社会科学奖4

项，德国红点产品设计奖10余项，其他奖项300余项，发表论文和作品数千篇（件），其中CSSCCI来源期刊、中文核心期刊文章300篇，专利发明200多项。

【学术活动】主办"中国艺术学理论学会比较艺术学专业委员会2020首届年会""2020年全国艺术专业学位研究生教育指导委员会设计艺术专业分委会工作会暨研究生教育论坛""全国艺术院校音乐表演专业建设学术研讨会"，承办"2018—2022年教育部高等学校动画、数字媒体专业教学指导委员会第四次全体工作会议""2020第五届中国动画学年会""中国高校影视学会动画与数字媒体艺术专委会年度峰会""中国高校影视学会2019—2020年度影视作品推优活动""第二届国际汉语教学理论与实践研讨会"等学术会议。上百位来自全国艺术学科领域一流专家学者，近千名与会嘉宾来到学院，为学科专业建设发展起到了强大的助推作用；大力举办高水平学术讲座。一大批艺术家和艺术教育家为师生开展讲座。中国文联副主席冯远到校讲座，并带领师生写生两天，国务院参事室、中央文史研究院全文转载新闻，中央数字电视台书画频道全程报道；中国舞蹈家协会主席冯双白、中央音乐学院原院长王次炤、北京师范大学教授周星、清华大学教授陈池瑜、法国国民教育部汉语总督学及世界汉语教学学会副会长白乐桑等举办学术讲座30多场。

【文化传承】主办第三届民族男高音经典音乐会。音乐会在北京音乐厅隆重举行，连续三晚观众场场爆满。院长郁钧剑担任总策划，殷秀梅担任艺术总顾问，吕继宏、刘和刚、张也、李丹阳等到现场指导，上百名中青年男高音歌唱家登台演唱。新华社、中央电视台等各级媒体给予报道，称赞晚会弘扬中华优秀文化。活动现场直播，仅中国文化人物网就超过5000万人次收看，极大地提升了学校影响力和美誉度；在北京奥林匹克森林公园书画频道美术馆举办"大美山川 画意成都——中国－东盟艺术学院美术教学研究展"。本次展览共展出学院50余位师生的100余件作品，囊括了书画、油画、水彩、漆画、版画及综合材料绘画等书画形式，包含了脱贫攻坚、大美四川、美丽乡村、时代凯歌、国际交流等主题；打造艺术精品《红梅花开》。与北京大学艺术学院合作，携手自贡文旅集团，以革命者江竹筠为题材，原创大型音乐剧《红梅花开》献礼建党100周年。该剧由学院出品，北京大学民族音乐与音乐剧中心主任周映辰担任编剧导演，徐沛东作曲，上海师范大学党委书记林在勇作词，创作阵容强大；推进成都大学生合唱团建设。成都大学生合唱团由7所高校近120名大学生组成。上半年坚持线上排练，9月以来坚持每个周末在凤凰山校区集中排练。受邀参加第26届"蓉城之秋"《奋进新时代》大型交响合唱音乐会，与中央音乐学院合唱团、中国音协爱乐男声合唱团共同演绎，礼赞祖国。著名作曲家印青评价，该作品是新时代的《黄河大合唱》。

作为成都市重大文化教育建设项目，学院正紧紧依靠服务"一带一路"倡议的广阔平台、国家中心城市的大力支持、综合性大学的学科资源和众多艺术名家的汇聚优势，统筹推进学院的建设发展，努力将学院建设成与成都全面体现新发展理念的城市地位相匹配，在"一带一路"沿线国家特别是东盟国家有重要影响力，在国内有突出竞争力的高水平综合性艺术学院。

统稿人：赵　静
审稿人：周小骥

中国-东盟艺术学院美术与设计学院

【师资队伍】学院现有教职工90人,高级职称教师38人。积极开展引进人才遴选工作,开展招聘面试工作7次,完成17位博士、1名副教授的考核工作,目前学校已通过11位青年博士的引进,7人已办理完引进手续。内培博士9位。学院不断加大教师对外交流学习,组织2020年高校新入职教师职业技能培训1次;组织招聘教学助理和科研助理5名;国际国内各类进修培训线上交流学习40余人次。

【学科建设】学科建设工作取得新突破。设计学被确定为成都大学优势学科。设计学博士点申报工作成为奋斗方向。产品设计专业获评五星级专业,位列全国第43位。视觉传达设计专业获评省级一流专业,环境设计专业校级一流本科专业建设立项。

【"十四五"规划编制】落实习近平总书记重要讲话重要指示精神,在学校发展总规划的框架下,从战略和全局的高度充分认识做好"十四五"规划的重大意义,切实加强前瞻性思考、全局性谋划、战略性布局,高标准高质量做好"十四五"规划编制工作,确保各项规划更加适应时代要求,更加符合发展规律,更加体现全院教职工的意愿,科学规划。

【教学工作】提高课堂教学质量,提升教师教学能力。停课不停教,线上教学稳步推进;开展"教学质量月"建设,切实提高课堂教学质量;做好实验室教学防护工作,确保教学正常运行。加强教学改革,促进人才培养。完善集群化课程体系建设,提升学生实践能力;落实立德树人,修改完善课程教学大纲;举办特色活动,以活动促专业建设;构建多元化教学模式,教学成果丰硕。学院获校级建设教材立项5项;校级"课程思政"示范课程2项;校级"课程思政"教改项目1项;校级优秀教材奖1项;校级一流课程立项6项;第二届"课程思政"教学设计大赛3等奖;2020年度学科竞赛共申请5项(国家级3项,省级2项),其中第十一届全国大学生广告艺术大赛全国一等奖1人,省级一等奖1人,二等奖15人,三等奖24人,优秀老师指导奖6人;参加四川省第九届高校环境艺术设计大赛,获省级一等奖3人,二等奖4人,三等奖3人,优秀指导教师11人;2019年四川省大学生数字艺术作品大赛,全国二等奖1人,三等奖2人,省级部级奖39余人;师生代表全国大学生工业设计大赛,荣获一等奖3人,三等奖5人。学院加大实习基地建设,提供专业提升平台,学院与成都建筑装饰协会、成都陈设艺术协会开展合作,签订校外实习基地协议,推动校企合作,落实人才培养目标。实行导师工作室与学生培养融合计划,以行业规范和标准让学生参与专业项目策划、设计和方案制作,提供专业平台,促进学生成长。

【科研工作】科研主要成果有搭建科研合作平台,继续加强与《装饰》《当代电视》《设计》《教育与教学研究》等杂志合作,7篇论文已经被《设计》杂志录用,4篇论文得到《装饰》的反馈意见,论文录用、发表有序进行。2020年教师发表论文数(核心期刊数)80篇,其中C刊及其拓展或来源期刊论文15篇,中文核心期刊论文10篇。2020年学院资助出版专著11部。积极动员组织师生申报四川省艺术基金项目、国家社科基金艺术学申报项目、学科竞赛项目、大学生创新训练计划孵化培育项目、2020年四川省及重庆市社科规划"成渝地区双城经济圈"重大课题、贵州省2020年度哲学社会科学规划课题、2020年度"课程思政1212工程"、学校建设教材项目，积极推荐学生参加"互联网+"大学生创新创业大赛。截至目前，国家社会科学基金艺术学项目立项1项，国家艺术专业学位研究生教指委课题立项1项，四川省社科规划（普及项目）立项1项，四川省艺术基金立项1项。"环境艺术设计专业课程思政教育实践研究"课题参加2020年度成都大学"课程思政专项研究课题"重点项目立项。学院组织学院教师申报"四川省社会科学优秀成果评奖"，参加初评的约有40项，其中获得学校奖励的有14项，进一步推送13项参加复评。学院2020年到校科研经费1203952.70元。况锐、马丽娃、张霜的论文在亚洲设计文化学会中获奖，况锐、马丽娃的学术论文"To 'recreate' traditional materials and expand product modeling threshold—Take accessories as an example"获得了"优秀论文奖"；教师张霜、研究生祝雅琴的学术论文"The design and application of automobile symbol in ceramic engraving"获得了"优秀发表奖"，并收录入学会刊物 Bulletin of Asian Design Culture Society Issue NO.14。国务院参事室、中央文史研究馆转发学院张郑波副教授文章。该文对于新中国成立70年来的美术发展成果有集中概括总结，并为当代中国艺术发展提供了方向性建议和经验参照。

科技平台方面，完成"成都大学－龙泉驿区汽车创意设计试点区"项目验收。积极申报四川省省级科普基地；参与"天府天工"四川省工业题材美术创作工程，参与中华传统工艺学院申报工作。保护传承与创新转化相结合，积极推进传统工艺设计学院和天府陶瓷博物馆建设，已全面形成设计方案和建设规划。在学术活动方面，邀请中国文联副主席、中国著名画家、教育家冯远先生，《民族艺术》杂志主编马云华等举办学术讲座20多场，活跃学术氛围，聚力学院发展。继续举办范扬绘画高研班培养高级应用型人才。主办2020年全国艺术专业学位研究生教育指导委员会设计艺术专业分委会工作会暨研究生教育论坛，全国107所高校共计313人参会，此年会首次在西南高校举办，意义重大，影响深远。

【研究生工作】大力推动研究生教育教学改革，完成人才2020级研究生人才培养方案修订工作量。圆满完成2020年研究生招生计划，共招收研究生134人。6名同学考取博士研究生。2021届毕业生报考研究生率40%。研究生萧亦坤作品获第二十一届北京书法篆刻精品展暨书法篆刻贴展一等奖。研究生李玲玲作品入选中国美协主办第三届全国水彩画美术作品展。青年教师闵盈作品入选中国美协主办第十一届中国西部大地情全国美术作品展，参与四川省湖北省文艺界青年抗疫作品展。田世英、叶芯蕊、彭雪丽、慕雪婷、林烨、赖江南、杨晨、汪叶莎八位研究生在2020第二届创新未来设计大赛暨未来设计艺术展中获得二等奖1项，三等奖4项，胡怡飞、郑雨婷两位同学在第九届Hiiibrand国际品牌标志设计大赛中获得铜奖3枚（金奖空缺），杜柏林同学在CADA国际概念艺术设计大赛中获铜奖。

【学生工作】牢记立德树人使命，注重开拓载体。本年度帮助1名学生办理学费减免，为3名贫困学生提供了勤工助学岗位，为6名学生办理应征入伍学费补偿代偿，为47名学生办理了绿色通道。认定2020—2021学年学院贫困生384人；评定国家励志奖学金24人；评定国家助学金238人；开展义工志愿者活动6项，参与人数达400余人，效果良好。提升专业素养，重推就业工作。以赛代练，提升专业信心。本年度获得国家级奖励12项，省部级奖励232项；群策群力，重推就业工作。制定《2019—2020就业工作管理办法》，推出"一二一"工程，形成"学院+系部+班级"的立体就业推进模式。学院发布招聘信息283条，就业工作信息75条；开展8场就业指导，学院就业率为90.08%。加强创业教育，开展创业补贴团队路演培训5次。组织创业团队交流会1次。参加各类创新创业赛事2次。聘请双创导师4名，创业团队8个。入驻创新创业学院孵化园1个；

不断学习，重视能力提升。送培辅导员5人次，获得校级课题立项3项。辅导员刘翱翔获得四川第七届辅导员素质能力大赛二等奖、成都市市属高校优秀辅导员以及四川省"互联网+"创新创业大赛铜奖。

【党建工作】认真履行管党治党主体责任，严格落实学院党组织会议制度和党政联席会议制度；加强党的领导，充分发挥党组织战斗堡垒作用和共产党员先锋模范作用，全面动员基层党组织和广大党员站在疫情防控第一线，确保防控工作万无一失，学院工作井然有序；加强思想建设。开展重大主题学习宣传，围绕防疫抗疫、总体国家安全观、十九届四中全会精神、师德师风建设、习近平总书记关于教育的重要论述、党风廉政建设、十九届五中全会精神等展开深入学习，深入开展中华优秀传统文化、革命文化和社会主义先进文化教育；全面加强党支部标准化规范化建设，积极组织2020年度成都大学党建"三个一"重点项目申报工作，获批立项4项，发表党建论文2篇；深入实施"双带头人"培育工程，郭萍双带头人工作室积极探索"思政+艺术"教育方式，举办"博物馆文化遗产保护"系列讲座3场；巩固"不忘初心、牢记使命"主题教育成果，坚持学习新思想，落实新要求。开展导学、研讨、实地调研，丰富学习内容和方式。召开学院党总支工作学习会议10余次，各支部党员大会、理论研讨、专题学习、主题活动、支部书记讲党课等30余次；深化落实高校思想政治工作要求；积极开展特色党建活动，挖掘党员典型。举办新闻摄影讲座，围绕政治理论学习内容开展知识竞赛，组织赴川西音乐林盘考察新农村建设成果，230余人次参加活动。疫情期间，学院教师党员利用专业支持国家抗疫，60余幅"防疫共行动"为主题抗击疫情作品在中国－东盟艺术学院公众号分期发布，党员教师闵盈的抗疫作品《出征》在学习强国发表。

【统战工作】立足专业优势，调动民主党派积极性，强化统一战线，推动统战工作向纵深发展。承办致公党成都市委会庆祝中国致公党成立九十五周年书画展。开展泸州市2020年中小学美术骨干教师学生风采培训活动，民主党派教师积极参与。

【校友工作】通过班主任和辅导员线索、毕业照片、档案馆查询名册、毕业班微信群和QQ群等方式认真梳理校友信息，查询校友资料，挖掘优秀校友代表，分析校友类型，建立校友数据库，定时走访校友，积极听取校友对学校发展的意见和建议。邀请校友回母校分享经验，建立以校友名字命名的专业工作室；定期召开校友座谈会，聘请校友创业导师；开展校友深度合作，产教融合，参与人才培养，建立实习、就业、创业基地；采用校友与恩师合作投资股份制公司，解决学生就业问题，持续开展校友捐赠等工作。凝练校友工作特色，充分发挥校友育人资源、信息资源、人脉资源、物资资源、品牌资源作用。2020年学院在校友工作论坛作经验交流发言。

【社会影响力】做好上级机关和企事业单位、兄弟院校的来访接待工作。2020年由于疫情，美术馆参观人数受到控制，先后接待了由四川省人大常委会党组副书记黄新初带队的四川省人大代表团，中国文联副主席、中国美协名誉主席冯远教授，以及中国艺术学理论学会比较艺术学专委会专家组等。参观人数共计3000人次。部分师生作品在中国美协、四川美协、四川日报封面新闻等官方平台展出。开展设计学优势学科主题展，打造中国－东盟艺术学院设计类展示主题空间。2020年度，共举办展览活动23场，馆内活动18场，馆外活动5场，同时开展学院微信公众号网络展。全年总计一万多人观摩展览。网络展出学生作品近500余件。让师生及社会各界人士直观了解学院学生的教学状况和人才培养成果。在北京奥体公园书画频道美术馆，与中央数字电视书画频道联合，在四川省文联、成都市美术家协会联合指导下，成功举办了"大美山川 画意成都——中国－东盟艺术学院美术教学研究展"，在国内美术界、艺术教育界产生了较大影响。组织师生作品送展十余次，包括"四川省同心抗疫美术作品展""脱贫攻坚凉山州艺术采风作品展""四川现代风景油画院2020年度作品展""成都市总工会惠民职工画院巡回展""成都市高校教师作品联展""画意成

四、人才培养

都——成都市美协美术作品年度展"等，影响深远。积极推进校地、校企合作。在西藏日喀则市建立实践基地，开发西藏艺术考察交流项目。与万博文旅（北京）运营管理有限公司、广东家居设计谷等 10 家企业和社会机构开展校企合作。

统稿人：朱 鑫
审稿人：邱 果

中国-东盟艺术学院影视与动画学院

【学院概况】影视与动画学院现有动画系、影视系，开设动画、广播电视编导、数字媒体技术3个本科专业和1个专业硕士（广播电视）。动画专业为国家级特色专业、五星级专业、四川省一流专业，在全国高校动画专业中排名第7；广播电视编导专业为四川省综合改革试点专业、校级特色专业、四星级专业、校级一流专业。现有教职工59人，其中教授6人，特聘副研究员2人、副教授14人，博士16人（在读博士9人）、硕士33人，具有海外教育和从业背景教师9人，"双师型"教师25人。学院在校生共计922人，其中本科生842人、研究生80人。2020年，影视与动画学院获四川网络视听协会理事单位；在"第八届全国高校数字艺术设计大赛（NCDA）"中成绩斐然，赛事组织工作优秀，荣获卓越贡献奖；荣获2020年"金沙杯"廉洁文化作品征集活动优秀组织奖；荣获学校2020年云上运动会公开组团体总分第三名的好成绩。以学科建设为龙头，在培养紧密结合产业发展高素质人才的思路上砥砺前行，成功举办2020年教育部高等学校动画、数字媒体专业教学指导委员会第四次全体工作会议，2020年第五届中国动画学年会暨中国高校影视学会动画与数字媒体艺术专委会年度峰会，中国艺术学理论学会比较艺术学专业委员会2020首届年会开幕，中国高校影视学会2019—2020年度影视作品推优活动终评工作等。

【发展规划和学科建设】借力中国-东盟艺术学院建设，影视与动画学院厘清学科专业归属，将"戏剧与影视学类"专业——动画、广播电视编导专业集约协同发展，数字媒体技术专业开拓"艺术+科学"的"新工科"发展路径。人才培养层次持续提升，艺术硕士专业学位开设动画、影视节目制作、新媒体艺术三大培养方向，新设影视教育方向，截至目前硕士研究生导师达到24名，培养硕士研究生99名。专业建设提质升级，学院实现动画、广播电视编导专业立项省级一流专业建设点，动画专业申报国家级一流专业建设点，广播电视编导专业立项省级"课程思政"示范专业、示范教学团队。在第三方办学质量评价中，动画专业排名全国第7、全校第1，广播电视编导专业排名全国第40、全校第5。

【师资队伍建设】学院有教职工（含实验教辅）59人，其中博士16人（在读博士9人），硕士33人，拥有硕士学位及以上的教师比例达到83%；拥有高级职称教师20人，高级职称比例33.9%，具有海外教育和从业背景教师9人；学院大力提高教师队伍中"双师型"高水平教师比例，通过外引内培，提升实践教学水平，目前"双师型"教师25人。

2020年学院引进博士2人，内培博士2人，学院师资队伍博士学位占比提升18.96%。2名教师进入四川省文化厅专家库成员，1教师入选为四川省戏剧与影视学类专业教指委委员，1名教师入选为四川省新闻传播类专业教指委委员，1名教师入选全国广播电视和网络视听行业领军人才、2名教师入选青年创新人才，1名教师获批四川省专家服务团专家，1名教师当选为中国高校影视学会微电影专委会副主任委员。

【科研及获奖情况】2020年学院教师共出版著作教材11部、发表论文94篇，其中北大核心期刊论文36篇、CSSCI来源期刊论文19篇。获批省部级、厅级项目14项，完成横向委托项目2项，到校科研经费共计86万元。教师获奖共计141项，其中国家级82项、省级45项。

【教学实验工作】在"蓝桥杯"、中国影视"学院奖"、四川省广播影视"学会奖"等赛事中获奖30余项，50余部动画、影视短片作品登陆"学习强国"和"央视频"。学院获得校级教学成果奖一等奖1项、二等奖2项。立项《视听语言》等校级一流本科课程9门，组织8门课程申报省级一流本科课程，《网络视听节目创作》等5部教材获得2020年成都大学教材建设项目立项，2部教材获评成都大学优秀教材，组织推荐2020—2024年四川省普通本科高等学校教学指导委员会委员1名、中国高校影视学会微电影专委会副主任委员1名。立项"课程思政"校级示范课程5门、教改项目1项；组织教师参与成都大学第二届"课程思政"教学设计大赛，分获二等奖、三等奖各1项。中国高校影视学会微电影创研中心落户学院，新增校外实习实训基地8个。结题验收2019年"本科教学工程"建设项目3项。保障疫情期间本科教学，推出"课程之星"和"在线教学"专题报道共10期。配合中国-东盟艺术学院完成智慧屏一体机采购，服务学院办公及教学。

【国际交流合作及研究生培养】学院坚持国际化办学，近年来先后与美国新罕布什尔大学、新西兰怀卡托理工学院、泰国清迈大学等多所国外院校建立了形式多样的合作关系，通过联合培养、师生互换、项目研发、短期游学等多种形式不断加强国际合作。2020年在校海外留学生110人，其中研究生14人；2020年艺术专业型硕士广播电视领域研究生共录取32人，其中留学生3名；完成2016级首届硕士研究生毕业工作，2018级硕士研究生开题、中期考核工作；积极协助中国-东盟艺术学院国际部做好新学期留学生课程安排，组织在校研究生参加10余场学术研讨会，制定2020年广播电视领域硕士研究生人才培养方案。

【党建及学生工作】2020年是贯彻落实学校第七次党代会精神和"十三五"规划收官之年。影视与动画学院党总支坚持以党建与业务相融合、理论与实践相结合、个人与集体相结合"三合"为路径，统筹党建、业务双线力量作战，以牢牢把握思政工作"生命线"和深入推进学科"高质量"发展为抓手，推进学习革命，在学思践悟中守住初心、坚定政治信仰，推进行动革命，在具体工作中履职尽责、勇担政治使命，推进作风革命，夯实支部基础，在知行合一中改进作风、保持政治本色。挖掘学科竞赛的育人潜能。引导学生围绕社会主义核心价值观、战"疫"等主题进行文艺创作，全年参与全国和省级各类学科竞赛41项，作品获奖191人次，其中国家级奖项141人次、省级奖项50人次。关心特殊学生的健康成长。2020年学院按照相关规定，共认定201名家庭困难同学（其中特困56名、困难61名、一般困难84名），共推荐138名学生获得国家助学金资助，按规、按时、足额发放455400元资助金额。17名优秀学生获得国家励志奖学金共计85000元资助，3名学生获得学校每人每月240元"勤工助学金"专项。

统稿人：杨嫦君

审稿人：陈　扬

中国-东盟艺术学院音乐与舞蹈学院

【学院概述】2020年，音乐与舞蹈学院在学校党政的科学指导下，全面贯彻落实党的十九大以及习近平总书记系列重要讲话精神，根据中共成都大学委员会关于《成都大学工作要点》的相关要求，在学院的新态势下，圆满完成了本年度各项工作，取得了较好成绩。

【学院师资队伍建设】学院高度重视培养师资队伍工作，2020年学院晋升教授1人，副教授2人，在读博士11人。积极开展内培外引人才培养工作，遴选高级职称或博士简历26份，面试考核博士11人，引进博士2人，7人正在办理人才引进手续。支持学院教师参加国内外各类进修培训学习与培训交流共计37人次，占全院教师76%。较大地提升了学院师资队伍结构，进一步推进学院的更好发展。

【学科发展及教学工作】2020年，学院完成新专业舞蹈表演专业的人才培养方案编制工作，新专业于2020年9月顺利招生运行。学院音乐表演专业成功立项校级一流专业。经过全院努力，狠抓教学规范与质量，全年无教学违规和教学事故发生，全院师生以积极的态度投入本科审核评估整改工作，顺利迎接校内校外专家各项检查。完成多项学院建设需要的学院规章制度、学科规划方案、专业建设方案、人才培养方案、招生计划方案等。学院应对疫情实施线上教学，覆盖全院课程，线上课程达200余门，全院教师完成线上平台课程建设，学院对线上教学进行每日监控，顺利完成教学任务。切实加强质量工程各项目的建设管理工作，宏观控制各在建项目的建设情况，积极组织申报教学质量工程项目，对学院艺术类课程进行线上化建设。学院"金课"建设取得丰硕成果，立项省级"课程思政"示范课程一项，立项校级"课程思政"示范课程三项，立项校级一流课程一项。学院教学团队获校级教学成果奖二等奖。学院教师获成都大学"课程思政"教学设计大赛艺体组一等奖。学院教师共发表教改论文36篇，获得省级以上教学奖励7项，教学工作取得长足进步。

【学生工作成绩有增长】学院坚持"以生为本、德育为先、成长第一"的学生工作理念，贯彻"三全育人"总体目标，深入开展学生工作。2020届毕业生就业率91.25%，毕业生就业质量不断提升，毕业生在机关、基层单位、上市企业及升学等共29人，占毕业生总数36.25%。以考研促学风，学风建设效果明显。2020届研究生录取率为12.64%，1名学生被英国雷丁大学录取。"育人"重"育品"，立德树人榜样在前，1名学生荣获2020年成都大学"十佳大学生"荣誉称号。学工队伍建设有成效，1名辅导员被评为成都市市属高校优秀辅导员，1名辅导员荣获2020年成都大学"十佳辅导员"。

【科学研究工作与地方服务有突破】2020年学院到校经费共计212.48万元，其中横向课题经费210万元，纵向课题经费2.48万元。申报各级各类纵向课题16项，其中立项各级各类纵向课题7项。出版专著教材6部（含合著1部）。发表论文共计55篇，其中A&HCI来源期刊论文1篇（为我校首篇发表在A&HCI来源期刊上的艺术类学术论文），人大复印报刊资料论文1篇，中文核心论文5篇，外文一般期刊论文3篇。学院积极组织申报四川省哲学社会科学评奖相关工作，共计申报22项。虽然很多相关学术交流、学术讲座由于疫情受到些许影响，但学院仍充分发挥国内外知名艺术家和艺术教育家的云集优势，与中国舞蹈家协会签订战略合作协议，共同搭建展示中国民族民间舞蹈的艺术平台。加强与兄弟院校音乐专业的切磋与交流，积极参加学术交流和艺术论坛等活动，和南京艺术学院共同发起"全国艺术院校音乐表演专业建设学术研讨会"。

【党建工作有特色】结合学院实际，制定《音乐与舞蹈学院2020年党建工作要点》；严格履行基层党建主体责任制，完善党组议事、严格执行"三重一大"决策制度，召开总支委员会12次、总支扩大委员会3次、党政联席会27次、疫情防控工作专题会议24次，坚持双周教职工理论学习、单周党员组织生活学习制度化。组织开展党总支学习12次、中心组学习9次，支部学习21次，教职工理论学习10次，理论学习形成常态化、规范化、制度化形态，实现理论学习人员全覆盖。扎实开展疫情防控讲话精神学习6次、成都大学第七次党代会精神学习6次、师德师风建设学习4次、十九届五中全会精神学习6次等，大力推广"学习强国"平台、蓉城先锋等进行自主学习。积极开展党员教育，组织教工党支部和学生党支部开展"党史、新中国史、改革开放史、社会主义发展史学习教育及新冠肺炎疫情防控知识竞答讲述活动""学习习近平总书记教师节寄语""走进大运村，与党同呼吸""创新组织生活，感受乡村振兴"及全体师生党员观看庆祝"七一"先进事迹宣讲报告会等主题党日活动10余次；认真完成完成支部书记讲党课工作；完成支部党员民主评议工作。开展好分党校工作，做好新生入党启蒙教育、入党积极分子培训、党员继续教育和党员培养发展工作。本年度新增预备党员10人，20余人上交入党申请书。现有入党积极分子75人。以艺术实践活动为载体，切实在艺术实践活动中开展主题教育，不断丰富党建工作内涵，学院党总支号召全院师生积极发挥专业优势，创作抗击新型冠状病毒肺炎疫情主题文艺作品。4首原创作品《只是因为爱》《大爱如你》《武汉必胜》《牵绊》在全网发布，并在"学习强国"、中国教育电台等平台播出；学院教师党员主演大型民族歌剧《同心结》，纪念中国人民志愿军抗美援朝出国作战70周年；积极响应国家精准扶贫工作，学院舞蹈教师赴甘肃武都义务支教；举办"爱成都、迎大运慰问大运建设者"文艺演出，师生同台，展现学院良好精神风貌，服务学校文化建设。

【特色亮点工作】为了进一步发掘和培养新时代优秀艺术人才，响应成都加快音乐之都建设，学院成功举办第二届"郁钧剑民族声乐高级研修班"。由郁钧剑院长作为领衔专家，吕宏伟、姜丽娜、吕继宏、王宏伟、刘和刚、陈永峰、张也、李丹阳、王丽达等全国知名艺术家作为授课教师团队，在第12届中国音乐"金钟奖"中，高研班4名学员进入总决赛，1名学员斩获金钟奖，并在成都市城市音乐厅成功举办了"畅想金钟，放歌蓉城"获奖音乐会，进一步彰显了学院人才培养效果，扩大了学院的文化影响力。在市委、市政府指导下，今年4月，由音乐与舞蹈学院牵头，组织在蓉高校大学生，组建成都大学生合唱团，在维也纳的第十届世界和平合唱节比赛中不负众望，以高难度的合唱曲目和稳健的舞台表现斩获合唱金奖和最佳现代作品演绎奖。合唱团还在成都电视台《天府之歌》晚会、成都市国庆晚会、中国音乐金钟奖开幕式与闭幕式音乐会等10余场大型演出中展示了高水平的艺术水准，获得了市领导的高度肯定和良好的社会赞誉。

统稿人：黎书宏
审稿人：胡　屹

中国-东盟艺术学院国际部

【部门概况】中国-东盟艺术学院国际部教职工人数21人,领导班子2人。国际部有针对外籍留学生的中文语言课程和文化课程,并提供涉外证照办理服务。国际部现已招收2018级、2019级和2020级三届外籍学生,共有本科生292人,硕士研究生80人,共372人。

【教学工作】国际部认真落实成都大学文件精神,完成2018级、2019级、2020级外籍学生人才培养方案及教学大纲编制工作,加强教学管理,深化教学改革。抓好教学流程的管理落实,检查常规落实情况,以促进教学质量稳步提高。同时成立课程督导小组,实抓课程建设工作。2020年1月起根据疫情防控要求制定了线上教学预案,在全年的线上教学中,依据超星平台建设课程资源库,利用腾讯会议等软件进行直播教学,保证教学不受疫情影响。同时增开《艺术汉语3》《高级听说》等4门新课。目前18级本科生98%以上学生通过HSK4级及以上水平考试,86%的2019级硕士生已达到HSK3级水平,教学成果显著。同时加强师资队伍建设,打造《艺术汉语》《中国概况》课程。2020年度申报课题5项,获批2项,省部级课题1项,厅局级课题1项。2020年11月举办第二届国际汉语教学理论与实践研讨会,邀请著名汉学家白乐桑在内的国内外150余名专家、同行参与,获得一致好评。

【学生工作】受疫情影响,大部分留学生持续进行线上学习。由于生源国众多,全面网课时期学生受到本国疫情防控、时差、本国国内政局动荡、居家学习等众多因素影响,给线上学生管理带来了多重挑战。在疫情期间,学生管理相关工作坚持制度建设先行,持续完善国际学生管理规范,修订整理了《成都大学中国-东盟艺术学院学生管理文件汇编》并结合实际情况积极推进"辅导员-班主任"工作制度化。在新冠肺炎疫情暴发之初,多渠道发布信息通告,提供最新的疫情信息,并提供多维度的服务,稳定在校学生,保障安全。通过庆祝中国传统节日,做好国际学生中国传统文化教育一直是重点工作之一,在疫情期间学生活动也通过线上线下结合的方式,坚持不断丰富各类文化活动。以中国传统节日——春节为契机,策划举办了"'一带一路'上的中国年"线上系列活动。活动以"直播+连线"的方式进行,前后共举行了17场直播,19名教师和15名来自"一带一路"沿线国家的留学生以"主播"的身份向海内外展现蓉城美景和过年民俗,共享东盟各国的文化。据统计,共有1850名海内外留学生远程观看了此次系列直播,每场在线人数均超过100人。同学们亲身体验到了中国传统文化的魅力,本次活动充分体现了中外人文交流的重要精神。在疫情较为稳定且保证安全的情况下,组织所有在校学生进行了线下活动,以进一步关注和了解长时间在封闭校园内留校学生的心理健康状态。除此之外,学工办也积极组织学生参与校外各项活动如"2020成都国际友城青年音乐周""感知成都"等。

【国际交流与合作】学院除现有的国际学生项目和专科层次的中外合作办学项目外,国际部积极联系海外高校与学院沟通学院未来项目合作发展的可能性以及多次线上进行招生宣传活动。2020年学院与马来西亚理科大学、马来西亚博特拉大学签订了合作协议,共同开展本硕联合培养项目以及青年教师博士深造项目。此外，虽然受疫情影响，国际部仍在进一步推动与泰国清迈大学、泰国艺术大学和泰国西北大学签署的相关协议之上的培养项目。同时为了扩大学院的海外影响力，拓宽招生渠道，国际部还与数个海外学校，如加拿大多伦多电影学院、温哥华电影学院、谢尔丹电影学院、美国理工大学、英国索尔福德大学等高等学府，以及中学、培训机构和招生机构展开了良好的合作关系，也为成都－东盟关系及"一带一路"建设做出了积极贡献。

【科研方面】论文发表方面，2020年以第一作者，以成都大学为第一单位，发表一般期刊论文2篇，分别是：《新疆基础教育阶段国家通用语言文字课程实施现状调查分析》，发表在《新疆社科论坛》2020年第1期；《东盟国家艺术专业留学生文化融入汉语国际教育模式探索》，发表在《中外艺术研究》2020年第2期。课题立项方面，2020年我部门有2项厅局级课题立项，在课题立项上取得了突破性进展，分别是：2020年10月20日，申报的"面向东南亚留学生多模态在线汉语教学实施研究"，获2020年度成都市教育科研课题立项，项目编号：CY2020ZW01；2020年12月9日，申报的"可理解性输入教学法在初级汉语综合课堂中的实践研究"获2020年度国际中文教育研究课题青年项目立项，项目编号：20YH36D。科研日常工作方面，2020年本部门在科研系统中申请作为一个单独的部门成功实施，这样便于老师们的科研成果统计和科研项目申报工作。学术会议与学术沙龙，在领导的大力支持和部门共同筹划下，于2020年11月21—22日举办了第二届国际汉语教学理论与实践研讨会。为加强部门科研工作的稳步进展，2020年12月12日，部门举办第一期学术沙龙。加强培训学习。为了加强学习，在部门领导的大力支持下，老师们分别于2020年6月6日至27日，参加由北京语言大学语言培训中心举办的"语法教学案例分析和实战系列讲座"；2020年6月28日至8月13日，参加可理解输入教学法线上培训营；2020年8月29日至8月30日，参加"2020年国际汉语教学云端研讨会"；2020年10月—11月参加"中文数字化教学设计及可视化技术应用工作坊"。

【师资队伍建设】为打造一支国际化的师资队伍，目前国际部有7名全职汉语教师，国际部通过各种形式为教师的提高和发展做好服务工作，为教师的成长搭建平台。鼓励教师参加有利于成长的各种听课、培训、辅导、讲座，做到理论与实践相结合

统稿人：张婷婷
审稿人：冉毅嵩

体育学院

【学院概况】学院在职人员83人，教授5名，副教授19名，博士19名（含在读8人），其中有全国高等学校体育教学指导委员会委员1人，四川省高校体育教师职称评审组组长1人，拥有国际级裁判员称号的1人，国家级裁判员称号的5人，国家一级裁判员称号的17人。学院领导班子5人，成员包括院长冉建、党总支书记黄敏、副院长朱斌、副院长张象、党总支副书记吕佳。面对新冠肺炎疫情和大运村场馆建设，学院暂时搬迁至老图书馆三楼临时办公。学院教学空间极度压缩，在巨大挑战和压力的情况下，全年各项工作正常运行，圆满完成各项工作任务，学院荣获成都市群众体育工作先进集体。学院开设有体育教育、社会体育指导与管理以及休闲体育3个本科专业，硕士点成功申报运动训练方向，共有体育教学、运动训练2个专业硕士方向。体育学院2020届毕业生共259人，共计37名学生考取了研究生，录取率稳步增长，考研质量较往年有了明显提升，10余名同学考取四川大学、西南大学等一流知名院校，取得历年来最好成绩。2020年学院最终就业率为91.42%，获校级就业先进集体。2020年学院招生共计3个本科专业217人，其中体育教育90人，社会体育指导与管理68人，休闲体育59人。圆满完成2020级第二届研究生招生、录取等工作，正考上线和调剂学生共计近1700余人。其中29位被录取研究生中有9名来自"985""211"高校和体育专业院校。

【党团、工会、统战工作】学院党支部现有3个教工党支部、2个学生党支部，共有师生党员81人。其中教工党员53人，学生党员28人（含预备党员15人）。学院党总支于2020年10月完成换届选举，共有党总支委员7人：党总支书记黄敏、副书记吕佳、统战委员冉建、宣传委员刘杰、组织委员赵祥、纪检委员张象、青年委员朱斌。分工会主席晏健伟，委员金燕、周梦海、李鲁云、李中华。民主党派人士情况：侯光辉（民革）、赖春（民盟）。学院党总支不断强化基层党支部建设，全面实施"双带头人"培育工程，选拔专业突出、有党务工作经验的教师担任专业教师党支部书记，完成"双带头人"全覆盖。本年度顺利完成3个教工党支部的换届和支委调整。进一步加强党支部的标准化规范化建设，认真落实"三会一课"。进一步规范学院各项工作，积极推进制度建设。修订完善了学院教师年度考核实施办法、学院党政联席会议事规则、学院党总支会议议事规则等30余项管理制度。

【学科建设及教学工作】体育教育专业申报国家级一流专业。学科建设方面，成功申报了运动训练方向。成都大学斯特林学院休闲体育专业建设有望。根据四川省师范专业认证安排，学院正式启动体育教育师范专业认证工作。在教学资源方面，成功引入校外价值50余万元设备资源。圆满完成两万多在校生体制测试工作，正式实行"24＋8"课内外结合的人才培养计划，正式启动200km校园健身跑。融合校内学科专业人才培养实践平台，深化全校公共体育课程教学改革，成效显著。在全校63个本科专业中，体育教育和社会体育指导与管理两个专业分别获得校级专业思政建设项目（全校10个专业立项）和培育项目（全校5个专业立项）；立项体育教育和社会体育指导与管理"专业思政"示范教学团队2项；3门课程列为"课程思政"示范课程和1项"课程思政"教改项目；4门教材立项校级教材。17位老师申报一流课程，全校立项100项，体院申报17个，立项15个，立项数居全校各学院最多。

【科研工作】学院圆满完成学校下达学院科研任务。共发表论文65篇，其中CSSCI来源期刊论文4篇，北大中文核心论文4篇，中文一般期刊论文57篇。著作2部，北京体育大学出版社1部，延边大学出版社1部。课题方面，我院博士教授李欣老师成功立项国家社科基金一般项目，这是我院连续两年获得社科界最高课题项目。其他纵向、横向项目合计有15余项，到校经费达30余万元；体育竞技能力稳步提升收获斐然，体育竞赛硕果累累。

【竞训工作】因受到疫情影响，各级各项赛事在10月以后才陆续开展。2020年共参加省级以上赛事11项，其中国家级3项、省级8项。获得省级以上奖励41项，其中国家级4项、省级37项。10月20—28日，成功举办成都大学第33届排球比赛，吸引了16个学院18支队伍参与；11月28日，成功举办成都大学第二届礼射杯射箭比赛；11月16—27日，成功举办成都大学2020年第四届飞盘比赛；12月1日，成功举办成都大学2020年第三届趣味运动会；12月6日，与校友办、校团委联合成功举办了"爱成都 爱成大 迎大运"成都大学2020年校园马拉松暨校友健康跑。

【足球学院工作】2020年是不平凡的一年，也是足球学院充满挑战的一年。疫情之年我们正常完成教学任务，顺利安全地完成足球高水平运动队的招生工作，并顺利招入运动员9人。完成两次专业讲座，与眉山市端淑小学、成都大学附属小学签订战略合作协议。举办了成都大学2020年成大杯五人制足球联赛及足球学院第四届教学技能大赛，成都大学男子高水平运动队获得2020年全国首届沙滩五人制足球赛亚军。

统稿人：陈　冉
审稿人：黄　敏

师范学院

【学院概况】学院由原成都师范学校、新都师范学校、成都幼儿师范学校和成都教育学院等成都市属师范院校几经合并而来，正式组建于2015年11月，其最早的办学历史可追溯至1904年陆绎之先生创办的"淑行女塾"。师范学院现有教职工104人。学院开设学前教育、小学教育、特殊教育和应用心理学四个本科专业，年均本科在校生规模2000名左右。学前教育和小学教育专业均为省级特色专业和省级卓越教师培养计划专业，学前教育专业2019年入选"双万计划"省级一流专业，小学教育专业2017年成为省级应用型示范专业，2020年入选"双万计划"省级一流专业。2016年，教育硕士专业学位授权点落户学院，首批开设小学教育和学前教育两个领域。2020年，学位点以优异表现顺利通过专项评估，并新增特殊教育、心理健康教育两个领域，实现了教育硕士专业学位对学院四个本科专业的全覆盖。组织完成《师范学院"十四五"发展规划（草案）》和各系部2020行动方案。

【党建工作】配合学校党委完成学院班子换届工作，调整中层正职3人、副职1人。发展党员40名，转正党员22名。举行各类宣讲和学习研讨会近30场，全面完成"学习强国"和"蓉城先锋"等学习任务；推进制度的"废改立"工作，全面修订《师范学院制度汇编》。严格执行"三重一大"制度，召开党委会12次，党政联席会24次；做好宣传工作，提高学院两微一网工作水平，学院网站发文266篇，微信公众号发文125篇，官方微博发文996篇，在人民网等主流媒体策划专题，深度宣传报道学院；疫情防控阻击战成效显著，师生零感染、运行零事故；学院专业教师在抗击新冠肺炎疫情的战斗中，积极参与政府及相关部门组织开展的社会心理引导工作，万中、范勇老师获"2020年度四川省心理学会抗击新冠肺炎疫情先进个人称号"；大力支持"精准扶贫"，由黄曦老师带领23名同学，与体育学院协同，深入凉山州布拖县14个教学点蹲点支教，覆盖33个班级2000余名学生。

【教学工作】专业建设再上新台阶：学前教育专业获推申报国家级一流专业，小学教育专业成功立项为省级一流专业。申报参加2021年师范专业认证获得受理。小学教育和学前教育双双立项校级思政专业，特殊教育专业立项为校级一流本科专业培育点；课程教学增加新亮点：陈大伟团队《教师职业道德》成功立项国家级一流课程，另有10门课程立项校级一流课程。万正维团队《教育学》立项省级课程思政示范课程，李敏牵头的"教师教育课程群教学团队"获推申报省级"课程思政"示范教学团队，另有7门校级课程思政示范课程和2个校级课程思政团队立项。张勇团队《课程与教学论》立项省级应用型示范课程。刘先强团队的省级重点教改项目通过结题验收。教材建设收获新成就：《教师职业道德》《小学教育研究方法》《小学写作教学设计》三部教材获推全国优秀教材，《教育政策与法规》《新时代大学生爱国主义心理教育》《高师院校书法训练教程》等获校级教材建设立项，《教师口语》《学前教科研方法和研究性学习》《小学写作教学设计》《小学教育概论》获校级优秀教材。教育硕士持续做大做强：教育硕士专业学位点顺利通过由全国教育专业学位

四、人才培养

研究生教育指导委员会负责实施的专项评估，被全国教指委秘书处认定为 7 所院校中做得最好的院校。

【科研工作】科研经费再创佳绩：全年累计到校科研总经费约 559 万元（其中纵向经费 17 万元）。重要成果稳步增加：全年共发表 C 刊来源期刊论文 4 篇，C 刊集刊论文 1 篇，人大复印资料转载论文 1 篇，中文核心期刊论文 10 篇，SCI 来源期刊三区论文 1 篇，SSCI 来源期刊论文 2 篇；立项省部级课题 1 项；出版 A 类出版社学术专著 3 部，B 类出版社学术专著 1 部，A 类出版社编著 5 部，B 类出版社编著 4 部。科研平台提档升级：统筹城乡教育发展研究中心积极推进国家教育发展研究中心、成都市教育局和成都大学三家单位联合共建成都教育改革研究基地，并在学校支持下成立区域教育发展研究院，建设新型区域教育发展智库。

【师资队伍建设】高层次人才引育实现历史性突破：成功引进东北师范大学邬志辉教授担任特聘教授。引领统筹城乡教育发展中心团队发展：陈大伟教授作为成都大学唯一代表，荣获 2020 年四川省教书育人名师称号，邓泽军教授成功入选第十三批四川省学术技术带头人。青年教师教学能力提升成效明显：学院积极组织开展多元化的教学能力提升活动，整体提高教师队伍特别是青年教师的教书育人水平，万正维、易勇、罗捷三位教师分别获得全校教学竞赛二等奖。

【学生工作】丰富多彩的活动营造出良好的成长氛围：组织学生申报创新训练计划项目国家级 5 项，省级 12 项；结题国家级 5 项，省级 5 项。申报"科创杯"15 项。开展院级"第四届创业大赛"，选拔出 3 个创业团队准备入驻成龙谷 D 区；组织开展"书香寝室"宿舍文化建设品牌活动，评选出 23 个文化建设优秀寝室，7 个学风建设优秀寝室。学生社团获校级立项活动 4 项。"如影随形——特殊儿童年教育志愿服务项目"获得第五届中国青年志愿服务项目大赛四川省银奖。组织学生参加 2020 年诚信教育主题活动暨诚信教育宣传作品征集活动，在视频类、宣传画类比赛中分获校级二等奖一名，三等奖三名。学生中涌现出一大批先进人物：入选全国大学生就业创业典型人物 1 人，获"四川省师范生教学能力竞赛"省级三等奖 1 项，获得十佳先进班集体 1 个，十佳大学生 1 名，国家奖学金 3 名，国家励志奖学金 60 名，校级先进班集体 7 个。12 人获校级"疫情防控志愿者"称号，3 人获得"疫情防控志愿者标兵"称号，十佳志愿者 1 人，青年志愿者先进个人 13 人。就业升学完成目标任务：2020 届毕业生就业率 84.03%，本科生考研率超过 32%。

【地方服务】打造优质培训品牌：克服疫情不利影响积极做好各类培训项目的申报和实施，先后投标 13 项，中标 9 项，合同金额 249.6 万元。陆续完成高新区幼儿园骨干教师培训、高新区幼儿园园长领导力培训和成都市公办初中强校工程校长培训等，覆盖学员 168 人，受到了教育主管部门、参培学员的高度好评。打造校城融合品牌：持续建好中小学幼儿园"博士工作站"，全力支持龙泉驿区、成华区等提升基础教育质量水平。与附属小学和龙泉驿区教育局共赴教育部汇报工作，展现办学实力。

【对外合作】打造联盟协会品牌：当选四川省教育学会学前教育分会理事长单位、成渝地区学前教育协同创新发展联盟和成渝地区小学教育联盟副理事长单位、四川早期教育行业协会副会长单位、中国高教学会教师教育分会理事单位，区域影响力进一步彰显。

统稿人：陈　蜀
审稿人：肖　红

基础医学院　护理学院（筹）

【学院概况】学院的前身系具有近六十年办学历史的原国家级重点中专成都卫生学校。2006年4月，学校由四川省人民政府批准整建制并入成都大学，更名为成都大学医护学院；2009年7月，学校改革归并调整后，成立新医护学院；2015年4月更名为基础医学与护理学院；2015年11月更名为医学院（护理学院）。2018年招收第一届口腔医学技术本科专业学生。2020年6月更名为基础医学院　护理学院（筹）。学院现有基础医学、护理学、口腔医学技术3个本科专业。学院现有一支高水平的师资队伍，具有高级职称者45余人，其中具有博士学位者36人，具有海外留学经历者20余人，国际国内知名特聘专家、教授、研究员10余人。过去五年学院教师获四川省科技进步一等奖2项，三等奖3项；上海市科技进步二等奖1项；中华农业科技奖三等奖1项。学院非常重视科学研究和教学质量工程建设。近年来，全院教师承担各级各类科研项目100余项，其中国家自然科学基金资助13项，教育部人文社科基金资助2项；教育部重点实验室开放基金1项。发表科研论文500余篇，其中以第一/通讯作者发表SCI来源期刊论文60篇，中文核心期刊论文26篇；出版学术著作（含教材）60余部。2014年学院获得四川省老年健康普及基地、市级护理学重点学科、校级社会养老协同创新中心、护理学重点（扶持）学科、护理学品牌专业等专项支持。人体科学与医学科普基地获得成都市科技局2016年资助立项建设。生物医药基础实验教学中心成为第五批省级高校实验教学示范中心。学院拥有各级教改项目70余项，其中，教育部8项，省级项目5项；精品课程项目15项，其中，省级项目2项，市级项目2项；校级MOOCS 2项；翻转课堂项目8项；"课程思政1212工程"8项；一流课程9门；拥有教学成果类奖项（校级）8项；教师在各级教学竞赛中获奖10余项。有校级特色护理教学团队，涉外护理创新人才培养试验区。学院已整合形成医学形态机能实验中心、医学临床技能实验中心，生物医药平台等教学科研体系。学院加强国际合作与交流，推进同泰国清迈大学的合作办学，与泰国清迈大学"2+2"联合培养项目持续开展。

【党建引领，推动党建改革创新】学院党委全面落实从严管党治党责任，切实把管党治党、办学治院责任落到实处。组织全员深入学习贯彻党的十九大精神、十九届五中全会精神，认真落实各级党委的重大部署。加强党风廉政建设，以党建引领学院工作，发扬改革创新的精神，强化基层党组织战斗堡垒作用，促进学院临床医学专业认证工作，促进学院进一步的改革发展。深入开展师德师风教育学习活动，加强政治学习，提升全院教职工素养。加强党建提升，对学院基础医学党支部进行阵地建设，通过建设规范化和标准化的党员活动阵地，改善党建氛围，不断增强基层党组织的凝聚力和战斗力。服务大运会，顺利完成学院室内和室外文化建设提升和风貌整治，营造良好的学院氛围。

【严防死守，扎实做好疫情防控工作】2020年，学院持续加强疫情防控工作，精准排查，严格落实各种日报制度，包括常态报表、健康打卡、教职工假期出行等，实时掌握全体师生健康动态。

学院全年未出现师生感染的情况。

【加强教学改革与创新】总结"十三五"期间的成就与经验，梳理发展过程中的问题与不足，分团队科学撰写学院"十四五"发展规划。疫情期间，提前开展网络教学培训，做好线上授课的充分准备，加强教学督导，确保线上网络教学工作持续有序进行。通过课程之星建设打造金课，促进教学改革。获得"课程思政"示范课程成功立项 5 项，线下一流课程立项 6 项，线上一流课程立项 2 项，线上线下混合式一流课程立项 1 项，高等教育人才培养质量和教学改革项目结题 4 项。2020 年以第一作者发表教改论文近 20 篇。基础医学部张珍获四川省第七届高校细胞生物学中青年教师教学比赛二等奖，护理系李夏卉获第五届四川省青年教师教学竞赛决赛优秀奖。实验中心完成了 3 项实验室改造工作，进一步改善和提升了实验室环境。

【顺利完成临床医学专业认证工作】11 月 9 日，教育部临床医学专业认证专家组对我院临床医学专业认证工作进行了现场考察。专家组通过学院汇报会、实验中心和教研室实地走访、深入听课和 PBL 观摩、师生访谈、查阅资料等形式，对我院临床医学专业的教育教学进行了细致考察。反馈了现场考察的初步意见，专家组一致对我院临床医学专业办学定位和目标、课程计划、教学方法、创新理念以及教师教学责任心等方面给予了充分的肯定。此外，专家组分别从人才培养方案、课程体系设置、师资队伍建设、科研平台建设、医学中心建设、医学学科建设等方面对我院临床医学专业的建设与发展提出了宝贵的意见和建议。通过临床医学专业认证工作的开展，进一步加强了学院内涵建设，使学院教学质量更上新台阶，促进了学院里程碑式的发展。

【顺利通过基础医学、护理学硕士点申报】积极开展基础医学和护理学硕士点申报工作，经过前期的筹备，基础医学、护理学硕士点已经在省学位办公示。

【科学研究和社会服务】学院教师立项四川省科技厅项目 2 项，西南特色中药资源国家重点实验室项目 1 项。黄静玮的"四川及周边特困山区马铃薯产业关键技术创新与推广"获神农中华农业科技二等奖，"供给侧改革与现代绿色薯业技术创新"获四川省第十八次社会科学优秀成果奖，邓禹的"皮肤溃疡'慢性难愈'形成机制及中医'清—化—补'干预策略"获中华医学会科学技术奖三等奖，郭晓恒的"中（成）药再评价研究技术的建立与应用"获四川省科技进步奖三等奖，黄婵的两项研究成果获省人民政府参事室采用。教师以第一或通讯作者发表发表 SCI 来源期刊论文 24 篇，中文核心期刊论文 13 篇。授权发明专利 2 项，实用新型专利 17 项。

积极推进四川省老年健康普及基地、人体科学与医学科普基地、羌医药标准研究推广基地建设。四川省老年健康普及基地科普专家及志愿者团队共完成老年健康科普宣讲、医疗义诊、志愿者帮扶老年人活动 22 场，辐射成都市全域以及成都周边 3 个区市县，受益人数共计达 5000 余人次。张艳获成都市科普工作先进个人。

【继续教育】承接成都市卫生健康委员会基卫处的成都市基层医疗机构骨干护士培训工作，共三期，培训学员 182 人，培训效果良好。11 月 20 日与成都市医学美容行业协会、成大职业技能培训中心一起完成了一期 24 名专业美容医生的医美行业专业知识技能培训工作。

【中外联合培养项目】疫情当前，及时与泰国清迈大学护理学院保持沟通，克服困难，顺利促成中泰合作班 2016 级学生按期毕业并取得学位和学历。心系海外学子，齐心抗疫，为海外学生和泰国清迈大学护理学院老师捐助 2000 枚口罩和 1000 双手套。积极研讨和新西兰及日本有关机构开展合作项目的可能性，力争拓展更多的国际合作办学模式。

【学生工作】学科竞赛方面，共获得国家级奖项 13 项，省级奖项 8 项。其中第十二届"挑战杯"中国大学生创业计划竞赛获铜奖 2 项。创新创业方面，共有 2 个项目获得国家级创新创业计划立项，4 个项目获得省级创新创业计划立项，27 个项目获得校级创新创业计划立项。学生公开发表

学术论文 6 篇，取得专利授权 3 项。就业考研方面，2020 届毕业生就业率达到 90.98%，25 人考取硕士研究生，1 名同学考取国家公务员，2 名学生入伍，8 名同学参加基层就业。其中临床专业学生石霜铭和护理学专业熊航分别被中山大学和四川大学录取。2 名学生申请为悉尼大学和利兹大学硕士研究生。社会实践和志愿服务方面，学院"成都大学健康教育与促进志愿服务队"获国家级"结核病防治知识传播优秀团队"称号；"情暖夕阳·送医到家——成都大学医疗列车志愿服务"项目获得第五届中国青年志愿服务项目大赛四川省赛银奖。

统稿人：孙　茜
审稿人：陈　葵

药学院、四川抗菌素工业研究所

【学院概况】学院成立于2020年6月,源于成都大学2007年设立的药学系和1965年成立的四川抗菌素工业研究所。学院以"建设特色鲜明、国内一流的药学院"为目标,致力于高质量建设国内一流的药学学科专业,高标准培养国内一流的应用型药学人才,高层次打造国内一流的药学师资队伍,高水平创建国内一流的药物研发体系。学院现有药学和制药工程2个本科专业,拥有药学一级学科硕士学位授予点,是我国首批硕士学位授权单位之一,其中微生物与生化药学为四川省重点学科;2019年,药学学科被艾瑞深中国校友会网评选为中国高水平学科,入选四川省顶尖学科名单,全国学科排名35,省内排名第2;2020年,药学专业获教育部"双万计划"省级一流专业建设点。科研领域涉及微生物药物、化学合成药物、天然植物药物、药物质量研究、药物制剂、临床前成药性评价等方面;现有科技部国际科技合作基地、国家新抗生素菌种保藏管理中心、抗生素研究与再评价四川省重点实验室、药物制剂及装备四川省工程技术研究中心等十余个特色平台;已取得重大科研成果近百项,荣获国家发明奖、国家科技进步奖等国家级成果奖10项,绝大多数科研成果为国内首创首仿药物,其中利福喷汀为全球首创新药,获国家发明二等奖。

【组建药学院】在学校的坚强领导和兄弟学院、职能部门的支持帮助下,药学院于2020年6月成立,9月正式运行,高质量完成2020级药学和制药工程专业本科新生的迎新工作;各项工作有序推进,本科教学、学生管理等工作与食品与生物工程学院无缝衔接,教学工作顺利实施。

【全员抗疫、科学复工】疫情初期,应邀参加四川省应对新型冠状病毒感染肺炎疫情联防联控机制领导小组召集的科研攻关课题组建紧急会议,并就相关药物研发思路提出建设性意见;和食品与生物工程学院团队主研"针对新型冠状病毒的老药新用以及候选药物筛选研究"课题;启动抗COVID-19候选药物瑞得西韦(Remdesivir)的首仿研究工作。教职工和研究生运用专业知识积极参加社区志愿服务,教职工邓俊丰获中国药学会2020年优秀科技志愿者,2019级研究生党员陶应茂获评校级疫情防控标兵;校友唐炯疫情期间坚守岗位,获得省级抗疫优秀表彰;东方新闻网等媒体宣传报道校友曾其炀的抗疫事迹;2位校友获学校"抗疫先锋"荣誉校友称号。

《中国抗生素杂志》与中国知网合作采用网络首发方式,第一时间在线发布了主编刘昌孝院士的主编专论《认识新型冠状病毒肺炎,关注疫情防控药物研发》;《中国抗生素杂志》和《国外医药抗生素分册》两本期刊围绕新冠病毒的研究在全校发起"新冠病毒"专刊征文活动,并组稿出版"重温'细菌致病理论'"和"新型冠状病毒"专辑,业内高度关注。

【学科建设】高质量完成药学一级学科博士点申报工作;药学专业成为教育部"双万计划"省级一流专业建设点,并进入国家一流专业评选;药学专业获得"校级课程思政示范教学团队"立项;药学学科继荣膺2019年校友网中国高水平学科后,经过专家评审和公开答辩,2020年5月被确定为学校优势学科A类;申报药学专业学位授权点,通过省教育厅评审。深入开展"大学习、大调研、大走访",对标学习浙江工业大学药学院、郑州大学药学院和四川大学华西药学院的先进

经验和做法，分析学院与国内一流药学院的差距，凝练特色、拓展思路，明确建设"特色鲜明、国内一流的药学院"的目标定位，编制完成《药学院"十四五"发展规划》。

【人才培养】与四川省食品药品检验检测院、成都天府生命科技园等行业领头单位签订协同育人协议，依托完善的药物研发平台和广泛的行业资源，加快建设"科教、产教深度融合，实践与创新并举"特色本科人才培养体系。疫情期间，顺利完成16名因科研任务返校研究生返校、离校相关工作。组织完成网上学位论文预答辩、查重、盲审，组织6场网络毕业答辩、1场涉密论文现场答辩和多场研究生在线学术研讨会；组织网上复试，完成年度2021级研究生招生计划。面对复杂严峻的就业形势，院领导主动谋划，积极应对，多次召开专题会研讨毕业生就业工作。教职工群策群力，主动为毕业生牵线搭桥；辅导员为毕业生一对一地进行分析引导和精准服务；2020届硕士就业率实现100%（2人考取厦门大学和西南大学博士研究生），就业工作综合考核排名全校第一名，获"就业工作先进集体"称号，辅导员许丽佳获评"就业工作先进个人"。组织学生积极开展、参与科创和文体竞赛活动，获得多项集体和个人荣誉，学生工作排名全校第二名，许丽佳获优秀班主任、十佳辅导员。

【师资建设】强化硕士导师考核管理，认真组织导师遴选，新增导师25人；组织导师参加全国研究生导师立德树人与研究生思想政治教育专题研修班、全国辅导员暑期培训、2020年"全国高等院校课程思政建设"专题培训会等，组织实施院级督导，不断推进课堂教学质量提高。博士生导师彭西入选四川省学术和技术带头人后备人选；特聘研究员马文博再次入选2019年度英国皇家学会有机与药物化学类期刊Top 1‰ 高被引中国作者；特聘研究员赵克雷博士获2021年四川省杰出青年科技人才项目资助，研究论文获首届川渝科技学术大会暨四川科技学术大会优秀论文二等奖。

【科研成果】2020年科研成果显著。科研到款1348.29万元，其中横向到款413.22万元，纵向到款935.07万元；发表SCI来源期刊论文21篇（其中一区4篇，二区9篇）；申报国家自然科学基金21项，立项2项；获2020年度省部级科研项目立项5项；获得授权发明专利15项。积极与企业加强联系与合作，通过签订战略合作框架、联合实验室等科研合作协议，加强横向渠道的扩展和维护，新签订技术合同和收入性科研协议20项。其中代表性科研项目"抗癫痫药物左乙拉西坦注射用浓溶液的研究与开发"获国家重大新药创制立项，为第二申报单位；获得了国家药监局颁发的新药证书及药品注册批件，成为三类新药首仿上市，填补了该品种临床治疗空白及仿制药市场空白；"氮杂环卡宾催化自由基历程的惰性键官能团化反应研究"获国家自科基金面上项目立项，"紫丁香苷及类似天然产物的全合成、结构改造与生物活性研究"获国家自科基金青年基金立项。"青藏高原冰川融水重金属考察研究"获国家第二次青藏高原综合科学考察重大项目任务子专题立项，"酶资源四川省科技资源共享服务平台"获得立项，"医药微生物共享服务平台"获批四川省及成都市科技资源平台建设立项。

【科技获奖】"器官移植抗排斥微生物药物的关键技术开发及产业化"项目获第十五届中国药学会科学技术一等奖，"发酵类免疫抑制药物的绿色清洁生产关键技术开发与产业化"项目获2019年河北省科技进步一等奖（2020年颁奖）。

【国际合作】特殊时期创新合作方式，科技部国际科技合作基地建设成效显著。受疫情影响，2020年外国专家来华工作全面停滞，但通过网络远程指导和沟通交流，国际合作项目研究进度并未受到影响。完成科技部国际科技合作基地2014—2019年周期评估和评估专家的网评质询答辩工作。与俄罗斯国立工业微生物遗传育种研究所继续执行三年战略框架协议约定的内容，获四川省科技厅国际合作重点项目立项2项；与英国利物浦大学柯有强教授团队合作，基于FABP5靶点开发一个小分子化合物SBFI26用于恶性乳腺癌治疗，获国家外专局项目立项1项；与海法大学进化研究院联合申报的中国（四川）－以色列研发合作项目"治疗咽喉炎的石榴微乳纳米喷雾剂的研发"获省科技厅重点研发/重大科技专项立项。

【平台建设】以现代产业学院建设为抓手，服务区域产业需求，与成都倍特药业等龙头企业联合筹备申报教育部"现代产业学院"并力争2021年获批。成都市院士（专家）创新工作站在2020年成都市院士工作站的绩效考评申报材料和现场绩效考评中获得优秀，为成华区唯一获得优秀的院士工作站，为成都市科协"大学习，大走访，大调研"的重点走访单位，获成都市科协副主席吕毅充分的肯定和表扬。与国药集团宜宾制药有限公司、绽妍生物科技有限公司、扬子江药业集团江苏紫龙药业有限公司、湖南九典宏阳制药有限公司等4家单位签订了战略合作框架、联合实验室等科研合作协议，其中共建联合实验室/中心3个。学校审定同意支持建设"成都大学创新药物研究平台"，已完成平台仪器设备方案制定并通过校外专家论证，完成物理空间规划。该平台将建设成为创新药物研究省部共建国家重点实验室（工程中心）的主要载体。

【学术交流】大力做强学术交流平台，《中国抗生素杂志》影响因子稳定上升，在《2020年中国学术期刊影响因子年报（自然科学与工程技术版）》中进入Q1区期刊，在"药学"类期刊排名全国16位，位列四川省内药学第一。同时，《中国抗生素杂志》入选《2020世界期刊影响力指数（WJCI）年报》，在"药理学"全球期刊中，WJCI指数在被收录进入该学科的中国期刊中名列11位；在"传染病学、感染类疾病"全球期刊中，WJCI指数在被收录进入该学科的中国期刊中名列12位。深化区域服务意识，作为中国－东盟技术转移与创新合作大会重点项目机构代表，院长郭晓强在东创会"中国－东盟先进技术专题对接会（四川专场）"上就生物医药新工艺开发及品种推介进行了路演，现场推介了院所先进技术成果。在"第三届华西药学论坛暨西部药学院院长论坛"交流成果转化的经验；参加全国药品生产文号和新药技术合作交易会并作"放疗增敏剂项目开发"项目路演；依托四川省技术转移示范机构平台，实施科技成果推广，项目受到全国各地企业的高度关注。

【获奖情况】发酵类免疫抑制药物的绿色清洁生产关键技术开发与产业化项目获2019年河北省科技进步一等奖（2020年颁奖）；器官移植抗排斥微生物药物的关键技术开发及产业化项目获第十五届中国药学会科学技术一等奖；《中国抗生素杂志》入选《2020世界期刊影响力指数（WJCI）年报》；《中国抗生素杂志》在《2020年中国学术期刊影响因子年报（自然科学与工程技术版）》中进入Q1区期刊，在"药学"类期刊排名全国16位，位列四川省内药学第一；特聘研究员赵克雷研究论文获首届川渝科技学术大会暨四川科技学术大会优秀论文二等奖；教职工邓俊丰获中国药学会2020年优秀科技志愿者；工会获评2020年成都市企事业单位工会建设四星级单位；学院通过四川省文明单位复审。

统稿人：郭小照
审稿人：阳　东

五、校园文化

共青团工作

【概况】2020年成大共青团以习近平新时代中国特色社会主义思想为指引，深入学习贯彻习近平总书记关于青年工作的重要思想和对四川工作的系列重要指示精神，进一步聚焦为党育人功能，紧紧围绕学校党政中心工作和上级团组织工作部署，切实保持和增强政治性、先进性、群众性；着力提升组织力、引领力、服务力，落实"以学生为中心"的办学理念，积极构建完善三全育人体系，努力建设以教育者为主导的"服务育人"和以大学生为主体的"服务学习"共生的学生工作模式，培养学生爱国情怀、社会责任感、科学创新精神和实践能力，团结带领广大团员青年在特色鲜明、国内一流的应用型城市大学的建设中贡献青春力量。

【主动参与做好新冠肺炎疫情防控阻击战】组建疫情防控网络宣传青年突击队，通过微信等新媒体平台多渠道普及防疫知识和要求。开展"停课不停学：21天改变计划公益活动"，5857名同学参与活动。开展"阻击战'疫'，全'橙'行动"主题团日活动，活动征集作品获《中国青年报》等媒体转载报道。引导大学生积极参与社区（村）疫情防控工作，共有251名同学参与家乡防疫志愿服务，2名同学参与湖北疫情防控工作，黎朋、马玉凤等多名志愿者受到当地政府表扬；附属医院第一批援鄂医疗青年突击队及队员高雪琴受成都市共青团疫情防控工作通报表扬；机械工程学院辜一航获评"四川省优秀青年志愿者（疫情防控类）"。根据学校防控工作领导小组统一安排，在学生返校前后积极开展多种形式健康教育，参与做好学生返校期间相关志愿者工作。

【深入学习贯彻学校第七次党代会精神】开展《汇聚青春正能量、同心共筑"大学梦"》宣讲，传达学校第七次党代会精神，在实践中落实党代会的任务。

【加强青年思想政治引领，筑牢青年思想根基】开展《风雨同舟抗疫情、共克时艰医者心》等5期时事月月谈栏目，开展《疫情下的时代青年担当》等7场"云团课"，开展蓉耀青年新思想宣讲3场，召开学习党的十九届五中全会精神专题会2场。

【加强团员先进性建设，树立青年典型】开展"五四"评优活动，信息科学与工程学院廖钧华、机械工程学院熊波荣获"中国电信奖学金·飞Young奖"。冯代辉等121名同学通过2020年四川省大学生"综合素质A级证书"认证。体育学院罗朝昆、外国语学院陈涛获"2019年度中国大学生自强之星"荣誉称号。校红十字会会长、法学院王清祥获四川省"优秀红十字青少年志愿者""优秀红十字青少年会员"称号。外国语学院李嘉琪受邀参加2020年青少年国际和平未来会议。影视与动画学院王童当选四川高校志愿服务联盟主席团成员。

【开展科普科创活动，培养学生科学精神和科学态度】弘扬"科学家精神"，举办考研、创业等课外学术科技讲座和专家项目辅导会10余场，积极构建以学术科技活动为引领的实践育人体系，完善学生课外学术科技活动运行机制，浓厚校园学术科技文化氛围，培养学生爱国情怀、社会责任感、科学创新精神和实践能力。开展IT来袭等与学科专业紧密结合的科普科创活动23项。举办"开拓杯"大学生创业大赛，支持学院30个创业项目团队立项，2020年"挑战杯"四川省大学生创业计划竞赛，获金奖3项、银奖7项、铜奖8项，以总积分第六的成绩获大赛"优胜杯"和"优秀组织奖"，4个项目获国赛铜奖，创历史新高。

【开展公共艺术教育，以美育人、以文化人，传承创新天府文化】开设公共艺术选修课9门，疫情期间开展"薪火相传舞青年·激扬青春迎大运"线上舞蹈比赛；在第九届四川省大学生艺术展演活动中，我校选送的19个参赛项目全部获奖，其中一等奖9项，二等奖9项，三等奖1项。原创舞蹈《太阳鼓》、声乐《彝歌》两个作品受邀参加优秀节目现场展演。

【深化学生社团管理改革，挖掘思政育人功效】出台《成都大学学生社团管理办法》，丰富"第二课堂"，充分发挥学生社团育人功能，繁荣校园文化，坚持思想性、知识性、艺术性、多样性相统一的原则，严格年审内容和流程，加强学生社团建设管理，支持学生社团健康规范有序发展，增强学生的科学精神、创新精神和社会责任感，促进青年学生德智体美劳全面发展。现有学生社团85个，学生社团结构进一步优化，达到了教育部规定的相关要求。加强思想引领，将学生社团骨干成员纳入学生干部管理培养体系，开设学生社团骨干培训班，提高其政治素养和业务能力。重点支持思想政治类、创新创业类学生社团活动立项并开展活动，提高学生社团活动学术性和纯粹性。

【加强顶层设计，探索暑期社会实践与思政实践课相结合的课程评价体系】做好疫情防控常态化形势下社会实践工作，开展以"小我融入大我，青春献给祖国；助力脱贫攻坚，投身强国伟业"为主题的暑期"三下乡"社会实践活动，按照"青年服务国家战略"的工作原则，重点围绕助力疫情防控和复工复产、投身打赢脱贫攻坚战、参与乡村振兴战略实施、参加新时代文明实践志愿服务、开展返家乡社会实践5个方面，组织了23支校级项目、60支院级项目、1774支自选项目团队；学校获2020年暑期"三下乡"社会实践"全国优秀单位"，"执艺术之笔、宣抗疫之情"项目团队获"全国优秀项目团队"；调研报告《志愿服务在构建基层治理新格局中的发展路径调研》被评为全国优秀调研报告，社会实践项目、个人在省市及以上评比活动中获奖近20项。校园通讯站连续3年获评"中国青年网优秀校园通讯站"。

【提高学生服务社会，开拓视野的能力】围绕学校提出的"国际化"战略，以国际化志愿服务为特色，组织青年学生参与"2020年线上中国国际智能产业博览会"等大型赛会志愿服务。服务成都建设国家中心城市战略需要和"成渝双城经济圈建设"，学校成为川渝青年志愿服务联盟首批成员单位。深入开展"青春大运、爱在社区"大学生志愿服务社区项目，投身社区治理，提升青年社会责任感，为治蜀兴川再上新台阶贡献青春力量。四十余名大学生运动会骨干志愿者参加成都青年志愿服务"2020年终大赏"嘉年华活动，校青年志愿者协会获评"四川省青年优秀志愿组织"。

【加强志愿服务交流，提升专业化水平，培养学生社会责任感】举办"志愿服务新时代、青春共筑大运梦"第五届志愿者文化节，承接以大运会骨干志愿者为主体的四川青年志愿者骨干成长营活动，进一步提升了我校青年学生志愿服务技能。鼓励学院充分发挥学科优势，打造特色品牌志愿服务项目，积极组织师生参加第五届中国青年志愿服务项目大赛四川省赛，获金奖1项、银奖4项，其中"大学生精细化志愿服务参与社区治理创新"项目获全国大赛铜奖。

【共青团助力青年学生就业工作】搭建学校就业平台，共青团中央青年发展部、共青团四川省

委联合学校开展"千校万岗——就业有位来"线上招聘会。20名毕业生志愿者入选四川省大学生志愿服务西部计划项目，5名同学将前往新疆从事基层工作。

【战训结合，系统推进大运会志愿者工作】针对300名大运会骨干志愿者开展线上英语专题技能培训以及相关"云测试"工作；开展大运会志愿服务能力提升、大运会志愿者宣传工作技能提升等集中培训，六百余人参与培训，提升志愿服务意识和技能。校大学生艺术团礼仪队加入成都市青年礼仪志愿服务总队。校青年志愿者协会获成都市"2019年度优秀青年志愿者服务组织"。我校留学生志愿者马妮微获聘成都大运会志愿者宣传大使。

【开展"爱成都·爱成大·迎大运"系列主题活动，营造良好迎大运氛围】以"爱成都·爱成大·迎大运"为主题，开展"我为大运加速跑"大运会倒计时一周年成大师生全国线上跑活动，云端"运动会"吸引近万余人次参加，让师生以在家中锻炼打卡的方式参与其中，增强身体免疫力，磨砺品格意志，展现青春风采，传递青春正能量。举办大运主题的知识竞赛、学生社团文化节、校园歌手大赛、朗读者大赛、主持人大赛等学生喜闻乐见的校园品牌文化活动，营造浓厚迎大运氛围。

【推进学生会改革平稳落地】深化学生会（研究生会）改革，出台《成都大学学生会（研究生会）改革实施方案》，指导学生会坚持正确的政治方向，聚焦服务同学职能，发挥好学校联系同学的桥梁和纽带作用；优化组织架构和规模，完善组织运行机制，健全校、院、班组织体系。召开第十一次学生代表大会、第二次研究生代表大会，更好地团结和凝聚广大同学为建设特色鲜明、国内一流的应用型城市大学贡献青春力量。

【促进团学工作科学化、规范化发展】充分利用"智慧团建"网上共青团系统平台，推进共青团工作网络化。加强团干部与青年的联系，更好地发挥共青团组织在学生思想引领、服务成长中的重要作用，提升共青团工作整体质量和水平。选送师范学院汤正菲等5名同学参加四川省高校学生党员骨干、成都市大中学生骨干等培训，加强团干部队伍建设。推动名团干工作室建设，外国语学院"新青年"团干工作室被评为2020年四川省高校名团干工作室。

统稿人：徐　谧
审稿人：刘　超

新闻宣传工作

【理论学习工作】修订党委理论学习中心组学习制度；制订党委理论学习中心组年度学习计划，全年开展学习活动6次，编印专题学习资料12期。制订教职工政治理论学习年度计划，编印和采购发放学习资料和书籍近3000份。

【思想政治工作】做好习近平新时代中国特色社会主义思想、习近平关于教育的重要论述和党的十九届五中全会精神和省市重要会议精神的学习宣传和宣讲工作。制定《学习宣传贯彻〈新时代爱国主义教育实施纲要〉工作方案》，修订《深入推进"法律进学校"实施方案》，制定开展"四史"学习教育活动等工作方案10余份。开展庆祝建党99周年党员先进事迹宣讲报告会和"2020年秋季学期'开学第一课'"活动。向省市报送思想政治工作总结、调研文稿等各类材料50余份。

【舆情监测和联动处置工作】全年监测和联动处置涉及疫情防控、大运村建设、宿舍搬迁以及停水停电断网、学生考研占座和其他若干重大事件的网络舆情共计1.5万余条，最大限度将网络舆情重大风险降到最低，切实维护学校声誉。

【意识形态工作】加强工作统筹推动，制定《意识形态工作联席会议制度》和《落实市委巡察意识形态工作反馈意见的整改工作方案》，扎实推进工作落实，多次接受省市督查调研。多次召开意识形态工作研判会暨整改推进会，分析研判和解决相关问题。加强哲学社会科学类讲座论坛和宣传车地设置等的审批力度；做好宣传阵地建设管理和户外宣传，全年设计制作主题户外宣传海报、喷绘等120余幅。

【全媒体全方位做好疫情防控宣传工作】制定疫情防控宣传引导工作方案，通过校内外媒体平台做好信息发布、科普宣教和典型宣传，共发布相关信息近900条。其中，校外主流媒体报道303条，全国性媒体164条、省级媒体94条、市级媒体45条。校内全媒体发布569条，新闻网设立专栏，发布信息259条；微博发布信息206条，微信发布信息104条；先后向上级组织报送疫情防控先进集体和个人事迹材料60余项。

【全过程全覆盖报道大运村建设情况】新闻网站开设"大运全记录"专题，发布相关信息40余条；设计制作"爱成都、迎大运"宣传标语、海报40余幅；官博、官微设置话题"大运全记录""我为大运做贡献"，推送大运图文报道，配合市委宣传部、成都电视台等拍摄取景、采编新闻，全面记录大运村建设推进情况。

【超常规多视角做好常规新闻宣传】新闻网发布各类信息3000余篇；《成都大学报》出刊15期；官微推送图文400余条，年阅读量144万次，粉丝9万，年增粉1.8万；官博发博4700余条，转评赞高达50万次，粉丝28万，年增粉18万；官方抖音粉丝5万人次，推送视频60余条，点赞16.75万次；官方B站发布动态1000余条，粉丝1万余名。

【多举措加强新闻宣传规范管理】修订《二级网站建设与运行管理办法》，制定《新闻宣传工作管理办法》。做好工作指导和监管；加强对新闻通讯员、新媒体联络员和舆情联络员三支队伍的建

设和培训。牵头做好大学文化建设"十四五"规划前期调研工作，拟定工作方案，组织专家研讨，初步确定规划撰写思路和提纲。

【风貌整治提升工作】统筹推进大运村（成都大学）风貌整治提升项目，先后组织各类专题研讨会议20余次，拟定《大运村（成都大学）风貌整治提升方案》，数十次与市级相关部门反复沟通、修改完善方案，最后经市规委会审议通过。目前，第2至8教学楼、一食堂、老图书馆等建筑外立面改造以及慢行系统、非机动车道改造和绿化提升等项目已基本完成。

【牵头做好大运村（成都大学）风貌整治提升学校自行实施项目】制定《大运村（成都大学）风貌整治提升学校自行实施项目推进实施方案》和《大运村（成都大学）风貌整治提升学校自行实施项目专项经费管理办法》，扎实推动各项目高效实施，目前校内20家单位34个风貌整治提升项目完成进度总体达到60%，其余项目正按计划推进。

统稿人：王建武
审核人：陈　钧

六、师资队伍建设

党委教师工作部、人事工作

【概况】2020年是成都大学全面开启"特色鲜明、国内一流应用型城市大学"建设新征程的起步之年。人事处按照学校相关要求，顺利完成人员招聘、岗位聘用、教职工薪酬发放及社保业务办理、劳务派遣管理等常规工作。根据《成都市人民政府关于支持成都学院高水平建设发展的实施意见》（成府函〔2018〕20号）"将成都学院建设成为高层次人才汇聚地"的文件精神，人事处紧紧围绕2020年学校党政工作要点，继续推行人才战略，深入实施人才倍增工程，下大力气引进和培养紧缺高层次人才，柔性引进高层次人才和外籍教师，努力建设一支师德高尚、结构合理、综合水平高、具有国际视野的师资队伍。

【岗位聘用工作】完成编制内83个岗位公开招聘工作。完成第三轮岗聘1904人聘期考核及1340人第四轮专业技术岗位聘用工作；组织实施2020年度二级专业技术岗位推荐工作，获聘1人；完成编内人员111人、特聘研究员（副研究员）20人的入职及岗位聘用工作；组织实施2020年非领导职务管理人员竞聘晋升和部分空缺工勤岗位竞聘晋升工作，聘用五级职员2人，六级职员3人，七级职员1人，八级职员2人，九级职员1人，中级工2人。组织2020年度成都建设全面体现新发展理念的城市先集体和先进个人推荐工作，获评1人；组织申领"中国人民志愿军抗美援朝出国作战70周年"纪念章10枚。

【职称评审工作】主系列有103人晋升职称（正高19人，副高35人，中级49人），辅系列有8人晋升职称（副高4人，中级4人），留学回国人员有5人晋升职称（副高级）；完成两次教师资格认定工作，共有112人取得教师资格证书。

【日常工作】完成四川抗菌素研究所在职人员工资、社会保险及公积金清算工作；按相关文件精神保障绩效工资按时足月发放；逐步提高教职工收入，完成2020年一次性增发绩效工资工作；完成2020年工勤人员技术等级晋升申报、培训及证书发放；分批次做好"中人"待遇确认工作，确保退休人员待遇兑现；完成2020年社会保险、公积金基数调整核算工作；做好劳务派遣人员日常管理工作。

【进一步加大人才引进和内培力度，用好高层次人才引进和培养专项经费】2020年，聚焦博士点申报、重点学科和一流专业建设，大力引进紧缺高层次人才，引进博士生导师7人，兼职博士生导师25人。引进名誉院长4人，特聘教授12人，特聘学者16人。特聘研究员（副研究员）30余

名，优秀青年博士100余名。这些高层次人才的引进，极大地充实了学校的师资队伍，改善了师资队伍的结构，提高了师资队伍的整体素质。

【加强对引进人才的过程管理，分类对引进人才进行年度考核和聘期考核】共对49名特聘教授、特聘研究员（副研究员）和26名青年博士进行了年度考核，对22名特聘教授和特聘研究员（副研究员）进行了聘期考核。通过考核，逐步完善了引进人才绩效评价机制。

【积极开展各类人才项目的申报遴选工作】2020年，围绕着人才强校的重点工作，积极组织了各级各类人才项目的申报遴选工作和专家的推荐工作。目前，新增四川省学术和技术带头人5人：马胜、杨进、邓泽军、王卫、赵钢；四川省教书育人名师1人：陈大伟；四川省留学人员科技活动项目择优资助1项：杨耀如；成都市优秀青年教师1人：曾永刚；成都市教坛新秀1人：刘雨。截至12月，学校有专任教师近1500人，其中正高职称210余人，副高职称480余人，博士600余人。

【完善师德师风制度建设】明确了学校师德师风建设五年总体目标与基本原则，强化引领。完善了学校师德师风组织机构与责任体系，强化了组织保障。加强了规范建设，着力完善"制度链"。落实了师德考核第一标准，用好评价"指挥棒"。坚持教育育德，强化规则立德。加强师德文化培育，厚植师德涵养"营养土"。

【组织开展教师能力素质提升】积极推进师资人才建设制度废改立，持续着力教职工能力素质提升与培训，继续实施青年博士化工程、优秀人才遴选推荐等，完善人才梯队体系培养，助力打造师德高尚、业务精湛、结构合理、充满活力的教师队伍。

统稿人：赵建峰
审稿人：陈小平

七、办学条件

安全保卫工作

【概述】2020年在校党委和行政的正确领导下,在各学院、部门的关心和帮助下,保卫处围绕《成都大学2020年安全工作要点》,以"安全第一,预防为主"为工作方针,紧扣"维护学校安全稳定,构建和谐平安校园"主题,通过强化疫情防控工作、强化校园风险管控、狠抓校园安全管理、提升师生安全意识等方面的工作,较好地完成了各项工作。

【强化管控措施,确保校园安全稳定】岁末年初,面对猝然而至的新冠肺炎疫情,保卫处积极应对,坚持"宁可十防九空、不能失防万一"的原则,提前进入备勤作战状态。143名干部职工和安保队员坚守一线、连续作战,充分发挥领导干部和党员的先锋模范作用,积极开展各项疫情防控工作,用心用情筑牢疫情防范"安全墙",以对师生安全健康高度负责的态度,在疫情防控阻击战中,筑牢校园疫情防控第一道防线。自1月27日对校园实行封闭管理以来,共计投入疫情防控专项资金226000余元;保卫干部加班、值班1500余人次;派出安保力量19800余人次,累计盘查登记进校车辆98700余辆、劝离车辆2600余辆,检测登记进出校人员564000余人次、劝离外来人员7600余人。

全年出动安保人员385人次,参与研究生考试、英语四六级考试等国家级考试安保4次、大型活动(会议)安保14次;排查治安隐患147起、安全隐患237起;受理师生报警求助240余起,救助学生87人次。加强校内交通管理,定期在校园网上对交通违规行为进行曝光,全年处理违规停车430起,锁车管理24起,协助交警处理交通事故6起,有效遏制校园乱停车现象。处置各种突发事件32起,其中12人交公安机关处理,协助公安机关破获盗窃案件2起,抓获犯罪嫌疑人1名,帮助学生挽回经济损失2.7万余元,治安案件比去年同期下降35%。截至12月20日,校园内部未发生重大安全事故,确保了师生人身安全和校园安全稳定。

【强化体系建设,健全安全责任机制】牢固树立"安全稳定是一切工作的基石"的工作理念,严格按照《成都大学2020年安全工作要点》的相关要求和部署,确保学校安全稳定工作的各项规定和工作任务落到实处。严格落实"谁主管,谁负责"的工作机制,进一步强化校园安全责任机制建设和安全生产工作。严格贯彻省、市两级教育部门相关通知精神,坚决贯彻落实安全生产主体责任机制,深入推进学校安全生产清单制管理试点工作,逐步实施二级单位安全生产清单制管理工作。

【完善制度建设，健全风险防控体系】"凡事预则立，不预则废"，按照学校"废改立"工作要求，以相关政策为依据，结合学校应急工作实际，进一步构建和完善了"集中领导、统一指挥、结构完整、功能全面、反应灵敏、运转高效"的突发公共事件应急体系，修订了校内突发事件和安全事故的工作预案，健全完善了各项安全管理制度，如成都大学领导干部安全生产责任制实施办法、成都大学安全生产清单制管理办法、成都大学校园治安综合治理工作实施办法、成都大学消防安全管理规定实施细则、成都大学校园治安秩序管理规定等，大力推进了学校安全治理能力和治理体系建设，全面提高学校风险防控能力。

【严格消防管理，狠抓安全责任落实】加强消防安全宣传教育，提高师生消防安全意识。落实网格化安全管理，结合防洪、防地质灾害、危化品保存等工作，加强对重点区域巡查，消除各种消防安全隐患。扎实开展"火灾隐患"排查整治工作，着力提高"检查消除消防火灾隐患、组织扑救初起火灾、组织人员疏散逃生和消防宣传教育"的能力。

全年共组织消防知识讲座10次、应急疏散演练5次，安排全校消防安全大检查5次，排查各类隐患30余起，有效扑灭初起火灾2起。对室外消防栓及地下消防泵房设施设备进检修和维护保养共计8次，配置和充装灭火器146具、室内栓2台、室外栓1台、消防水带5条、灭火器箱12个、枪头5支、水带7条、灭火毯3床。

【借力大运东风，加速技防建设改造】结合大运村安保建设需求，积极与大运村弱电设计方开展学校视频监控、门禁系统、报警系统改建的规划和实施，通过实施"技防"，强化"物防"，持续推进校园安全智能化信息化建设。在协助大运村弱电施工方做好核心区监控设施建设的同时，对老校区现有的安防监控系统和监控设备进行全面的升级改造，借助大运契机实现监控工作的监控设备标准化、布设点位科学化和人员培训常态化。同时实施三级监控的校园监控全覆盖模式：一是在学校大门采取门禁身份识别准入制，有效地控制了校外闲散人员进出校园的数量；二是在校内公共区域、交叉路口等重要区域安装高清摄像机，实现对公共区域及重点部位的监控全覆盖；三是积极推进学校办公区及重点楼宇安装门禁身份识别系统，在重点场所采取人员限入制，降低重点区域安全事故的发生率。

全年对学校监控平台现场维护175次，处理监控系统故障184次、停车场系统故障35次、测温设备故障28次，巡检服务12次，配合大运施工监控拆除、恢复等2次，新增监控点位20个，下半年相继在校南门、行政楼、湖畔门完成人脸识别行人道闸门禁的安装，极大地提升了我校技防综合能力。

【强化服务意识，践行服务育人使命】保卫处作为学校承担管理服务职能的部门，不仅是学校重要的安全保障队伍，还承担着管理育人和服务育人的使命。结合学校开展的"三全育人"工作，保卫处将为教学服务、为科研服务、为师生服务，以实现服务育人、管理育人的"三服务两育人"理念贯穿到日常工作中，对标一流服务保障，强化服务意识，注重服务细节，以服务来体现自身的价值。开设校园安全服务热线84616110，增加校园公共服务内容，积极开展"守校护学"活动，安排执勤队员在上下班、上下课高峰期对校大门及校园拥堵地段进行交通秩序维护，夜间护送学生归寝、护送生病学生到校医院。全年办理新生上户334人、毕业生户口迁移119人、新进教师入户15人，办理及更换教职工车牌1600余辆，服务学生办理校责险及学平险赔付18人次、办理赔付金额6.2万余元。

【加快军地融合，国防教育纵深发展】加强军事课课程改革与师资队伍建设，采取专兼职结合师资队伍的模式，抓好队伍培训与教学研讨，确保教学质量。制定《军事理论学习手册》，规范教师着装与纪律要求，贯彻落实军事理论26个教学班、2600余人总计200余学时的课堂教学任务。

七、办学条件

大力开展大学生征兵工作，成功举办成都市暨成都大学征兵"云宣讲"活动，营造大学生积极参军报国的良好态势。入伍学生数量再创新高，2020年学校大学生入伍102名（其中省外入伍4名），其中应届毕业生48人，大学生征集任务完成率132.43%；大学毕业生征集任务完成率10%；超额完成上级下达的大学生征兵任务。受到成都市政府征兵工作办公室通报表扬。圆满完成2020年预备役分队暑期专业集训与野外驻训实弹演习任务，同时加强与成都星火国防教育中心合作，组织学生完成了暑期军事课军事技能教学实践工作。

统稿人：赵　静
审稿人：田　东

离退休工作

【概况】2020年，离退休工作处在学校党委、行政的领导下，坚持以习近平新时代中国特色社会主义思想为指导，认真学习党的十九届五中全会精神及学校第七次党代会精神，全面落实全国、省市老干部局长会议精神，坚持以党的政治建设为统领，精准做好离退休教职工服务工作，积极引导离退休教职工为党和人民事业增添正能量，为加快建设全面体现新发展理念城市，助力学校建设特色鲜明、国内一流应用型城市大学，凝聚强大正能量。截至12月30日，全校共有离退休教职工2387人，其中离休干部28人。

【基本工作】坚持把政治建设摆在首位，切实加强离退休教职工思想建设。巩固不忘初心、牢记使命主题教育成果，引导离退休干部党员认真参加党内政治生活，争做严守政治纪律、政治规矩的模范。以疫情防控为重点，确保离退休队伍稳定与安全。2020年离退处根据学校疫情防控工作精神，迅速部署，积极响应，利用多种方式与手段，全覆盖排查了1250名离退休人员的健康和出行情况，完成485名退休人员的成大花园房产登记、摸排工作，在离退处网站编发防疫知识，出版《金秋文摘》疫情防控专刊一期，积极配合所在社区和地方政府做好疫情防控工作，全校离退休人员无一例感染新冠肺炎。离退休党支部党员积极响应党中央号召，组织482名离退休党员共计捐款120880元支持新冠肺炎疫情防控工作。

【切实落实离退休人员的政治生活待遇】组织老同志听取市委老干部工作情况通报会2次和学校工作情况通报2次。认真落实生活待遇。提高落实退休人员一次性生活补贴252.6万元（人均增加2000元）；落实12名新中国成立初期参加革命工作的人员困难补助，补助合计78480元；为7名全国和省、市劳模、特级教师老同志办理体检和乘车卡；配合组织287名退休"中人"多次核对个人工资信息，较短时间内完成退休"中人"工资调整信息核对、确认工作，确保首批"中人"待遇及时得到落实；精心组织完成了近1000名离退休人员的健康体检；在落实疫情防控的前提下完成了离退休人员4个季度的住院、门诊医药费报销单据收缴整理上报工作。

【积极开展解困送温暖活动】利用元旦春节、七一、教师节、国庆节、重阳节等重大节日及重要庆典，校领导亲自带领离退休处人员走访慰问老领导、老党员、老干部及困难老同志。分别为11位离休老干部颁发"抗美援朝"纪念章，向离休老同志们转达党中央、国务院、中央军委和省市政府以及学校对他们的亲切关怀，褒扬他们为党和国家事业作出的贡献；全年开展走访慰问活动，各类走访慰问达300余人次，其中慰问困难老同志27人、慰问长寿之星26人、慰问"满整十"98人，及时慰问住院老同志150余人；慰问29位去世老同志家属，协助去世老同志家属做好善后工作。

【开展了多次部门政治思想和业务学习活动】派出2批次4人次参加市上组织的培训，进一步更新观念，完善知识体系，增强服务能力。按时完成了2372名（未含管理的离岗待退人员）离退

七、办学条件

休人员的蓉城金秋干部信息系统的信息录入与核对工作;进一步梳理、修订完善了处内各项规章制度。

统稿人:李欣颖
审稿人:邵　军

发展规划工作

【概况】编制"十四五"规划纲要。协助市教育局起草《关于支持成都大学建设特色鲜明、国内一流的应用型城市大学的意见》。完成2020年高等教育质量监测国家数据平台数据以及高等教育事业统计报表的填报。完成成都大学2019年度发展报告。

【规划工作】撰写《成都大学"十三五"事业发展规划纲要总结报告》，从人才培养质量、师资队伍建设、学科建设等七个方面梳理了学校五年来的发展成就。启动"十四五"事业发展规划编制，出台《"十四五"事业发展规划编制工作方案》，完成《成都大学"十四五"事业发展规划纲要（初稿）》。修订《成都大学规划管理工作办法》。开展学院发展规划大宣讲工作，指导学院编制"十四五"规划。

【一流大学建设工作】草拟《关于支持成都大学建设特色鲜明、国内一流的应用型城市大学的意见》。申报"成都大学生物与医药前沿技术研究院"首期建设项目，完成项目可行性研究报告，并获市发改委批复，涉及资金1.5亿元。

【专项资金项目库建设工作】完成136个项目的入库，分两批出库20个项目，涉及中央财政支持地方高校发展专项资金1150万元。

【高教研究工作】修订《高教研究项目管理办法》。组织2020年高教研究项目立项工作两批共22项。整理近两年高等教育研究项目成果，出版专著《行走在院校研究的道路上——成都大学高等教育研究（第二辑）》。

【数据采集工作】完成教育统计调查表和高等教育质量监测国家数据平台数据的填报与上报工作。对2020年教育教学质量监测数据进行全面分析，形成成都大学2020年数据常态监测报告，按学院和专业分别形成2020年学院和专业分析报告。完成教育部高校学生人数变动情况季报表、成都市文创产业统计季报表、在蓉本科院校服务成都贡献度评估指标等数据统计与上报工作。应会琼获2020年度四川省教育事业统计工作先进个人。

【学校在各类平台排名统计】

1. 软科中国大学排名全国第266位，全省第12位。
2. 艾瑞深中国校友会网版大学排行榜全国第277位，全省第11位。
3. 学校在Unirank2020排名国内99名，首次进入百强。
4. 2020年最新一期国际自然指数（统计时间节点为：2019年12月1日—2020年11月30日）入选论文数量位列全国高校132位，论文贡献度权重位列国内高校179位。

统稿人：张一赫

审稿人：桂世权

七、办学条件

财务工作

【概况】2020年是学校全面开启"特色鲜明、国内一流应用型城市大学"建设新征程的起步之年，财务处坚持以习近平新时代中国特色社会主义思想为指引，积极抗击突如其来的新冠肺炎疫情，全面推进学校第七次党代会精神的落实，按照学校年度党政工作要点的要求，锐意进取、积极谋划，扎实开展工作，在2020年业务量大增和全年报账量集中于年终的情况下，攻坚克难，全面完成年度各项目标任务。

【年度收入情况】2020年成都大学全年共计实现收入95261.87万元，其中财政拨款收入71802.80万元，占总收入的75.37%；事业收入16976.13万元，占总收入的17.82%；其他收入6482.94万元，占总收入的6.81%。

【年度支出情况】2020年成都大学全年支出共计94726.60万元，主要支出方向为基本支出42898.24万元，占总支出的比例为45.29%；项目支出51828.36万元，占总支出的比例为54.71%。项目支出主要为：成都大学提升办学条件专项、成都大学硕士专业建设专项、高层次人才引进和培育专项、设备购置专项、科研专项、学生奖助专项、创新创业建设专项等。

【积极参与抗击新冠肺炎疫情工作】提供资金保障，做好财务服务，在突如其来的疫情面前，克服困难，积极参与到抗疫工作中。按照上级财政要求，两次压减一般性支出478.09万元（其中115.73万元收回财政），调剂资金150万元支持抗疫工作。在受疫情影响无法正常办公的情况下，安排专人、专项为防疫物资的采购报账提供绿色通道，为抗疫工作做好财务保障。同时，组织本处党员、职工积极捐款，为抗击疫情贡献力量；全额清退疫情防控期间未入住学生20906人住宿费11448540元，于暑期中顺利完成清退工作；在疫情常态化防控期间，做好财务大厅的疫情防控工作。

【积极争取各种专项资金】努力争取生均拨款持续增长，2020年我校研究生生均拨款标准，从原本科生生均拨款标准的1.5倍提高到2倍；2021生均拨款增加2900万元。并正在持续与财政沟通，努力争取建立生均经费增长机制，实现成都大学"541"建设目标；不断争取增加专项经费，2020年落实"高层次人才引进和培育专项"资金9000万元，争取中央支持地方高校专项资金追加800万元（达到1550万元），四川抗菌素工业研究所（以下简称川抗所）补发财政工资1194余万元等。报财政局同意，调剂二期建设资金3400余万元，设立"大运村校园风貌提升"专项。

【千方百计合理调节资金，向一流应用型人才培养倾斜】校内预算调剂1900余万元，投入学校专业认证、迎接教育部审核评估、学生宿舍改造及家具采购、老图书馆网络改造等16个项目中。

【进一步健全资金使用绩效评估机制，提高资金使用效益】通过部门自评、财务处初评、第三方专家评审组终评，组织对全校2019年34个事业项目、32个科研项目资金使用进行了绩效考评，并将考评结果应用于对2021年预算编制的评审。接受市财政局对我校"高层次人才引进和培育"项目的两次专项考评和对我校2021年整体绩效评价的事前评价，首次完成市财政局对我校绩效评

价工作开展情况的考评。

【强化预算的刚性约束，提高预算执行率】 根据财政局要求，按季度考核各项经费的序时进度，不达标的收回未完成额度，调剂到学校更需要的项目。2020年二季度末，共收回105个项目254.40万元，由学校统筹安排其他重点项目。上下半年分别召开了专项经费项目推进会，发出专项经费执行情况通报。整体执行率显著提高。

【严格人员经费、项目经费管理】 在遵守财经法纪法规的前提下，既严格审核，又做好服务。严格按预算的范围和标准、限额审核报账单据及手续，严控"六项经费"支出，严控人员经费发放名目及标准；协同人事处拟定人员经费使用相关规定，提交了《成都大学创收经费管理办法》《成都大学劳务酬金管理办法》；配合、协同其他相关部门制定校内项目经费管理办法，如《大运村（成都大学）风貌整治提升学校自行实施项目专项经费管理办法》《成都大学大运会专项经费使用管理办法》等相关规定，均有相应的开支范围和开支标准，以及报销审签的要求等，严格项目经费管理。

【制度"废改立"】 按照学校统一部署，拟定了制度"废改立"计划表。2020年修订完成了《成都大学预（决）算管理办法》《成都大学经费支出审批管理办法》，修订了创收经费管理办法。

【积极支持大运村建设】 按照学校部署要求，努力调剂资金300万元支持校内大运村各工作组的工作。制定专项资金管理办法，确保资金规范、有效使用。

【积极推进财务信息化提升】 财务处努力推进信息化提升，先期开展了缴费平台的信息化提升。在网络信息中心大力支持下，与收费系统软件公司反复对接、共同努力，在秋季集中收费中实现了网上缴费正常化，方便了学生自主选择项目缴费，减少了统一代扣产生的项目上的不适用性，有力保证了学费的收缴工作。经组织论证、落实学校资金投入后，年底全面展开了财务管理系统信息化建设的升级换代工作，将于2021年启用全新的天财财务管理平台（高校专用）替换原多年使用的用友财务管理平台。

【积极推进电子票据改革】 在2019年成功推行财政电子票据基础上，我校进一步拓展税务电子发票的使用，已用《四川省增值税电子普通发票》基本替代了纸质版发票的使用。使用电子票据极大地提高了开票效率，消除了纸质票据难开具、难发放、难保管的弊端，也减少了师生反复打印、复印、邮寄票据等的负担。现正在与税务专用软件公司衔接，拟引进税务电子票据管理系统，与我校收费系统对接，实现网上缴费后自助开票、取票。

【积极响应国家个人所得税重大改革，努力服务教职工】 2020年是国家在2019年实施了个人所得税重大改革后首次开展个人所得税汇算清缴工作的年度，面临着政策不清、涉及人数广、操作不熟悉等困难。财务处积极对接税务部门，深入学习了解政策，组织撰写、发放相关资料，辅以上门指导等，反复层层宣传，指导广大教职员工熟悉政策、使用个人所得税手机App申报个人事项，平稳、顺利完成本次汇算清缴。

【响应国家惠民政策，积极推动"惠民一卡通"工作】 国家为保证惠民资金不被截留，推行所有政府补助由政府直接打入被补助对象的社保卡，我校学生的奖助学金、困难补助等纳入了该项工作范围。财务处与相关职能部门密切配合，努力克服各种困难，组织学生办理金融社保卡，确保了奖助学金顺利发放到学生手中。另外，为了方便学生使用金融服务，联系中国银行十陵支行，上门为我校2020级新生免费统一办理银行卡近4000张，受到师生欢迎。

【争取提高绩效工资限额，教职工收入明显提高】 一方面积极争取市人社局、市财政局的政策支持，实现人均绩效工资限额在上年的10.98万元再上调10%，达到政策规定的上限；另一方面充分挖掘学校现有办学经费潜力，科学调整资金支出结构，调剂部分其他经费用于人员支出，及时全额发放 2020 年教职工人平 12000 元核增绩效。调剂 1000 多万元，分上下半年用于增发离退休人员一次性生活补贴（含川抗所）。2020 年 8 月份，配合相关职能部门完成对 2028 人的公积金调整，并补扣 1—7 月公积金差额 455.27 万元，学校将相应增加单位部分缴交的公积金，切实提高了教职工的个人实际收入。

【解决川抗所资金困难】川抗所并入我校以后，多年未彻底解决并入带来的历史遗留问题，其 2020 年运转存在较大的资金困难。财务处按照校领导指示，召集专题会组织职能部门联动，共同帮助川抗所解决运行中的主要资金缺口和历史遗留问题。一是与人事处积极配合，向市财政局争取财政专项资金 1194 余万元，用于补发川抗所人员财政工资；二是调剂校内资金 200 余万元用于补缴川抗所的单位部分公积金、补发绩效工资差额。

统稿人：田　园
审稿人：林育晟

审计工作

【概况】审计处深入贯彻习近平总书记在中央审计委员会第一次会议重要讲话精神，落实学校第七次党代会精神，按照学校党政工作要点的总体要求，结合审计工作的目标任务和工作职责，着力抓好审计内涵建设，强化统筹组织，探索"融合式"审计，从内部控制、规范管理等方面发挥审计的监督和预警作用。

【加强内涵建设，提升审计能力】围绕学校的建设目标，加强审计内涵建设，修订了《成都大学内部审计工作规定》《成都大学领导干部经济责任审计管理办法》《成都大学建设工程项目跟踪审计管理办法》和《成都大学建设工程项目竣工结算审计管理办法》，制定了《成都大学社会中介机构审计管理办法（试行）》，规范审计工作，提高审计质量，有效地促进管理，发挥内部审计在学校各项工作中的监督作用。

【开展工作调研，提升审计效能，服务于学校建设发展】调研西南财经大学内部审计工作，通过学习讨论和调研总结，结合学校的目标定位和发展战略，统一思想，以问题为导向，全面梳理审计工作的各项措施，对标先进，找准差距，理清工作思路，制定了切实有效措施，提升审计效能，促进学校健康有序发展。

【增强责任意识，落实新冠疫情防控工作】开展部门新冠肺炎疫情防控工作，充分认识疫情防控工作的严肃性和紧迫性，增强责任意识，每日督查部门人员情况，将每日督查结果上报学校。同时加强舆论引导，不传谣，不信谣，切实做好部门疫情防控工作，维护学校安全稳定。

【进一步加强政校合作，开展对外交流工作】加大与成都市审计局的工作交流，汇报学校内部审计工作和成都市审计学会工作的开展情况，促进学会的发展。

【坚持"发现问题、完善机制"，开展领导干部经济责任审计】根据学校第七次党代会的会议精神和中层领导干部的换届情况，审计处按学院和部门分类、分批次进行领导干部经济责任审计。坚持"发现问题、完善机制"的初衷，统筹整合，探索"融合式"审计方式，开展对领导干部的审计监督，尤其是高风险岗位的审计监督，从内部控制、规范管理、政策落实等方面提出审计建议，发挥审计的预警和预防作用，促进被审计单位的规范管理和健康发展。

【提高政治站位，高质量完成审计整改】2020年成都市审计局完成对我校党委副书记、校长王清远同志任期经济责任审计和二期工程第二阶段建设项目（第二批）竣工结算审计。审计处牵头，高度重视报告中发现的问题和提出的审计建议，把整改作为一项重大政治任务，放在学校改革发展的大局中统筹谋划，把强化整改落实作为当前和今后一段时期的重大任务。审计处建立整改任务台账，通过限时整改、跟踪督查，不断压实整改责任，形成党委统筹、各二级单位密切配合的整改工作大格局。层层抓落实、项项抓整改，深刻反思问题根源，推动整改措施逐项落实到位，并将"当下改"和"长久立"结合起来，以整改实效推动学校内控建设迈上新台阶，以制度的刚性约束推动问题整改走深做实。

【聚焦成果转化，构建审计工作新格局】聚焦成果转化，审计处进一步规范和固化审计工作成效，构建审计工作大格局，进一步完善审计结果运用联动机制，通过审计结果通报、审计整改和责任追究等审计结果运用联动机制，及时研究和解决内部管理中存在的风险和漏洞，促进审计结果的运用，提高审计工作的站位，提升审计形象。

【坚持"全面覆盖、重点突出"，开展学校疫情防控资金和物资专项审计】根据成都市教育局《成都市教育局关于加强内部审计确保疫情防控资金、物资有效使用的通知》的文件要求，审计处开展学校疫情防控资金和物资专项审计。坚持全面覆盖，重点检查疫情防控相关规章制度的建立和执行情况、政策措施的落实情况、防疫资金划拨、使用、结余和物资的采购、分配和使用、公示等情况，确保合理分配、有效使用，防范风险。

【工作成效】2020年，审计处被评为"2017—2019年度四川省内部审计先进集体"，审计处主研项目"构建审计联动大格局，强化审计结果运用机制"被评为"2017—2019年度四川教育审计创新成果奖"，夏敬标被授予"2017—2019年度四川教育审计突出贡献奖"。

统稿人：夏敬标
审稿人：闫贞铮

国有资产管理工作

【概况】2020年是脱贫攻坚收官之年，是全面建成小康社会之年，是学校新"三步走"战略目标的起步之年，国有资产管理处积极学习贯彻学校第七次党代会精神，以疫情防控和大运村建设为重点，攻坚克难、狠抓落实、履职尽责、提升服务、强化监管，为建设特色鲜明、国内一流的应用型城市大学而努力奋斗，顺利完成国有资产相关工作。

【完善规章制度】调研全国具有代表性的高校的资产管理和招标采购工作及其规章制度，根据学校新目标和新定位，按照工作的相关要求，完成了对《成都大学政府采购管理办法》《成都大学重大采购项目评估论证管理办法》《成都大学校内各单位自行采购管理办法》《成都大学招标代理机构遴选与管理办法》《成都大学校内招标评审专家管理办法》等招标采购的规章制度及国有资产管理制度的修订工作，进一步优化资产管理和采购流程，细化各归口管理部门职责，构建服务学校发展的国资管理新生态，服务学校新发展。

【学校所属企业体制改革】国有资产管理处通过对学校所属企业的摸底清查和调查研究，完成了《成都大学所属企业体制改革方案》，及时上报省市教育管理部门，为学校经营性资产管理和校属企业的发展明确了方向，实现企事分开，建立经营性资产防火墙，促进学校内涵发展。

【服务大运建设】国资处作为大运村工作组的4个副组长单位，牵头负责大运村建设专项3亿元设备设施采购需求清单的编制工作。积极协调大运村工作组、教投集团以及各需求部门，按程序开展论证工作、完善设备清单及参数。截至2020年12月，已完成3亿元设备清单编制，经校长办公会审议通过，已按程序报送大运村部；先后完成了与大运村建设相关的学生宿舍第11栋和12栋搬迁拆装、运动员公寓空气能热水系统BOT项目、第14~16栋学生物品搬运、四五六食堂搬迁、四五六食堂搬迁物质存放、学生13栋宿舍搬迁、运动会住宿服务专家顾问团队服务、设备采购造价咨询服务、五六食堂楼顶拆除等项目的采购工作，积极配合了大运村建设工作。根据学校要求，清理整顿四、五、六教架空层，杜绝了安全隐患；按时优质完成了二至八教、一食堂、旧图书馆空调拆装，十教库房搬迁，保障了大运村建设风貌整治顺利开展。

【回收学校重要资产】二食堂作为学校与海上海大排档的BOT项目，在2017年法院判决生效后因涉及第三方（好乐购超市）权益未得以回收。2020年6月学校成立重要资产（二食堂）回收工作组，由国有资产管理处牵头，调研摸清40余家分租商户的具体情况，主动沟通协调地方法院和律师，制定强制执行预案细化回收方案，组织召开专题会针对性研究问题，校内多部门协同分工，多轮谈判，于11月25日在法院见证下达成了和解，并签订腾退协议。

【完成文家场校区划转移交】国有资产管理处经校长办公会、校党委常委会同意，主动与人居集团、城投集团以及青羊区政府多次沟通，召开专题会针对性解决了成都市青羊区"四改六治理"城中村改造、青羊区城管租房、文家校区租地房屋、实验室危化品处置等历史遗留问题，终于2020年11月23日完成文家场校区划转移交工作，取得历史性突破，保证了国有资产账实相符。

七、办学条件

【盘活资产，加强经营性资产监管】 完成2019年校属企业年报审计工作。完成两个中心清产核资，并促成成大职业技能培训中心和成大教育培训中心委托成都成大资产经营有限责任公司代为行使出资人权利。完成2020年市级国有企业国有资本收益上缴工作。对成大资产经营有限责任公司及其子公司、成大印刷厂、文科爱好者杂志社和理科爱好者杂志社开展了2019年财务收支审计，督促其向学校上缴资源占用费、管理费及股利分红，确保经营性资产管理规范，应收尽收。

【保障疫情防控】 国资处作为疫情防控物资保障组的牵头部门，根据学校《成都大学新型冠状病毒感染的肺炎疫情防控工作方案》，统筹制定学校疫情物资保障工作方案，成立部门疫情防控应急领导小组，科学谋划学校疫情防控物资的保障工作。强化统一指挥、统一指令、统一资源、统一信息，坚决落实相关防控措施。疫情初期为保证学校疫情防控工作的顺利进行，物资保障组在防控物资极度缺乏的情况下，一方面积极加强与成都市教育局、龙泉驿区教育局、十陵街办等单位的沟通协调，成功将学校疫情防控物资纳入政府统一调配范围，争取政府支持调配物资。另一方面广泛发动社会人士、校友通过社会捐赠方式筹措物资。同时多方寻找潜在物资供应商信息，通过学校自行采购等多种渠道积极开展防控物资的组织筹措和采购工作。为保证学校疫情防控物资的科学合理使用，节约财政资金，避免造成不必要的浪费，物资保障组在采购环节中按照满足目前急需，适当储备的原则，分期分批实施采购。同时要求各工作组加强疫情防控物资的内部管理和使用，按照优先保证一线防控工作人员和学生，满足基本需求的原则，科学合理安排疫情防控物资的使用。疫情防控物资有专人负责、专人管理，做到物资账务清楚明晰，来去有账，手续完备，有效地保障了学校各项事业的顺利开展。

【优质高效完成重点采购项目】 积极配合学校人才引进工作，提前完成了超导与新能源材料应用研究中心、手性药物创新研究中心、肿瘤生物学与创新药物研究中心3个中心合计约2600万元人才专项设备及配套安装项目采购工作，同时提前启动了2021年引进人才专项设备采购工作。优质高效完成了高等研究院文化建设工程设计施工一体化、实验室建设教学、研究生管理系统、校史馆布展工程设计施工一体化、档案馆库房综合改造建设信息系统集成、软件工程专业工程认证实验室建设、网络教学平台开发服务、农业部杂粮加工重点实验室建设科研专项设备等项目采购工作，服务于学校的教学、科研工作。及时完成学校各类常规采购任务，政府采购合同备案等管理工作。提前完成了一表通系统、教材、电子资源、中文图书及中文期刊、留学生管理系统、学生宿舍床上用品、学生事务服务中心学生自助服务终端、思想政治理论课在线课程建设服务、校园景观绿化提升方案设计、新校区特大型树木、行政办公设备及家具等项目的采购工作，保证了学校相关工作正常开展。截至12月，共完成招标采购总预算金额1.647亿元、约290个项目采购工作，采购金额较去年增加约22%，采购项目数较去年增加37%，积极服务学校人才发展战略，为学校教学科研工作提供有力的服务保障。

【提升国有资产管理信息化水平】 2020年继续大力推进资产信息化平台建设工作，目前所有固定资产均实现了实名制认证，使资产管理从"配置—使用—维修—报废—处置"实现了全环节的信息化管理，同时，根据财政部相关要求，行政事业单位实行政府会计制度，为顺利开展相关工作，及时完成国有资产管理信息系统房屋管理模块、无形资产管理模块、折旧模块升级工作。

【积极配合市级部门完成相关工作】 完成2019年校本级及附属医院资产年报、2020年市级行政事业单位特种专业用车校本级及附属医院专项清查、2020年市级财政重点绩效评价、进一步规范市级行政事业单位国有资产管理系统清查、2021年市级行政事业单位新增资产配置预算编制、编制2021年成都市级国有资本经营预算和2021—2023市级国有资本预算滚动规划、市级行政事业单位国有房产2019年管理与使用情况进行专项审计调查、市级行政事业单位问题房屋清查、高基、

状态数据填报等工作,为市级相关部门及学校提供数据支撑。

【加强廉政建设】全面落实主体责任,结合巡视整改要求,开展了全校范围的国有资产管理和招标采购培训和交流,并对独立法人二级机构进行了谈话,要求各二级独立法人单位建立健全单位内部采购管理制度,督促其规范流程和管理。完成了2020—2021年招标采购委托代理机构比选工作,召开招标代理工作专题会,落实主体责任,强化对5家入围代理机构依法依规开展采购工作、诚信、廉洁等方面的管理和监督。按照巡视整改要求,对2020年的三家代理机构进行了约谈,强化纪律管理、做好廉政风险防控,加强对采购各环节及评审过程中专家的监督和管理;落实市委第四巡查组反馈意见,进一步规范招投标和国有资产管理程序,完善重点环节的廉政风险防控,全面清理近两年所有的招标采购项目,进一步梳理招标采购全部流程,形成清理报告。完成了成都大学招标采购网的设计和制作并投入使用;按政府采购政策要求选择行政办公及实验室计算机耗材供应商,各部门按需求采购耗材及配件,规范耗材和配件的采购、管理。

【以党建工作为统领,加强思想建设、内部管理】通过开展集中学习、线上学习、听宣讲报告、观看视频、座谈等多种方式深入学习十九届五中全会精神,把握核心要义,领会丰富内涵,切实把思想和行动统一到党中央的决策部署上来。积极开展"大学习、大调研、大走访"活动,进一步加强全处人员的党性教育,强化党性修养,坚定理想信念。按学校安排和部署,积极贯彻落实第七次党代会精神,开展各种形式的宣讲、学习、培训,领会第七次党代会的核心要义和精神实质,并贯彻落实到工作中。深入推进党风廉政建设。定期研究落实党风廉政建设工作任务,认真执行党风廉政建设的规定,利用各种会议和集中学习的机会,推进措施、推动责任落实,通过建立台账、签订责任书、组织谈心谈话、民主生活会、观看警示教育片等多种形式,加强廉政建设,完成牵头或配合的任务。召开招标代理机构工作会,加强对代理机构的监管,确保事事有着落,件件有回音,扎实完成廉政任务。

【做好常规工作】认真落实学校常委会和校长办公会、领导批示等事项;强化安全意识,各项管理工作规范有序,多个库房全年无事故;注重各环节保密工作;重视信息的收集,报送各类安全检查信息。接待申请及时报送,公文收发规范,各项管理工作规范有序;专人负责及时报送信息和学校督办工作。加强财务管理,严格执行财务纪律,按照学校财务报账制度和会计基础工作的要求进行报账工作,做到手续完备、账目清晰、无一差错,高效及时完成2020年处内报账工作。加强民主监督,积极参加工会活动,在国资处党支部的领导和支持下、在分工会委员的协同下,组织国资处职工参加由校工会组织的各项活动,关心教职工的生活,积极开展送温暖活动。加强档案管理,认真做好档案管理,强化档案意识,做到各项管理工作规范有序;指定专人负责档案工作,确保档案完整,能够按照学校要求按时做好归档工作。

统稿人:肖 聪
审稿人:孙付春

实验室与设备管理工作

【概述】根据《成都大学2020年工作要点》提出的"加强实验室建设与管理"有关要求，实验室与设备管理处以"贯彻精神、做好建设、加强管理、提高服务"为指导思想，全面推进实验室精细化管理，为学校人才培养、科学研究提供有力保障。

【贯彻落实学校第七次党代会精神】结合学校发展与部门工作，开展"大学习、大调研、大走访"活动，做好党的十九届五中全会精神、学校第七次党代会精神宣讲，组织召开实验室建设与管理工作座谈会，围绕党代会提出的建设特色鲜明、国内一流的应用型城市大学的"三步走"战略目标和"六个一流"的建设目标，统一思想，调动积极性、激发能动性，形成上下协同、同心共谋的改革新局面。

【抓好市委第四巡察组反馈意见整改】根据反馈整改台账，制定整改工作方案，抓好实验室管理规章制度建设、实验室建设论证、实验室运行管理精细化等整改措施的落实与执行，将整改工作与日常管理工作相结合，将整改工作与学校实验室的建设与发展相结合。

【抓实抓细疫情防控】制定《成都大学关于进一步加强疫情防控期间实验室管理工作通知》《成都大学疫情防控期间实验室管理工作指南》《成都大学关于加强活体生物实验疫情防控措施的通知》《关于加强酒精等消毒产品安全管理和规范使用的通知》等，层层压实责任，加强安全监控，确保学校实验室安全平稳运行。

【谋划"十四五"规划】从建设目标、建设情况、建设成效、经验和做法、存在问题与对策等五个方面，对学校"十三五"期间的实验室建设与发展情况进行全面总结，以建设特色鲜明、国内一流的应用型城市大学为目标，坚持"突出学科优势，合理调整布局，优化资源配置，强化科学管理，提高投资效益"的基本原则，紧密围绕一流专业、一流学科建设，谋划"十四五"实验室建设规划。

【开展实验室建设】以本科审核评估整改与专业认证为契机，以改善实践教学条件为目标，利用1158万元实验室建设经费（其中，中央财政830万元、本科实验室建设专项100万元、常规实验设备与家具更新专项200万元、建筑学专业28万元），组织基础医学院、临床医学院、计算机学院、建筑与土木工程学院等进行实验室建设、搬迁与改造，充分发挥实验室资源在本科教学及学科建设中的作用。打好"十三五"收官之战，组织完成本年度1158万元教学实验室建设任务，对建设期满的5个教学实验室建设项目进行建设成效验收。紧密围绕一流专业、一流学科建设，组织完成20个教学实验室项目的申报、论证与入库。

【规范实验室管理工作】借鉴省内外高校管理经验，结合学校实际，全面修订完善学校实验室管理制度，新建《成都大学实验室分类分级管理办法（试行）》等3个制度，修订《成都大学实验仪器设备管理办法（暂行）》等8个制度，废除了《成都大学实验室工作考核办法》等3个制度，不断规范实验室管理工作，提升管理水平和服务水平。

【开展实验室管理专项培训】协同人事处,做好实验室人员的定编定岗、引进招聘、职称评定、业绩考核等;组织实验室工作人员学习《高校实验室安全制度选编》等资料,参加"新时代高校教学实验室发展与创新培训""全国高校实验室安全管理培训""实验室危化品安全管理专项培训"等管理工作培训,提升实验室人员业务素养和工作能力。

【逐步建立实验室信息化管理系统】系统筹划集实验室信息管理、实验室安全准入培训及考试、实验室开放预约管理、大精设备开放预约管理、实验室建设项目管理、实验室信息统计等功能为一体的实验室信息化管理系统并开展分期建设,本年度完成实验室安全准入培训及考试平台建设。

【推进实验室暨全校所有大型精密贵重仪器设备开放共享】打破教学、科研实验室管理壁垒,定期对教学、科研实验室及学校大型精密贵重教学科研实验仪器设备信息进行汇总更新,将全校大型精密贵重教学科研实验仪器设备按用途分类,面向全校师生开放共享;以项目制与时段制方式,推进教学、科研实验室面向全校师生开放共享。将单台件50万以上大型科研仪器设备纳入国家、省网络管理平台进行开放共享

【完成实验室建设项目到期验收,全面推进实验室绩效考评】对省级信息处理与控制工程实验教学中心、省级食品与生物工程虚拟仿真实验教学中心、食品科学与工程实验室、艺术硕士专业实验室、教育硕士专业实验室等5个实验室建设项目组织验收,做好建设成效管理,确保实验室建设有目标、有计划、有落实、有成效。对全校所有教学实验室开展年度绩效考评,合理考核和评价实验室综合使用效益。

【加强日常运行管理】组织各学院(中心)实验室调整、改造与搬迁,完成实验室小型改造8个,根据调整情况核实各学院(中心)实验室及实验设备信息,完成教育部实验室信息统计报送,报送信息2.2万余条,报送本科状态涉及实验室信息1.4万余条。组织对实验室及仪器设备的使用情况,如实验室开放共享、大型精密仪器设备使用情况、实验室使用效益、实验室安全等进行专项检查,做好实验室日常运行情况监管。组织完成大型精密(进口)实验仪器设备到货验收82台件(开箱数百箱件),使用验收107台件;维修实验仪器设备341台件;鉴定报废实验设备452台件、家具32台件。规范各学院(中心)实验材料及低值品采购、领用的建档,本年度组织实验低值品上账291项,共计303台件,价值14.38万元。

【加强实验室安全管理】与成都市龙泉驿区环保局、成都兴蓉环保科技股份有限公司多次沟通协调,对十陵校区长期积压的无标签、无品名实验危险废物进行一次性全面回收处置,彻底消除了安全隐患,解决了学校化学废弃物管理及处置的难点痛点。修订《成都大学实验室安全手册》,组织2020级所有新生开展实验室安全专题培训;组织开展实验室安全集中巡查10次,报送省教育厅等相关部门实验室安全专项整治信息14次;及时处理实验室安全隐患14起;组织集中回收实验废液3000kg、实验废固645kg,废弃容器及包装箱1155kg。建立学校实验室危险化学品及气体钢瓶管理台账;严格管理化学废液废固、实验动物尸体,按要求分类集中存放,严禁混入生活垃圾丢弃;按照规定,与环保局认定具有资质公司签订危险废物回收处置合同,及时完成实验危险废物的转运处置。

统稿人:胡 强
审稿人:赵显柱

后勤服务工作

【概况】后勤处在学校党委的坚强领导下，认真贯彻落实成都大学2020年党政工作要点，扎实开展"大学习、大调研、大走访"活动，恪守"师生为尊，服务为本"的服务理念，落实"三服务，三育人"方针，一手抓好新冠肺炎疫情防控工作，一手抓好学校防汛抗洪抢险工作，以大运会大运村建设任务为契机，夯实后勤服务保障基础，抓好全面建设，党政工作成效明显。全力做好学校新冠肺炎疫情防控各项工作。加强疫情防控制度建设，坚强疫情防控组织领导，结合实际制定具体防控工作方案，组织全员、全要素、全流程应急处置演练，落实例会制度，确保执行效果，承担迎接上级部门检查工作20余次；严格落实疫情防控各项规定，确保校园安全可控，对职工进行摸排、每日打卡、健康监测，建立完善每日打卡情况台账，做好全校公共场所通风、消毒工作，和重点区域的消毒频次调整工作并做好登记与监督管理，牵头组织两次全校性的爱国卫生运动，完成鼠患治理3次，督导外包物业做好疫情防控工作，落实联防联控机制，做好了家属区管控；加大信息化手段建设力度，用技防手段助力后勤服务中的疫情防控；牵头做好学校留观隔离场所建设。强力推进大运会大运村建设，根据学校筹备工作方案，后勤处为"餐厅改造与餐饮服务组"和"后勤保障组"牵头单位，参加了15个工作组中10个工作组的相关工作，合法合规按程序做好各项目的招标，牵头做好各类大运村建设项目，做好校园景观提升风貌整治，全力做好学生食堂改造工作；圆满完成学校防汛抗洪抢险工作。各项后勤服务保障扎实到位，后勤信息化建设按计划推进，完成学校教职工公积金调整，加大教学设施设备管理维护力度，加强食品安全管理和检查，做好综合治理工作，做好了产权办理工作，加强教师公寓管理，做好国有资产管理，物资管理、采购安全有序，招标工作合法合规开展，校园公交运营更加完善舒适，餐饮服务出新招提高就餐人员满意度，精准扶贫上台阶，维修服务保障及时高效，做好校园环境维护，做好学校公务用车保障工作。落实"党代会"精神，加强党组织建设，开展理论学习教育和实践活动，持续做好党建工作。

2020年，我校荣获"2020全国学校物业管理机构50强"称号，被评为全国高校"2020年度教育后勤信息化建设优秀单位"，当选为中国《教育后勤参考》第一届常务理事单位，获得四川省高校2019—2020年度"思想政治工作先进基层党组织""伙食工作先进集体""物业与绿化工作先进集体"和"后勤信息宣传工作先进单位"等荣誉称号。通过全处上下共同努力，以高质量后勤服务保障助力学校"特色鲜明、国内一流"的应用型城市大学发展，后勤服务水平和保障能力不断提升，全年为师生、教学、科研提供了高效、阳光、智慧的后勤保障服务。

【牵头开展防疫工作】综合科强化服务意识，加强自身建设，充分发挥综合科的职能作用，当好领导参谋助手，实现"三好"，做到"四到位"，达到"内强素质，外树形象"的目的。当好后勤的后勤。牵头做好新冠肺炎疫情防控工作，梳理和制定了学校疫情防控中涉及疫情防控的相关各类预案、方案、制度和流程20余个，印刷《成都大学疫情防控后勤预案制度方案汇编》，组织了2次开学疫情防控应急演练，协调拍摄制作开学返校疫情防控宣传片，每日更新《在蓉人员台账》《离

蓉人员台账》《隔离人员台账》，坚持每日按时向学校教工组做好《成都大学教职工疫情防控常态日报表》报送工作，无错漏情况发生。牵头组织开展党的十九届四中、五中全会，全国"两会"会议精神和《民法典》学习。完成了上会件的公文处理，请示、报告件的上报，省、市上级来文传阅。完成了后勤处党政联席会、科长会和各类专题会、协调会会议纪要撰写和发布，完成了各类上报文件和总结的撰写。牵头推进后勤信息化建设，做好智慧后勤系统二期建设和现有功能模块运行维护，完成"成都大学后勤服务"微信公众号订阅号建设和服务号运营管理。完成ISO质量管理体系外审工作及问题落实整改工作，并获得了2020年度ISO证书。完成了2019年后勤处纸质文件和电子文件的立卷归档工作。做好人力资源管理，完成员工入职、培训、退休、离职、合同签订、津贴报送等的规范管理，抓好2020年职员晋升、工勤岗技术等级考试及竞聘、第三轮岗聘聘期考核、第四轮岗聘聘用、人事代理岗位招聘等工作。做好学校公务用车管理工作，牵头做好车辆报废和新购工作。发挥好后勤网站宣传阵地的作用，及时采编报道后勤党总支、后勤处及科室（中心）开展的亮点工作，以及分工会开展的各项活动，全年累计在各级、各类新闻网站发表新闻和报道315篇。

【做好后勤财务管理工作】财务科在疫情期间，坚持财务工作，配合后勤完成各项财务管理，保证疫情期间的学校后勤稳定运行。全面管理和控制后勤预算资金3000多万元资金的使用，协助完成大运会近2000万元资金的预算编制和监督。完成2019年成都大学食堂账户会计核算工作。负责各食堂及开水房、一卡通中心的部门核算，负责完成近2000万元自营食堂的收入支出核算，对联营食堂以及特色窗口进行财务管理。负责编制上报了2021年后勤预算，按照市审计处要求配合完成防疫经费的审计。完成全校2000余人的公积金的调基及公积金补缴工作，全年汇算清缴5700余万元，全年新增设公积金账户99人，全年封存离职退休公积金账户86人。完成72名外聘员工所欠年度公积金补缴工作。

【着力保障师生健康】公共卫生科按照疫情常态防控要求完成约40万平方米建筑物预防性消毒，遏制病源滋生，对照清单开展2次食堂新冠肺炎防控专项检查。多次检查防控物资库房消防器材，组织完成2932人次医疗报账。严格执行外包服务公司入校健康证明申报。科室以防倒塌、防淤塞、防跌倒为目标，协同其他科室排查学校屋面、门窗、室内墙体、室外雨水管道、高压配电房、路灯、道路等安全隐患。检查各科室防汛物资准备，联系消杀公司应对积水后消毒。检查食品安全335次，发现并整改问题19次。索证索票416份，对食堂加工人员进行温度测量，做好日常环境消毒，对上岗人员健康证进行抽查。组织后勤108人参加消防培训、更换失效灭火器材88具，疏通消防通道2处。拆除私拉电线、大功率用电器，消除在校员工宿舍消防安全隐患。配合开展防艾宣传活动，提高师生抗艾防艾关注度。播放防止慢性传染病宣传片3部，受众人数3万人次以上。进行15次病媒生物防治，连续3次治理老鼠密集区域，降低病媒生物危害。

【切实维护好教学大本营】疫情期间，完成各类防疫数据收集上报，督促员工按时健康打卡，填报各类防疫信息，建立防疫台账，制定开学返校工作方案，参与开学演练及学生返校宣传片的拍摄工作；对单身公寓入户大排查，设置24小时疫情值班处，组建微信工作群，为居家医学观察住户提供生活服务，做好单身公寓卫生和消杀；汛期组织人员对教学楼和新图书馆进行汛情排查处理，确保教学楼宇安全；严格执行日巡、周巡及月巡制度，截至2020年12月，处理报修、跟踪、反馈教室设施设备（包括教室多媒体设备）维修更换事项共1000余件次；完成单身公寓、综合楼日常保洁工作；完成"2020全国学校物业管理百强单位排名"数据采集申报及科室外审工作；修改并签订2020年多媒体教室设备维修维护合同；完成9教、10教闲置活动课桌椅集中更换调整工作以及各学院教室改造的配合工作，做好各类考试用教室安排和消毒工作，完成考场监控管理；为综合楼一楼卫生间安装窗户卷帘，清洗综合楼窗帘764幅，开展防洪演练及电梯困人演练，协助完成大运村建设学生行李与家具的堆放工作，对所有教室空调、新图书馆中央空调出风口与风机滤网进行清洗消毒；组织召开扣减疫情期间3B项目物业服务费协商会，组织年度考核，并根据考核结果完成《成都大学3B综合楼、新图书馆物业服务合同》招标及合同续签，完成综合楼保洁服务满意度调查，总满意度为99.35%；成功办理成大花园三期不动产权证970户，其中2020年办理138户；积极推进单身公寓老旧热水器、炉具更换工作，共更换安装热水器138台、炉具160台。完成520余万元牛奶、120余万元扶贫产品的采购、报账工作。全年食品安全事故为零。暑假前对2020年度餐饮中心新中标供货商实行了供货前集中培训，规范报价、定价、送货、出、入库、报账流程，统一每月报价方式，组织好每月/季度比价、定价及确定供货商的工作。做好了后勤处价值5700万元、89513台件固定资产的日常管理。配合其他科室，全力做好大运村风貌整治提升涉及后勤处相关项目的实施工作。

疫情期间建立后勤防控物资储存室，实行防疫物资集中存储、合理分配、统一管理；建立健全防疫物资申领发放制度及防控物资出入库台账，专人管理，做到物可看，账可查。共发放一次性口罩100740个，皮肤消毒液119500毫升，75%酒精1307900毫升，含氯消毒液4893846毫升。

【确保招标工作规范运行】在原有工作基础上以政策为指引，适时将政策的改变引入招标工作中。为最大限度降低使用部门的采购成本，招标科采取切实可行的方式方法，通过调查相关市场信息，采用新的定价方式招标，在2019年招标价格基础上平均降低幅度6%以上，取得了良好的经济效益。积极参与到学校、后勤处抗疫任务中，密切与相关部门协作，组织涉及限额内抗疫物资的询价、招标工作。科室人员放弃假期休息时间积极投入大运村建设的相关活动中，从大运村运动员宿舍窗帘、家具、办公用品材料参数的收集、上报、招标资料的论证修改到家具准时进场安装均全程参与其中，保证了相关工作在本科室工作节点的完成。由于2020年是大运建设的最后一年，涉及大运建设的相关配套设施设备招标上报工作数量多、任务重。为确保工作完成，科室人员加班加点成为常态，先后完成了四、五、六食堂搬迁，11、12、13栋学生宿舍搬迁，六食堂屋顶临时建筑拆除，校园景观提升、文化石采购等项目。全年共执行涉及食堂大宗物资、维修材料、绿化保洁用品等采购项目的公开招标35次，各种临时性、应急性询价采购38次，单独和配合各科室拟定学校招标项目26次，签订合同390份。配合工程管理科完成竣工验收工作共计5次，参与各中心临时用工、工程机械租赁现场核实16次。完成了上年度合同到期商家履约保证金退还工作。

【加强过程管理，提升BOT及联营企业服务水平】保证220名联营企业的员工所报疫情信息及时、准确、无误。建立联营企业QQ群，转发学习新冠肺炎防控知识和食品安全知识，各联营企业多次对员工进行防疫知识培训，配备足量的防疫物资。严格按防疫要求进行开展工作。联营食堂按防疫要求供餐，保证了学生正常生活。长虹公司对所有学生宿舍空调进行了滤网清洗。"小白龙"按防疫要求每天对车辆进行通风和消毒处理，接送疫情后返校学生6000人次，为学生搬运行李17850件。疫情停课期间，热水公司每天安排员工值班，保证了留校学生热水供应。协调完成大运村第17、18栋学生宿舍和东盟艺术学院宿舍空气动力供水设备安装。完成第11~16栋学生宿舍刷卡器更换，第15栋旁边机组扩容改造。完成第11、12、14、15、16栋学生宿舍空调拆除、安装和13栋空调拆除。完成第11、12栋学生宿舍家具拆装，第13栋家具拆除。第2~6栋教学楼防护栏更换。招标引进校园公交营运企业，购进新车24辆，彻底解决了以前夏天晒、冬天冷、高峰时段师生乘车难的问题。全年运送师生45万人次，公务用车90余次。联营食堂按防疫要求供餐，菜品丰富、价格合理，保证了不同学生的餐饮需求，无安全事故发生。完成各联营企业工作检查。学生宿舍热水供应正常。加强工程项目管理，完成旅游学院、商学院实验室改造、变压器更换等工程项

目。工程资料移交档案馆。完成联营企业每月收入统计和一卡通使用单位管理费收取。

【一卡通建设】一卡通中心工作内容杂、技术要求高、工作量也较大，且每天与现金打交道，责任要求较大。本年度中心人员利用暑假期间加班，采集学生数据、核对学生信息，顺利完成了2020级新生6710张一卡通的印制、加密、发卡工作，组织协调17个新生现场收费点工作；按人事处劳资科通知，完成为新进教师、退休教师、出国离校、出国返校、离职教师"13"补助工作的开通和关闭工作，每月陆续为新进教师、返校人员充入餐费补助；办理教工、学生一卡通补卡4163人次，处理食堂、商铺一卡通POS机故障处理及电话询答1000余次；完成后勤食堂及商铺2019年12月26日至2020年11月30日的一卡通报表结算，其中后勤食堂结算总金额1115万余元，结算商铺管理费金额5347元；2020年1月1日至12月14日一卡通各充值点充值现金71万余元；督促技术部门完成2月、12月教职工餐食补贴44次的参数设置。

【做好后勤维修和电力保障】2020年以来，维修中心按学校防疫要求，严格执行各项防疫措施，在疫情常态化的日常工作中，无疫情和安全生产事故发生。中心积极协助大运村建设，配合施工单位进行水电接入、校园慢行道施工、电梯安装、屋面防水、拆卸安装宿舍窗帘、体育副馆水电改造等工作。在6月29日、8月16日突发特大暴雨时，中心组织抗洪抢险，及时疏通、排水，搬运沙袋，修筑防洪墙，有力地保障了学校重要部门和设施的正常运行。中心全年完成维修任务9614件，完成档案馆改造、高压站及附属子站设备预防性年检、足球场灯光改造、学生寝室控电系统检修等专项任务200件，维修教学用电梯33次，清掏疏通化粪池、下水道17次，排查修复故障路灯176盏，抢修爆管36次，处理故障停电8次，为重大活动提供电力保障服务10次，回收水电气费2150274.57元。

【狠抓餐饮服务，保证供餐安全】餐饮中心全面落实防控工作，做好人员及制度准备，科学优化防疫就餐流程，严格按照防疫要求进行食品加工售卖，确保安全供餐。狠抓食品安全及消防安全，加强食品安全督导和检查。做好规范管理，提高餐饮服务保障能力。积极学习先进餐饮管理经验，提升餐饮服务水平。重视食品安全及消防安全，加强人员培训管理。全力配合大运会项目改造，提前制定方案，做好措施，缓解供餐压力。全面做好各项防汛准备，保证供餐正常。食堂大力开展多项举措厉行节约制止餐饮浪费。食堂除日常供餐服务，还注重菜品开发，加强成本核算，提升菜品品质，为师生提供各项暖心服务，满足师生日益提高的餐饮需求。餐饮中心还助力扶贫工作，设立扶贫专窗，开展扶贫产品进校园展销会，扶贫工作进一步提升。接待服务能力不断提升，完成各项高质量的客餐服务接待工作。餐饮中心全方位多角度为师生服务，保障师生的餐饮需求，为师生提供高质量餐饮保障。

【严格防疫，构筑环保绿色屏障】为给全校师生员工提供优美、舒适的工作、学习、生活环境，绿化保洁中心全员参与，强化服务意识，提高工作效率，恪守"师生为尊，服务为本"的服务理念，以学校"疫情防控"要求、配合"大运村"建设、校园景观提升为契机，圆满完成目标以及上级安排的各项工作任务。全年消杀废弃口罩回收桶点约2万余次，垃圾集中回收点位和防控重点区域消杀1.2万余次；对隔离区、行政楼、教学楼等公共区域进行防疫性消毒。落实执行大运村风貌整治项目各项任务。8月中旬的暴雨，导致泥土松散，中心员工快速反应、积极应对，扶正倾斜的香樟、樱花等20余株，清理楼宇积水并及时上报22处异常情况，清除断枝约6吨，清洗积水路段，对淤泥堆积的区域进行消杀，确保校园环境不受影响。清理学生宿舍搬迁遗留物品的大件垃圾100余吨。剪草坪约30万平方米，更换花台内草花6万余株。清理校园卫生死角，垃圾日产日清，全年清运垃圾约3800余吨。

【凝心聚力，打造快乐后勤】后勤处分工会积极推行处务公开，维护职工权益，丰富职工精神文化生活，关注外聘员工，建设和谐后勤。通过丰富多彩的特色活动，配合党政工作，提高队伍综合素质，建设快乐后勤。一是协会活动开展如火如荼。完善了《成都大学后勤处分工会各协会管理办法》，已经成立羽毛球、太极拳、唱歌、户外活动、读书等协会，利用业余时间，聘请专职老师辅导，组织比赛、排练节目。二是精心组织各类分工会活动，参与人数达到96％以上，通过精心组织的团队活动，凝聚人心。三是2020年1月组织召开了退休职工欢送会，每年后勤退休人员都会接受领导的献花，得到温馨纪念品。四是完善服务功能，转变服务方式，彰显后勤"服务之美"。

统稿人：唐　勇

审核人：李　兵

图书馆工作

【概况】2020年图书馆按照学校党政工作安排及要求,通过图书馆全体员工的努力,较好地完成了各项工作任务。完成了文献资源建设、疫情防控等工作。文献资源进一步丰富;持续推进成都文献中心和新图书馆建设;服务模式得到优化,读者服务效率和资源利用率得到显著提升,图书馆的整体风貌得到了明显的提高。根据学校各职能部门要求,保质保量完成党建、廉政、宣传、安全、资产、人事、档案等各项综合性工作。

【多方联动,推进疫情防控工作】扎实推进疫情防控常态化工作,协同校内组织、部门及时传达学校疫情防控领导小组通知、文件精神;做好信息收集、汇总、上报工作;做好消毒液、口罩等防疫物资配置工作;协同物管方每日开窗通风,保持空气流通;严格对入馆人员进行体温监测;公共区域长期配置消毒物品,共计142件。全力以赴,强化疫情防控组织保障,成立防疫工作组,下设五个小组,明确分工,夯实责任;成立防疫督导组,每日巡查馆内疫情防控各工作环节。人防时刻不放松,采购座位预约系统;每日5次巡查,核对读者预约座位入座情况,并做好记录;制定《图书馆应急处理预案》,全员参与防疫应急演练;做好门禁、服务器等各类设施设备的技术保障工作;馆舍每日进行4次消毒工作。

【人文关怀行动】调整假期开放计划,修改图书借阅规则,避免读者产生超期费用;推出"预约外借"和"送书到家"服务,外借图书55册;线上发布疫情防控各类数字资源;积极利用微信微博平台,推送疫情防控、业务服务等相关信息;开展"'4·23'战'疫'迎春阅读"系列活动,组织开展线上专题讲座5场,阅读推广赛事6项。

【合理规划文献资源建设工作】传统文献资源总量再创新高,共采购纸质图书71709册,接收捐赠图书781册,图书总量达到229.05万册;订购中文期刊1351种、报纸购49份;采购数据库及系统33个,开通各类试用数据库113个;提供10万余种线上教材教参供教学使用;提供15万余种各类电子图书供我校师生阅读。

【电子资源利用大幅增加】全国报刊索引数据库检索量26.2万次,较去年增长约128.5%;EPS数据平台检索量37.6万次,较去年增长约90.4%;除CNKI数据库外(疫情影响及合同到期停用2个月),其余数据库使用量总体保持增长态势,较去年增长约10%。另外,全年接待读者46.33万人次,外借图书1.8万余册。报告厅提供各类会议、教学、讲座、培训服务69场,接待人员近1万人次。

【阅读推广不断深入】围绕"'4·23'世界读书日"开展形式多样、内容丰富的阅读推广活动,促进校园阅读。举办线上抗疫讲座三场,传统经典文化讲座一场;组织、推送读者参加各类阅读推广比赛八项,与学生社团联合举办活动两项。全年度参与阅读推广活动读者人数达8000余人次。我馆在四川省图书馆学会2020年度阅读推广活动表彰中,"生活中的法律常识"项目获"阅读推广优秀项目奖",读者参与的阅读推广比赛获得多项奖励,我馆也荣获优秀组织奖。

【咨询服务进一步拓展】共完成中文文献查收查引267人次，共计1193篇，完成外文文献查收查引268人次，共计614篇，合计共完成中外文文献查收查引合计1461篇；为全校教职工及科研人员提供论文检测及证明服务。检测各类论文约656篇次，较2019年同比增长48.7%。

【学科服务继续加强】走访药学与生物工程学院、医学院、体育学院、师范学院等多个学院，了解各科研团队的研究重点，收集教职员工学术资源需求。开展学术信息服务，完成委托定题服务4项；出版《高校发展研究动态》2期。重点跟踪我校6大学科门类的SCI/SSCI论文发展趋势，从数量、期刊质量、被引情况、热点论文、高被引论文、高影响力论文等方面收集、整理、分析相关数据，并编制完成《成都大学ESI数据跟踪简报》2期。同时，对我校8个对标高校的论文数据进行了收集和整理，为我校的发展和规划提供参考。

统稿人：程　川
审稿人：彭时平

档案工作

【概况】2020年档案馆以习近平新时代中国特色社会主义思想为指导，在学校的支持下，贯彻落实新时代档案工作要求，认真履职、积极作为，以档案资源建设、档案信息化建设、档案服务为中心，服务学校发展大局。以加强档案基础业务建设为抓手，全面推进档案资源体系、利用体系、安全体系和档案治理体系构建，以校史馆建设为契机加强校史文化宣传，统筹推进档案业务和信息化建设，不断提升学校档案工作法制化、科学化、规范化水平，为推动学校档案事业发展作出了积极贡献。

【党建工作】档案馆始终注重把牢政治方向，把党的政治建设摆在首位，以党建工作引领业务工作。深入学习贯彻习近平新时代中国特色社会主义思想，不断增强"四个意识"，坚定"四个自信"，做到"两个维护"，始终牢记"档案工作姓党"的政治属性，在档案保管、开发、利用、宣传上把政治标准放在首位，全力展示档案人的政治担当。一年来，在学校党委的领导下，档案馆广泛开展了十九届五中全会的宣讲学习、学校第七次党代会精神的专题学习、师德师风教育学习活动和"大学习、大调研、大走访"活动，深刻领会党中央关于"十四五"时期教育改革发展的决策部署，深入理解学校第七次党代会对各项工作提出的新要求，准确把握国家发展的新时局和学校发展的新态势，不断坚定理想信念，砥砺品质，增强本领，立足岗位谋发展，在建设特色鲜明、国内一流的应用型城市大学中勇担时代重任。

【党风廉政建设】积极开展党风廉政建设专篇的学习，组织全馆学习了《2020年全面从严治党、党风廉政建设和反腐败工作实施方案》《关于进一步强化落实党风廉政建设主体责任和监督责任的实施意见（试行）》等文件精神。不断强化合理合规的办事意识，规范行事规则，落实主体责任，强化责任担当，坚持底线思维，推动馆内各项工作合理合规地进行。结合典型案例的警示教育学习，严格执行有关廉政建设、经费使用等各项规章制度和工作流程，将警示教育贯穿于工作始终，不断提升守纪律讲规矩的政治自觉、思想自觉、行动自觉。

【完成档案馆改造扩容】按照《档案馆建筑设计规范》，对旧图书馆四、五楼进行档案功能区域划分和隔断改造，完成了档案馆设施设备、环控系统、消毒系统、安防系统、防磁防潮系统的规划设计安装工作。完成了家具采购、专用设施设备和窗帘的对外招标和安装工作，完成了档案馆整体改造和搬迁工作。档案馆面积由原来的400平方米扩容至3000平方米。

【开展档案远程办理，助力地方服务建设】在疫情防疫的关键时期，档案馆受四川省医师考试办公室的委托，开展了2020年医师资格考试考生学籍信息的专项核查工作。在不到一周的时限内，档案馆工作人员以高度的责任意识，勇挑重担，逐一核查，共计审核考生878名，审核准确无误的考生670名、信息有误的考生37名、未查见毕业信息的考生171名。此次审核工作既维护了学籍的严肃性和考试的公正性，又为省医考办顺利开展下一阶段工作提供了有力的支撑，受到了四川省医师考试办公室的充分肯定。档案馆以此申报的"转变学籍资料审核方式，提升档案服务能力"项目在2020年四川省高等学校档案工作服务抗疫大局典型案例征集评选活动中荣获三等奖。暑期积极配合教务处和各学院完成了"630专项行动"核查任务（即毕业生学籍学历真伪核查），完成教育部要求核查量296人次，四川省教育厅要求核查量1040多人次，协查成都理工大学联合办学学生学籍39人次。在时限要求紧、核查信息广的情况下，积极组织专人协查，全面提供每名学生的录取、学籍、毕业、派遣等信息，保证了专项任务的顺利完成。

【加强档案资源建设，构建档案服务体系】全年立卷文书类5326件、科技类3708件、声像类318件、实物类465件。接待各类查询885人次，提供翻译服务32次。完成528盒档案数字化，扫描挂接档案图片14.97万张。圆满完成2020届5618名毕业生档案的归档转递工作，包括正常毕业、二审毕业和结业转毕业等情况；接待学生档案日常查询64人次，办理核查学生党员、入党积极分子材料100人次，公招政审16人次，零星转递档案145人次，因学生入伍、退学办理档案材料自提11人次，开具学生调档函10份，零星归档441份，电话咨询77人次；接收、分拣2020级新生档案3060份，接收外校专升本统一派送学生档案504份，完成全校216个班共6687名新生档案的归档工作；整理2020届遗留档案560份，整理2003级及以前幼师遗留档案915份和2008级医护学院五年制遗留档案126份；积极协助成都市人才交流中心和学校人事处开展人事档案的专项审核工作，借出在职干部人事档案共976卷；组织部、人事处借用人事档案145卷，归还113卷，转递干部档案6卷。协助组织部查阅人事档案34卷，规范整理5卷中层干部人事档案和3名校级领导干部人事档案，用于接受省委组织部检查；接收组织部、人事处移交干部人事档案材料1445份，学籍材料8份，并整理入柜，查阅人事档案219卷，复印90份。

【档案文化建设】和工会（扶贫办）共同开展了"档案见证小康路、聚焦扶贫决胜期"第13个国际档案日宣传活动，精选60多张照片制成9个立体展板，充分展示学校扶贫工作的成绩，也为学校扶贫工作留下档案见证。首次出版了《成都大学年鉴（2018卷）》。作为成都市档案协作组第12组的副组长单位，在成都市档案局和成都市教育局的领导下，积极承担工作职责，组织市属各高校成员单位开展档案法和档案专业知识的学习，牵头组织各成员单位到市档案馆开展了"牢记档案属性，不忘初心使命"主题活动，受到了组长单位成都市教育局的好评。

【档案安全建设】积极落实各部门档案工作负责人的档案安全责任，及时签订了《档案安全责任书》，逐级明确责任。同时通过人防、物防、技防等措施，守住档案安全底线，从源头上确保档案实体和信息绝对安全。及时更新消防警示标语，营造消防安全氛围。坚持专人值班制度，保证档案馆电源、空调、设备及门窗库房的安全，做好每天的巡查记录。组织各科室主任定期对档案馆进行安全检查，落实整改，确保档案安全。

统稿人：桂雨维
审稿人：吴明发

信息网络中心工作

【概况】信息网络中心在学校党委和行政的正确领导下，在各部门大力支持下，紧紧围绕学校中心工作，全力服务发展大局，不断激发职工积极性，开创工作新局面，在大运村建设、信息化建设、网络安全、网络服务保障、内涵建设等方面扎实开展工作，为我校"十三五"信息化建设画上圆满的句号。

【以大运村建设为契机，推进智慧校园建设】按照国际大体联基本要求，遵循"绿色、智慧、活力、共享"的办会理念及"大运必需、大学必备"的建设原则高标准高质量推进智慧大运村建设。中心全员参与智慧大运村的建设工作，按弱电设计、工程实施、软件平台建设、网络安全等专业分类落实人员；牵头大运村弱电改造与信息技术工作组、智慧大运村软件平台建设专班等机构；积极对接大运会执委会大运村部、信息技术部；积极协调召开各项专题会议100余次，持续推进智慧大运村的建设；持续推进"智慧大运村"物联网平台及软件管理平台建设，会同大运会执委会大运村部、信息技术部等多次召开专题工作会，分析大运村运行期间管理与服务需求，研究确定大运村运营管理平台项目建设内容，编制智慧大运村运营管理平台项目方案；完成大运村信息化设施设备采购准备工作，完成了110余个子项，19200余台件，1.3亿余元的方案拟订、项目清单编制、参数拟订等工作，完成各类详细规划方案共计50万字；严格把关弱电系统的施工质量，为智慧大运村基础设施的可靠运行打下了坚实的基础。

【深化产教融合、校企合作】中心积极推进校企合作，累计争取资金1100万元（包括中国银行投资880万元、新开普公司投资220万元）用于建设学校新财务系统、新科研管理平台、网上办事大厅、校园数据治理、创新创业人才特质评估、一卡通虚拟平台等信息化项目。中心促成学校与中国银行股份有限公司成都龙泉驿支行签订《"智慧校园"校园一表通项目合作协议》。项目建成后将在数据、业务、服务三方面大幅提高学校信息化水平；中心促成学校与新开普公司的一卡通虚拟平台升级。虚拟校园卡上线后，全校师生可通过支付宝对校园卡充值，并可通过手机二维码消费。新平台部署智能门锁4300套，学生可以通过校园卡刷卡开门，更方便宿管工作。升级后的系统采集到的数据更加详尽，为校园大数据平台提供了优质的数据流来源。

【充分发挥信息化在防疫工作中的作用】中心围绕《成都大学新型冠状病毒感染的肺炎疫情防控工作方案》，切实担负起疫情防控期间信息化保障和服务的责任，利用先进的信息技术手段开展工作，做好疫情防控，保障师生网上办公、学习正常化。通过现场和远程技术支持对各部门、学院各类信息化系统提供技术支持，保障教学、科研及生活的正常进行。保障研究生复试、开学第一课、在线视频会议、学生搬迁等重要工作的网络稳定；上线Welink平台，部署可容纳1500人同时在线的视频会议系统，满足了学校疫情防控指挥部、各二级单位工作布置、学术研讨等多方远程沟通的需要；自建进校预约系统，增强校外人员管控。建立校园统一人脸数据库，采集36000余张人脸图像，编制人脸采集操作说明书，为校内各类信息化应用提供服务；升级VPN系统，提升系统性能，让师生轻松访问校内应用和资源。

【加强信息化公共服务平台支撑能力】上线"网上办事大厅"平台。为了进一步推进办公和服务信息化、智能化，实现"数据多跑路，师生少跑路"的信息化办公模式，解决师生"填表多，重复填"的问题，中心通过反复调研，完成"一表通"信息平台27项服务流程的开发和上线运行；深度应用站群、迎新、离校等系统，完成包括成都大学英文网站等61个网站的开发、测试、部署和上线；顺利完成线上离校工作，确保4993名毕业生高效安全离校；优化迎新系统电脑端和手机端操作流程，进一步提升了系统使用的便捷性。

【人防技防共筑安全防线】落实等级保护要求，保障网络安全。按照国家和教育部有关信息安全等级保护工作要求，完成我校门户网站（三级）、站群系统（二级）、一卡通系统（二级）等级保护定级、测评、备案工作。网络安全周期间分别开展面向二级单位网络安全责任人、二级单位网络安全管理员、学生的网络安全知识讲座；并通过海报、宣传单、网络安全专题网站，进行网络安全知识传播。通过与各类安全平台合作，对校内各应用系统进行漏洞扫描和安全检测，及时发现系统存在的弱口令、后门、暗链、SQL注入等安全漏洞，按风险等级启动相应应急预案，第一时间排除安全隐患，确保学校的应用系统和数据安全。落实重要时期的网络安全管控机制，安排人员进行7×24小时网络安全现场值守，及时发现并处理各种安全隐患和事件，做到全年无重大网络安全事件发生。

【加强日常维护、保障工作】维护、管理25000个网络信息点、845个WiFi AP。维护、优化476台交换机。全年受理各类故障近千次，全年实施中小型弱电改造工程6项；加强机房管理，完成全校70个机房的门禁改造，按计划定期巡检机房内消防设施、网络设备，排查安全隐患；完成老图书馆网络改造，重新敷设并新增网络信息点位共330个；完成四川抗菌素工业研究所到学校的专线接入。

【协助相关部门及学院信息化建设】完成教育部、四川省教育厅等各上级部门的各项信息数据填报；配合研究生处完成443名考生的复试工作；完成新版教务系统、人事系统与统一数据中心的对接和推广使用，启动财务系统升级工作；为新OA系统、进校测温系统、人员聚集统计、外籍人员管理系统、学生服务大厅、实验室安全教育平台、新教务系统、专业认证系统、研究生系统、财务网上收费系统提供网络及运行环境支撑、网络安全保障、单点登录技术对接、数据对接、运维技术咨询。

【获得的荣誉】获省级网络安全技能大赛优秀组织奖。中心组织师生参加四川省教育厅主办的"安恒杯"首届四川省高校网络安全技能大赛，我校参赛队伍荣获三等奖（获奖人姓名：教师杨晓兰、学生方西华、学生李春江），成都大学获得优秀组织奖。

统稿人：王丽萍
审稿人：杜小丹

心理健康教育与研究工作

【概况】心理健康教育中心全面贯彻习近平总书记关于教育的系列指示精神，进一步深化落实学校第七次党代会精神，积极贯彻落实《教育部关于全面深化课程改革落实立德树人根本任务的意见》以及全国高校思想政治工作会议精神的要求，推进教育教学综合改革，认真开展教育思想大讨论，改进心理健康工作思路及举措，全面推进心理健康教育工作。开展了163个行政班、64个教学班的心理健康教学工作。对6589名2020级新生进行了心理测验，筛查出危机学生288名。开展团体辅导和心理讲座共15场；个体咨询1000余小时，个案数500人次；干预危机200小时；心理访谈120小时。面向新生家长开展线上"新生家长讲座"1场次，面向学院心理老师开展心理工作赋能培训5场次。

【开展心理健康教育线上线下课程，学生有收获】心理健康课程是心理辅导阵地的前移，中心充分发挥主渠道作用，2020年开设《大学生心理健康教育》及《积极心理学》线上线下课程，以培养学生健康的心理素质，规范学生行为，帮助学生树立科学的世界观、人生观、价值观，掌握一定的情绪调节、学习生活以及人际交往和恋爱技能。心理健康教育中心充分利用心理健康必修课，做好心理健康教育的前沿工作。持续推进心理健康课程改革，转变课堂教学视角，积极推进两门课程《积极心理学》《大学生心理健康教育》的课程建设，使用自编校本教材《大学生积极心理学》《大学生心理健康与积极成长》，推进课程教学改革，疫情期间，积极打造学生喜爱的线上课程，秉持三全育人的要求和"以学生为中心"的教学理念，守好学生心理健康维护的前沿阵地。中心教师积极参与教学改革，研讨新的教学方法，不断丰富教学手段。通过在线心理测评系统和超星学习系统实现课堂活动的实时呈现和互动，将身心体验系统植入课堂教学，增强学生的积极心理体验，促进积极心理技能的获得。全年开展163个行政班、64个教学班的心理健康教学工作。

【面向全体学生开展心理咨询，学生有成长】全年开展团体心理辅导15次；个体咨询1000余小时，个案数500人次；干预危机200小时；心理访谈120小时。举办2020级新生家长线上大讲堂活动，探索建立家校联动机制。开展日常心理咨询和危机干预，完成新生心理建档及危机学生干预。

【面向全体学生开展心理宣传活动，学生有反响】在"5·25"心理健康月及"10·10"精神卫生周期间，举办了"心理漫画展""心理游园会""心理素质拓展""精神卫生日宣传""优秀心理工作者评选""心扉征稿"等活动，让更多学生参与其中。官方微博及官方微信定期推送心理文章、心理测试、心理活动宣传及总结新闻、图片等，宣传心理健康知识，促进师生交流。编制两期《心扉》杂志，每个寝室发放1~2册，使心理刊物成为学生的良师益友。

【重点关注危机学生心理状况，学生有保障】更新测评系统，对全校6589名本专科及研究生新生进行新生心理测评。从中筛查出危机学生288名，中心迅速采取多种手段进行心理干预，保证了危机学生的心理安全。对口学院服务，与学院主管心理健康工作的领导及心理老师进行沟通，向学院反馈需要关注学生的情况，并了解学院需求，发现问题及时处理；新生建档与筛查工作，在防范心理危机发生上起到了很重要的作用。

【开展兼职心理老师和学生心理委员赋能系列培训，提升心理危机干预网络韧性】心理健康教育中心为兼职心理老师和学生心理委员举办危机干预专题讲座，开展兼职心理教师赋能系列培训，提升心理危机干预网络韧性。

【中心获奖】2020年中心获四川省心理行业首届"十佳心育学校"，中心陈希老师获"十佳心育工作者"和抗击疫情心理服务工作"先进个人"称号。

统稿人：陈　希
审稿人：周　宏

期刊中心工作

【概况】成都大学期刊中心,负责《教育与教学研究》《成都大学学报(社会科学版)》《成都大学学报(自然科学版)》《中国抗生素杂志》《国外医药抗生素分册》五个学术期刊的组稿、编校和发行工作,并将期刊办成集学术成果展示、学术交流、学术研究、实践引领和人才培养"五位一体"的综合性学术平台。2020年各期刊在栏目设计、选题、文章选择上充分贯彻落实党的第十九届四中、五中全会、全国教育大会、高校思想政治工作会议、世界文化名城建设大会、成都市委经济工作会议精神。

【《教育与教学研究》】2020年《教育与教学研究》按期出版12期,完成《重大疫情下的教育应对》三期专栏文章。有20篇文章被人大复印报刊资料及《新华文摘》《中国社会科学文摘》《高等学校文科学术文摘》《教育文摘周报》等权威期刊二次文献转载。据《中国学术期刊影响因子年报(人文社会科学·2020版)》统计,《教育与教学研究》期刊复合JIF影响因子为0.776,期刊综合JIF影响因子为0.308,人文社科JIF影响因子为0.258。2020年11月,《教育与教学研究》主办了"五育并举,特色创建,引领学校未来发展"教育论坛,新华社、人民网等国家级新闻媒体以及四川新闻网等地方主流媒体对此进行了详细报道,仅新华社的关注量就达120万,吸引了业界和社会的广泛关注,充分发挥了期刊服务教育、服务社会的正能量。2020年《教育与教学研究》首次入选《中国学术期刊评价研究报告》(简称《RCCSE》)(第6版)"RCCSE中国核心学术期刊(A-)"。

【《成都大学学报(社会科学版)》】2020年《成都大学学报(社会科学版)》按期出版6期。2020年入选《中国学术期刊评价研究报告》(第6版)"RCCSE中国准核心学术期刊(B+)"。针对2020年突发的新冠肺炎疫情及疫情后经济社会发展状况,及时刊发了《中国公共卫生与医疗体系的裂痕与弥合——基于2020年新冠肺炎疫情的思考》《后疫情时代"线上展会"对成都建设国际会展之都的经验启示——以第127届广交会为例》。《中国公共卫生与医疗体系的裂痕与弥合——基于2020年新冠肺炎疫情的思考》被人大复印报刊资料全文转载。根据中国科学文献计量评价研究中心2020版计量评价指标《中国学术期刊影响因子年报(人文社会科学·2020版)》报告,《成都大学学报(社会科学版)》载文量为116篇,期刊复合影响因子(JIF)为0.355,较2019年大幅提高。影响力指数(CI)学科排序为263/637,再创历史最高水平,比历史最高排名提升了40名。

【《成都大学学报(自然科学版)》】2020年《成都大学学报(自然科学版)》全面启动了中国知网在线采编系统,同时完善了审稿专家库。2020年《成都大学学报(自然科学版)》影响力指数(CI)学科排序64位,影响因子0.757,影响因子学科排序53位,基金论文比达0.7。中国知网《2020年中国学术期刊影响因子年报(自然科学与工程技术版)》中国学术期期分区表公布,《成都大学学报(自然科学版)》首次进入Q1区,在自然科学与工程技术综合类期刊排名全国64位,仅次于《四川大学学报自然科学版》(43位)、《西南民族大学学报(自然科学版)》(55位),排名四川省内学报第三。

【《中国抗生素杂志》】《中国抗生素杂志》入选《2020世界期刊影响力指数（WJCI）年报》，在"药理学"全球期刊中，WJCI指数在被收录进入该学科的中国期刊中名列11位；在"传染病学、感染类疾病"全球期刊中，WJCI指数在被收录进入该学科的中国期刊中名列12位。中国知网公布的《2020年中国学术期刊影响因子年报（自然科学与工程技术版）》显示，《中国抗生素杂志》进入Q1区期刊。根据年度编委会计划组稿方向，2020年积极与抗生素行业及交叉学科专家沟通，进行约稿和组稿，完成2期专辑：《抗生素药品质量控制与评价》专辑（3期）、《疫情下重温"细菌致病理论"》专辑（4期）。中国科学文献计量评价研究中心2020年影响因子数据显示，《中国抗生素杂志》继续保持上升趋势，2020年影响因子达到1.368。

【《国外医药抗生素分册》】根据年度编委会计划组稿方向，全年积极与抗生素行业及交叉学科专家沟通，进行约稿和组稿，在全校发起"新冠病毒"征文活动，完成《新型抗肿瘤药物》专辑（3期）、《新型冠状病毒》专辑（4期）、《新型抗生素的合成及工艺研究》专辑（5期）、《仿制药质量与疗效一致性评价》专辑（6期）。中国科学文献计量评价研究中心2020年影响因子数据显示，《国外医药抗生素分册》2020年影响因子为0.658。

统稿人：张　炬

审稿人：任家乐

社区建设工作

【概况】2020年，社区建设办公室根据学校党委和校长办公会的各项指示和要求，认真学习贯彻两会、十九届五中全会重要精神，执行各级政府、学校关于完善社区治理体系相关要求。结合全年工作目标，在努力打好疫情防控阻击战的同时，完成了第七次全国人口普查工作。加强在小区内时事政策宣传与社区文化建设，确保小区安全和谐稳定，社区服务能力和服务质量逐步提高，友善和谐的社区氛围已初步形成，各项工作取得积极进展。

【党建工作】始终把党建工作与社区发展任务结合来开展工作，做好社区中长期发展规划，统一思想，凝聚人心。积极参与区域化党建工作，协同学校组织部，对接当地政府党委，开展党建结对活动，为社区发展提供有力的政治保证和组织保障。全面深入学习贯彻习近平新时代中国特色社会主义思想、两会精神、十九届五中全会精神，认真学习党史、新中国史、改革开放史、社会主义发展史。定期开展义务清扫等多种形式的党日活动，并实时更新小区宣传栏、文化墙等内容；全员参加"学习强国""蓉城先锋"的学习，不断提高政治觉悟。坚持党风廉政建设，继续维护社区安全稳定。把党风廉政建设工作与社区的常规工作有机融合，利用政治理论学习时间学习成都大学新时代师德师风系列制度、文件，党的十九大以来查处违纪违法党员干部案件警示录，观看警示教育片；利用组织生活、党组织活动等对员工和党员进行党风廉政教育，密切关注社区住户思想状态，认真执行安全及消防工作制度，为和谐、美好社区创造安全环境。

【疫情防控工作】按照学校及属地政府的决策指示，第一时间成立应急工作小组，全体工作人员岗位值守，全面进入365天、每天24小时战"疫"状态，开展基础数据收集、信息排查、宣传引导、督促物业加强小区门岗值守，并联合辖区卫生服务中心、派出所、社区工作人员及小区志愿者以网格为单位（共有21名疫区防控四级网格员和4名综合治理网格员），完成三次上门逐户排查核验工作。建立1910户成大花园入户排查总表，其中，有效入户调查摸排3590人，出租房338户，海外人员信息17户，成大学生居住小区81人，及时了解掌握和上报小区人员变化新数据，确保小区疫情防御。截至12月，圆满完成60户居家隔离医学观察的家庭的管控、体温检测和生活服务。成大花园小区封闭式管理运作情况良好，整体疫情防控未发现疑似及确诊病例。

【第七次全国人口普查工作】按照学校及上级部门的各项指示和要求，积极配合所属街道、社区、派出所，充分发挥指导和协调作用，将校区和小区的普查工作通盘考虑，定期开展普查员、指导员培训。经过对建筑物现场标绘、勘查，明确建筑物归属及建筑物住房单元情况摸排，完成标绘建筑物40个、划分普查小区21个、短表统计户数1987户、人数3484人，长表统计户数154户、人数359人。

【国际社区服务活动中心建设工作】对成大花园进行实地测绘和对服务活动中心进行外观和功能设计，确立成大花园1、2号别墅建设方案。受新冠肺炎疫情和省政府"缩减街道和社区规模"的改革新政策影响，成大国际社区服务活动中心挂牌成立一事将推迟于2021年正式启动推进。

七、办学条件

【配合十陵政府拆除违章搭建工作】加大对成大花园小区区域内的违章搭建的拆除力度，定期召开形势分析会，与相关部门共同部署违建强制拆除工作方案，做好违建拆除现场维稳预案，确保违建拆除行动的成功平稳。

【成都大学花园小区建设工作】在成大花园小区开设文体活动室、儿童文化活动室，持续开展走访慰问活动。进一步完善小区物业管理制度和机制建设。进一步明确小区内各物业主体的管理责任、内容与范围，确保小区各项工作安全有序开展。指导协调业委会开展各项工作，通过牵头30次的正式会议和50次的发函或函复，协调并推动各项工作的开展。帮助协调相关部门解决都江花园小区内安全隐患，与所属当地社区进行沟通，协调处理小区物业卫生费、垃圾清运费等收缴工作，健全完善都江花园小区自治管理长效机制建设。有效解决多起群众反映问题及邻里纠纷。积极协助学校离退处，有效妥善处理好新都职工小区关于停车场纠纷问题。围绕群众关心的热点、难点问题，通过集中化解、上门调解、行政、司法等多种手段，千方百计化解矛盾纠纷，联合街道、社区、派出所及学校相关职能部门充实调解力量。全年共计协调处理投诉、纠纷100次。

统稿人：聂志萍
审稿人：杜小安

继续教育工作

【概况】成都大学继续教育学院主要承担高等学历继续教育招生、管理、教育教学等归口管理工作，高等教育自学考试、社会化培训及考试等非学历教育的实施与归口管理工作。2020年，继续教育学院秉承"规范办学、严格管理、强化服务、提高质量，为社会培养更多的合格人才"的办学指导思想，以"做专业、规范、有温度的继续教育"为工作重点；加强制度体系建设，结合学院发展情况，修订《成都大学继续教育学院规章制度及流程汇编（2020版）》，学院现有制度57个，流程27个；稳步推进网络课程建设，累计已建成24门网络课程，时长总计430小时；疫情之下，坚持"停课不停学"，全面推行"线上＋线下"混合式教学，高等学历继续教育线上学习人数达156605人次；注重高教自考的品牌专业建设，稳步扩大招生规模，提升助学质量和学生合格率，年度助学点数、招生人数、在校生人数均创历史新高；积极应对疫情影响，创新工作方法，"线上＋线下"联动开展培训；努力拓展培训与社会化考试项目，积极参与项目竞标工作；打造疫情公益课程，惠及社会；加强培训过程管理，逐步完善培训流程体系。2020年，成都大学成人高等教育招收新生706人，成人高等教育在籍学生5959人。高等教育自学考试在学学生12462人。全校共完成非学历培训项目52项，社会化考试项目6项，为116006人次提供非学历教育服务，非学历教育总收入4304.01万元。

【"停课不停学"，持续推进线上＋线下教学模式改革，提升办学质量】稳步推进特色专业网络课程资源建设，认真做好项目申报、立项评审、课程录制、课程资源建设、结题评审等工作，完成2019年度8门网络课程资源建设结题工作，累计已建成24门网络课程，时长总计430小时，全部上线供学生学习。疫情期间，坚持"停课不停学"，全面推行"线上＋线下"混合式教学，成人高等教育线上共开课124门，参加线上学习人数达68028人次。高等教育自学考试学生参加线上学习人数达88577人次，教学效果良好。

【做好疫情防控常态化工作，成教工作正常有序推进】及时准确传达疫情防控相关要求，做好成教学生的日常疫情防控摸排工作，做好思想政治教育和安全教育工作，确保成教学生疫情期间平安稳定。首次成功组织"成都大学高等学历继续教育本科生申请学士学位外语水平考试"工作，参加考试学生256人，合格率55.47%；2020年共70名学生获学士学位，较2019年增加27%。共表彰年度优秀学生154人和优秀学生干部78人。完成7个教学点32名学生的征兵政审工作。

【持续提升高教自考办学层次，招生规模再创新高】现有高等教育自考助学点48个，较2019年同比增长33%；2020年新增注册人数6554人，较2019年同比增长10.9%；在校生人数12462人，较2019年同比增长27.28%。注册本科人数持续增加，2020年本科招生人数6372人，占自考招生人数的97.22%，实现招生层次从专科到本科的转型发展，年度助学点数、招生人数、在校生人数均创成都大学高教自考发展规模历史新高。

【建成品牌专业试题库，持续提升自考合格率】重点开展学前教育和护理专业本、专科统考课程和省考课程的题库建设，已建成我校两大品牌专业的试题库。2020年建设国考题28套，省考题121套；完善题库试题337套。完成12个专业的复习资料200套的建设工作。强化省考课程的管理和过程性考核评价工作、精心组织省考课程统一集中评卷工作，目前我校自考助学合格率明显高于全省平均水平，学前教育和护理专业成为省内较有影响的自考品牌专业，学校服务经济社会的水平和能力持续提升。

【克服疫情影响，努力发展非学历教育】为助力特色鲜明，国内一流的应用型城市大学建设，服务"一带一路"及地方经济社会发展新需求，继续打造"专业·规范·有温度"的"成大培训"品牌。受疫情影响，2020年非学历教育项目数及经费、人次指标较2019年均有所下降。全校全年完成非学历教育培训项目52项，培训人数达106465人次，实现收入4277.14万元；承接社会化考试项目6个，参考人次9541人次，考试经费收入26.98万元。非学历教育总收入4304.01万元，超额完成调减后年度目标任务。严格执行学校疫情防控工作要求，培训项目"一项一报"，全年上报15次。创新形式，"线上＋线下"联动开展培训，2020年"网络培训平台"共培训专业技术人员48897人；同时根据疫情需要，充分发挥网络平台优势，打造"新冠病毒防控安全""生态文明建设"等公益课程，惠及人次数26983人次，特殊时间发挥特殊作用，做好地方服务工作。

附件

2020年继续教育合作协议单位清单（自考）

序号	协议性质	协议内容	协议单位	协议时间	签发单位
1	合作协议	成都大学高等教育自学考试助学合作协议书	成都成中职业技能培训学校	2020.09	成都大学
2	合作协议	成都大学高等教育自学考试助学合作协议书	成都当代外语商务专修学校	2020.09	成都大学
3	合作协议	成都大学高等教育自学考试助学合作协议书	成都高文职业技能培训学校	2020.09	成都大学
4	合作协议	成都大学高等教育自学考试助学合作协议书	成都华大医药卫生学校	2020.09	成都大学
5	合作协议	成都大学高等教育自学考试助学合作协议书	成都龙泉上医职业技能培训学校	2020.09	成都大学
6	合作协议	成都大学高等教育自学考试助学合作协议书	成都茂翔职业技能培训学校	2020.09	成都大学
7	合作协议	成都大学高等教育自学考试助学合作协议书	成都盛腾职业技能培训学校	2020.09	成都大学
8	合作协议	成都大学高等教育自学考试助学合作协议书	成都市成华区南辰教育培训学校有限公司	2020.09	成都大学
9	合作协议	成都大学高等教育自学考试助学合作协议书	成都市成华区新概念外语学校	2020.09	成都大学
10	合作协议	成都大学高等教育自学考试助学合作协议书	中公教育培训学校有限公司	2020.09	成都大学
11	合作协议	成都大学高等教育自学考试助学合作协议书	成都武侯区亚太谊华教育培训学校有限公司	2020.11	成都大学

续表

序号	协议性质	协议内容	协议单位	协议时间	签发单位
12	合作协议	成都大学高等教育自学考试助学合作协议书	成都知金职业技能培训学校有限公司	2020.09	成都大学
13	合作协议	成都大学高等教育自学考试助学合作协议书	德阳通用电子科技学校	2020.09	成都大学
14	合作协议	成都大学高等教育自学考试助学合作协议书	甘孜藏族自治州职业技术学校	2020.09	成都大学
15	合作协议	成都大学高等教育自学考试助学合作协议书	广安明辉教育咨询管理有限公司	2020.09	成都大学
16	合作协议	成都大学高等教育自学考试助学合作协议书	成都经济技术开发区职业技术学校	2020.09	成都大学
17	合作协议	成都大学高等教育自学考试助学合作协议书	泸州市名臣职业培训学校	2020.09	成都大学
18	合作协议	成都大学高等教育自学考试助学合作协议书	绵阳市涪城区众信培训学校有限公司	2020.09	成都大学
19	合作协议	成都大学高等教育自学考试助学合作协议书	南充市顺庆区众诚联合教育培训学校	2020.09	成都大学
20	合作协议	成都大学高等教育自学考试助学合作协议书	彭州市智成教育培训学校	2020.09	成都大学
21	合作协议	成都大学高等教育自学考试助学合作协议书	成都市郫都区双洪教育培训学校有限公司	2020.09	成都大学
22	合作协议	成都大学高等教育自学考试助学合作协议书	四川大学锦城学院	2020.09	成都大学
23	合作协议	成都大学高等教育自学考试助学合作协议书	四川国际标榜职业学院	2020.09	成都大学
24	合作协议	成都大学高等教育自学考试助学合作协议书	四川航天职业技术学院（四川航天高级技工学校）	2020.09	成都大学
25	合作协议	成都大学高等教育自学考试助学合作协议书	四川华大医学科技教育培训中心	2020.09	成都大学
26	合作协议	成都大学高等教育自学考试助学合作协议书	四川科技职业学院	2020.09	成都大学
27	合作协议	成都大学高等教育自学考试助学合作协议书	四川省英航宏升教育科技有限公司	2020.09	成都大学
28	合作协议	成都大学高等教育自学考试助学合作协议书	成都市青羊区亚太文化教育培训学校	2020.09	成都大学
29	合作协议	成都大学高等教育自学考试助学合作协议书	成都市青羊区自修大学培训学校	2020.09	成都大学
30	合作协议	成都大学高等教育自学考试助学合作协议书	雅安职业技术学院	2020.09	成都大学
31	合作协议	成都大学高等教育自学考试助学合作协议书	宜宾市南溪区圆梦源教育培训学校有限公司	2020.09	成都大学
32	合作协议	成都大学高等教育自学考试助学合作协议书	四川省宜宾市工业职业技术学校	2020.09	成都大学

七、办学条件

续表

序号	协议性质	协议内容	协议单位	协议时间	签发单位
33	合作协议	成都大学高等教育自学考试助学合作协议书	知金教育咨询有限公司	2020.09	成都大学
34	合作协议	成都大学高等教育自学考试助学合作协议书	中国第五冶金建设公司职工大学	2020.09	成都大学
35	合作协议	成都大学高等教育自学考试助学合作协议书	自贡市东兴科技学校	2020.09	成都大学
36	合作协议	成都大学高等教育自学考试助学合作协议书	四川城市职业学院	2020.09	成都大学
37	合作协议	成都大学高等教育自学考试助学合作协议书	资阳环境科技职业学院	2020.10	成都大学
38	合作协议	成都大学高等教育自学考试助学合作协议书	眉山药科职业学院	2020.11	成都大学
39	合作协议	成都大学高等教育自学考试助学合作协议书	成都市天府新区爱贝婴文化艺术培训学校有限公司	2020.09	成都大学
40	合作协议	成都大学高等教育自学考试助学合作协议书	广安市帆华教育培训学校有限公司	2020.09	成都大学
41	合作协议	成都大学高等教育自学考试助学合作协议书	雅安市职业高级中学	2020.09	成都大学

2020年继续教育合作协议单位清单（成教）

序号	协议性质	协议内容	协议单位	协议时间	签发单位
1	合作协议	（成都大学）成人高等教育校外教学点合作协议书	崇州市职业教育培训中心	2020.10	成都大学
2	合作协议	（成都大学）成人高等教育校外教学点合作协议书	四川省商贸学校	2020.10	成都大学
3	合作协议	（成都大学）成人高等教育校外教学点合作协议书	成都市技师学院	2020.10	成都大学
4	合作协议	（成都大学）成人高等教育校外教学点合作协议书	都江堰市晏阳初工程学校	2020.10	成都大学
5	合作协议	（成都大学）成人高等教育校外教学点合作协议书	成都汽车职业技术学校	2020.10	成都大学

统稿人：帅煜朦

审稿人：魏　青

八、校友工作

【概况】2020年，校友工作办公室围绕学校总体工作目标，秉承宗旨，始终致力于构建校友、母校和社会之间沟通联系的桥梁。校友工作办公室的定位是成为成都大学面向全体校友的总服务台，第一时间建立起校友与母校的无缝连接，搭建起校友与母校之间最畅通的交流平台，充分实现为校友成长服务，为母校发展服务，从而更加有效地实现调动广泛的校友资源，为学校建设特色鲜明、国内一流的应用型城市大学目标共同助力。

【基本工作】为进一步提升校友工作助推各单位主体工作的能力和实效，校友办于秋季学期走访17个学院，调研学院校友工作现状以及问题，收集意见建议，修订完善校友工作相关制度和章程，全方位助力学校和校友共同发展。参加全国高校校友工作第27次研讨会、四川省高校校友工作暨基金会工作年会，提升校友工作业务能力，学习借鉴其他高校先进经验，与全国及省内高校的校友工作者共同探讨新形势下校友工作的创新渠道和发展模式。疫情原因，本年度校友走访联络工作安排在暑假及秋季学期，取消了省外走访，省内累计走访校友10次，促成校企合作、校地合作、校城合作。学校同新都区达成人才输送、产学研的战略合作共识，与校友企业"即刻反应应急安全体验基地"签订合作框架协议，实现"合作共赢、共同发展"。完成2020届毕业生校友理事会理事和校友联络员的聘任，共聘任校友联络员395名，校友理事会理事37名。编辑发行《成大校友》"抗疫特刊""毕业季特刊"，汇编校友抗疫故事、母校新鲜事、最新校友活动、校友新成就等；定期编发节日问候海报，传递母校声音，维系与校友的情感联络。

【重点工作】2020年上半年，在疫情最为紧张的阶段，校友办迅即联络数位爱心校友，第一时间筹集到学校首批最急需的防疫物资，为学校抗疫提供物资保障。累计筹集84消毒液（500ml）1000瓶、75%酒精200公斤、免洗手消毒液（500ml）150瓶、红外线枪式体温仪40台、一次性医用口罩4900个、消毒液1000公斤、隔离服100件。疫情期间，充分运用线上平台及时报道成大校友抗疫事迹，采写新闻41篇，在20余个校友群内推送相关信息1000余条。

【重点工作】2020年7—10月，校友办响应党和政府扶贫工作号召，与扶贫办共同探索，创新工作思路，开创了"校友+扶贫"工作新模式，累计募集扶贫资金达7.2万元，购置速印机2台、台式电脑2台、笔记本电脑3台、平板电脑8台、光能黑板8个，全部捐赠给我校在石渠县和九寨沟县的定点帮扶项目。后续还将进一步助力发展对口扶贫点野生动物观赏旅游、景区道路交通优化等项目，持续性助力定点帮扶。

【打造"校友信息平台"】为实现校友信息数据化管理，提供更优质的校友服务，校友办联合学生处共同打造"校友信息平台"，在线统计校友信息。已完成第一批（2004级至今）9万余校友信息录入，建立信息数据库。

【建设"校友之家"】建设"校友之家"，打造校内校友活动新空间，为校友提供校内聚会、活动、洽谈的温馨家园，预计于2021年落成启用。校友办将充分发挥校友之家的阵地作用，将其建设成为具有鲜明特色的成大校友文化载体。

【筹办校庆活动月活动】2020年11—12月，首次由校友办策划并牵头实施了"爱成都 爱成

大 迎大运"——校庆活动月相关工作。活动涵盖学术论坛、校友沙龙、运动竞技、文体活动等类别，全校各级活动共计48项，其中线下活动43项，线上活动5项，17个学院都组织了活动，校友工作办公室主办了4场特色活动。

【持续挖掘校友资源，促成来自校友及社会渠道的捐资助学】继2017年，省慈善总会今年持续对我校20名贫困优秀大学生进行每年9万元，4年共计36万的慈善资助。校友梁涛捐赠书画作品《云未起时》。与计算机学院共同促成2010届校友张译元、马晓倩捐赠1万元现金，并设立"溪恩"奖学金，用于资助成大学子。校友郁创捐赠个人诗集《聆听火焰：郁创诗选》100本。校友陆希捐赠杂志《时代任务·新教育家》100本。

【举办2020年校友工作论坛】12月3日，校友办在一教演播厅举办2020年校友工作论坛，活动邀请各学院50余位校友工作相关负责人，四川大学全球校友创业家青年创业者联谊会陈智尧参加，分享工作心得，共享校友工作经验，共同探索校友工作。

【举行2020年校园马拉松暨校友健康跑】12月6日，为预热大运会，传播体育精神，校友办联合校团委、体育学院在成都大学校内举办2020年校园马拉松暨校友健康跑活动，吸引到1700余名学生和百余名校友参赛。活动充分体现了成大人顽强拼搏、锐意进取的体育精神，增强校友对母校建设发展的参与感，树立校友作为学校命运共同体的使命感，受到广大校友一致好评。

【召开校友总会常务理事会】12月8日，在成都大学学术会议室召开校友总会第二届常务理事会第三次会议。共28人参会，会议表决通过了校友总会第二届常务理事会组织机构调整方案，调整总会副会长1名，增补校友总会秘书长1名、校友总会常务理事10名。审议并修订《成都大学校友总会章程（草案）》及成都大学校友总会Logo。

【举办成都大学2020年度校友事迹分享暨表彰会】12月8日，为弘扬校友先进事迹，致敬榜样力量，传承成大精神，首次在学生活动中心演播厅举办校友事迹分享暨表彰会。活动邀请80余位校友代表，各学院400余位师生参加，对奋战在抗疫一线的援鄂校友，为母校无偿捐赠防疫物资的校友，大力支持学校扶贫工作的校友，以及爱心捐赠的校友共计80余人次进行表彰，并邀请部分校友代表分享感人事迹，彰显成大学子的情怀与担当。

【召开校友总会第二届常务理事会第二次会议】经过前期大量征求意见、反复磋商，周密谋划，于年末顺利召开我校"校友总会第二届常务理事会第二次会议"，完成校友总会常务理事会成员调整工作。会议通过了共计35人的组织机构成员调整名单。

【成都大学校友总会第二届常务理事会成员名单】
会　　长：王清远
常务副会长：彭晓琳
副会长（22人）：赵福运　谢晓苏　杨丰来　张晓岗　林　丹　贾安琳　李荣钢　郑洪华
　　　　　　　　杨安莉　乐剑戈　简振华　赵　勇　孙　进　熊方军　申旭明　夏晨伶
　　　　　　　　毛　勇　唐　勇　罗大清　胡建勇　潘　敏　李　军
秘书长：杨　阳
副秘书长（4人）：屈　松　沈　尤　谢　佼　王　霞
常务理事（17人）：王志坚　张　密　尹　平　陈　剑　向　松　李　博　甘　露　彭文春
　　　　　　　　　杨　东　张　镜　史　闯　凌刚基　佟　乐　孙小涛　刘天衡　曹　川
　　　　　　　　　周彦昶

统稿人：王彦丹
审稿人：杨　阳

九、国际合作

国际合作与交流工作

【概况】国际合作与交流处稳步打好"一个学院对接一个世界一流大学/学科"工程基础，努力聚集一批国际和区域一流学科、专业和科研资源，强化国际合作与交流的资源优化和全球布局。凸显以"一带一路"沿线、RCEP（包括东盟＋日韩澳新）为重点的国际化战略全球布局：新增国（境）外合作院校16所，学校国（境）外合作高校和机构总数达到121所；新增国别4个（爱尔兰、希腊、白俄罗斯和哥伦比亚），合作国别/地区数达到35个。境外合作优质教育资源世界知名大学35所，其中年内新增6所。新增合作高校，分别是马来西亚理科大学、意大利比萨大学、澳大利亚乐卓博大学、澳大利亚皇家墨尔本理工大学、泰国玛希隆大学、英国索尔福德大学。成都国际友城高校合作年内新增8所，友城合作高校共44所。希腊大使来访为学校首次接待外国大使级别官员来访。

【中外合作办学上台阶】以中外合作办学和境外办学为双翼，扎实做好学校与国（境）外合作办学的空间布局与办学层次结构定位。电气工程及其自动化专业中外合作办学本科教育项目（与韩国嘉泉大学合作）获教育部批准（2019全年四川省仅获批3项），极大地改善了学校中外合作办学层次偏低、结构单一的格局。目前运行4个中外合作办学项目，近两年在校生规模增长49.6%，有在校生927人。首次申报非独立法人中外合作办学机构成都大学斯特灵学院（与英国斯特灵大学合作）申报答辩获教育部评议专家组难得的高度评价。2020年5月，省教育厅评审推荐至教育部参评，教育部通讯评议反馈良好，并于12月18日圆满完成教育部线上答辩。教育部评审专家组副组长、贵州财经大学校长赵普做总体评价："成都大学斯特灵学院材料准备成熟，机构定位准确，和成都城市发展定位和特色契合度很高，学校介绍和机构陈述精准清晰，回答专家问题陈述明确具体。机构的关键要素中方管理团队的清晰分工、有力协作、与专业学院密切协同，给评委们很深的影响，让专家们现场看到了机构良好的现状与前景。"首个境外办学项目泰国那黎宣分校筹建工作取得阶段性重大进展，两校校长已经通过公务信函明确"共建成都大学泰国那黎宣分校"的合作意愿（王清远校长2020年11月致信那黎宣大学甘扎娜校长，甘扎娜校长于2020年12月回复信函确认合作），并就双方提供的基础条件做了具体的讨论和约定。双方拟定遴选出中文和泰语两个本科专业为启动项目，实施双向2+2双学位本科联合培养项目，项目协议和专业人才培养方案正在持续沟通和完善过程中。该分校的建立将是我校境外办学项目"从零到一"的突破，是省内高校中首个在境外开办的海外分校。新增5个本硕博海外联合培养项目，海外联培项目总计达41项。新增项目包括与英国斯特灵大学本科双学位项目、本硕联合培养项目、"一带一路"亚欧电子商务中心项目、与泰国兰实大学2个专升本联合培养项目。"云方式"大力宣传海外联合办学，53人获硕博层次录取。疫情期间，举办海外联合培养月活动，邀请远在新西兰、英国、德国、韩国、泰国等国家和地区的老师、同学们加入宣讲；举办"海外云课堂"系列讲座活动，通过"云宣讲"等形式进行海外联合培养项目招生推广；先后发布招生简章及推文40篇，累计阅读量5300余人次。九月迎新期间，开展"用国际化视野看世界，走进成大，走向世界"系列宣讲会25场，覆盖5000余新生。年内海外联合培养项目获外方合作学校录取学生共计54人，其中博士项目11人，硕士项目42人，德国克劳斯塔尔工业大学录取成功率占报名人数近90%。与北美高校合作，推动2021年暑期国际学分课程项目落地成大。计划项目将于2021年5月正式运行，中外师生300人参与。推动全体学生国际化培养，落实在2020年全校本科人才培养方案中增设国际理解通识课程。

【留学生培养提质增效】留学生培养提质增效，在全球疫情逆势下，全年留学生规模仍然达到694人（2018年676人，2019年872人），成功规避疫情下留学生数量锐减的情况发生。学历留学生494人，占比达71.1%，其中研究生139人，本科生355人，研究生在学历生中占比达28.1%。与去年同比，学历生增长31.38%，研究生增长27.52%，本科生增长32.95%。探索留学生远程教育，创新开设在线汉语体验课程，招收在线短期语言生100名，克服疫情造成意向留学生和数个短期团组无法到校的影响。多维拓展招生宣传渠道，积极加强和省市外事部门、国内外合作机构间的沟通联系，多次参加省友协和南亚－中国友好合作组织主办的"中国（四川）－南亚青年（教育）视频交流会"等线上直播招生。创新打造"留学成都，品味天府"来华留学生品牌课程，包括射艺、天府文化等2门。建立成都大学对外汉语网络学习资源库，在线推广中国文化知识库专辑30期。组织留蓉外籍人员参加中秋汉唐游园会等中国文化活动。首次实现全校留学生管理服务信息化和现代化，建设成都大学留学生招生与在学管理系统并投入使用，为"十四五"4000人留学生规模目标做好充分的管理服务基础设施保障。

【加强外籍教师队伍建设】全职外籍教师马文标获批国家级引智项目——科技部（国家外专局）外国青年人才计划项目，并在国际顶级综述类期刊 *Progress in Energy and Combustion Science* （SCI一区收录，影响因子26.467）发表论文。奥地利籍外教 Lechner Patrick 获成都市人民政府"金沙友谊奖"。推荐泰国籍外教 Chaphiporn Kiatkachatharn、埃及籍外教 Abdelfatah Ibrahim Abdelfatah Abomohra 参评"2020年度成都建设全面体现新发展理念的城市改革创新奖"杰出贡献奖和先进个人。与法务律师协同，完善外籍教师聘用合同中英文本，更新升级工作流程，确保外教教师管理服务工作合法合规。

【完成孔院全球首批转隶】

（一）成功完成从孔子学院总部转隶至基金会的工作，成为全球首批完成转隶工作的海外孔子学院，具有很强的示范性作用。经过精心的设计筹备、反复的沟通协调，我校与美国新罕布什尔大学于2020年8月达成高度一致，双方均同意新罕布什尔大学孔子学院正式从原国家汉语国际推广领导小组办公室转隶至中国国际中文教育基金会（简称"基金会"），并获得基金会关于使用孔子学院品牌、名称和标识的授权同意，从而完成从中国政府支持到民间化、专业化的以两校为主体的合作模式转型。

（二）中美两校通过校长在线会议等多种形式，积极探讨推进中美合作、汉语国际推广的新模式。

（三）孔子学院克服疫情，坚持开展中国语言教学和文化活动，传递中国文化，推进中美交流。

孔院举行秋季名师文化系列讲座,指导学生在"汉语桥"美东赛区比赛中获得二等奖和优秀奖,教师在美国新英格兰地区中文教师协会第九届中文教学国际会议分组会议中担任主持并分享经验,参加俄罗斯第十届中文教师公开对话在线会议。

【加强学校与大运全球推广,英文门户网站校庆日上线】

(一)牵头学校外事与活动组工作。多次开展外事与活动组专题研讨和推进会,参加FISU世界大会主题评审;根据中国大学生体育联合会和成都大运会执委会大运村部的要求,筹备《全球高校校长论坛·2021》成都会场的工作方案和项目预算,开展大运会全国高校校长论坛外事工作能力提升培训。

(二)负责学校英文门户网站规划筹建和上线运行管理。在新增英文网站专职管理岗人员没到位的情况下,国合处(海教院)克服困难,迎难而上,在党委宣传部和信息网络中心的业务指导和配合下,牵头负责学校英文门户网站的筹建与运行管理工作。经过历时一年半的调研学习、校内英文门户网站建设管理体系与制度体系构建、网站框架设计、内容遴选与翻译(27万字材料)、校内外专家评审等系列环节,按照原定计划于2020年12月8日校庆日当天正式上线,40位外方合作高校负责人、外籍师生发来视频祝贺。

(三)留学生志愿者马妮微(Maniwong Koung)获聘成都大运会志愿者宣传大使。

(四)奥地利籍外教Lechner Patrick受成都市教育局邀请,为中小学学生讲授"爱成都迎大运2020成都市中小学开学第一课"。

(五)开展大运会知识竞赛,举办"爱成大,防疫情,迎大运"主题团日等系列大运宣传活动。

(六)支持大运,组织学院学生宿舍打包搬迁和思想动员工作。

【探索国际教育交流在线化】在线主办和参与多项高层次国际研讨和培训会。我校主办并面向全球开展历时3天的"全球化语境下的对外汉语教学:理论与实践"线上研讨公益培训(近20余所中外高校参训),主办"抗疫中的中国-东盟合作对话许宁宁理事长"国别与区域研究高端专家讲座等。学校参加泰国艺术大学举办的2020年国际工程与工业技术大会(王清远校长作主旨演讲)、泰国拉卡邦先皇理工大学主办的2020年第3届商业、信息学和管理学国际学术会议;参加德国克劳斯塔尔工业大学2020中国周活动;与8所国(境)外合作高校或机构开展线上视频工作会议6次,包括英国索尔福德大学、新加坡理工学院、西班牙康普斯顿大学、日本修曼集团等。

【发挥海教院国际教育孵化功能】加强国际合作与交流特色的党建模式探索。严守国际合作与交流领域意识形态工作,开展师德师风系列教育活动;杜洁教授受邀参加"学习进行时"讲习社,主讲《习近平谈治国理政》(第三卷)第一专题。完成《中外合作办学管理办法(修订)》《海外联合培养项目管理办法(修订)》等50余项制度建设。疫情期间组织好在线教学和创新。在线发布各类学习资料50余期,开展在线教研;组织云上答辩,举办雅思精品课程班和韩语TOPIK培训;聘请20名学生朋辈导师经验分享;组织"国际理解力"社会实践。开展教学质量活动月系列活动。举办海外-专业学院师生交流会并反馈学生意见,开展教科沙龙,邀请陈大伟、代显华等开设讲座,举行公开示范课7场。积极组织支持学生创新创业获全国大奖。7名学子在第八届全国高校数字艺术设计大赛获全国一、二、三等奖,14名学子在全国英语听说能力测评大赛(ELSC)中获一、二、三等奖。举办校友创业分享会。抓好学生思想教育,2020届就业工作排名全校第五。开展"国际视野,家国情怀"主题教育;举办橙园茶话;顺利开展学生评奖评优和资助工作;组织云上招聘会和线上毕业生家长会,2020届毕业生就业工作考核排名全校第五(就业率90.45%,高质量就业率41.5%),2021届毕业生目前就业率48.78%(暂排学校第二)。开展特色迎新,举办线上新生家长会。加强师资队伍博士化建设。积极鼓励支持青年教师提升学历职称,年内国合处(海教院）4名教师考上博士，目前已毕业或在读博士超过国合（海教）教职工人数30%。科研教改成绩突出。承担省级教改项目"城市型大学'一带一路'国际化人才协同培养机制的研究与实践"，泰国研究中心评估以较好评价通过评估，"韩国研究中心"获批成立校级研究中心，杜洁团队课题获教育部高校国别和区域研究中心2020年度立项，杜洁教授论文获成都市第十四次哲社优秀成果三等奖，另获省厅级科研项目3项、校级科研项目5项。

【坚守疫情防控，关爱中外学子】中外高校抗疫守望相助。疫情期间，我校境外合作高校及师生向我校致慰问信80余封、慰问视频6件，向我校捐赠各类防疫用品9985件。我校向境外100家合作高校致慰问信，捐赠抗疫用品10000余件。孔子学院坚守抗疫，与祖国心连心。孔院积极为国内捐赠抗疫物资，并将国内抗疫物资捐赠社区。支持学校抗疫和我校全球留学生。海教院在外教师为学校捐赠1000个口罩，通过视频会、快递防疫物资等方式关心赴泰护理专业等在外中国学生，负责留学生宿舍防疫管理。做好全日制中国学生抗疫组织。做好每日全体学生ISP打卡和测温统计工作；开展"携手战'疫'，青春之歌"主题活动；开展心理讲座，提供电脑助困难学生网课；7名学生在家乡争当抗疫工作志愿者，2位获"成都大学疫情防控标兵志愿者"。学院教师成功立项防疫科研市级课题。

【系统谋划"十四五"专项规划】系统谋划，凝聚共识，暑期深入学院开展十四五国际合作与交流专项规划基本思路调研；邀请四川省教育厅对外交流与合作处负责人、省外事侨务办公室亚洲处负责人、省发改委引进外资项目办公室负责人、泰国驻成都总领事等共同为我校"十四五"国际合作与交流规划把脉；走进相关高校（成都理工大学等）调研；举办首场国际合作沙龙；推进一个学院对接一所国外一流大学学科，高水准做好国际合作"十四五"子规划，提出"十四五"期间国际合作与交流百强目标，谋划推进"合作国际化、学生国际化、教师国际化、课程国际化、科研国际化、服务国际化""六位一体"国际化发展战略。

统稿人：顾　磊
审稿人：杜　洁

十、大运村建设

【概况】2020年是大运村项目建设攻坚关键年，基建处紧紧抓住大运村建设这个中心，聚焦全面打赢大运村疫情防控阻击战和建设攻坚战两场战役。面对年初突如其来的新冠肺炎疫情，基建处协调督促大运村项目各参建单位严格按要求开展疫情防控，项目于2月10日通过主管部门的复工检查并取得准予复工通知，成为成都市疫情之后首批复工的项目之一，项目疫情防控阻击战取得的阶段性胜利。基建处作为大运村建设组、宿舍改造组牵头部门，坚持每周集中巡查、部门每日巡查等制度，全年牵头组织召开30多次专题会，协调解决施工过程中出现的困难和问题。大运村A区（产教融合项目）1、2号运动员公寓先期于9月初完成建设交付学校使用，其余8个新项目已基本完工，仅余少量装饰装修以及总平施工；B区（东盟艺术学院项目）包括艺术中心、学生宿舍、学生食堂、体育馆、综合教学楼等4个建筑群落及1个400米运动场也全部完成建设工作。在学校后勤处、国资处、学生处等的配合下，于9月初完成了第11~12、第14~16栋宿舍改造并投入使用，第13栋宿舍于12月底完成改造。继续推进5000亩校园规划方案修改完善，牵头落实大运村备用水、电建设工作，配合开展学生食堂、体育场馆改造以及组织实施校园景观风貌提升打造工作，配合地方政府和市级单位开展大运村周边市政道路及学校与青龙湖跨线桥建设工作等。基建处党支部持续深入开展"以党建促基建"系列主题活动，进一步激发党员干部同志的责任感和使命意识，为大运村项目顺利推进提供坚实保障。

【战疫情，促复工，确保大运村项目顺利推进】大运村建设是一项光荣而艰巨的任务，市委市府高度重视，社会各界广泛关注。年初新冠肺炎疫情突然袭来，基建处密切协调城投教育集团，迅速成立大运村项目疫情防控工作机构，明确职责分工，统一协调部署，结合市住建局、卫健委的要求，先后牵头制发了《成都大学在建项目新型冠状病毒感染的肺炎防控方案》《大运村（产教融合）建设项目新型冠状病毒感染的肺炎防控方案》《大运村项目部新型冠状病毒肺炎防控工作方案》等。牵头项目参建单位严格开展3000余名工人和管理人员的身份信息、身体状况的摸排登记；建立大运村项目疫情防控信息交流微信平台，将所有在岗人员排查信息、重点人员追踪监测信息进行登记并及时发布；每日统计上报上岗人员人数、体温检测信息和生活区消杀信息；对所有工地进行打围封闭，设置门禁系统，严格进出管理等。经各方共同努力，2020年2月10日，大运村项目通过了市住建局的各项检查，成为成都市首批取得复工资格的重点项目之一，疫情防控阻击战取得阶段性胜利。

【协调落实市财政资金，解决青山实业110亩土地购地款问题】为支持成都大学建好大运村，2019年市委市府同意将青山实业约110亩土地划拨给成都大学，土地款按照205万元/亩的单价进行结算，扣除前期学校已付的6830余万元，尚存资金缺口15467万元。基建处根据分管校领导意见，加强与区政府、区大运办、区规自局、区财政局等部门的沟通协调，寻求解决问题的途径和具体操作办法。经过大量咨询走访，在彻底摸清问题症结基础上，2020年11月，在市住建局的协调下，基建处代拟《成都大学关于协调解决大运村项目青山实业地块土地费用问题的函》发市财政局，恳请按照市领导批示精神落实青山实业地块土地费用问题。市财政局经协调龙泉驿区规划和自然资源局后，明确：青山实业地块购地款缺口资金15467万元纳入2021年市级财政拨款预算，由市财政资金统筹解决。青山实业地块购地款缺口资金的落实，为该地块《不动产权证书》办理以及大运村项目后续验收奠定了基础。

【党建工作取得显著成效】为充分发挥党组织和党员干部的战斗堡垒作用和先锋模范作用，基建处党支部持续深入推进"以党建促基建"工作。疫情暴发后，第一时间发出了《关于充分发挥党组织和党员干部的战斗堡垒作用和先锋模范作用，坚决打赢大运村项目复工防疫阻击战的倡议书》。项目复工后，牵头开展了"危难面前显忠诚、挑战面前显担当"抗疫专题活动，开展了"爱成都、迎大运、庆七一""'党·育'精品工程、廉洁工程"主题党日活动等。大运村项目"'党·育'精品工程、廉洁工程"联建共创单位各级党组织和党员干部进一步提高了认识，主动冲锋在前，积极下沉一线，带头务实工作，党建促基建成效显著，为大运村疫情防控和建设工作的推进提供了保障。

统稿人：唐怀彬

审稿人：张　繁

十一、工会（扶贫办）工作

【概况】2020年，成都大学工会委员会（扶贫办）在学校党委的领导下，在学校行政大力支持下，高举中国特色社会主义伟大旗帜，以习近平新时代中国特色社会主义思想为指导，认真学习贯彻党的十九大和十九届二中、三中、四中、五中全会精神，增强"四个意识"，坚定"四个自信"，做到"两个维护"，巩固"不忘初心、牢记使命"主题教育成果，紧紧围绕"建成特色鲜明、国内一流，应用型城市大学"这一总要求和"五四一"战略目标，按照学校和工会工作要点的要求，坚决响应成都市和学校疫情防控指挥部的号召，做好疫情防控宣传解释和无死角、全覆盖教职工信息摸排工作，落实每位工作人员做好健康打卡、体温测量等日常防控要求，坚持创建学习型创新型服务型工会，保障教职工的民主权利，维护教职工的合法权益，开展一定数量的文体活动，凝心聚力，充分调动分工会和广大教职工参与学校建设和发展的积极性，按照省市精准扶贫工作的要求，做好精准扶贫工作，圆满完成各项任务。

【加强师德师风建设】积极构建高校青年教师教学竞赛选拔培育工作机制，组织我校青年教师参加第五届四川省高校青年教师教学竞赛；隆重庆祝第三十六个教师节；积极做好推优评优工作；推选18位教职工为成都市教育系统第一届工会会员代表大会代表；牵头做好"爱成都·迎大运"教职工知识竞赛。

【推进民主政治建设】以"工代会"分团讨论、青年教师代表座谈会等多种形式倾听教职工的诉求、意见和建议；在教职工人数达100人以上的学院召开二级教代会；做好"教代会"提案工作，做好校务公开监督工作。

【创新福利工作机制】在第八届工会委员会增设"劳动纠纷调解委员会"；继续做好全校在职教职工《在职职工重大疾病互助保障计划》《在职职工住院医疗综合互助保障计划》工作，做好新冠肺炎疫情防控工作；切实做好教职工传统节日慰问和生日慰问等普惠工作和健康体检工作；精心组织教职工荣休典礼；组织教职工参加市总工会主办的职工羽毛球比赛和市教科文卫体工会主办的乒乓球比赛。

【召开成都大学第八届工会会员代表大会第一次会议】2020年12月6日召开成都大学第八届工会会员代表大会第一次会议（以下简称"工代会"），完成换届选举工作，产生新一届工代会代表、选举出新一届工会主席、副主席、工会委员和经审委员等组织机构，协商产生了劳动纠纷调解委员会、女工工作委员会、福利委员会。

【做实精准扶贫工作】组织学校各级领导及相关工作人员80余人次分别前往石渠、九寨、简阳等地开展帮扶活动9次，看望慰问贫困群众520户；组织5位专家到县开展专题培训9场，培训公务人员650余人次。和师范学院和体育学院组织31名师范生和带队老师到凉山州布拖县开展顶岗支教工作；组织校内专家为石渠县制定《石渠全域旅游高质量发展》方案；组织农业农村部专家团队到九寨沟县和简阳开展藜麦试种工作，向帮扶地30名考上大学的贫困学子发放"奖学金"和"助学金"7.6万元。协调国资处、资产经营公司等向帮扶地捐赠办公教学设备、耗材等物资。代表学校向甘孜州石渠县、凉山州喜德、昭觉和布拖4个县的小学捐赠藏汉、彝汉对照图书1375册、生活用品50套;协调校友办面向广大校友发布帮扶地扶贫产品信息,组织校友为帮扶地捐款捐物共计7.7万元;组织全校开展"扶贫日"活动,将学校教职工个人捐款捐至石渠县新荣乡,用于当地设立教育发展基金、党建阵地建设、贫困大学生救治,2020年共收到教职工个人捐款9.79万元;切实做好消费扶贫工作,积极协调校工会面向各个帮扶地采购各类扶贫产品近150万元;协调后勤处利用扶贫产品销售窗口和召开扶贫产品展销会,销售各类扶贫产品近170万元;做好扶贫干部的联络沟通和关心关爱工作,认真落实省市及学校有关文件精神,帮助他们解决实际问题和困难。

【创新举措】制定《成都大学工会创建"职工小家"活动方案》,积极推进"职工小家"建设试点工作,经学院申报、专家评审,建筑与土木工程学院、电子信息与电气工程学院、基础医学院3个分工会获申报成功,并建成了职工小家。

【工作成效】2020年,学校获评四川省"高校定点扶贫先进单位""成都市对口支援藏区工作先进集体"称号;学校工会被评为成都市群众体育运动先进单位。在第五届四川省高校青年教师教学比赛中,学校获得优秀组织奖,基础医学院李夏卉老师获得医学组优胜奖。附属医院援鄂医疗队队长朱俊臣被评为四川省第八届先进工作者,中国-东盟艺术学院影视与动画学院张娟获评四川省三八红旗手,保卫处赵礼昌获评四川省扶贫先进个人,食品与生物工程学院赵钢获评成都市劳动模范,正在推荐文学与新闻传播学院张晓霞为"成都市三八红旗手",保卫处赵礼昌、附属医院刘开钺获评成都市对口支援藏区工作先进个人,马克思主义学院副院长岳鹏教授的论文获成都市"2020年度学习习近平总书记关于扶贫工作的重要论述征文活动"优秀论文一等奖。

【加强工会自身建设】组织工会干部参加市总工会主办的工会主席和副主席业务能力提升、工会干部经费审计工作培训;加强工会廉政建设,学习成都市纪委编印的违纪违法典型案例;召开民主生活会和党员民主评议;涉及教职工切身利益,如生日蛋糕等的购买,都由福利委员会、分工会主席代表、教职工代表组成比选小组进行比选;努力提高部门综合管理水平。做好综治、宣传、档案等工作;充分利用学校、市总工会和校工会网站等宣传媒介,做好宣传报道,全年发布信息报道200余条;加强工会工作理论研究,工会专职干部在《中国教工》等权威杂志发表工会工作论文。

第八届工会会员代表大会第一次会议主席团成员(按姓氏笔画排序):
万 君 孙雁霞 苏 波 张 弘 徐 涛 彭玉凌 虞海霞

统稿人:罗祥德
审稿人:文光富

十二、附属单位

成都大学临床医学院、附属医院

【医院概况】2020年,成都大学临床医学院、附属医院在岗职工1574人(含社会规培),副高及以上职称197人,硕博学历人员280人,实际开放床位799张。建有省医学重点学科(实验室)3个,省医学重点专科5个,市医学重点学科6个。医院有190余人次在各级学术组织中担任职务,担任四川省医学专业委员会主任委员3人次,副主任委员9人次;担任成都市医学专业委员会副主任委员4人次;拥有硕士研究生导师9名。医院有享受国务院政府特殊津贴专家1名,第一届四川省临床技能名师1名,四川省学术和技术带头人1名、后备人选3名,四川省卫健委学术技术带头人6名、后备人选3名,入选成都市优秀卫计人才培养计划1名,成都市卫健系统学术技术带头人1名、后备人选6名。2020年,医院荣获国家卫生健康委员会医政医管局、健康报社"改善医疗服务示范医院"称号;荣获"成都市抗击新冠肺炎疫情防控先进集体";获成都市总工会"新冠肺炎疫情防控五一劳动奖状";在2020年度中国医院人文品牌峰会上荣获年度公益风云榜TOP100强。

【党建工作】坚定以习近平新时代中国特色社会主义思想为指导,立足新发展阶段,贯彻新发展理念,积极服务和融入新发展格局。学习贯彻学校第七次党代会精神,做好微党课全覆盖,组织330名党员开展党性教育培训,组织100余名党务干部赴市委党校举办2020年党务干部培训班,举办"党旗高高飘扬在疫情防控一线"党组织和党员先进抗疫事迹报告会。按照上级要求,实行党委领导下的院长负责制,把党建工作要求写入医院章程,完善议事决策制度,建立党委书记和院长沟通机制,成立医院发展委员会,并制定《中共成都大学临床医学院、附属医院委员会第二轮督查督办工作实施办法(试行)》。创新党支部工作形式,实现党的建设与科室业务相融合相促进。启动医院首批"双带头人"党支部书记工作室建设,评选出10名"双带头人"进行培育,开展"一科室一品牌一支部一特色"创建活动。抓好党建"三个一"重点项目建设,申报一个党建课题——"公立医院党建引领现代医院管理制度建设的研究";抓好一个党建阵地——党建引领临床医学院师德师风建设项目;建设一个党建精品项目——抗疫精神宣教基地。严格党建查房,修订党建查房标准,将医疗护理、科研教学、文化建设等工作纳入党建查房内容,完成4个党支部,覆盖9个科室的党建查房,形成台账并整改到位。强化党支部党建工作责任目标考核,全院36名党支部书记参与年度党建工作述职。做好党员发展工作,全年共发展党员25人,其中援鄂医疗队员火线入党16人。援鄂医疗队员李花在2020年金牛区"党课开讲啦"微党课本土讲师决赛中荣获二等奖。党建引领人文医院建设，培育和形成了名医精神、列车精神、扶贫精神、抗疫精神"四大精神"，在全院形成正能量氛围。认真做好2020年大型医院巡查及相关整改工作，针对巡查存在的问题，校领导班子组织召开院班子整改专题民主生活会，对医院班子建设、干部管理及高质量发展进行专题研究。坚持党建带团建，成功召开团代会进行换届选举，产生医院第二届团委委员会，实施青年人才素质提升工程和职能科室青年职工提升长效机制。加强对统战工作的集中统一领导，医院专家参加省委统战部组织的"知行巴蜀 同心筑梦"活动，助力革命老区振兴发展；成都市金牛区政协委员、民盟盟员、骨科主任医师员晋教授撰写的提案获成都市政协采纳；学校党委统战部与民盟成都大学委员会联合建立"新时代爱国主义心理教育基地"，并向院团委进行授牌。

【廉政建设】制定《医院2020年党风廉政建设工作要点》，组织召开2020年党风廉政建设工作会、2020年廉洁风险防控工作联席会议等会议，对医院年度党风廉政工作进行部署，充分发挥医院纪委委员、党支部纪检委员监督作用。组织全院全员签署廉洁从业承诺书，提升重点部门、关键岗位人员廉洁从业意识，对新任及轮岗干部进行任前廉洁谈话，不断深化惩防体系建设。建立党风廉政教育长效机制。组织全院职工开展廉洁警示教育6次，编印《党风廉政学习资料》2册，印发《廉情专报》2期，观看警示教育片4次。同时加强对问题线索调查，严肃执纪问责。聚焦主责主业，深化"三转"，根据学校纪委要求，牢牢把握"监督的再监督"定位，全面退出选人用人、招标采购、招聘考试等现场监督。制定《规范管理各类供应商代表实施办法》，明确供应商代表接待时间及要求，营造风清气正的医疗卫生健康环境。坚持"全面审计，突出重点"，充分发挥内部审计"免疫系统"功能和"审、帮、促"监督服务作用，以问题和风险为导向，以控风险、强内控、提质效为目的，不断更新审计理念，拓展审计业务。共完成审计（调查）项目40项。

【疫情防控】坚持以党建为引领，全力做好疫情防控工作，积极发动全院职工参与防控工作，全面落实"四三四早"管理。建立上下贯通、左右联动的战时指挥体系，由党政负责人任防控领导小组组长，下设8个专项工作组，统一指挥、专项落实，保障重点岗位、重点环节防控到位。武汉抗疫前线与院内均实现"医护零感染、工作零失误"。坚持防控机制不变、力度不减，妥善应对疫情态势变化，做到"四个强化"：强化防控措施。发挥防控处置作用，建立常态化检测机制，因地制宜设置预检分诊和发热门诊，建立疫情防控工作监督检查组与院感督察组亮牌监督机制。强化防控培训。先后制定制度流程方案100余个，开展院级层面培训79场，参培近万人次，实现培训全覆盖。组织开展新冠疫情诊疗流程演练3次。强化物资储备。通过多方渠道募集防护用品，多部门联动做好医疗物资储备，满足医院和外援医疗队防疫物资需求。强化人文关怀。及时做好职工和患者的心理疏导，建立"日报"机制、抗疫一线绩效倾斜机制及医学生培养关怀机制，做好对全院职工（含第三方人员）开展核酸检测工作，结果均为阴性。围绕"补短板、堵漏洞、强弱项"，强力推进医院应急体系建设能力。进一步调整完善院感防控部门职能，积极推进健全传染病信息化监测及医院感染预警机制，完善医院感染防控体系，打造一支一定影响力的感控专兼职队伍，不断完善医院整体感控能力，并将感控体系建设纳入医院"十四五"规划。按照疫情防控和诊疗规范的要求，积极筹建PCR实验室和发热门诊、隔离病房。8月医院PCR实验室取得开展新冠核酸检测的资质，全面开展核酸检测，目前核酸日检测最大量可达4600余人次。9月标准化的发热门诊改造完成，全面投入使用。派出援鄂医护人员48人，开展各项防控诊疗救治工作，援鄂人员累计救治危重患者1600余人次，3名医务人员奔赴云南参与核酸检测工作，5名专家参与成都市新冠肺炎救治轮训，均圆满完成抗疫任务。根据疫情发展趋势，做好大规模核酸检测工作应对措施，及时响应参与金牛区疾控中心抽调核酸采集人员通知要求。组建成都市核酸采样应急预备队100人，做好随时可能出现的大规模新冠肺炎感染者筛查准备工作。

【制度建设】理顺医院管理机制。以建立健全现代医院管理制度试点单位为契机，进一步理清综合大学附属医院管理机制，充分发挥综合大学附属医院的作用。2020年，由学校分管校领导3次带队赴省、市卫健委进行专题汇报，并得到省、市卫健委领导的指导和帮助。推进医学中心建设。按照《中共成都大学党委会常委会会议决议事项通知》文件要求，成立医学中心，完善相关组织架构及制度建设，推动医教协调发展。做好立柱架梁工作。开展"十四五"发展规划编制工作，形成《成都大学临床医学院、附属医院十四五发展规划（讨论稿）》并上报学校，同时完成《医院章程》审定上报工作，为医院高质量发展提供制度支撑。

【专项治理】完善现代医院管理试点工作建设。医院把建立健全现代医院管理制度试点工作作为深化医改的重要内容和医院的重点工作任务，促进医院行政管理质量和管理效率的提升。9月22日，国家卫生健康委卫生发展研究中心来院调研。开展卫生健康领域突出问题专项整治活动。针对重点科室和重点部门，开展现场检查、重点监督，对药品耗材使用量排名前十位的科室进行重点处方点评和耗材点评。有序开展三级公立医院绩效考核工作。各指标牵头部门定期上报三级公立医院绩效考核相关指标，形成例会制，汇总分析不断完善相关指标。综合分析2016—2019年四年的数据，对数据改善较好的6项指标进行绩效奖励。

【深化医改】探索支付方式改革形式。做好总控下按病组分值付费、按疾病诊断相关分组付费、按病种收付费等探索工作，优化院前费用并账流程，开发日间手术和普通住院患者入院前相关费用自动并账流程，实现"病人少跑路，信息多跑路"。新增医疗服务收费项目16项。2020年9月，正式开通大学生门诊联网结算工作。深化构建城市医疗集团。启动高水平培训讲坛，举办医联体管理干部培训班，邀请樊代明院士和10余位省级医院管理专家对100余名医联体单位管理干部进行培训。帮扶金建人民医院创建二级乙等综合性医疗机构。下沉优质医疗资源。联合金牛区辖区3家社区完成对下辖21所中小学校在校学生健康体检筛查工作，开展健康义诊咨询16场。选派专科专家联合社区全科医生组建家庭签约服务团队；在成员单位推广开展适宜技术18项。高起点开行健康列车。不断探索铁路职工健康促进工作，2020年将医疗列车更名为健康列车，实行双车同时运行，创新服务模式，开通门诊特殊疾病认定工作，把优质服务送到职工家门口。

【大运村建设】院班子亲抓亲管，通过专题会研究，多部门分工协作，落实运行计划，结合大运会需求及大运后时代的谋划，加快配备设备设施，精准推荐保障人员等准备，确保大运村医疗中心顺利建设和各项工作顺利推进。根据时任成都市分管大运会医疗保障和医疗卫生副市长敬静调研大运村医疗中心精神，将大运村实训楼整体作为大运村传染病防控场所，采用平战结合的思路配齐独立检验和检查等条件，分区分类防控。开展成都第31届世界大学生夏季运动会大运村创伤急救技能培训暨中国创伤救治培训创伤救治理论和实践技能培训、大运会大运村国际礼仪培训暨医护人员职业形象及人文素养培训，高水平服务好大运会。

【医疗质量】全面修订医疗质量管理制度汇编，形成医疗质量管理体系，充分运用"例会—查房—委员会"功能，保障医疗质量。启动医疗组长负责制和多学科诊疗团队试点工作。完成全院22个科室医疗技术再授权工作，申报新技术、新项目共计70项，准备限制性医疗技术备案工作2项。实施重大手术审批制度和不良事件报告管理制度，以提前介入减少不良事件影响等方式，化解医患沟通障碍及矛盾，全年无影响医疗秩序的重大医疗纠纷和医疗纠纷同比减少。鼓励和促进医院多学科诊疗团队工作，评选10个多学科诊疗团队，予以专项建设经费的支持。2020年完成初级卒中中心建设、胸痛中心（标准版）完成现场评审，高危孕产妇救治中心进一步建设完善。

【优质服务】持续深化优质护理。完善护理三级管理组织构架，每月开展专项质控10~12项，覆盖所有护理单元，完成"三个中心""三个基地"挂牌，开展国际护士节纪念系列活动，ICU

"呵护圈"荣获第八届全国医院品管圈大赛一等奖。开展便民措施,实现服务群众关口前移。完善微信服务号内容及功能,通过"一对一"的方式协助患者使用网上预约平台进行预约挂号,2020年预约率较去年同期明显上涨。规范门诊出诊秩序。上线门诊二次报到系统全面,减轻出诊医师负担。进一步规范出诊医生诊疗行为、提升诊疗质量。梳理门诊危急值管理,提高诊疗质量。鼓励开设专病门诊,新增专病门诊4个。在2020年第六季全国医院擂台赛(城市类)中荣获10个奖项。

【质控体系】环节质量控制监管,提升终末病历质控工作,每月对全院抽取的终末病历专家评审意见实施审核,同时开展全院临床医师病历书写技能提升培训。病案首页上传、三级公立医院绩效考核省级监测指标数据上传双100%达标。完成成都市胸外科及骨科质控中心迎检工作,在成都市卫健委考核工作均取得良好成绩。医院获得全国肺栓塞和深静脉血栓形成防治能力建设项目2020年第一批静脉血栓防治中心认证。完善院感日常标准化管理体系建设,全面修订更新医院感染质量管理考核标准13个,规范院感指标监测,形成质量追踪闭环。2020年医院感染及其他各项监测指标均达标。建立处方点评机制,合理用药监管。2020年1—11月阳光采购积分符合四川省卫健委规定。药占比、抗菌药物使用率、抗菌药物使用强度均符合要求。

【人才强院】以院内培训学院建设为"切入点",分层次分系列开展知识技能和职业素养培训,提升岗位胜任力,塑造职业能力。以岗位聘任和高级职称专业能力考核为"支撑点",加强专业技术人才创新能力建设,建设创新型专业技术人才队伍。以医院发展和学科建设为"关键点",通过全职和柔性引进,引进医院和学科发展需要的高层次人才(学科带头人和青年博士),提高医院医疗、科研和教学水平,优化专业技术队伍结构。2020年引进副高及以上人才10名(博士6名),本院职工取得博士入学资格12名;5名获四川省卫健委第十四批学术技术带头人及后备人选称号;李开南荣获2020年度成都建设全面体现新发展理念的城市改革创新奖先进个人。

【临床教学】以全科住培基地整改为契机,全面提升住培质量,顺利通过中国医师协会对全科住培基地复评。2020年11月,医院接受教育部临床医学专业认证现场考察,圆满通过临床医学专业认证现场考察。积极探索线上教学模式,确保线上线下教学质量同质化。面临疫情防控状态,积极组织师资探索线上教学模式并协助网课录制,共进行2场200余人次的师资线上教学模式培训,教学工作形成日报,保障线上线下教学质量同质化。三是协办2020年金牛区社区卫生岗位练兵和技能竞赛,获特别组织奖。举办继续教育项目省级2项、市级4项,完成外出进修34人次、外出参会参培364人次。

【学科建设】组织全院科研人员积极申报各级科研项目共计97项,获各级科研立项共34项,其中国家重点研发计划立项1项。获2019年度四川省医学科技奖(青年奖)三等奖1项。获实用新型专利21项、计算机软件著作权5项。发表论文共计104篇,其中SCI来源期刊14篇,累计影响因子38.542。组织参与四川省医学重点学科动态管理评估,呼吸与危重症医学科升级为四川省医学乙级重点学科。医学影像学、口腔医学2个学科获批成都市医学重点学科建设项目,康复医学科获批成都市中医重点专科建设项目和成都市非物质文化遗产项目。

【信息化建设】对现有HIS、LIS、PACS及EMR等信息系统进行高度集成,实现围术期患者数据的充分共享,完成输血管理信息系统改造及验收工作,完成具备远程会诊、远程查房、远程监护及远程教学培训为一体的远程会诊系统建设。完成互联网医院App及微信小程序上线,并通过市卫健委审批并成功备案互联网医院第二名称。进行网络基础改造。将HIS系统成功迁移至性能更优的服务器及数据库,使HIS系统服务高效运行,增加ADG备份数据库,实现突发情况下的分钟级数据恢复以及稳定的对外数据共享环境。完善数据库审计系统、数据中心防火墙等数据中心安防建设,保护医院信息数据安全。

【后勤管理】完善和修订多项采购管理制度，努力提高采购效率、优化采购流程、节约采购成本，全年完成委外采购项目64项，院内集中采购活动260项，院内零星采购项目635项。逐步建立管理新机制，通过"两畅通、两加大、两引入"（畅通调研渠道、畅通信息来源，加大市场监督、加大论证力度，引入医保物价员参与、引入价格查询系统），保障设备论证的精准性，达到医疗设备采购性优价廉。对全院消防设施设备进行保养维护，加强防火巡查，进行消防应急演练3次，吸取北京民航医院伤医事件经验教训，加强全院人防、物防、技防措施。荣获2020年度成都市"先进微型消防站"称号。推进外科综合大楼建设项目，跟进医院二期医技科教大楼立项前的论证，完成院内零星工程7项。强化环境管理，打造"花园式医院"。做好节能减排减低消耗，2020年比2019年总能耗支出降低11.1％，万元收入能耗支出降低17％。

【精准扶贫】继续落实精准扶贫和医疗"传帮带"工作，分别向九寨沟县人民医院、石渠县人民医院各派驻10名医疗队员。院班子带队先后7次前往甘孜州石渠县、阿坝州九寨县，深入开展定点扶贫工作。在食堂设立扶贫产品销售专柜，帮助销售九寨沟县、石渠县的农副产品。医院精准扶贫工作得到四川省政协副主席、民盟省委赵振铣主席的肯定。多次组织开展义诊及巡回医疗专项工作。截至2020年12月支援两县医务人员共诊治患者11000人次，开展新技术新业务30余项，累计完成诊次2400余人次，受到当地党委政府以及藏区百姓的衷心感谢。

【人文医院】2020年"公立医院党建引领现代医院管理制度建设的研究"获成都大学校级党建课题立项；"'六维一体'城市公共卫生应急管理体系建设研究"获得成都市哲学社会科学规划办公室新冠肺炎防控科研项目立项。人文医院建设获得社会认可。医院在2020年度中国医院人文品牌峰会上获六项荣誉。2020年6月成都市卫生健康委员会简报专题报道了医院的党建引领人文医院建设实践做法；2020年8月在成都市现代医院管理制度现场推进会暨深化医药卫生体制改革培训会上做经验交流；2020年9月，医院党建引领人文医院建设工作运行机制被多个官方微信公众平台进行专题宣传报道。

【品牌形象】制定《意识形态工作责任追究办法》与《关于使用自媒体社交平台办公的管理规定》，规范医院内部自媒体社交平台的管理，形成全面宣传矩阵，做好正面宣传引导。利用多渠道多维度宣传平台发布信息1545条，新媒体平台累计浏览量、转发量和点赞量超过100万次/人。舆论影响逐步扩大。各级媒体正面报道近465次，邀请省市级媒体来院专题采访报道30余人/次；邀请10余位专家录制《名医大讲堂》科普类视频节目，涵盖全部省级重点学（专）科。微视频《我是党员我先上》获2020年成都市党员教育电视片纪录片类二等奖。

统稿人：徐云莹

审稿人：杨　进

十二、附属单位

成大资产经营有限责任公司

【概况】2020年，资产经营公司、下属全资子公司及代为行使出资人权利的企业营业收入2536.62万元，净利润215.60万元。按照3%的涨幅向学校上缴了资源占用费共计261.96万元；返还代发编内员工绩效工资及"13餐补"共计60.63万元；向成都市财政局上缴国有资本收益38.63万元；为社会提供就业岗位32个；依法缴纳税费192.75万元。全年代学校催收商铺租金共计725.22万元，代收商铺水电费79.95万元。全年共计向学校上缴资源占用费261.56万元；作为市级国有企业，按规定向成都市财政局上交企业利润49.27万元；为社会提供就业岗位29个；依法缴纳社会保险26.79万元；依法缴纳税费136.45万元。严格按照所属企业体制改革方案进程推进相关工作，完成清理关闭全资子公司1家，完成保留管理的3家代为行使出资人权利管理的企业《无偿划转方案（初稿）》的拟定。

2020年，严格落实复工复产要求，开展了10次疫情防控、消防安全、食品卫生专项检查和演练；按照"四定原则"对校园快递进行监管，保障了9—12月43.57万件邮包安全。全年未出现校园商家群体性事件，未出现食品卫生安全事件，确保了校园经营环境整体安全稳定。

2020年校园文创产品展示中心获得"成都2021年第31届世界大学生夏季运动会官方特许商品零售店"授权。

【党风廉政建设】2020年资产经营公司党支部坚持以习近平新时代中国特色社会主义思想为指引，认真贯彻落实学校党委的重大决策部署，聚焦中心工作，坚持不懈抓学习教育，坚持全面从严治党，充分发挥企业党组织的领导作用和战斗堡垒作用。坚持并完善资产经营公司"三重一大"决策机制，全年召开总经理办公会21次，审议事项85项；召开董事会3次，审议事项16项；提交经营性资产管理委员审议事项14项。全年接受和开展审计工作5次，开展廉洁教育主题活动2次。

【推动企业内涵式发展】对标现代一流标准化企业，加强资产管理，优化财务核算，重视成本控制，注重制度建设，全面修订管理制度汇编，在原有34项制度基础上，优化合并制度2项，修订制度13项，新增制度3项。拟定31条办事流程，汇编成《资产经营公司办事工作流程手册》。2020年顺利通过ISO 9001国际质量管理体系监督审核认证，管理体系持续有效运行

【保质保量完成大运工作】资产经营公司牵头负责大运村住宿服务工作组和休闲与商业服务组。2020年组织召开工作组专题工作会10余次，参加市执委会培训、会议20余次；完成住宿服务专家顾问团队招标引进工作；完成住宿服务样板区基础建设工作；完成国际教育交流中心招租需求及招租方案拟定；完成国际教育中心、生活服务中心和休闲服务共计价值2336.74万元的设备和家具采购申请工作。向大运村部提交了4万余字的《大运村住宿与会议服务方案》，1万余字的《大运村住宿运行服务方案》《大运村住宿服务需求方案》和《大运村住宿服务工作规划报告》。

【构筑疫情防控坚固防线】防疫期间，制定了《资产经营公司疫情期间复工方案》，严格落实学校管理要求，开展应急值守，采用"线上为主、线下为辅"的工作方式，建立健全信息报送机制，

全力排查隐患,强化宣传教育,多渠道传达《疫情防控公告》和《防疫知识手册》。完成了自2020年1月8日起资产经营公司员工46人、校园经营商家员工228人和成龙谷入驻企业(团队)141人的轨迹信息及健康状况统计,并进行健康监测。按照学校要求完成了各项统计表报送和信息报送工作。4月开始有序审批校园商家和成龙谷入驻企业复工复产。

统稿人:喻　瑾
审核人:羊　冯

十三、表彰奖励及附件

成都大学获国家级表彰奖励汇总

序号	获奖单位	授予称号及名次	颁奖单位
1	成都大学	中国药学会科学技术奖一等奖	中国药学会
2	成都大学	铜奖	共青团中央、中央文明办、民政部、水利部、文化和旅游部、国家卫生健康委员会、中国残疾人联合会
3	共青团成都大学委员会	优秀组织单位	共青团中央青年发展部 中国青年报社
4	共青团成都大学委员会	优秀单位	团中央青年发展部
5	共青团成都大学委员会	优秀单位	共青团四川省委办公室
6	共青团成都大学委员会	优秀组织奖	团中央青年发展部
7	成都大学通讯站	最佳传播作品	团中央青年发展部
8	成都大学通讯站	2019年度优秀校园通讯站	中国青年报社
9	成都大学搏"疫"青年纵队	最美团队	中国青少年新媒体协会、中青在线网络
10	成都大学后勤处	2020年全国高校"教育后勤信息化建设优秀单位"	中国教育后勤协会
11	成都大学后勤处	2020全国学校物业管理机构50强	中国教育后勤协会
12	成都大学文学与新闻传播学院青年志愿者协会	中国社会福利基金会"免费午餐"公益项目优秀大学生驿站优秀志愿者集体	中国社会福利基金会
13	成都大学影视与动画学院	第八届全国高校数字艺术设计大赛（NCDA）卓越贡献奖	工业和信息化部人才交流中心、第八届全国高校数字艺术设计大赛组委会

成都大学教师、学生获国家级奖励、表彰汇总

序号	获奖人姓名	获奖名称	颁奖单位
1	黄静玮	神农中华农业科技二等奖	农业农村部
2	赵 钢	神农中华农业科技三等奖	农业农村部
3	邓 禹	中华医学会科学技术奖	中华医学会
4	刘 超 曲 扬	中国青年网校园通讯社 2019 年度评选 2019 年度优秀指导教师	中国青年报社
5	徐 谧	2020 年全国大中专学生志愿者暑期"三下乡"社会实践"镜头中的三下乡"成果遴选活动优秀指导教师	共青团中央青年发展部 中国青年报社
6	孙 野 李 丹 王 颖 李 萍	首届全国高等学校外语课程思政教学比赛全国二等奖	全国高等学校外语课程思政教学比赛组委会
7	郑 帅 李 丹 王静思 陈红宇 康 娜	2020 年外研社"教学之星"大赛全国半决赛二等奖	外研社"教学之星"大赛组委会
8	练红宇 陈舒慧 孙佳媛 岳培宇	第十四届全国高校商业精英挑战赛会展创新创业实践竞赛全国总决赛最佳指导老师	中国国际贸易促进委员会
9	岳培宇	"杭博杯"第三届中国会展院校大学生辩论赛优秀指导老师	中国会展杂志社、中国国际会展文化节组委会
10	黄逸伦 黄 强 胡 箫 李瑛琪 向珈仪	"杭博杯"第三届中国会展院校大学生辩论赛最具创意奖	中国会展杂志社、中国国际会展文化节组委会
11	黄逸伦 黄 强 胡 箫 李瑛琪 向珈仪	"杭博杯"第三届中国会展院校大学生辩论赛中国大学生会展活动策划师	中国会展杂志社、中国国际会展文化节组委会
12	孙 明 张志巍 王珏殷 邓 瑶	第十一届蓝桥杯全国软件和信息技术专业人才大赛——视觉艺术设计赛全国选拔赛视频设计类优秀指导教师	工业和信息化部人才交流中心、蓝桥杯全国软件和信息技术专业人才大赛组织委员会
13	罗世玉 杨春梅 王识瑞 王岩松 伏东海	第八届全国高校数字艺术设计大赛优秀指导教师奖	工业和信息化部人才交流中心
14	李濯缨	指导学生作品获第16届中国国际动漫节"金猴奖"动画短片潜力奖	中国国际动漫节执委会办公室
15	向朝楚	第三届全国高校数字创意教学技能大赛优秀奖	全国高等院校计算机基础教育研究会

续表

序号	获奖人姓名	获奖名称	颁奖单位
16	张志巍	2019—2020年度影视作品推优活动暨第十届"学院杯"纪录片单元（教师组）一等奖	中国高等院校影视学会
17	邓俊丰	中国药学会2020年优秀科技志愿者	中国药学会
18	刘辉 代鑫 廖钧华 李德松 蒋霓 宋代雨 陈治宏 陈玉梅 熊杨洋 杜佳慧 詹敏 杜安 黎朋 杨雪 简含 陈中美 曹龙 利焰 田琪 刘宽红 王芷薇 杨文星 林雨雁 李军旺 刘萍 杨雨桐 王童 刘翻 李佳学 刘佳佳 陈欣媛 徐佩琪 田美杉 杨倩颖 谢沁松 曾月 侯婧熠	国家奖学金（本专科）	教育部
19	冉强林 杨孟辑 刘一达 刘鑫 温雪菲 钟沁洁 蒋亚平 申思 郑雨婷 王彦云 马卓恺 杨鑫雨 杨怡 周颖 段怀川 吴志祥	国家奖学金（研究生）	教育部
20	邓芮林 周沛玲	2021年全国大中专学生志愿者暑期"三下乡"社会实践"镜头中的三下乡"成果遴选活动优秀通讯员	共青团中央青年发展部、中国青年报社
21	白方正 邓芮林 罗梦玲 李万佳 袁文萁 周沛玲	中国青年网校园通讯社2019年度评选2019年度优秀通讯员	中国青年报社
22	郑荣蕾 马焓彬 赵灵丽 杨安迪 刘新燕 昝丽 刘志萍 何鸿雁 周鑫 唐昊宇 冯启洋 穆君宇 宋文毓 杨星月 姚葳 蒲羿 李钰靖 李红 徐开兴 周峻玄 叶香 任进贤 任琼 潘茂林 刘旭 许榕杰 罗唯嘉 黄睦睦 泽仁扎西	第十二届"挑战杯"中国大学生创业计划竞赛铜奖	第十二届"挑战杯"中国大学生创业计划竞赛组织委员会
23	陶思宇 陈凤	中国青年网校园通讯社2019年度评选2019年度优秀原创稿件	中国青年报社
24	王童 万佳敏 安晓宁	2020年大学生返家乡社会实践优秀调研报告征集活动优秀调研报告	团中央青年发展部
25	刘家香 艾玲 董文皓 胡杨 吴欣瑶 县付瑞雪	第六届"东方财富杯"全国大学生金融精英挑战赛三等奖	团中央青年发展部
26	陈涛	2019年度"中国大学生自强之星"	中国大学生自强之星组委会
27	刘萍 赵春燕 邓思佳	第十二届全国大学生广告艺术大赛三等奖	教育部
28	向金莉 秦世一 王思怡 李萍 冯奕睿 赵径舟 潘雯 潘志航 苟琴 李小成 赖雨诗 范生静 刘代丽 周茜 杜智雪	第十二届全国大学生广告艺术大赛优秀奖	教育部

续表

序号	获奖人姓名	获奖名称	颁奖单位
29	姚葳　蒲羿　徐开兴	全国大学生生命科学创新创业大赛二等奖	教育部高等学校国家级实验教学示范中心联席会
30	曹龙　贺太平　罗达　古晓林 普玉珊　王兴银	"学创杯"创业竞赛二等奖	教育部高等学校国家级实验教学示范中心
31	方西华　李春江　胡彧淞　陈言	全国大学生信息安全竞赛创新实践能力一等奖	教育部高等学校信息安全专业教学指导委员会
32	刘家香　艾玲　董文皓　胡杨 吴欣瑶　县付瑞雪	第六届"东方财富杯"全国大学生金融精英挑战赛三等奖	共青团中央青年发展部
33	蓝正林　谢仁杰　宋小川　李鹏程 王冰熙　徐晴　张家宝　李博 马克　刘罗　王冰熙　李航 张雷　刘璐	全国大学生电子商务"创新、创意及创业"挑战赛二等奖	全国大学生电子商务"创新、创意及创业"挑战赛竞赛组织委员会
34	姚葳　王祎娅　杨星月　李婷	中国大学生服务外包创新创业大赛三等奖	中华人民共和国教育部、中华人民共和国商务部、无锡市人民政府
35	蔡杰　马超　付淞　张登辉 毛冬梅　罗中云　张坤　彭宇涵 张家俊　任米鑫　张登辉　王晓荣 陈宇坤　毛冬梅　陈福明	全国大学生机械创新设计大赛三等奖	全国大学生机械创新设计大赛组委会
36	张佳俊　朱荣海　黄韬　张垚 李圣　任米鑫　辛一航　吕向阳 李天杰　张梅　蔡杰　李昕洋 冯量于　许佩云　邓盛权　蔡杰 马超　付淞　张登辉　毛冬梅 罗中云　张坤　彭宇涵　张家俊 任米鑫	全国大学生机械创新设计大赛优秀奖	全国大学生机械创新设计大赛四川赛区组委
37	吴忠明　喻鑫杰　曾广群　聂理多 张家伦　周兢　宋代雨　伍克艳 冯淞　梁林　刘佳兴　何双良 张子涵　刘加兴　胡杰龙	全国大学生电子商务"创新、创意及创业"挑战赛一等奖	全国大学生电子商务"创新、创意及创业"挑战赛竞赛组织委员会
38	邓维祢　陈中美　刘宜晋　李德松 邓钊　谭儒鑫　李德松　廖钧华 蒋霓　张卫　夏杰　胡尧文 肖慈灵　张笑影　彭嘉绮　任静 吕熊　王璐瑶　宋代雨　钟倩芸 伍克艳　干文浩	全国大学生电子商务"创新、创意及创业"挑战赛二等奖	全国大学生电子商务"创新、创意及创业"挑战赛竞赛组织委员会
39	宗思帆　谢冰玉　何志远　周睿锋 牟婷　伍克艳　宋代雨　王璐瑶 梁林　黄泳智　郭高余　刘琴 陈浩雨　常昊　杨孟辑　陈泯全 李宝兵　朱品丽　张译文　梁玉 陈耕　邓永霜　何春兰　卞思婉 李爱玲　魏其山　江丹　陈文 代睿　徐梓煊　冯瑞　李腾跃 刘倩　何渺渺　夏杰　李灏然 林慧龙　杨官杰　梁心浩　李科翰 郑兴焰　唐左平　罗玥珩　危宇豪 但明峻　柴官煜　葛志剑　王毓琦 冉珂睿	全国大学生电子商务"创新、创意及创业"挑战赛三等奖	全国大学生电子商务"创新、创意及创业"挑战赛竞赛组织委员会

续表

序号	获奖人姓名				获奖名称	颁奖单位
40	张程 唐薪媚 周缨缨 李林荫	利焰 李洪 高航 李鑫宇	许静 蒋瑶 蒋瑞 张志伟	谭剑峰 罗文莉 付鎏澍	全国大学生电子商务"创新、创意及创业"挑战赛一等奖	全国大学生电子商务"创新、创意及创业"挑战赛竞赛组织委员会
41	邹治鑫 陈晓雪 罗伟 杨滢 黎津佟	罗达 左泽鹏 陈鸿宇 周晓凡 刘家财	汪润之 田卓希 邓媛 李东平 宋海英	杨明珠 刘萍 李振垚 邓雅欣	全国大学生电子商务"创新、创意及创业"挑战赛二等奖	全国大学生电子商务"创新、创意及创业"挑战赛竞赛组织委员会
42	文昌青 彭明果 陈奕汶 栗然 宋茂林 夏尹璇 彭雨 张燕 彭绅豪	任琼 任琼 宋京京 吕璐玲 苏晓鹏 朱明宇 王涛 亢梦琦 刘鑫	邱惠 贺太平 贺宇 郑植予 臧鑫茜 夏桐 秦杰 郭妍琪 陈隆	周亚茂 黄茜 范佳杰 胡倩茹 杨宇 晋琳 白雅兰 白雨瑄 卢宇希	全国大学生电子商务"创新、创意及创业"挑战赛三等奖	全国大学生电子商务"创新、创意及创业"挑战赛竞赛组织委员会
43	宋代雨 黄浩 冯苗 罗伊宁 王鑫 杨康 唐航 叶嘉豪	唐熙 喻丹 蒲镜名 王孝天 马勇 牛泽同 李桂明 万申龙	危宇豪 吕熊 马雪冬 胡博 李浩 苏慧颖 覃茂辉	刘世霖 周杰 钟沛兰 邓涵丹 张洪瑞 习力洋 邓世伟	2020 中国高校计算机大赛三等奖	全国高等学校计算机教育研究会
44	陈玉梅 李奇 邓怡敏 杨雨桐 张林玉	刘洋 黄青松 刘丹 曹武华 罗怡维	殷人凤 王智 张航 陶红利 王莉华	曾熙涵 夏伟钞 李显喆 汤颖	中国大学生计算机设计大赛一等奖	2018—2022 年教育部高等学校大学生计算机课程教学指导委员会
45	张家义 伍克艳 钱丰奎 刘佳兴 张笑影 董鑫 何志远 黄金 宋亚男 汤颖 白雪	夏伟钞 钟倩芸 伍克艳 胡杰龙 肖慈灵 李德松 夏欣 张玉婷 余满秋 赵齐兵	舒达 谭锦涛 宋代雨 古一飞 宋平 邓维标 牟婷 周伯炜 张航 常冰淇	宋代雨 赵润 蒋思亿 俞志豪 龚缘 陈中美 王欣予 龚岚凤 罗怡维 李芹	中国大学生计算机设计大赛二等奖	2018—2022 年教育部高等学校大学生计算机课程教学指导委员会

续表

序号	获奖人姓名				获奖名称	颁奖单位
46	江 丹 王璐瑶 蒋燕浓 王璐瑶 吕志伟 田雨洁 龚 缘 杜青峰 陈玉梅 伍克艳 李显喆 谭锦涛 宋代雨 陶红利 王旭欢 吴洁薪 谢权志 刘雅茜 伍义华	魏其山 伍克艳 陈中美 周 兢 徐元通 袁芷毓 王欣予 张家义 刘 洋 钟倩芸 曾熙涵 赵 润 蒋思亿 卢美仪 孙钰玲 周 玲 徐振华 莫 言 赵 丹	李爱玲 梁 玉 肖彬斌 梁 林 王子悦 陈吉英 胡尧文 舒 达 殷入风 刘 丹 李 奇 钱丰奎 杨雨桐 王钰茹 麦浩原 唐紫溢 杨可韵 谢明敏 王 雁	宋代雨 陈 燚 利 焰 邓 聪 王 祯 代龙安 童 婕 夏伟钞 宋代雨 张 航 黄青松 伍克艳 曹武华 李宜谦 刘 丹 李欣悦 谭博文 廖文杰	中国大学生计算机设计大赛三等奖	2018—2022年教育部高等学校大学生计算机课程教学指导委员会
47	周峻玄 张 为	叶 香	杨 茜	任进贤	2020中国高校计算机大赛网络技术挑战赛一等奖	全国高等学校计算机教育研究会
48	周峻玄 张 为 马聪颖	叶 香 邓维标 严盈盈	杨 茜 唐 熙 李德松	任进贤 陈中美	2020中国高校计算机大赛网络技术挑战赛二等奖	全国高等学校计算机教育研究会
49	陈玉梅 肖 乐 邓永霜 刘佳兴 刘加兴 张笑影 宋代雨 伍克艳 张家伦 夏 杰 张 卫 黄海峰 牛小凡 陈 婷 钱丰奎 伍克艳 王 银 苏丁华 王 祯 邓维标 严盈盈	王 珍 侯卫明 何春兰 杨文玲 何双良 吴 爽 王璐瑶 周 兢 曾广群 林慧龙 梁心浩 潘 旭 余显冰 黎津佟 李兴鹏 黄泳智 余显冰 陈中美 涂翔宇 唐 熙 李德松	夏伟钞 梁 玉 陈 耕 张子涵 刘鹏举 吕 熊 梁 林 吴忠明 聂理多 杨官杰 刘 妍 张国庆 邓怡敏 谭锦涛 陶秋虹 周 兢 夏伟钞 王子悦 李 灵 陈中美	刘 洋 万 磊 卞思婉 古一飞 彭嘉绮 任 静 钟倩芸 喻鑫杰 胡誉思 李灏然 谢梦玲 鲜丹丹 陈中美 赵 润 宋代雨 钟倩芸 王 智 田雨洁 张志伟 马聪颖	2020中国高校计算机大赛网络技术挑战赛三等奖	全国高等学校计算机教育研究会

十三、表彰奖励及附件

续表

序号	获奖人姓名				获奖名称	颁奖单位
50	刘世霖 王 鑫 吕 熊 冯 苗 李崟淞 黄紫旖 田博锴	胡 博 邓涵丹 曾世杰 唐 舜 马 勇 谢 莉 王锦鹏	黄 浩 唐 熙 喻 丹 彭绅豪 吴剑峰 王明亮	王孝天 张洪铭 危宇豪 沈 洋 王海生 杨 骁	第十一届蓝桥杯全国软件和信息技术专业人才大赛一等奖	工业和信息化部人才交流中心、教育部就业指导中心
51	吕 熊 胡世林 唐小迪 袁英华 宋代雨 魏弘凯 李 萍 王 童 黄诗玙 何 瑜	危宇豪 习力洋 干文浩 赖钰卿 钟沛兰 向金莉 汪 洋 向金莉 车文超 蒋燕浓	张洪铭 唐浩洋 李聪灵 帆 王 炜 秦世一 汪佳锟 吕佳原 尹紫颖	周 杰 张洪瑞 文 浩 蒲镜名 刘加兴 王思怡 李昂操 袁灵俐 车婧蕾	第十一届蓝桥杯全国软件和信息技术专业人才大赛二等奖	工业和信息化部人才交流中心、教育部就业指导中心
52	邓涵丹 唐 熙 刘 凌 王孝天 王炳康	马 勇 冯 苗 马雪冬 黄 浩	沈 洋 周睿锋 李 双 王 鑫	喻 丹 吴忠明 聂理多 邓 涛	第十一届蓝桥杯全国软件和信息技术专业人才大赛三等奖	工业和信息化部人才交流中心、教育部就业指导中心
53	李崟淞 刘 佳 冯亦睿 何志远	彭绅豪 袁烯茜 李文煜	唐 舜 胡聿铭 赵均钰	胡 博 刘文涛 赵径舟	第十一届蓝桥杯全国软件和信息技术专业人才大赛优秀奖	工业和信息化部人才交流中心、教育部就业指导中心
54	王 童 向金莉	汪 洋 吴剑峰	李昂操 车婧蕾	黄诗玙	第十一届蓝桥杯全国软件和信息技术专业人才大赛视觉艺术设计赛全国选拔赛视频设计类二等奖	工业和信息化部人才交流中心、蓝桥杯全国软件和信息技术专业人才大赛组织委员会
55	刘 佳				第十一届蓝桥杯全国软件和信息技术专业人才大赛视觉艺术设计赛全国选拔赛视频设计类优秀奖	工业和信息化部人才交流中心、蓝桥杯全国软件和信息技术专业人才大赛组织委员会
56	刘子幸 杨 林 马小惠	况璟嫣 赵 嵘	曾 楠 曾钰方	季小荣 周子豪	第八届全国高校数字艺术设计大赛一等奖	工业和信息化部人才交流中心、2020四川省大学生数字艺术作品大赛组委会
57	荣 艺 廖 雷 赵 嵘	杨谢妮 曾 楠	金月卿 陈诏和	宿 鑫 马小惠	第八届全国高校数字艺术设计大赛二等奖	工业和信息化部人才交流中心、2020四川省大学生数字艺术作品大赛组委会
58	廖晓璇 何 钿 鲁星言 袁灵俐 邓曲吟	曾 楠 曲长城 周 锐 吕佳原	杨晓霞 陈传龙 李弟丁 黄诗玙	李姗姗 邓雨婷 向金莉 冯奕睿	第八届全国高校数字艺术设计大赛三等奖	工业和信息化部人才交流中心、2020四川省大学生数字艺术作品大赛组委会
59	李佳伟 胡周莹	普吉春 严文宇	何雪梅	罗荣川	全国大学生数学建模竞赛一等奖	中国工业与应用数学学会

续表

序号	获奖人姓名				获奖名称	颁奖单位
60	曾世杰 柴 源 陈俊杰	张存蕾 伍 强 陈 慧	周亚茂 李碧涛 陈丽君	钟凯迪 向 祥 吕 阳	全国大学生数学建模竞赛二等奖	中国工业与应用数学学会
61	邓 钊 李林荫 刘 强	肖慈灵 蒋 瑞	谢佳佳 练志刚	张志伟 刘肖伟	全国大学生数学建模竞赛三等奖	中国工业与应用数学学会
62	宋代雨 钟倩芸	梁 林	伍克艳	王璐瑶	中国大学生服务外包创新创业大赛一等奖	中华人民共和国教育部、中华人民共和国商务部、无锡市人民政府
63	宋代雨 钟倩芸 王乙堞	梁 林 吴忠明 聂理多	伍克艳 喻鑫杰	王璐瑶 曾广群	中国大学生服务外包创新创业大赛二等奖	中华人民共和国教育部、中华人民共和国商务部、无锡市人民政府
64	吴忠明 聂理多 何春兰	喻鑫杰 梁 玉 卞思婉	曾广群 万 磊	王乙堞 陈 耕	中国大学生服务外包创新创业大赛三等奖	中华人民共和国教育部、中华人民共和国商务部、无锡市人民政府
65	张云琛 朱晏萱	刘雨希 刘雨辰	左治玉 李嘉琪	邓芮林 谷 澳	全国大学生英语竞赛一等奖	高等学校大学外语教学研究会
66	郭若兰 岳 笑 赵柳枝 王语勤 李青芝 羊心悦 雨 曦 袁 佳 李佳熹 吴佼阳 陈瀚锐	罗楚珂 胡 晓 李泳岐 张露瑶 郭利萍 吕兴怡 邓春霞 牟雨航 张驭磊 王光宇	唐 嘉 钟莹莹 李荷蓉 吕 尤 张宴苹 林雨雁 张爱玲 汪 博 刘卓凡 巫贵红	邓淑敏 罗灵灵 伍星宇 廖思雨 杨文星 田 恬 陈利思 张文君 马洪敏 杨汶鑫	全国大学生英语竞赛二等奖	高等学校大学外语教学研究会
67	孙珮凌 黎黛佳 何俗仿 张明钰 文 玉 张晓蕾 彭璐瑶 宋雨露 徐于钦 姚良依 张高洁 彭鑫惠 方 洁 杨 果 郑涵文 梁钰兰 吴树根 邓雨莲	张江羽 杨 佳 戎雨玮 屈盎伶 赵任菲 韩琳玉 赵雨薇 罗越美 高正洋 代美霞 江 梦 魏莎莎 余贵玲 印欣怡 赵 诣 曾文燚 汪子玲 唐韵婷	杨银川 钟莉园 郑可馨 张琳玉 唐 静 杨 星 刘红成 白 帆 刘露蔓 王 涵 雷志雯 周嘉易 杜露萍 高 懿 吴文杰 谭 一 王 卓 余梦诗	董凌泉 杨永旭 陈佳仪 程 悦 熊绪凤 杨泽鑫 冯依婷 张 宇 青 泽 陈 曦 金雨晴 郭荣遥 苏 维 李玉丹 杨清文 寇文锋 韩 丹 冯 骁	全国大学生英语竞赛三等奖	高等学校大学外语教学研究会
68	黎小雨 赵翘楚	周 余 李锦荣	干雨岑	廖晓琪	全国英语听说能力测评大赛一等奖	全国英语听说能力测评大赛组织委员会

续表

序号	获奖人姓名				获奖名称	颁奖单位
69	胡 璇	朱 桥	汤佳怡	张美茜	全国英语听说能力测评大赛二等奖	全国英语听说能力测评大赛组织委员会
70	沈怡欣	王 璐	卢 洁		全国英语听说能力测评大赛三等奖	全国英语听说能力测评大赛组织委员会
71	宋代雨 龚 烈 项庭敏	王 雪 龙 昕 邓思佳	伍克艳 高金国 董瀛月	王钰茹 浦子龙	第八届全国高校数字艺术设计大赛一等奖	第八届全国高校数字艺术设计大赛组委会
72	伍克艳 罗嘉兴 杨逸颖 田雨洁 冯鹏飞 王 欢 左晓琴 杨晴婷	邓维标 张 鑫 梁 玉 宋代雨 王苏琴 李明昱 冯 玲 李 成	梁 林 王健文 何雨桐 王 雪 王胡钦 李 颜 王 凯 许 蕾	彭浩磊 刘 旭 徐浩林 张钰粮 刘雯瑞 孙晓泽 王苏琴	第八届全国高校数字艺术设计大赛二等奖	第八届全国高校数字艺术设计大赛组委会
73	涂翔宇 喻鑫杰 彭浩磊 李 松 周宋颐 何 娟 汤思维 王苏琴 康立钰 张 嫒 孙钰玲	陈玉梅 聂理多 罗嘉兴 李晓晓 刘楷文 袁 闽 陈蕾蕾 康立钰 林 烨 刘 静	吴忠明 胡誉思 张 鑫 卢美仪 胡亚东 胡清香 黄 鸣 李林茜 敬瑛琪 武 洁	曾广群 王乙堞 王健文 吴 强 先 嘉 张海洲 赵思雨 李瑞毅 王苏琴 蔡 琴	第八届全国高校数字艺术设计大赛三等奖	第八届全国高校数字艺术设计大赛组委会
74	廖钧华	蒋 霓	谭儒鑫	李德松	"北斗杯"全国青少年科技创新大赛 三等奖	中国卫星导航年会组委会
75	廖钧华	蒋 霓	谭儒鑫	李德松	"北斗杯"全国青少年科技创新大赛一等奖	中国卫星导航年会组委会
76	陈 燚	宁 磊	宋 平	苏丁华	全国大学生智能汽车竞赛二等奖	中国自动化学会、第15届全国大学生智能汽车竞赛组委会
77	胡少坤	郑 权	顾书溢		全国大学生智能汽车竞赛优秀奖	中国自动化学会、第15届全国大学生智能汽车竞赛组委会
78	舒怡雅	王鑫宇			第九届全国大学生金相技能大赛三等奖	全国大学生金相技能大赛竞赛委员会
79	方惠敏	阳 暇	王宇航	赵芷娴	第六届全国大学生基础医学创新研究暨实验设计论坛设计组一等奖	高等学校国家级实验教学示范中心联席会
80	何鸿雁 冯启洋	姚 奇 彭 雨	邹 凡 王育壮	宋文毓	第六届全国大学生基础医学创新研究暨实验设计论坛研究组三等奖	高等学校国家级实验教学示范中心联席会
81	宋代雨 干文浩 陈嘉伟	伍克艳 陈中美 余显冰	王璐瑶 王 智	梁 林 夏伟钞	2019年第七届"发现杯"全国大学生互联网软件设计大奖赛二等奖	工业和信息化教育与考试中心

续表

序号	获奖人姓名	获奖名称	颁奖单位
82	陈言　方西华	2020年第十七届全国大学生信息安全技术对抗赛二等奖	中国兵工协会
83	陈言　方西华	2020年第十七届全国大学生信息安全技术对抗赛三等奖	中国兵工协会
84	陈言　方西华　李春江	2020年全国工业互联网安全技能大赛三等奖	全国工业互联网安全技能大赛组委会
85	陈言　方西华　李春江	2020年ISG网络安全技能竞赛二等奖	ISG网络安全技能竞赛组委会
86	方西华　陈言　牟麒麟　余健 李春江　周卓　陈涛　刘军 胡彧淞	2020年第四届强网杯全国网络安全挑战赛优胜奖	第四届强网杯全国网络安全挑战赛组委会
87	李显喆　张鑫　侯卫明　刘洋 盛庆　殷入风	全国大学生集成电路创新创业大赛三等奖	工业和信息化部人才交流中心
88	赵润　钱丰奎　谭锦涛　成世豪 吴陶	第八届全国大学生光电设计竞赛一等奖	第八届全国大学生光电设计竞赛西南赛区组委会
89	吴忠明　喻鑫杰　曾广群　聂理多 周旭波　胡誉思　王乙堞　刘佳兴 张子涵　古一飞　胡杰龙　刘加兴 杨文玲　何双良　伍克艳　曾熙涵 刘鹏举　肖慈灵　张笑影　蒋桂萍 王银　罗艺灵　苏丁华　卜梦婕 陈婷　龚缘　宋平　陈玉梅 刘丹　涂翔宇　侯卫明　李显喆 宋代雨　谭儒鑫　刘辉　张又才 王雪　代华龙　周琴　赵润 钱丰奎　谭锦涛　成世豪　吴陶	第八届全国大学生光电设计竞赛三等奖	第八届全国大学生光电设计竞赛西南赛区组委会
90	肖玉玲　张源　先明一　王龙 李鑫	全国三维数字化创新设计大赛特等奖	全国三维数字化创新设计大赛组委会
91	张源　先明一　阳兴林　黄雪峰 李鑫	第十一届全国高等学校"斯维尔杯"BIM-CIM创新大赛三等奖	中国建设教育协会
92	张磊　白素伊　彭小凤　李嘉星 庞旭淋	全国大学生第十三届节能减排社会实践与科技竞赛二等奖	全国大学生节能减排社会实践与科技竞赛委员会
93	何婷　简含　冉玲玲	2020年全国高校商业精英挑战赛会展文案创作大赛一等奖	中国国际贸易促进委员会商业行业委员会、中国国际商会商业行业商会
94	黄兴雨　罗霞　胡箫　赵浚伊	2020年全国高校商业精英挑战赛会展文案创作大赛二等奖	中国国际贸易促进委员会商业行业委员会、中国国际商会商业行业商会
95	魏子宜　廖文　罗银虹	2020年全国高校商业精英挑战赛会展文案创作大赛三等奖	中国国际贸易促进委员会商业行业委员会、中国国际商会商业行业商会
96	黄逸伦　黄强　胡箫　李瑛琪 向珈仪	"杭博杯"第三届中国会展院校大学生辩论赛最具创意奖	中国会展杂志社、中国国际会展文化节组委会

十三、表彰奖励及附件

续表

序号	获奖人姓名				获奖名称	颁奖单位
97	傅 迪 刘佳兴	吴忠超	杨咏晴	杨寻博	2019年第五届全国大学生"移动互联+旅游创意"大赛一等奖	教育部高校旅游管理类专业教学指导委员会、北京联合大学旅游学院
98	张玉洁	石心雨	邓旭晖	黄爱玲	2019年第五届全国大学生"移动互联+旅游创意"大赛三等奖	教育部高校旅游管理类专业教学指导委员会、北京联合大学旅游学院
99	张玉洁	石心雨	邓旭晖	黄爱玲	2019年第五届全国大学生"移动互联+旅游创意"大赛最佳风采奖	教育部高校旅游管理类专业教学指导委员会、北京联合大学旅游学院
100	李梦娇 王语勤	钟沁洁	宋玉婷	魏子宜	2020年全国高校商业精英挑战赛会展创新创业实践竞赛一等奖	中国国际贸易促进委员会商业行业委员会、中国国际商会商业行业商会
101	候 琼 魏 欢	张 芳 顾陆億	唐 鑫 雷谨霞	周芝召 郑植予	2020年全国高校商业精英挑战赛会展创新创业实践竞赛二等奖	中国国际贸易促进委员会商业行业委员会、中国国际商会商业行业商会
102	唐 嘉	邓梦婷	袁如意	李 洋	2020年全国高校商业精英挑战赛会展创新创业实践竞赛三等奖	中国国际贸易促进委员会商业行业委员会、中国国际商会商业行业商会
103	张林玉				第一届东方创意之星设计大赛优秀奖	工业和信息化部国际经济技术合作中心、东方创意之星设计大赛组委会
104	孙钰玲				第一届东方创意之星设计大赛入围奖	工业和信息化部国际经济技术合作中心、东方创意之星设计大赛组委会
105	叶芯蕊 曾仁荟	杨 晨 王 莹	汤桂英 甘淑娉	赵春燕 徐泽勇	第十二届全国大学生广告艺术大赛一等奖	第十二届全国大学生广告艺术大赛四川赛区、第六届四川省大学生广告艺术大赛组委会
106	杨远梅 蒲乐乐	彭宇博 曾仁荟	甘淑娉 于馨茹	高 芊 翟庭艺	第十二届全国大学生广告艺术大赛二等奖	第十二届全国大学生广告艺术大赛四川赛区、第六届四川省大学生广告艺术大赛组委会
107	彭宇博 李 雪 赵春燕 徐玉玲 张曦云	王贵林 袁梓伟 陈红琼 陈红琼 李冉馨	蒲乐乐 刘 涛 何欣怡 高 鸿 宋婉玲	鲜梦园 叶芯蕊 彭泽宇 徐泽勇 冯韵璇	第十二届全国大学生广告艺术大赛三等奖	第十二届全国大学生广告艺术大赛四川赛区、第六届四川省大学生广告艺术大赛组委会
108	游慧琳 廖文杰 徐浩展	王 婷 丁紫薇 李 娜	张纪军 宋鋆霞 喻率峰	夫 欢 付 倩	第十二届全国大学生广告艺术大赛优秀奖	第十二届全国大学生广告艺术大赛四川赛区、第六届四川省大学生广告艺术大赛组委会
109	冯奕睿 李小成 刘代丽 杨 丽	赵径舟 赖雨诗 杜智雪 李 萍	潘志航 范生静 潘 雯 秦世一	苟 琴 周 茜 向金莉 王思怡	第十二届全国大学生广告艺术大赛视频类微电影广告优秀奖	第十二届全国大学生广告艺术大赛四川赛区、第六届四川省大学生广告艺术大赛组委会
110	叶芯蕊				第十二届全国大学生广告艺术大赛平面类一等奖	第十二届全国大学生广告艺术大赛四川赛区、第六届四川省大学生广告艺术大赛组委会

续表

序号	获奖人姓名	获奖名称	颁奖单位
111	叶芯蕊	第十二届全国大学生广告艺术大赛平面类三等奖	第十二届全国大学生广告艺术大赛四川赛区、第六届四川省大学生广告艺术大赛组委会
112	叶芯蕊	第十二届全国大学生广告艺术大赛平面类优秀奖	第十二届全国大学生广告艺术大赛四川赛区、第六届四川省大学生广告艺术大赛组委会
113	曹 龙　寇丛聪　饶俊佳　吴芯雨　杨 朋　夏 雪　朱 彤　古晓林	第五届"科云杯"全国大学生财会职业能力大赛一等奖	中国企业财务管理协会财经教育专业委员会
114	陈 杨　左治玉　贺太平	第十届"中华会计网校杯"全国校园财会大赛一等奖	中国高等教育学会高等财经教育分会、正保远程教育、中华会计网校
115	赵雨婷　古晓林　代汶沙	第一届西部地区"互联网＋"智能税审职业联赛一等奖	中国高等教育学会高等财经教育分会
116	左治玉　曹曼煜　刘杨萍　贺太平	第一届西部地区"互联网＋"智能税审职业联赛三等奖	中国高等教育学会高等财经教育分会
117	贺太平　曹 龙　古晓林　刘红成	第八届"网中网杯"财务决策大赛三等奖	中国商业会计学会
118	成远朗　罗 达　胡光俊　徐 航　林 芸　贺太平　饶俊佳　王兴银	第三届全国高校企业价值创造实战竞赛一等奖	中国商业会计学会
119	黄芷宁　李 欢　王馨悦　张淇然	第三届全国高校企业价值创造实战竞赛二等奖	中国商业会计学会
120	龙鸿伟　黎津佟　李东平	2020全国企业竞争模拟大赛三等奖	中国管理现代化研究会决策模拟专业委员会
121	陈诗浓　洪晨曦　宁建业　王贵芳　石淇琦	国际企业管理挑战赛二等奖	国际企业管理挑战赛中国赛区组委会
122	夏 桐　白雅兰　蒋 瑞　王 涛　陈岳源　华俊峰　严千千　李 欢　王明芬　沈 玉　陈力源　胡秋圆　李 丐　徐连涛　胡瀚尹　李 洪　石 惠　董艳秋　李清玉　段正萱　羊弘宇　李 瑞　陈宵玥　蒋昕好　周亚茂　汪润之　寇丛聪　龙艺玫　曹 龙　何 斌	国际企业管理挑战赛三等奖	国际企业管理挑战赛中国赛区组委会
123	陈泳材　周 怡　沈 倩	2019—2020年度影视作品推优活动暨第十届学院奖一等奖	中国高等院校影视学会
124	杜剑锋　张 玉　李 敏　黄鑫蕾　黄如一　冯奕睿　赵径舟　杨荷夕　刘艳秋　介思涵	2019—2020年度影视作品推优活动暨第十届学院奖三等奖	中国高等院校影视学会

序号	获奖人姓名				获奖名称	颁奖单位
125	车婧蕾 谢 莉 李 琴 吴剑锋 高淑敏 詹 涛 吴剑锋 刘羽琳 王海生 叶 勇 黄紫旖 高睿航 黄泽君；杜剑锋 张 玉 李 敏 黄鑫蕾 黄如一 冯奕睿 赵径舟 杨荷夕 刘艳秋 介思涵 李 舒 孙 俣 尚一帆 王艺雯 姚婉清 王欣宇 谢雨彤 乔雯菲 李 蕊 李晓雨 李 舒 李冠骏 詹铭浚 黄光耀				2019—2020年度影视作品推优活动暨第十届"学院奖"剧情片单元三等奖	中国高等院校影视学会
126	车婧蕾				第五届中国梦·青年影像盛典一等奖	中国高等院校影视学会
127	黄如一 朱萌颖 余 丽 刘艳秋 介思涵 卢爱佳 陈泳材 周 怡				第五届中国梦·青年影像盛典二等奖	中国高等院校影视学会
128	杜剑锋 张 玉 李 敏 黄鑫蕾 黄如一 冯奕睿 赵径舟 杨荷夕 刘艳秋 介思涵				第五届中国梦·青年影像盛典三等奖	中国高等院校影视学会
129	刘 彤 许志强 曹 典 田 志 万思彤				国家民委社会科学研究成果奖（调研报告类）优秀奖	国家民委
130	汪 洋 汪佳琨 李 舒 王澈嘉 陈俊屹				中国大学生广告艺术节学院奖三等奖	中国大学生广告艺术节学院奖组委会、广告人文化集团有限公司
131	李梦娇 钟沁洁 邢文文 张从澜				第十四届全国高校商业精英挑战赛会展创新创业实践竞赛全国总决赛一等奖	中国国际贸易促进委员会商业行业委员会、中国国际商会商业行业商会、商业国际交流合作培训中心、中国会展经济研究会
132	魏 欢 顾陆億 雷谨霞 郑植予 侯 琼 张 芳 唐 鑫 周芝召				第十四届全国高校商业精英挑战赛会展创新创业实践竞赛全国总决赛二等奖	中国国际贸易促进委员会商业行业委员会、中国国际商会商业行业商会、商业国际交流合作培训中心、中国会展经济研究会
133	何 婷 简 含 冉玲玲				2020年全国高校商业精英挑战赛会展文案（应急预案）创作大赛全国总决赛一等奖	中国国际贸易促进委员会商业行业委员会、中国国际商会商业行业商会
134	黄兴雨 罗 霞 胡 箫 赵浚伊				2020年全国高校商业精英挑战赛会展文案（应急预案）创作大赛全国总决赛二等奖	中国国际贸易促进委员会商业行业委员会、中国国际商会商业行业商会
135	魏子宜 廖 文 罗银虹				2020年全国高校商业精英挑战赛会展文案（应急预案）创作大赛全国总决赛三等奖	中国国际贸易促进委员会商业行业委员会、中国国际商会商业行业商会
136	朱韵函 左治玉 曹曼煜				2020年"福思特杯"全国大学生审计精英挑战赛三等奖	中国审计学会审计教育分会
137	曹 龙 寇丛聪 饶俊佳 吴芯雨 杨 朋 夏 雪 朱 彤 古晓林				第五届"科云杯"全国大学生财会职业能力大赛一等奖	中国企业财务管理协会财经教育专业委员会
138	陈诗浓 洪晨曦 宁建业 王贵芳 石淇琦				国际企业管理挑战赛二等奖	国际企业管理挑战赛中国赛区组委会

续表

序号	获奖人姓名	获奖名称	颁奖单位
139	夏桐 白雅兰 蒋瑞 王涛 陈岳源 华俊峰 严千千 李欢 王明芬 沈玉 陈力源 胡秋圆 李巧 徐连涛 胡瀚尹 李洪 石惠 董艳秋 李清玉 段正萱 羊弘宇 李瑞 陈宵玥 蒋昕好 周亚茂 汪润之 寇丛聪 龙艺玫 曹龙 何斌	国际企业管理挑战赛三等奖	中国企业财务管理协会财经教育专业委员会
140	龙鸿伟 黎津佟 李东平	2020全国企业竞争模拟大赛三等奖	中国管理现代化研究会决策模拟专业委员会
141	刘家香 艾玲 董文皓 胡杨 吴欣瑶 县付瑞雪	第六届"东方财富杯"全国大学生金融精英挑战赛三等奖	共青团中央青年发展部
142	胡秋圆 顾晓燕	第十二届"挑战杯"中国大学生创业计划竞赛银奖	共青团中央、教育部、中国科协、全国学联
143	任琼 刘萍 韩烨昆 赵子翔 罗伟 罗雪 曹龙 王燨锐	第十二届"挑战杯"中国大学生创业计划竞赛铜奖	共青团中央、教育部、中国科协、全国学联
144	夏桐 陈思思 罗伟 海来木牛	全国大学生市场调查与分析大赛一等奖	教育部高等学校统计学类专业教学指导委员会、中国商业统计学会
145	赵雨婷 古晓林 代汶汐	第一届西部地区"互联网+"智能税审职业联赛一等奖	中国高等教育学会高等财经教育分会
146	左治玉 曹曼煜 刘杨萍	第一届西部地区"互联网+"智能税审职业联赛三等奖	中国高等教育学会高等财经教育分会
147	贺太平	2020"正大杯"大学生创新创业实战营销大赛三等奖	中国青年创业就业基金会、正大杯投资股份有限公司
148	贺太平 曹龙 古晓林 刘红成	第八届"网中网杯"财务决策大赛三等奖	中国商业会计学会
149	成远朝 罗达 胡光俊 徐航 林芸 贺太平 饶俊佳 王兴银	第三届全国高校企业价值创造实战竞赛一等奖	中国商业会计学会
150	黄芷宁 李欢 王馨悦 张淇然	第三届全国高校企业价值创造实战竞赛二等奖	中国商业会计学会
151	曹龙 贺太平 罗达 古晓林 普玉珊 王兴银	"学创杯"创业竞赛二等奖	教育部高等学校国家级实验教学示范中心
152	陈杨 左治玉 贺太平	第十届"中华会计网校杯"全国校园财会大赛一等奖	中国高等教育学会高等财经教育分会、正保远程教育、中华会计网校
153	何子雪	金犊奖一等奖	中国商务广告协会
154	许蕾	金犊奖金奖	中国商务广告协会
155	何子雪 李春慧 许蕾	金犊奖银奖	中国商务广告协会
156	邹燚 刘昶忆 冯秋钰 杨远梅 樊珮琳 郑雨婷 许蕾 杨唯敏 冯秋钰 卓月如 杨雨桐 汤子君 康立钰 李冉馨 刘昭君 徐泽勇 高鸿 杨唯敏 翟庭艺 胡煜 钟骏琳	金犊奖优秀奖	中国商务广告协会
157	许蕾 李春慧 钟骏琳 樊珮琳	金犊奖佳作奖	中国商务广告协会

续表

序号	获奖人姓名				获奖名称	颁奖单位
158	汪 洋 陈俊屹 王 童 孙 俣 李昂操 江林倚 刘文涛 母 丹	汪佳锟 李玥彤 李昂操 尚一帆 黄诗屿 闫树琪 杨 烨 陈俊屹	李 舒 黄诗屿 冯佳悦 王 童 黄瑞琪 黄 霞 唐鑫奕 邓颜盈	王澈嘉 黄瑞琪 王艺雯 冯佳悦 李玥彤 谢雨彤 周 媛	中国大学生广告艺术节学院奖2019秋季征集活动优秀奖	中国广告协会、中国大学生广告艺术节学院奖组委会
159	庞玉梅 刘 盼	仇 硕 钟祖莲	山东玉	谭 彦	第11届中国高校美术作品学年展博硕组优秀作品	北京中外视觉艺术院、中国高校美术作品学年展组委会
160	车婧蕾 高淑敏 王海生 黄泽君 黄鑫蕾 杨荷夕 孙 俣 王欣宇 李晓雨 黄光耀	谢 莉 詹 涛 叶 勇 杜剑锋 黄如一 刘艳秋 尚一帆 谢雨彤 李 舒	李 琴 吴剑锋 黄紫旖 张 玉 冯奕睿 介思涵 王艺雯 乔雯菲 李冠骏	吴剑锋 刘羽琳 高睿航 李 敏 赵径舟 李 舒 姚婉清 李 蕊 詹铭浚	2019—2020年度影视作品推优活动暨第十届"学院奖"剧情片单元三等奖	中国高等院校影视学会
161	谭运环	廖 为			第四届全国高校网络教育优秀作品推选展示活动微作品二等奖	教育部思想政治工作司、中央网信办网络社会工作局
162	庞玉梅				2020首届全国大学生国防军工文化创意大赛全国奖二等奖	全国大学生国防军工文化创意大赛组委会、中国和平利用军工技术协会、中国军转民杂志社
163	庞玉梅	温雅琪	冯雪阳		2020首届全国大学生国防军工文化创意大赛省级奖一等奖	全国大学生国防军工文化创意大赛组委会、中国和平利用军工技术协会、中国军转民杂志社
164	庞玉梅				2020首届全国大学生国防军工文化创意大赛省级奖二等奖	全国大学生国防军工文化创意大赛组委会、中国和平利用军工技术协会、中国军转民杂志社
165	庞玉梅				2020首届全国大学生国防军工文化创意大赛省级奖三等奖	全国大学生国防军工文化创意大赛组委会、中国和平利用军工技术协会、中国军转民杂志社
166	李茂华	邓 瑶			中国高校影视学会第十三届"学会奖"	中国高校影视学会
157	田崇军				国家留学基金管理委员会2020年先进个人	国家留学基金管理委员会

成都大学获省部级奖励、表彰汇总

序号	获奖单位	授予称号及名次	颁奖单位
1	成都大学	第五届四川省青年教师教学竞赛优秀组织奖	四川省总工会、中共四川省教育工作委员会、四川省教育厅
2	成都大学	四川省高校定点扶贫先进单位	中共四川省委教育工委、四川省教育厅
3	成都大学	四川省文明校园	四川省精神文明建设委员会
4	成都大学	高校微博影响力奖	由四川省电化教育馆（四川教育电视台）、西南大学、四川高校新媒体联盟
5	成都大学	2019—2020年度四川省高校学生公寓先进集体	四川省高校后勤协会
6	成都大学	优秀易班共建高校	四川省教育厅易班建设与发展中心
7	成都大学	优秀易班共建案例易·CDU"双十佳评选"	四川省教育厅易班建设与发展中心
8	执艺术之笔，宣抗疫之情团队	2020年四川省大中专学生志愿者暑期文化科技卫生"三下乡"社会实践活动优秀团队	共青团四川省委办公室
9	共青团成都大学委员会	第五届中国青年志愿服务项目大赛四川省赛（关爱少年儿童）银奖	共青团四川省委办公室
10	成都大学师范学院	第五届中国青年志愿服务项目大赛四川省赛恤病助医（银奖）	共青团四川省委办公室
11	成都大学基础医学院、临床医学院	第五届中国青年志愿服务项目大赛四川省赛（邻里守望与为老服务）银奖	共青团四川省委办公室
12	成都大学药学与生物工程学院	第五届中国青年志愿服务项目大赛四川省赛（禁毒教育与法律服务）银奖	共青团四川省委办公室
13	成都大学外国语学院团委	2020年四川省高校名团干工作室	共青团四川省委
14	成都大学影视与动画学院	2020年"金沙杯"廉洁文化作品征集活动优秀组织奖	中国纪检监察杂志社、四川省纪委监委、成都市纪委监委
15	成都大学后勤处	四川省高校2019—2020年度"思想政治工作先进基层党组织"	四川省高校后勤协会
16	成都大学后勤处	四川省高校2019—2020年度"伙食工作先进集体"	四川省高校后勤协会

续表

序号	获奖单位	授予称号及名次	颁奖单位
17	成都大学后勤处	四川省高校 2019—2020 年度"后勤信息宣传工作先进单位"	四川省高校后勤协会
18	成都大学后勤处	四川省高校 2019—2020 年度"物业与绿化工作先进集体"	四川省高校后勤协会
19	成都大学四川抗菌素工业研究所	河北省科学技术进步奖一等奖	河北省政府
20	成都大学药学院、四川抗菌素工业研究所	四川省文明单位	中共四川省委、四川省人民政府

成都大学教师、学生获省部级奖励、表彰汇总

序号	获奖人姓名	获奖项目	颁奖单位
1	刘达玉	四川省政府科技进步一等奖	四川省人民政府
2	张佳敏 白婷 吉莉莉 侯薄 邹亮 彭镰心 赵钢 胡一晨 赵江林 万燕	四川省政府科技进步二等奖	四川省人民政府
3	陈林 刘洋 孙雁南 赵志平 张锐 郭晓恒	四川省政府科技进步三等奖	四川省人民政府
4	陈大伟	四川省教书育人名师	中共四川省委教育工作委员会、四川省教育厅
5	赵钢 王卫 马胜 杨进 邓泽军	四川省学术和技术带头人	四川省人民政府
6	朱俊辰	四川省先进工作者	四川省人民政府
7	张娟	四川省三八红旗手	四川省妇女联合会、四川省人力资源和社会保障厅
8	赵礼昌	四川省扶贫工作先进个人	中国共产党四川省委员会
9	李夏卉	第五届青年教师教学竞赛优胜奖	四川省总工会、中共四川省教育工作委员会、四川省教育厅
10	杨耀如	四川省留学人员科技活动项目择优资助	四川省人力资源和社会保障厅
11	杨进 陈侣林 兰海 梁隆斌 魏雪梅	四川省卫生厅学术和技术带头人	四川省卫生健康委员会
12	陈林	四川省卫生健康委员会学术和技术带头人后备人选	四川省卫生健康委员会
13	张长剑	优秀易班指导教师	四川省教育厅易班建设与发展中心
14	王焕举	五四青年教师榜样	四川省教育厅易班建设与发展中心
15	刘翱翔	四川省第七届高校辅导员素质能力大赛二等奖	四川省委教育工作委员会、四川省教育厅
16	罗小麟	2019—2020年度四川省高校学生公寓先进个人	四川省高校后勤协会
17	廖雄	2019—2020年度四川省高校学生公寓先进个人	四川省高校后勤协会
18	郭俊霞	2019—2020年度四川省高校学生公寓先进个人	四川省高校后勤协会

续表

序号	获奖人姓名	获奖项目	颁奖单位
19	陈璐	四川省第二届高校大学生职业发展与就业指导课程教学大赛三等奖	四川省教育厅、四川省人力资源和社会保障厅
20	胡郁青 李维 刘超 尚建业 韦庠（教师）	高校美育改革创新优秀案例甲组一等奖	四川省教育厅
21	代钰洪 刘超（教师） 马序 Rose Martin（教师）	高校美育改革创新优秀案例乙组二等奖	四川省教育厅
22	罗徕 杨波 张鸳鸳 王婧劼 胡怡飞 徐斌（老师）	四川省第九届大学生艺术展演活动大学生艺术实践工作坊二等奖	四川省教育厅
23	王海波 彭弋的 苟强诗 宋平 唐榕	四川省第九届大学生艺术展演活动艺术表演类声乐乙组一等奖	四川省教育厅
24	刘宇 刘明霞 鱼航海	四川省第九届大学生艺术展演活动艺术表演类舞蹈甲组一等奖	四川省教育厅
25	张志巍 苟强诗 李烽	四川省第九届大学生艺术展演活动学生艺术作品类微电影乙组一等奖	四川省教育厅
26	王海波 彭戈的 苟强诗	四川省第九届大学生艺术展演活动艺术表演类朗诵甲组一等奖	四川省教育厅
27	张志巍 苟强诗 李烽	四川省第九届大学生艺术展演活动学生艺术作品类一等奖	四川省教育厅
28	徐谧（教师）	四川省红十字会青少年会员和学校红十字会先进工作者评选活动学校红十字会先进工作者	四川省红十字会
29	宋明珠（教师） 游磊（教师）	2020年"挑战杯"中国农业银行四川省大学生创业计划竞赛优秀指导教师	共青团四川省委、中共四川省委组织部、四川省教育厅、四川省科学技术协会、四川省社会科学院、四川省科学技术厅、四川省人力资源和社会保障厅、四川省学生联合会
30	王小军（教师）	四川省第九届大学生艺术展演活动艺术作品类校长风采奖	四川省教育厅
31	蔡育坤（教师）	四川省第九届大学生艺术展演活动学生艺术作品类书法、篆刻甲组一等奖	四川省教育厅
32	蔡育坤（教师）	四川省第九届大学生艺术展演活动学生艺术作品类书法、篆刻甲组二等奖	四川省教育厅
33	王兴国（教师）	四川省第九届大学生艺术展演活动学生艺术作品类书法、篆刻乙组二等奖	四川省教育厅
34	蔡育坤（教师）	四川省第九届大学生艺术展演活动高校美育改革创新优秀案例甲组二等奖	四川省教育厅

续表

序号	获奖人姓名	获奖项目	颁奖单位
35	何洋托美次仁（教师）	四川省第九届大学生艺术展演活动高校美育改革创新优秀案例乙组二等奖	四川省教育厅
36	李建峰（教师）	四川省第九届大学生艺术展演活动高校美育改革创新优秀案例甲组二等奖	四川省教育厅
37	张鸳鸳（教师）	四川省第九届大学生艺术展演活动	四川省教育厅
38	杨　波（教师）	四川省第九届大学生艺术展演活动学生艺术作品类绘画乙组一等奖	四川省教育厅
39	杨　波（教师）	四川省第九届大学生艺术展演活动学生艺术作品类绘画乙组二等奖	四川省教育厅
40	孙　野　李　萍　李　丹　王　颖　樊　皇　彭　希　李若珺　邹小弈　杨煜婷	四川省二等奖	四川省外语课程思政教学英语专业（本科）组委会
41	王岩松　向朝楚	"致敬最可爱的人"抗美援朝志愿军战士肖像画作品征集活动一等奖	四川省动漫研究中心
42	罗世玉　王识瑞　王岩松	第八届全国高校数字艺术设计大赛（四川赛区）优秀指导教师奖	四川省教育厅、四川省大学生数字艺术作品大赛组委会、第八届全国高校数字艺术设计大赛组委会
43	罗世玉	第八届全国高校数字艺术设计大赛（四川赛区）教学设计二等奖	工业和信息化部人才交流中心、第八届全国高校数字艺术设计大赛组委会
44	向朝楚	第八届全国高校数字艺术设计大赛（四川赛区）教学设计三等奖	工业和信息化部人才交流中心、第八届全国高校数字艺术设计大赛组委会
45	高艺师	2020第七届"川博杯"四川文化创意产品设计大赛市场转化设计组三等奖	四川省文化和旅游厅、四川省文物局、四川博物院
46	韦　庠	获四川省第九届大学生艺术展演活动高校美育改革创新优秀案例甲组一等奖	四川省教育厅
47	代钰洪	获四川省第九届大学生艺术展演活动高校美育改革创新优秀案例乙组二等奖	四川省教育厅
48	张依舟	优秀来华留学生工作者	四川省高等教育学会外国留学生工作专委会
49	张　珍	四川省第七届高校细胞生物学中青年教师教学比赛二等奖	四川省细胞生物学会
50	李夏卉	第五届四川省青年教师教学竞赛决赛优秀奖	四川省总会工、四川省委教育工作委员会、四川省教育厅

续表

序号	获奖人姓名				获奖项目	颁奖单位
51	赵克雷				首届川渝科技学术大会暨四川科技学术大会优秀论文奖二等奖	四川省精神文明建设委员会
52	李文昊 刘钰瑨 贾 羽 韦林岚 沈 灵 董小龙 肖 利 力 源 肖 静 章碧松 金 垚 杨 洋 汪 婧 曾 雪 张晓清	陈 雨 张皓雪 张林秀 陶森柱 张龙翼 江雪梨 邹丽文 王 轶 冷瑶琪 朱雨晨 杜彦炳 江楷文 万世芳 朱家乐 林 恬	肖 秧 彭海峰 段金凤 李泓霖 钱珂江 郭小萱 邓灵星 杨 恒 朱映宣 许凌云 李虹勋 曾 涛 黄 迪 冯 敏 邱怡婷	翁富超 魏 虎 马 源 林珍妮 范秋果 蒋 恒 王艺清 于 婷 肖雨竹 闵 盈 杨晓燕 蒋路英 罗 琳 陈春华 徐红莲	四川省优秀毕业生	四川省教育厅
53	邓俊鹏 史蓉如	江逸飞 张 鹏	江 越	毛 锐	四川省第九届大学生艺术展演活动学生艺术作品类微电影乙组一等奖	四川省教育厅
54	彭勋蝶 郑雨婷 许 蕾	余茂亭 蒋孟君 杨雨桐	王彦云 刘昭君	王子路 汤子君	四川省第九届大学生艺术展演活动学生艺术作品类微电影乙组二等奖	四川省教育厅
55	曹文玉 彭金成	邓 睿 夏杨雯	龚 宇 张恩佳	吕启涵 郑殿龙	四川省第九届大学生艺术展演活动艺术表演类朗诵甲组一等奖	四川省教育厅
56	曾 茂 冯小翠 李博言 李思奇 聂斯琪 谈 欣 熊正东 杨 扬 张世杰	陈秋冰 顾晓夏 李 东 李 涛 欧阳宇 涂洪五 徐 莹 杨 怡 张学银	代 萍 化 垚 李娇梅 刘 倩 彭伟明 王雨凡 杨 力 尹 春 张朱培	杜梦成 蒋承池 李十佳 闵佳惠 彭 义 文思懿 杨舒婷 余泽恒	四川省第九届大学生艺术展演活动艺术表演类声乐乙组一等奖	四川省教育厅
57	车雨菲 梁文慧 秦雪琪 唐彬彬 殷文婧 朱丽华	陈晓雪 梁小花 沈 曦 王一然 赵乃静	单朝锐 罗燕妮 时熔灿 王 仪 赵恬恬	李 纯 秦慧琳 唐碧莲 杨 洋 赵羽莎	四川省第九届大学生艺术展演活动艺术表演类舞蹈甲组一等奖	四川省教育厅
58	周峻玄 许榕杰 刘志萍 冯启洋 黄眭眭	任进贤 董艳秋 何鸿雁 穆君宇 泽仁扎西	潘茂林 段正萱 周 鑫 杨星月 宋文毓玉	刘 旭 李訾丽 唐昊宇 罗唯嘉	2020年"挑战杯"中国农业银行四川省大学生创业计划竞赛金奖	共青团四川省委、中共四川省委组织部、四川省教育厅、四川省科学技术协会、四川省社会科学院、四川省科学技术厅、四川省人力资源和社会保障厅、四川省学生联合会

续表

序号	获奖人姓名				获奖项目	颁奖单位
59	陈　芳 何美翠 任俊韬 谢梦玲 刘一达 王绍照 邬茂林 吴桐宇 杨巧莲 赵子翔 韩烨昆 陈泓宇 张建清 田书玮 赵灵丽 鲁　帅 罗　攀	石　鑫 鲜俊贤 何思宇 谢钦佩 周嘉伟 吴婧静 羊小倩 王　帅 胡秋圆 王乙堞 田卓希 常　宇 和雪兰 唐续锁 杨安迪 詹　敏 薛丁校	吴嘉琪 杨芸燕 谭儒鑫 杨鹏弘 任　静 雷丽勤 马宇志 李含霜 顾晓燕 左泽鹏 罗　伟 张恩佳 孟　婷 郑荣蕾 刘新燕 李明昱	张益菠 廖海松 胡尧文 陈逸飞 周华将 周　治 马　涛 王铭愉 刘　萍 吴忠明 曾文玉 向玉浓 王　婷 马焓彬 杨谥伦 杨雨桐	2020年"挑战杯"中国农业银行四川省大学生创业计划竞赛银奖	共青团四川省委、中共四川省委组织部、四川省教育厅、四川省科学技术协会、四川省社会科学院、四川省科学技术厅、四川省人力资源和社会保障厅、四川省学生联合会
60	周　悦 吕启涵 冯量予 郝建军 韦林岚 李显喆 代　荟 罗　雪 马　超 张　坤 李美玲 任米鑫 曾　阳 刘彦妮 林文婷	刘　宏 付　旺 刘　婧 康　杰 刘　丹 曹　龙 杨光婧 肖　星 张登辉 代　鑫 郑　航 肖　尧 唐海军 潘晨楠	甘冬梅 周群翔 李　红 徐开兴 张　航 侯卫明 谢向红 徐元通 曾德莉 曾尚昆 秦利川 赵　书 房金梅 杨皓宇	周　琴 陈虹宇 姚　葳 陈玉梅 涂翔宇 徐灯枫 樊峻昇 何　甜 罗中云 黎　逸 单福川 陈羽娟 张浩东 罗　枭	2020年"挑战杯"中国农业银行四川省大学生创业计划竞赛铜奖	共青团四川省委、中共四川省委组织部、四川省教育厅、四川省科学技术协会、四川省社会科学院、四川省科学技术厅、四川省人力资源和社会保障厅、四川省学生联合会
61	许蕾				四川省第九届大学生艺术展演活动学生艺术作品类设计乙组一等奖	四川省教育厅
62	王子路				四川省第九届大学生艺术展演活动学生艺术作品类绘画乙组一等奖	四川省教育厅
63	王彦云				四川省第九届大学生艺术展演活动学生艺术作品类绘画乙组二等奖	四川省教育厅
64	周沛玲				四川省第九届大学生艺术展演活动学生艺术作品类摄影甲组三等奖	四川省教育厅
65	张锐				四川省第九届大学生艺术展演活动学生艺术作品类书法、篆刻甲组一等奖	四川省教育厅

续表

序号	获奖人姓名	获奖项目	颁奖单位
66	魏先会	四川省第九届大学生艺术展演活动学生艺术作品类书法、篆刻甲组二等奖	四川省教育厅
67	熊兵	四川省第九届大学生艺术展演活动学生艺术作品类书法、篆刻乙组二等奖	四川省教育厅
68	王清祥	2019年红十字志愿服务工作评选优秀红十字志愿者	四川省红十字会
69	王清祥	青少年会员和学校红十字会先进工作者评选活动优秀红十字青少年会员	四川省红十字会
70	吕兴怡 郭荣遥	阅读比赛二等奖	"外研社·国才杯"四川省大学生英语挑战赛组委会
71	吕兴怡	写作比赛三等奖	"外研社·国才杯"四川省大学生英语挑战赛组委会
72	陈鸿	口译专业组三等奖	第九届四川省翻译演讲风尚大赛组委会
73	罗雪	"互联网+"大学生创新创业大赛金奖	四川省教育厅、中央统战部、中央网络安全和信息化委员会办公室、国家发展和改革委、工业和信息化部、人力资源社会保障部等联合承办
74	曹龙 王燨锐 刘萍 冯宽 罗利 贺太平 朱玉煜 利焰	"互联网+"大学生创新创业大赛铜奖	
75	贺太平 普玉珊 韩天然 赖秋宏 徐航 罗达 沈玉 利焰	四川省营销策划大赛二等奖	四川省教育厅
76	古晓林 夏桐 杨滢 任琼	四川省营销策划大赛三等奖	四川省教育厅
77	古晓林 夏桐 夏雪 胡光俊 余思颖 任琼 张淇然 曹曼煜 曹龙	四川省大学生会计技能大赛优秀奖	四川省教育厅
78	刘家财 罗达 赵瑞	四川省大学生证券模拟投资大赛一等奖	四川省教育厅
79	徐连涛 利焰 李巧	四川省大学生证券模拟投资大赛三等奖	四川省教育厅
80	罗达 成远朝 古晓林	四川省企业管理挑战赛三等奖	四川省教育厅
81	戚琪 凌小空 杨听雨 任建波 刘代丽 周茜 杜智雪 范生静 潘志航 苟琴 李小成 赖雨诗 Yellow	第十二届全国大学生广告艺术大赛二等奖	四川省教育厅
82	李弟丁 黄鑫慈 潘雯 向金莉 秦世一 王思怡 李萍 冯奕睿 赵径舟 王子瑞 杨鑫雨 庞玉梅 廖晓璇	第十二届全国大学生广告艺术大赛三等奖	四川省教育厅

序号	获奖人姓名	获奖项目	颁奖单位
83	谢亚平 赵佳雯 喻新月 尹善心 蒋瑷鲫 范肖轩 贾思雨 谭利苹 赵雪梅 曾小涵 廖晓璇 曾 楠 李若桐 范生静	第十二届全国大学生广告艺术大赛优秀奖	四川省教育厅
84	陈亚辉 朱奇嘉	"川博杯"文化创意产品设计大赛银奖	四川省博物院
85	胡 煜	"川博杯"文化创意产品设计大赛最受大学生喜爱作品奖	四川省博物院
86	侯亚玲 许 蕾 徐 婷 李春慧 杨雨桐 钟骏琳 何 圣 杨甜露 周 月 王旭欢 王江莉 徐泽勇 冷系乐 黄 倩	"川博杯"文化创新产品设计大赛优秀奖	四川省博物院
87	蔡 琴 董瀛月 许 蕾 邓思佳 孙钰玲 武 洁	第八届全国高校数字艺术设计大赛（四川赛区）一等奖	全国高校数字艺术设计大赛组委会
88	崔瀚文 周雅妮 王治国 何子雪 彭馨慧 康宇宸 苏 勇 张钰粮 范晓灿 彭莎兰 吴 懿	第八届全国高校数字艺术设计大赛（四川赛区）二等奖	全国高校数字艺术设计大赛组委会
89	刘煜漾 罗怡维 周 月 游必华 罗小洁 王旭欢 宋 鑫 宋 鑫 刘书文 陈澜鑫	第八届全国高校数字艺术设计大赛（四川赛区）三等奖	全国高校数字艺术设计大赛组委会
90	孙钰玲	四川省大学生工业设计大赛二等奖	四川省大学生工业设计大赛组委会
91	孙钰玲	四川省大学生工业设计大赛三等奖	四川省大学生工业设计大赛组委会
92	蒲子龙 蔡 琴 刘煜漾 刘如志 韩林烽 游必华	第十届四川省高校环境设计大展一等奖	四川省高等教育学会、中国建筑学会室内设计分会
93	尹 莉 阳 玲 伍小琼 王治国 何 意 苏 勇 田若澜	第十届四川省高校环境设计大展二等奖	四川省高等教育学会、中国建筑学会室内设计分会
94	姜 怡 黄成倩 韩玉莹 傅姗姗 崔瀚文 武 洁 吴 懿 王步乾 李 江 朱立杨	第十届四川省高校环境设计大展三等奖	四川省高等教育学会、中国建筑学会室内设计分会
95	杨韵兮 罗 茜 孙思涵 杨 夏 马 敖 彭 希 李炜勋 刘 懿 徐冬萍 赖书涵	本科英语组/视听说课程四川省二等奖	全国外语微课大赛组委会
96	孙 野 李 丹 王 颖 郑 帅 林艺佳	本科英语组/翻译课程四川省三等奖	全国外语微课大赛组委会
97	孙 野 邝计嘉 牟 磊 李 丹 马 敖	西南三区二等奖	全国翻译技术教学大赛组委会

十三、表彰奖励及附件

续表

序号	获奖人姓名				获奖项目	颁奖单位
98	周子恒 杨曜溪 王 琪 罗秀君 李笑影 陈紫荆 高孟鑫 何 娟 张瀚文 吴奕欣 孟怡岑 刘 佳 贺思萍	赵雨欣 杨红刚 王 红 刘雯瑞 康宇宸 董瀛月 古 意 朱雨晨 杨 州 王思涵 罗 娟 李 鑫	张文婷 伍肖肖 秦潇潇 刘家鑫 胡钰彬 樊小琴 郭晓凤 周弘扬 杨 虎 王鹏云 毛 新 李 伟	袁 野 文 艺 毛 宇 梁 杰 曾 星 封雨雪 何家驹 张占萍 阳 欢 孙 静 刘青华 姜雪阳	第十届四川省高校环境设计大展优秀奖	四川省高等教育学会、中国建筑学会室内设计分会
99	田世英				第二届创新未来设计大赛二等奖	第二届创新未来大赛组委会
100	田世英				第二届创新未来设计大赛三等奖	第二届创新未来大赛组委会
101	庞玉梅				"金犀奖"原创动漫作品大赛高校插画类银奖	金犀奖原创动漫作品大赛组委会
102	潘志航 李 星 周 茜 戚 琪	苟 琴 赵静怡 刘代丽 凌小空	李小成 邓雪梅 杜智雪 杨听雨	赖雨诗 任建波 范生静 Yellow	第十二届全国大学生广告艺术大赛四川赛区二等奖	第十二届全国大学生广告艺术大赛四川赛区、第六届四川省大学生广告艺术大赛组委会
103	王子瑞 赵径舟 廖晓璇	杨鑫雨 徐玉玲 潘 雯	庞玉梅 刘 涛	冯艺睿 李弟丁	第十二届全国大学生广告艺术大赛四川赛区三等奖	第十二届全国大学生广告艺术大赛四川赛区、第六届四川省大学生广告艺术大赛组委会
104	向金莉 王思怡 牟 浪 贾思雨 尹善心 曾 楠 王 婷 谢亚平	杨 丽 黄鑫慈 李权龙 蒋瑷鲡 邬 莎 谭利萍 杨巧韵 喻新月	李 萍 范生静 刘昀翰 范肖轩 刘妍汐 赵雪梅 黄 勇 赵佳雯	秦世一 李若桐 胡甜甜 廖晓璇 曾小涵 陈泓伶 何恬恬	第十二届全国大学生广告艺术大赛四川赛区优秀奖	第十二届全国大学生广告艺术大赛四川赛区、第六届四川省大学生广告艺术大赛组委会
105	龚榆琪				"致敬最可爱的人"抗美援朝志愿军战士肖像画作品征集活动三等奖	四川省动漫研究中心
106	庞玉梅				众志成城·抗击疫情——四川美术家在行动,抗疫主题美术作品展入选参展	四川省美术家协会
107	马卓恺				"众志成城·科学抗'疫'"疫情防控影像作品征集公益活动优秀作品	江苏省科教电影电视协会、江苏省科学传播中心
108	李 舒				2019讲好中国故事创意传播大赛四川分站赛暨爱上四川的100个理由原创短视频大赛优秀奖	2019讲好中国故事创意传播大赛四川分站赛暨爱上四川的100个理由原创短视频大赛组委会

续表

序号	获奖人姓名	获奖项目	颁奖单位
109	季小荣　杨　林　赵　嵘　曾钰方　刘子幸	2020四川省大学生数字艺术作品大赛暨第八届全国高校数字艺术设计大赛四川赛区一等奖	四川省教育厅、四川省大学生数字艺术作品大赛组委会、第八届全国高校数字艺术设计大赛组委会
110	马小惠　荣　艺　廖　雷　宿　鑫　杨谢妮　金月卿　赵　嵘　陈诏和	2020四川省大学生数字艺术作品大赛暨第八届全国高校数字艺术设计大赛四川赛区二等奖	四川省教育厅、四川省大学生数字艺术作品大赛组委会、第八届全国高校数字艺术设计大赛组委会
111	曲长城　廖晓璇　曾　楠　曾　楠　袁灵俐　向金莉　黄诗屿　冯奕睿　何　钿　邓雨婷　陈传龙　杨晓霞　李弟丁　李姗姗	2020四川省大学生数字艺术作品大赛暨第八届全国高校数字艺术设计大赛四川赛区三等奖	四川省教育厅、四川省大学生数字艺术作品大赛组委会、第八届全国高校数字艺术设计大赛组委会
112	廖晓璇	第六届四川省大学生原创微电影大赛暨高端学术论坛论文二等奖	四川省大学生原创微电影大赛组委会
113	范晓瑜	第六届四川省大学生原创微电影大赛暨高端学术论坛论文三等奖	四川省大学生原创微电影大赛组委会
114	李思齐	第六届四川省大学生原创微电影大赛暨高端学术论坛论文优秀奖	四川省大学生原创微电影大赛组委会
115	秦世一　朱慧敏　尹紫颖	第六届四川省大学生原创微电影大赛编剧三等奖	四川省大学生原创微电影大赛组委会
116	肖皓文	第六届四川省大学生原创微电影大赛表演三等奖	四川省大学生原创微电影大赛组委会
117	王　瞳　宋　芳　王思怡	第六届四川省大学生原创微电影大赛导演优秀奖	四川省大学生原创微电影大赛组委会
118	李云轩　黄　川　曾粤港　谢腾藤　赵若涵　牟　茜　王晓雨　肖兴宇	2020年四川省大学生新媒体创意大赛二等奖	四川省大学生新媒体创意大赛组委会
119	雍诗珧　汪佳锟　李　舒　江慧琼	2020年四川省大学生智慧文旅作品创新创作大赛三等奖	2020年四川省大学生智慧文旅作品创新创作大赛组织委员会
120	朱婧雯	四川省第二届广播电视学会论文论著评选一等奖	四川广播电视学会
121	李　姝	四川省第二届广播电视学会论文论著评选二等奖	四川广播电视学会
122	黄　韬	四川省大学生通信全网建设技术竞赛一等奖	四川省教育厅
123	王海芸　王贵平　杨鹏弘　陈　卫　杨洋	四川省大学生通信全网建设技术竞赛三等奖	四川省教育厅
124	潘　旭　宁　磊　张子涵　宋　平　苏丁华　刘鹏举　张考蕾　付贵源　杨　帆	全国大学生电子设计竞赛二等奖	四川省教育厅
125	俞志豪　高兴航　胡尧文	全国大学生电子设计竞赛三等奖	四川省教育厅
126	陈　燚　宁　磊　宋　平　苏丁华　胡少坤　郑　权　许超越　唐　姣　普双枚　张路建　李兴鹏　王茂林　欧　珊　杨宇坤　王跃辉	全国大学生智能汽车竞赛三等奖	四川省教育厅、四川省大学生智能汽车竞赛组委会

续表

序号	获奖人姓名				获奖项目	颁奖单位
127	夏伟钞 卜梦婕	邓怡敏	陈 婷	牛小凡	2020年中美青年创客大赛三等奖	四川省教育厅
128	万 磊 周靓洁 张笑影	李德松 陈思远 何春兰	郝国桥 卓 进 李 响	李柯岑 陈奕研 杨建波	第六届四川省"互联网＋"大学生创新创业大赛铜奖	四川省教育厅
129	王冰熙	张 钦	唐明悦	吴明蔚	四川省大学生知识产权竞赛优胜奖	四川省教育厅
130	代华龙	张守铭	周心愿	刘 宏	四川省第二届金相技能大赛一等奖	四川省腐蚀与防护学会
131	郭又晖 刘 婧	周 悦 周 琴	王权林	甘冬梅	四川省第二届金相技能大赛二等奖	四川省腐蚀与防护学会
132	朱荣海 邢天涯	李春江 严 锐	蔡 杰	王 超	全国大学生工程训练综合能力竞赛一等奖	四川省教育厅
133	马 超 冯量予 毛荣柯 李鸿猷	唐 福 张佳俊 郑 泉 周琰力	余春江 罗湘莹 吴 强 任米鑫	张 坤 陈 真 黄朝政 赵 书	全国大学生工程训练综合能力竞赛二等奖	四川省教育厅
134	张又才 杨 韩 廖 毅 李胜虎 刘 源 曾尚昆 郭琛倩 任天行	肖雪姣 周永鑫 王 江 张 威 代晓玮 代 鑫 黎麟逸 邹贵强	罗昌碧 吴裕程 吴 燕 卢志龙 徐海涛 王 鑫 陈俊禧	杨 锐 廖富强 兰海贝 廖朝军 黄腾扬 余海林 胡 帅	全国大学生工程训练综合能力竞赛三等奖	四川省教育厅
135	张佳俊 李 圣 李天杰 冯量于 马 超 罗中云 任米鑫	朱荣海 任米鑫 张 梅 许佩云 付 淞 张 坤	黄 韬 辛一航 蔡 杰 邓盛权 张登辉 彭宇涵	张 垚 吕向阳 李昕洋 蔡 杰 毛冬梅 张家俊	全国大学生机械创新设计大赛优秀奖	全国大学生机械创新设计大赛四川赛区组委
136	王钰茹				第八届全国高校数字艺术设计大赛三等奖	四川省教育厅
137	李 松				第八届全国高校数字艺术设计大赛一等奖	四川省教育厅
138	马 超 罗中云 周 琴 陈虹宇	张 坤 周 悦 吕启涵 冯量予	张 磊 刘 宏 付 旺 刘 婧	张登辉 甘冬梅 周群翔 康越红	第六届四川省"互联网＋"大学生创新创业大赛银奖	四川省教育厅
139	姚 葳				第三届"创客天府"创新创业大赛三等奖	四川省经济和信息厅、四川省财务厅

续表

序号	获奖人姓名				获奖项目	颁奖单位
140	张 敏 冯 宽 罗 利 杨飞飞 景晓慧 庞宏宇 郭皓嘉 杨国强 贺太平 段玲艳 何 琳 蒋宏伟 朱玉煜 利 焰 谢小华 笞 丽 刘志萍 何鸿雁 周 鑫 唐昊宇 冯启洋 穆君宇 宋文毓 姚 葳 王爔锐 杨星月 李钰靖 李 红 黄眭眭 郝建军 罗唯嘉 康 杰 牟玲伶 泽仁扎西				第六届四川省"互联网+"大学生创新创业大赛铜奖	四川省教育厅
141	尹星海	张家义	陈治宏		第三届中青杯全国大学生数学建模竞赛三等奖	吉林省科技教育学会
142	周竣玄 许榕杰	任进贤	潘茂林	刘 旭	2020年"挑战杯"四川省大学生创业计划竞赛金奖	四川共青团省委、四川省教育厅
143	汪雪阳	周燕浩			四川省大学生通信全网建设技术竞赛二等奖	四川省教育厅\四川省大学生通信全网建设技术竞赛主委会
144	陈 言	方西华	李春江		2020年ISG网络安全技能竞赛二等奖	ISG网络安全技能竞赛组委会
145	方西华				"安恒杯"四川省首届网络安全大赛三等奖	四川省教育厅
146	陈 言	方西华	李春江		2020年"安洵杯"第十二届四川省大学生信息安全竞赛二等奖	四川省大学生信息安全竞赛组委会
147	刘 军	吴宇威	牟麒麟		2020年"安洵杯"第十二届四川省大学生信息安全竞赛三等奖	四川省大学生信息安全竞赛组委会
148	尹 俊 郭丽君	宋代雨	王佳莉	袁梦莲	第二届华教杯数学竞赛二等奖	吉林省科技教育协会
149	尹 俊	宋代雨	袁梦莲		第二届华教杯数学竞赛三等奖	吉林省科技教育协会
150	郭丽君				第二届华教杯数学竞赛优秀	吉林省科技教育协会
151	王 炜	蔡 超	李培培	李雪祎	四川省大学生智慧文旅作品创新创作大赛一等奖	四川省大学生智慧文旅作品创新创作大赛组委会
152	周睿锋 蒲镜名 夏 欣 李心洁 罗欣悦 张馨月 刘怡婷 徐睿璇 伍克艳 宋代雨 赵 润 曹 龙 宋代雨 蒋桂萍 王 雪 钟倩芸				四川省大学生智慧文旅作品创新创作大赛二等奖	四川省大学生智慧文旅作品创新创作大赛组委会
153	陈中美 牛小凡	王 智 董 鑫	夏伟钞	余显冰	第八届全国大学生光电设计竞赛三等奖	四川省大学生光电设计竞赛组委会、四川省光学学会、四川省电子学会
154	赵 润 吴 陶	钱丰奎	谭锦涛	成世豪	第八届四川省大学生光电设计大赛一等奖	四川省大学生光电设计竞赛组委会、四川省光学学会、四川省电子学会
155	刘佳兴 刘加兴	张子涵 杨文玲	古一飞 何双良	胡杰龙	第八届四川省大学生光电设计大赛三等奖	四川省大学生光电设计竞赛组委会、四川省光学学会、四川省电子学会

续表

序号	获奖人姓名	获奖项目	颁奖单位
156	伍克艳 曾熙涵 刘鹏举 肖慈灵 张笑影 蒋桂萍	第八届四川省大学生光电设计大赛三等奖	四川省大学生光电设计竞赛组委会、四川省光学学会、四川省电子学会
157	王 银 罗艺灵 苏丁华 卜梦婕 陈 婷 龚 缘 宋 平 陈玉梅 刘 丹 涂翔宇 侯卫明 李显喆 宋代雨 谭儒鑫 刘 辉 张又才 王 雪 代华龙 周 琴 陈中美 王 智 夏伟钞 余显冰 牛小凡 董 鑫	第八届四川省大学生光电设计大赛三等奖	四川省大学生光电设计竞赛组委会、四川省光学学会、四川省电子学会
158	吴忠明 喻鑫杰 曾广群 张家伦 胡誉思	2020年中美青年创客大赛二等奖	四川省教育厅
159	熊若洁 利 焰 万申龙 肖林斌	2020年中美青年创客大赛三等奖	四川省教育厅
160	危宇豪 刘世霖 宋代雨 胡 博 王 鑫 罗伊宁 赖 钰 邓涵丹 钟沛兰 文 浩 黄 浩 王顺顺	2020年四川省ACM程序设计竞赛铜奖	四川省教育厅
161	杨孟辑 陈泯全 何政梁 唐世杰 蒋燕浓 孙 奥 柴官煜 梁 玉 陈玉梅 韦林岚 刘 丹 张 航 涂翔宇 侯卫明 盛 庆 李显喆 曹 龙 殷人风	第六届四川省"互联网+"大学生创新创业大赛铜奖	四川省教育厅
162	苏铄镔 李雨霏 邹 涛 程涛涛 蒋思洁 张 多 黄 程 赵 冬 宋月琴 徐 澜	第六届四川省大学生测绘技能竞赛三等奖	"南方测绘杯"四川省大学生测绘技能竞赛组委会
163	李华婷 杨欣玥 罗 杰 徐国意 苏铄镔 李雨霏 邹 涛 程涛涛 郑智豪 郭富兴 程良凯 邹子龙 胡 艾 袁 博 蒋思洁 张 多 徐国意 杨欣玥 罗 杰 李华婷 黄 程 徐 澜 宋月琴 赵 冬	第六届四川省大学生测绘技能竞赛二等奖	"南方测绘杯"四川省大学生测绘技能竞赛组委会
164	付明艺	四川省首届大学生先进成图技术与产品信息建模创新大赛二等奖	四川省首届大学生先进成图技术与产品信息建模创新大赛组委会
165	何铧辰	四川省首届大学生先进成图技术与产品信息建模创新大赛三等奖	四川省首届大学生先进成图技术与产品信息建模创新大赛组委会
166	陈羽娟 唐海军 房金梅 潘晨楠 刘彦妮 罗 枭 杨皓宇 张 磊 高杨	第六届四川省"互联网+"大学生创新创业大赛铜奖	四川省教育厅
167	康忠钦 张 丽 王宇婕 胥玲玲 刘 露 陈晟潚 程弈杭	四川省大学生智慧文旅作品创新创作大赛一等奖	四川省大学生智慧文旅创新创作大赛组委会
168	杨 珍 宋嘉乐 张江羽 王卓尧	四川省大学生智慧文旅作品创新创作大赛二等奖	四川省大学生智慧文旅作品创新创作大赛组委会
139	雍诗珧 汪佳锟 李 舒 江慧琼	四川省大学生智慧文旅作品创新创作大赛三等奖	四川省大学生智慧文旅作品创新创作大赛组委会

续表

序号	获奖人姓名	获奖项目	颁奖单位
170	孙钰玲	四川省工业设计大赛二等奖	2020全国大学生工业设计大赛组委会四川赛区
171	孙钰玲	四川省工业设计大赛三等奖	2020全国大学生工业设计大赛组委会四川赛区
172	刘泽 何雨恒 潘悦 鲁晓奕 游金铭 曾茗 黄晋	第六届四川省"互联网+"大学生创新创业大赛铜奖	四川省教育厅
173	夏桐 陈思思 罗伟 海来木牛	正大杯第十届全国大学生市场调查与分析大赛一等奖	四川省教育厅
174	毛雨昕 陈诗浓 雷雅岚 罗雪 李洪 杨菲 刘红成 朱美婷 聂豆阳 王馨悦 徐巧 兰芳 鄢涛	正大杯第十届全国大学生市场调查与分析大赛三等奖	四川省教育厅
175	贺太平 普玉珊 赖秋宏 韩天然 罗达 徐航 沈玉 利焰	四川省大学生营销策划大赛二等奖	四川省教育厅
176	任琼 夏桐 杨滢 古晓林	四川省大学生营销策划大赛三等奖	四川省教育厅
177	张淇然 曹曼煜 曹龙 胡光俊 余思颖 任琼 古晓林 夏桐 夏雪	四川省大学生会计技能大赛优秀奖	四川省教育厅
178	刘家财 罗达 赵瑞	四川省大学生证券模拟投资大赛一等奖	四川省教育厅
179	徐连涛 利焰 李巧	四川省大学生证券模拟投资大赛三等奖	四川省教育厅
180	罗达 成远朝 古晓林	四川省企业管理挑战赛三等奖	四川省教育厅
181	古晓林 贺太平	四川省大学生财经素养大赛三等奖	四川省教育厅
182	贺太平 邹海漩 文昌青 普玉珊	四川省大学生人力资源管理技能大赛一等奖	四川省教育厅
183	明宇 张锐 王彬洁 王艺霏 郭丽娟 裘燕芳 陈浩强 温鑫	四川省大学生艺术节书法比赛二等奖	四川省教育厅
184	明宇 李燕妮 张锐 田静 张月悦 唐亮	四川省大学生艺术节书法比赛三等奖	四川省教育厅
185	赵佳敏 魏先会 赵英 温鑫 何玉梅 廖均 张超 吴娟霞	四川省大学生艺术节书法比赛一等奖	四川省教育厅
186	陈昶多	四川省师范生教学能力大赛三等奖	四川省教育厅
187	叶萌 李松洋 吴磊	2020年四川省大学生生物与环境科技创新大赛一等奖	四川省大学生生物与环境科技创新大赛组委会
188	张倩 周丽 安宁 朱颖琪 秦博琴 陈露 赵珮尧 周雨杭 邹萍萍 张燚 黄嘉玲 魏明梅 刘倩 王妍淳	2020年四川省大学生生物与环境科技创新大赛二等奖	四川省大学生生物与环境科技创新大赛组委会

十三、表彰奖励及附件

续表

序号	获奖人姓名				获奖项目	颁奖单位
189	杨　慧 邓梦琪 唐薪媚	马　聪 余雯雯 何正宇	王　梅 陈靖彧	冯　强 田　琳	2020年四川省大学生生物与环境科技创新大赛三等奖	四川省大学生生物与环境科技创新大赛组委会
190	李雪梅 岳欣如	郑荣蕾	赖　越	何张燕	全国大学生化学实验邀请赛三等奖	四川省教育厅
191	马焰彬 李玉婷 马　聪	刘新燕 邓燕君 魏　瑜	李彩虹 李　彬	曾奇璐 雷　阳	第六届四川省"互联网＋"大学生创新创业大赛铜奖	四川省教育厅
192	王晓林 徐晓满 邓燕君 宋泓燕 汪琴丽 陈婷婷	张鹏程 李　瑞 胡　柔 马焰彬 万姝妤 陈平平	曾洪秀 曹卫秋 陈桂华 薛宝瑜 杨巧莲 陈奥馨	王林果 罗艳妮 胡彩云 廖　凤 李含霜 方鉴宇	2020年四川省大学生"生命之星"科技邀请赛二等奖	四川省教育厅
193	张　惠 刘雪英 邓丽萍 陈华金	王　霜 周小芳 吴可欣	余思琦 胡燕梅 阳谷雨	桑　莹 李　蒲 侯　杰	2020年四川省大学生"生命之星"科技邀请赛三等奖	四川省教育厅
194	吴珊珊				"外研社杯"全国英语演讲大赛、英语辩论、英语写作、英语阅读三等奖	四川省大学生英语挑战赛组委会
195	徐灯枫 肖　星 樊峻昇	代　荟 何　甜	杨光婧 罗　雪	谢向红 徐元通	第六届四川省"互联网＋"大学生创新创业大赛金奖	四川省教育厅
196	吕兴怡				"外研社杯"全国英语演讲大赛、英语辩论、英语写作、英语阅读三等奖	四川省大学生英语挑战赛组委会
197	吕兴怡	郭荣遥			"外研社杯"全国英语演讲大赛、英语辩论、英语写作、英语阅读二等奖	四川省大学生英语挑战赛组委会
198	林雨雁	朱宣颖			"外研社杯"全国英语演讲大赛、英语辩论、英语写作、英语阅读优秀奖	四川省大学生英语挑战赛组委会
199	古晓林	贺太平			四川省大学生财经素养大赛三等奖	四川省教育厅
200	贺太平	邹海漩	文昌青	普玉珊	四川省大学生人力资源管理技能大赛一等奖	四川省教育厅

成都大学获市级奖励、表彰汇总

序号	获奖单位	授予称号及名次	颁奖单位
1	成都大学	2019年成都十佳创新传播案例	成都市互联网文化协会
2	成都大学	成都新闻奖三等奖	成都市新闻工作者协会
3	成都大学	成都新闻奖专项奖	成都市新闻工作者协会
4	成都大学	成都市对口支援藏区工作先进集体	成都市对口支援藏区领导小组
5	成都大学党委	2019年度全市基层党建优秀创新项目三等奖（项目名称：构建高校"一站式、三聚合、五协同"学生公寓（社区）党建新格局）	中共成都市委组织部
6	成都大学学校办公室	中办通讯学用工作一等奖	成都市委办公厅
7	成都大学药学与生物工程学院党委	"蓉城先锋"示范基层党组织	中共成都市委组织部
8	成都大学美术与设计学院研究生会	成都市院级优秀研究生会	成都市学生联合会
9	成都大学商学院研究生会	成都市院级优秀研究生会	成都市学生联合会
10	成都大学成都大学青年志愿者协会	2019年度优秀青年志愿者服务组织	成都市青年志愿者协会
11	共青团成都大学委员会	2020年成都市大中专学生志愿者暑期文化科技卫生"三下乡"社会实践活动优秀组织奖	共青团成都市委、成都市学生联合会
12	成都大学"蒲公英"关爱留守学生志愿服务队、成都大学社会工作龙泉驿区暑期调研小队、成都大学"疫"线观察团、成都大学"梦之翼"实践团队、成都大学助力攻坚队、春熙路"摊buy"创新宣传服务队	2020年成都市大中专学生志愿者暑期文化科技卫生"三下乡"社会实践活动优秀团队	共青团成都市委、成都市学生联合会
13	成都大学国旗护卫队	最美国旗护卫队	成都市国教办、共青团成都市委、成都警备区政治工作处、成都市学生联合会
14	成都大学体育学院	2016—2020年度成都市群众体育工作先进单位	成都市体育局、成都市体育总会
15	成都大学校工会	成都市群众体育运动先进单位	成都市体育局、成都市体育总会

成都大学教师、学生获市级奖励、表彰汇总

序号	获奖人姓名	获奖项目	颁奖等级单位
1	刘达玉	成都建设全面体现新发展理念的城市改革创新先进个人	中共成都市委、成都市人民政府
2	王卫	成都市优秀共产党员称号	中共成都市委
3	王卫	成都市抗击新冠疫情先进个人	中共成都市委 成都市人民政府
4	任家乐	成都市第十四次社会科学优秀成果一等奖	成都市人民政府
5	刘世炜 范崇高 谭平 冯和一 唐婷 周翔宇 邓陕峡 唐毅谦 叶安胜 陈烈 聂玲	成都市第十四次社会科学优秀成果二等奖	成都市人民政府
6	张学梅 刘佳 廖涛 王雪婷 何悦 独娟 龚静 陶朔秀 代钰洪 罗徕 廖萍 刘茜 谭梅 唐婷 杨玉华 李京丽 沈冬军 李海峰 屈陆 冯和一 杜洁 范雨涛 刘华锦 刘先强 田涛 彭欧 陈大伟 程维薇 苟萍 王岩松 黄先政 郭俊奇 何叶 王钢 黄旭 李茂华 杜洁 侯李游美 陶钟太朗	成都市第十四次社会科学优秀成果三等奖	成都市人民政府
7	曾永刚	成都市优秀青年教师	成都市教育局
8	刘雨	成都市教坛新秀	成都市教育局
9	赵钢	成都市劳动模范	成都市总工会
10	赵礼昌 刘开钺	成都市对口支援藏区工作先进个人	成都市对口支援藏区领导小组
11	岳鹏	成都市2020年度学习习近平总书记关于扶贫工作的重要论述征文活动一等奖	成都市农村扶贫开发领导小组办公室
12	唐远谋 向黎 刘翱翔 王任飞 陈康 衡容 古成龙	2020年成都市市属高校优秀辅导员	成都市教育局
13	刘宇 王鹏磊 潘悦	成都市学生会优秀工作人员	成都市学生联合会
14	刘超 刘莉 吴银涛 向黎 徐谧 朱四同	2020年成都市大中专学生志愿者暑期文化科技卫生"三下乡"社会实践活动优秀指导教师	共青团成都市委、成都市学生联合会

续表

序号	获奖人姓名	获奖项目	颁奖等级单位
15	代钰洪	第七届成都创意设计周·2020金熊猫天府创意设计奖数字创意设计类（专业组）金奖	成都创意设计周组委会办公室
16	向朝楚　杨晓霞	第七届成都创意设计周·2020金熊猫天府创意设计奖数字创意设计类（概念组）新秀奖	成都创意设计周组委会办公室
17	向朝楚　何　潇	第七届成都创意设计周·2020金熊猫天府创意设计奖数字创意设计类（概念组）新秀奖	成都创意设计周组委会办公室
18	Patrick Lechner	金沙友谊奖	成都市科学技术局
19	张　艳	成都市科普工作先进个人	成都市科普教育基地联合会
20	刘　蓉　李中华	群众体育先进个人	成都市体育局、成都市体育总会
21	李嘉琪	青少年国际和平未来会议国际青少年友好交流推广小使者	成都市人民政府外事办公室、共青团成都市委
22	曾泽芃	"国旗伴我成长"在蓉学校国旗护卫队风采展示系列活动最受欢迎国旗护卫队成员三等奖	成都市国教办、共青团成都市委、成都警备区政治工作处、成都市学生联合会
23	李　舒　孙　俣	2019年成都市短视频联盟"有一种生活美学叫成都"短视频征集活动第一期－三等奖	成都市互联网文化协会
24	李　舒　葛　辉	"同'济'同心　战'疫'有你"创意微视频大赛评选"宅得精彩"类作品最佳优秀奖	济宁市总工会、共青团济宁市委

附件1 2020年12月在册高级职称人员名单

序号	部门	姓名	性别	专业技术职务
1	校领导	王清远	男	教授
2	校领导	唐毅谦	男	教授
3	校领导	彭晓琳	女	教授
4	校领导	杨玉华	男	研究员
5	校领导	王小军	男	教授
6	校领导	刘娅	女	教授级高级工程师
7	校领导	苏蓉	女	研究员
8	党委宣传部（新闻中心）	王建武	男	副研究员
9	党委宣传部（新闻中心）	李科	男	副教授
10	党委宣传部（新闻中心）	陈钧	女	副研究员
11	党委教师工作部、人事处	陈小平	男	教授
12	党委教师工作部、人事处	李焰	女	副教授
13	党委教师工作部、人事处	张弘	男	研究员
14	党委学生工作部（学生处）	许庆荣	男	副研究员
15	党委学生工作部（学生处）	宋晓龙	男	副教授
16	党委武装部（保卫处）	赵萍	女	副教授
17	离退休工作处	严雅莉	女	副教授
18	离退休工作处	任青	女	副教授
19	发展规划处（高等教育研究所）	桂世权	男	教授
20	教务处（招生办公室）	叶安胜	男	教授
21	教务处（招生办公室）	彭长宇	男	副研究员
22	研究生处（学科建设办公室）	陈琳	女	研究员
23	社科处	张学梅	女	教授
24	科技处（科技成果转化中心）	赵琦	男	教授
25	科技处（科技成果转化中心）	邱露	男	副教授
26	财务处	张勤	女	高级会计师
27	财务处	黄丽颖	女	高级会计师

续表

序号	部门	姓名	性别	专业技术职务
28	财务处	田　园	女	高级经济师
29	审计处	陈江涛	女	高级经济师
30	审计处	闫贞铮	女	高级审计师
31	审计处	孙　萍	女	高级经济师
32	国际合作与交流处（港澳台办公室）	杜　洁	女	教授
33	国有资产管理处	孙付春	男	教授
34	实验室与设备管理处	胡　强	男	副研究员
35	后勤处	李群兰	女	高级经济师
36	后勤处	吴春红	女	副主任药师
37	后勤处	李　兵	男	研究员
38	后勤处	陈　萍	女	副主任医师
39	后勤处	宋　樱	女	高级会计师
40	后勤处	吴　岚	女	副主任医师
41	基建处	张　繁	男	副教授
42	基建处	白玉华	女	副研究员
43	机械工程学院	孔清泉	男	副教授
44	机械工程学院	袁　容	女	副研究员
45	机械工程学院	邓嫄媛	女	副教授
46	机械工程学院	向长奎	女	副教授
47	机械工程学院	董志红	女	教授
48	机械工程学院	刘　丽	女	副教授
49	机械工程学院	彭建设	男	教授
50	机械工程学院	朱晓东	男	副教授
51	机械工程学院	甘露萍	女	副教授
52	机械工程学院	李　俭	男	教授
53	机械工程学院	赵　洁	女	副教授
54	机械工程学院	陈　渝	男	副研究员
55	机械工程学院	余明浪	女	副教授
56	机械工程学院	祁传琦	女	副教授
57	机械工程学院	龚一龙	男	教授级高级工程师
58	机械工程学院	倪妍婷	女	副教授
59	机械工程学院	赵　悦	女	副教授
60	机械工程学院	李　涛	男	副教授
61	机械工程学院	冯　威	男	教授

续表

序号	部门	姓名	性别	专业技术职务
62	机械工程学院	唐 茂	男	副教授
63	机械工程学院	曹文继	男	高级工程师
64	机械工程学院	喻洪平	男	副教授
65	机械工程学院	宋慧瑾	女	副教授
66	机械工程学院	钱扬顺	男	高级工程师
67	机械工程学院	王仕平	男	副教授
68	机械工程学院	樊学良	男	教授级高级工程师
69	机械工程学院	乔水明	男	副教授
70	机械工程学院	孙 艳	女	副教授
71	机械工程学院	鄢 强	男	副研究员
72	机械工程学院	吴 斌	男	副教授
73	机械工程学院	任振兴	男	副教授
74	机械工程学院	杨 柳	男	高级实验师
75	机械工程学院	莫 莉	女	副教授
76	机械工程学院	戢 敏	女	副教授
77	机械工程学院	黄彦彦	女	副研究员
78	机械工程学院	郭毅锋	男	教授
79	机械工程学院	黄丽敏	女	高级工程师
80	电子信息与电气工程学院	高山山	女	副研究员
81	电子信息与电气工程学院	蒋 毅	男	高级工程师
82	电子信息与电气工程学院	施开波	男	副研究员
83	电子信息与电气工程学院	张建伟	男	副教授
84	电子信息与电气工程学院	陈绍祥	男	高级工程师
85	电子信息与电气工程学院	丁中梁	男	高级工程师
86	电子信息与电气工程学院	李 波	男	高级工程师
87	电子信息与电气工程学院	喻 娜	女	高级工程师
88	电子信息与电气工程学院	刘 鸿	男	教授
89	电子信息与电气工程学院	向 博	男	高级工程师
90	电子信息与电气工程学院	罗正华	男	高级工程师
91	电子信息与电气工程学院	胡 庆	女	副教授
92	电子信息与电气工程学院	蒋 玲	女	高级实验师
93	电子信息与电气工程学院	徐嘉莉	女	副教授
94	电子信息与电气工程学院	周晓兵	男	副教授
95	电子信息与电气工程学院	黄建刚	男	高级工程师

续表

序号	部门	姓名	性别	专业技术职务
96	电子信息与电气工程学院	杨柱中	男	副教授
97	电子信息与电气工程学院	杨 维	男	副教授
98	电子信息与电气工程学院	方 红	男	教授
99	电子信息与电气工程学院	傅 勇	男	高级工程师
100	电子信息与电气工程学院	严刚峰	男	副教授
101	电子信息与电气工程学院	田晓滨	男	高级工程师
102	电子信息与电气工程学院	杨洪军	男	副教授
103	电子信息与电气工程学院	罗浚溢	男	副教授
104	电子信息与电气工程学院	唐 琳	女	高级实验师
105	电子信息与电气工程学院	邓万达	男	高级实验师
106	电子信息与电气工程学院	葛一楠	男	教授
107	电子信息与电气工程学院	吴 伟	男	副教授
108	电子信息与电气工程学院	杨 涛	男	高级工程师
109	电子信息与电气工程学院	程 皓	男	副研究员
110	电子信息与电气工程学院	王阿署	男	副研究员
111	电子信息与电气工程学院	雷 霖	男	教授
112	电子信息与电气工程学院	赵 静	女	副教授
113	电子信息与电气工程学院	周 红	女	高级讲师
114	电子信息与电气工程学院	喻晓红	女	副教授
115	电子信息与电气工程学院	曾 超	男	高级工程师
116	电子信息与电气工程学院	张 雷	男	高级工程师
117	计算机学院	张 洪	男	副教授
118	计算机学院	黎忠文	女	教授
119	计算机学院	刘永红	男	副教授
120	计算机学院	余 竞	男	副教授
121	计算机学院	杨 洪	男	副教授
122	计算机学院	于 曦	男	教授
123	计算机学院	刘 昶	女	教授
124	计算机学院	骆国锋	男	副教授
125	计算机学院	黄荣兵	男	副教授
126	计算机学院	张君雁	女	副教授
127	计算机学院	赵卫东	男	副教授
128	计算机学院	袁 飞	男	高级工程师
129	计算机学院	白祥福	男	副教授

续表

序号	部门	姓名	性别	专业技术职务
130	计算机学院	胡德昆	男	副教授
131	计算机学院	李平勇	男	副教授
132	计算机学院	鄢涛	男	副教授
133	计算机学院	高朝邦	男	教授
134	计算机学院	韩天勇	男	副教授
135	计算机学院	蒲强	男	副教授
136	计算机学院	文家金	男	教授
137	计算机学院	叶建华	男	副教授
138	计算机学院	唐勇	男	副研究员
139	计算机学院	古沐松	男	副教授
140	计算机学院	温怀玉	男	教授级高级工程师
141	计算机学院	王进	男	副教授
142	计算机学院	李小玲	女	教授
143	计算机学院	铁玲	女	副教授
144	计算机学院	张修军	男	副教授
145	计算机学院	周晓清	女	高级实验师
146	计算机学院	段林涛	男	副教授
147	计算机学院	张志强	男	副教授
148	计算机学院	吴文前	女	副教授
149	计算机学院	郑加林	男	高级实验师
150	计算机学院	易发胜	男	副教授
151	计算机学院	赵荣	女	副教授
152	计算机学院	苏长明	男	副教授
153	计算机学院	王伟钧	男	高级工程师
154	计算机学院	范文杰	男	副教授
155	计算机学院	游磊	男	副教授
156	计算机学院	刘杰	男	高级工程师
157	食品与生物工程学院	刘涛	男	教授级高级工程师
158	食品与生物工程学院	李惠茗	女	高级工程师
159	食品与生物工程学院	胡一晨	女	副教授
160	食品与生物工程学院	邹强	男	副教授
161	食品与生物工程学院	夏燕莉	女	研究员
162	食品与生物工程学院	梅汝槐	男	副研究员
163	食品与生物工程学院	王欢	女	副研究员

序号	部门	姓名	性别	专业技术职务
164	食品与生物工程学院	邱爱东	男	副教授
165	食品与生物工程学院	马 玉	女	高级讲师
166	食品与生物工程学院	吴 琪	男	副研究员
167	食品与生物工程学院	吴 笛	女	副研究员
168	食品与生物工程学院	杨敬东	男	副教授
169	食品与生物工程学院	李云成	男	副教授
170	食品与生物工程学院	薛慧玲	女	副教授
171	食品与生物工程学院	康泰然	男	教授
172	食品与生物工程学院	彭镰心	男	副教授
173	食品与生物工程学院	陈 林	男	副研究员
174	食品与生物工程学院	赵 钢	男	教授
175	食品与生物工程学院	张亚玉	女	研究员
176	食品与生物工程学院	漆文胜	男	副教授
177	食品与生物工程学院	万 燕	女	副教授
178	食品与生物工程学院	邹 亮	男	教授
179	食品与生物工程学院	陈祈磊	男	副教授
180	食品与生物工程学院	万 萍	女	教授
181	食品与生物工程学院	邬晓勇	男	副教授
182	食品与生物工程学院	向达兵	男	教授
183	食品与生物工程学院	孙 敏	女	研究员
184	食品与生物工程学院	李寒梅	女	副研究员
185	食品与生物工程学院	徐文俊	男	高级实验师
186	食品与生物工程学院	刘文龙	男	副教授
187	食品与生物工程学院	郭秀兰	女	教授
188	食品与生物工程学院	周 闯	男	副教授
189	食品与生物工程学院	张 崟	男	教授
190	食品与生物工程学院	魏 决	女	教授
191	食品与生物工程学院	苟兴华	男	教授
192	食品与生物工程学院	刘碧崇	女	副教授
193	食品与生物工程学院	王金秋	女	副教授
194	食品与生物工程学院	张佳敏	女	副教授
195	食品与生物工程学院	王跃华	女	教授
196	食品与生物工程学院	杨 敏	女	高级讲师
197	食品与生物工程学院	耿 放	男	副研究员

续表

序号	部门	姓名	性别	专业技术职务
198	食品与生物工程学院	刘达玉	男	教授
199	食品与生物工程学院	李红梅	女	副教授
200	食品与生物工程学院	孙俊梅	女	副教授
201	食品与生物工程学院	李翔	女	教授
202	食品与生物工程学院	张振	男	副研究员
203	食品与生物工程学院	张云峰	男	副教授
204	食品与生物工程学院	余华	女	教授
205	食品与生物工程学院	严俊	女	教授
206	食品与生物工程学院	赵江林	男	教授
207	食品与生物工程学院	陈联梅	女	教授
208	食品与生物工程学院	王新惠	女	教授
209	食品与生物工程学院	孟凡冰	女	副教授
210	食品与生物工程学院	王卫	男	教授
211	食品与生物工程学院	唐仁勇	男	副教授
212	食品与生物工程学院	聂忠莉	女	副主任药师
213	食品与生物工程学院	赵志平	男	副教授
214	建筑与土木工程学院	明承林	男	副教授
215	建筑与土木工程学院	曾永刚	男	副教授
216	建筑与土木工程学院	杨平	男	高级工程师
217	建筑与土木工程学院	高珊	女	高级实验师
218	建筑与土木工程学院	徐万福	男	高级工程师
219	建筑与土木工程学院	唐嘉陵	男	副研究员
220	建筑与土木工程学院	李平昌	男	高级工程师
221	建筑与土木工程学院	吴启红	男	教授
222	建筑与土木工程学院	林智敏	男	高级工程师
223	建筑与土木工程学院	王小鹃	女	副教授
224	建筑与土木工程学院	董建辉	男	副教授
225	建筑与土木工程学院	杨平	男	高级工程师
226	建筑与土木工程学院	蔡萌琦	女	副研究员
227	建筑与土木工程学院	秦纪洪	女	副教授
228	建筑与土木工程学院	李文渊	男	教授
229	建筑与土木工程学院	袁翱	男	高级工程师
230	建筑与土木工程学院	王静	女	副教授
231	建筑与土木工程学院	万世明	男	副教授

续表

序号	部门	姓名	性别	专业技术职务
232	建筑与土木工程学院	李 玫	女	副教授
233	建筑与土木工程学院	袁 伟	男	高级工程师
234	建筑与土木工程学院	毛天斌	男	副教授
235	建筑与土木工程学院	关惠平	男	教授
236	建筑与土木工程学院	黄正文	男	教授
237	建筑与土木工程学院	黄 进	女	教授
238	建筑与土木工程学院	路 峻	男	副教授
239	建筑与土木工程学院	张 华	男	副教授
240	建筑与土木工程学院	胡明成	男	副教授
241	建筑与土木工程学院	刘 洁	女	副教授
242	建筑与土木工程学院	周 洋	女	副教授
243	建筑与土木工程学院	王锡琴	女	教授
244	建筑与土木工程学院	谢飞鸿	男	教授
245	建筑与土木工程学院	侯 杰	男	高级工程师
246	建筑与土木工程学院	潘声旺	男	教授
247	建筑与土木工程学院	唐 然	男	高级工程师
248	建筑与土木工程学院	黄伟军	男	教授
249	旅游与文化产业学院	廖 涛	女	教授
250	旅游与文化产业学院	刘 婕	女	副教授
251	旅游与文化产业学院	袁 力	男	副研究员
252	旅游与文化产业学院	贾岷江	男	教授
253	旅游与文化产业学院	林 忠	男	高级讲师
254	旅游与文化产业学院	高丽楠	女	副教授
255	旅游与文化产业学院	黄玉理	女	副教授
256	旅游与文化产业学院	诸 丹	男	教授
257	旅游与文化产业学院	徐 茜	女	副教授
258	旅游与文化产业学院	尹 泓	女	副教授
259	旅游与文化产业学院	张学权	男	教授
260	旅游与文化产业学院	甘 霞	女	副教授
261	旅游与文化产业学院	孙雁霞	女	副教授
262	旅游与文化产业学院	邹高禄	男	教授
263	旅游与文化产业学院	练红宇	女	研究员
264	旅游与文化产业学院	王小红	女	教授
265	旅游与文化产业学院	何方永	女	副教授

续表

序号	部门	姓名	性别	专业技术职务
266	旅游与文化产业学院	唐建兵	男	教授
267	旅游与文化产业学院	汪晓岗	男	研究员级高级工程师
268	旅游与文化产业学院	何小东	男	副教授
269	旅游与文化产业学院	眭海霞	女	副研究员
270	商学院	朱盈盈	女	教授
271	商学院	龚 静	女	副教授
272	商学院	王 黎	女	高级实验师
273	商学院	许欣欣	女	副研究员
274	商学院	冯文龙	男	副教授
275	商学院	李 琳	女	教授
276	商学院	喻晓东	男	副教授
277	商学院	王 影	女	副教授
278	商学院	曾 珠	女	副教授
279	商学院	王积慧	女	副教授
280	商学院	万 春	女	副教授
281	商学院	马 胜	男	教授
282	商学院	唐凯江	男	副教授
283	商学院	许明强	男	教授
284	商学院	杨明娜	女	教授
285	商学院	徐 凯	男	副教授
286	商学院	文 华	女	教授
287	商学院	张翼飞	男	副教授
288	商学院	吴中超	男	副教授
289	商学院	白 莹	女	副教授
290	商学院	严 梅	女	副教授
291	商学院	高洪洋	女	副教授
292	商学院	明仪皓	男	副教授
293	商学院	张尊帅	男	副教授
294	商学院	刘婷婷	女	副教授
295	商学院	张千友	男	副教授
296	商学院	张 强	男	副教授
297	商学院	周 庆	女	副教授
298	商学院	高菊兰	女	副教授
299	商学院	苏 斌	男	高级会计师

续表

序号	部门	姓名	性别	专业技术职务
300	商学院	李文洁	女	副教授
301	商学院	刘金彬	男	教授
302	商学院	陈建西	女	教授
303	商学院	庄爱玲	女	副教授
304	商学院	刘巧艳	女	副教授
305	商学院	孙平	男	副研究员
306	商学院	傅剑波	男	副教授
307	商学院	张宇	男	副教授
308	商学院	曹明才	男	副教授
309	商学院	韦森	女	副教授
310	商学院	林丹	女	高级工程师
311	文学与新闻传播学院	刘茜	女	副教授
312	文学与新闻传播学院	陈静	女	副研究员
313	文学与新闻传播学院	张起	男	教授
314	文学与新闻传播学院	张蓉	女	副研究员
315	文学与新闻传播学院	刘咏涛	男	副教授
316	文学与新闻传播学院	魏红翎	女	副教授
317	文学与新闻传播学院	谭平	男	教授
318	文学与新闻传播学院	李立	男	副教授
319	文学与新闻传播学院	彭涛	男	副教授
320	文学与新闻传播学院	郭舫	女	副教授
321	文学与新闻传播学院	李轼华	女	副教授
322	文学与新闻传播学院	谭筱玲	女	教授
323	文学与新闻传播学院	胡艳	女	副教授
324	文学与新闻传播学院	张睿睿	女	副教授
325	文学与新闻传播学院	张建锋	男	教授
326	文学与新闻传播学院	崔雪梅	女	副教授
327	文学与新闻传播学院	胡希东	男	教授
328	文学与新闻传播学院	陆烨	男	副教授
329	文学与新闻传播学院	袁联波	男	教授
330	文学与新闻传播学院	徐玉容	女	高级讲师
331	文学与新闻传播学院	徐寿康	男	副教授
332	文学与新闻传播学院	孔稚凤	女	副教授
333	文学与新闻传播学院	张晓霞	女	教授

续表

序号	部门	姓名	性别	专业技术职务
334	文学与新闻传播学院	严 铭	男	副教授
335	文学与新闻传播学院	邱 岚	女	副教授
336	文学与新闻传播学院	王 涛	女	副教授
337	文学与新闻传播学院	周明圣	男	教授
338	文学与新闻传播学院	程建忠	男	教授
339	文学与新闻传播学院	彭 晓	女	副教授
340	文学与新闻传播学院	严虹焰	女	副教授
341	文学与新闻传播学院	车南林	女	副教授
342	外国语学院	杨儒平	男	教授
343	外国语学院	李茂秀	女	副教授
344	外国语学院	曾 尼	女	副教授
345	外国语学院	郑桂华	女	副教授
346	外国语学院	金 伟	男	副教授
347	外国语学院	刘维一	女	副教授
348	外国语学院	黄 曦	女	副教授
349	外国语学院	范雨涛	女	教授
350	外国语学院	杨柳川	女	副教授
351	外国语学院	李 蕾	女	副教授
352	外国语学院	宗端华	男	教授
353	外国语学院	王利华	女	副教授
354	外国语学院	杨 建	男	高级讲师
355	外国语学院	黄 鸣	女	教授
356	外国语学院	田寨耕	男	副教授
357	外国语学院	于立杰	女	副教授
358	外国语学院	陈 欣	女	副教授
359	外国语学院	王 可	女	副教授
360	外国语学院	付 静	女	副教授
361	外国语学院	沈 岚	女	副教授
362	外国语学院	罗志红	男	副教授
363	外国语学院	魏尼亚	女	副教授
364	外国语学院	李 萍	女	教授
365	外国语学院	王 慧	女	副教授
366	外国语学院	孙张静	女	副教授
367	外国语学院	白 杨	女	副教授

续表

序号	部门	姓名	性别	专业技术职务
368	外国语学院	尹山鹰	女	副教授
369	外国语学院	邱世凤	女	教授
370	马克思主义学院	涂利	女	副教授
371	马克思主义学院	樊英杰	女	副教授
372	马克思主义学院	吴建瓴	男	副教授
373	马克思主义学院	张旭明	男	副教授
374	马克思主义学院	吴会蓉	女	高级讲师
375	马克思主义学院	夏咏梅	女	副教授
376	马克思主义学院	屈陆	男	教授
377	马克思主义学院	肖良	男	副教授
378	马克思主义学院	魏世军	男	副教授
379	马克思主义学院	寇晓燕	女	副教授
380	马克思主义学院	岳鹏	男	教授
381	马克思主义学院	谢娟	女	高级讲师
382	马克思主义学院	彭玉凌	女	副教授
383	马克思主义学院	王明中	男	教授
384	马克思主义学院	王蕾	女	高级讲师
385	马克思主义学院	黄海昌	男	高级讲师
386	马克思主义学院	赵先明	男	教授
387	法学院	邱晓霞	女	副教授
388	法学院	邓陕峡	女	教授
389	法学院	张蕾	女	副教授
390	法学院	廖峻	男	副教授
391	法学院	唐文娟	女	教授
392	法学院	张居盛	男	教授
393	法学院	施亚	女	副研究员
394	法学院	吴银涛	男	副教授
395	法学院	钟佩霖	男	教授
396	美术与设计学院	杨冬	女	教授
397	美术与设计学院	董泓	女	副教授
398	美术与设计学院	赵浩	男	教授
399	美术与设计学院	况锐	女	副教授
400	美术与设计学院	张蔚	女	副教授
401	美术与设计学院	杨波	男	副教授

续表

序号	部门	姓名	性别	专业技术职务
402	美术与设计学院	汤志刚	男	副教授
403	美术与设计学院	张郑波	男	副教授
404	美术与设计学院	吴飔雪	女	副教授
405	美术与设计学院	刘颖	女	副教授
406	美术与设计学院	马丽娃	女	教授
407	美术与设计学院	周胜	男	副教授
408	美术与设计学院	许燎源	男	教授
409	美术与设计学院	秦洁	女	副教授
410	美术与设计学院	罗晓飞	男	教授
411	美术与设计学院	胡忠浩	男	副教授
412	美术与设计学院	谭华	男	副教授
413	美术与设计学院	侯李游美	女	副教授
414	美术与设计学院	曾越	女	副教授
415	美术与设计学院	朱敬	男	副教授
416	美术与设计学院	徐斌	男	副教授
417	美术与设计学院	邓娜	女	副教授
418	美术与设计学院	贾玉平	男	副教授
419	美术与设计学院	郑晓东	男	教授
420	美术与设计学院	罗徕	男	教授
421	美术与设计学院	高德武	男	副教授
422	美术与设计学院	高铁	男	教授
423	美术与设计学院	王践	男	二级美术师
424	美术与设计学院	徐泽	男	副教授
425	美术与设计学院	陈璃	女	副教授
426	美术与设计学院	张鹭鹭	女	副教授
427	美术与设计学院	徐红	女	副教授
428	美术与设计学院	万国	男	副教授
429	美术与设计学院	李星丽	女	副教授
430	美术与设计学院	郭萍	女	副教授
431	美术与设计学院	郝巍	男	副教授
432	美术与设计学院	杨渝坪	女	副教授
433	影视与动画学院	刘彤	男	教授
434	影视与动画学院	代钰洪	男	教授
435	影视与动画学院	钟远波	男	教授

续表

序号	部门	姓名	性别	专业技术职务
436	影视与动画学院	夏立伟	男	副教授
437	影视与动画学院	李姝	女	副教授
438	影视与动画学院	李茂华	女	副教授
439	影视与动画学院	刘晓萍	女	副教授
440	影视与动画学院	邓瑶	女	副教授
441	影视与动画学院	韦庠	男	副教授
442	影视与动画学院	邓杉	男	副教授
443	影视与动画学院	蒲蓓	女	副教授
444	影视与动画学院	余洪	男	副教授
445	影视与动画学院	苟强诗	男	副教授
446	影视与动画学院	刘倩	女	副教授
447	影视与动画学院	张娟	女	教授
448	影视与动画学院	向朝楚	男	副教授
449	影视与动画学院	卢康	男	副教授
450	影视与动画学院	陈彦均	女	副教授
451	音乐与舞蹈学院	廖红梅	女	副教授
452	音乐与舞蹈学院	张强	女	副教授
453	音乐与舞蹈学院	唐榕	女	副教授
454	音乐与舞蹈学院	黄金城	男	副教授
455	音乐与舞蹈学院	田甜	女	副教授
456	音乐与舞蹈学院	曾勤	女	副教授
457	音乐与舞蹈学院	魏平	女	副教授
458	音乐与舞蹈学院	胡郁青	女	教授
459	音乐与舞蹈学院	汪媛媛	女	副教授
460	音乐与舞蹈学院	吕宏伟	男	二级演员
461	音乐与舞蹈学院	周毅琼	女	副教授
462	音乐与舞蹈学院	冯健	男	副教授
463	音乐与舞蹈学院	蒲涛	男	教授
464	音乐与舞蹈学院	蒋启辰	女	副教授
465	音乐与舞蹈学院	张小燕	女	教授
466	音乐与舞蹈学院	贺佳玥	女	副教授
467	音乐与舞蹈学院	陈正平	女	一级演员
468	音乐与舞蹈学院	曾晓利	男	二级演员
469	中国—东盟艺术学院	王洋	女	副教授

续表

序号	部门	姓名	性别	专业技术职务
470	中国—东盟艺术学院	黄先政	男	研究员
471	体育学院	陈 胜	男	副教授
472	体育学院	陈茂林	男	副教授
473	体育学院	侯光辉	男	副教授
474	体育学院	刘 蓉	女	副教授
475	体育学院	吕寻金	男	副教授
476	体育学院	李 欣	男	教授
477	体育学院	刘 武	男	副教授
478	体育学院	赵 祥	男	副教授
479	体育学院	聂 勇	男	高级讲师
480	体育学院	晏健伟	男	高级讲师
481	体育学院	李 杉	女	教授
482	体育学院	蒋 雯	女	副教授
483	体育学院	许 杰	男	副教授
484	体育学院	冉 建	男	教授
485	体育学院	郑 萌	男	教授
486	体育学院	黄 亮	男	副教授
487	体育学院	邓 嘉	女	副教授
488	体育学院	黄巧婷	女	副教授
489	体育学院	陶朔秀	女	副教授
490	体育学院	朱 斌	男	副教授
491	体育学院	刘 慧	女	副教授
492	体育学院	张 象	男	副教授
493	体育学院	唐 勇	男	副教授
494	体育学院	余启政	男	副教授
495	师范学院	毛慧琳	女	副教授
496	师范学院	卢 悦	女	副教授
497	师范学院	李 敏	男	教授
498	师范学院	范 红	女	副教授
499	师范学院	张 勇	男	副教授
500	师范学院	魏 泽	男	副教授
501	师范学院	陈大伟	男	教授
502	师范学院	蒲永明	男	副教授
503	师范学院	何 叶	女	副教授

续表

序号	部门	姓名	性别	专业技术职务
504	师范学院	黄媛媛	女	副教授
505	师范学院	万 中	女	中学高级教师
506	师范学院	彭韵潼	女	副教授
507	师范学院	孙 钠	女	副教授
508	师范学院	罗天昱	女	副教授
509	师范学院	黄云峰	男	副教授
510	师范学院	许立红	女	副教授
511	师范学院	黄毕莎	女	副教授
512	师范学院	廖 萍	女	副教授
513	师范学院	彭嘉熙	男	副研究员
514	师范学院	蔡育坤	男	副教授
515	师范学院	孙 宏	男	副教授
516	师范学院	何国庆	男	副教授
517	师范学院	黎昌友	男	教授
518	师范学院	黄 灏	男	副教授
519	师范学院	肖 红	女	副教授
520	师范学院	程维薇	女	副教授
521	师范学院	许建华	女	副教授
522	师范学院	于苏滨	男	副教授
523	师范学院	邓泽军	男	教授
524	师范学院	李 红	女	副教授
525	师范学院	范 勇	男	副教授
526	师范学院	王 钢	男	副教授
527	师范学院	郭 莉	女	副教授
528	师范学院	吴小蓉	女	副教授
529	师范学院	谭 梅	女	副教授
530	师范学院	王德林	男	教授
531	师范学院	苟 萍	女	教授
532	师范学院	范崇高	男	教授
533	师范学院	黄 旭	男	副教授
534	师范学院	刘华锦	女	教授
535	师范学院	黄 曦	女	副教授
536	师范学院	朱素蓉	女	高级讲师
537	师范学院	万正维	女	副教授

续表

序号	部门	姓名	性别	专业技术职务
538	师范学院	陈 星	女	副教授
539	师范学院	续 静	女	副教授
540	师范学院	廖彩之	男	副教授
541	师范学院	朱 畅	女	副教授
542	师范学院	冯德雄	男	副教授
543	师范学院	姚便芳	女	教授
544	基础医学院	时 政	男	教授
545	基础医学院	郭文杰	男	副教授
546	基础医学院	杨 艳	女	高级讲师
547	基础医学院	黄松林	男	副教授
548	基础医学院	魏媛媛	女	教授
549	基础医学院	胡志辉	女	高级讲师
550	基础医学院	王道富	男	高级讲师
551	基础医学院	付译节	女	副教授
552	基础医学院	张雪妍	女	副教授
553	基础医学院	蔡佩玲	女	副教授
554	基础医学院	何 陨	女	副教授
555	基础医学院	雨 田	女	副教授
556	基础医学院	曹丽丽	女	副教授
557	基础医学院	谢 东	男	副主任医师
558	基础医学院	伍小飞	男	教授
559	基础医学院	刘晓云	女	高级讲师
560	基础医学院	张乐乐	男	副研究员
561	基础医学院	符 佳	女	副教授
562	基础医学院	王昆蓉	女	副教授
563	基础医学院	冯礼福	男	副教授
564	基础医学院	邓 禹	男	副研究员
565	基础医学院	牛 蓓	女	副教授
566	基础医学院	易 红	女	副教授
567	基础医学院	阎 妍	女	副教授
568	基础医学院	张红云	女	副教授
569	基础医学院	程丽佳	女	副教授
570	基础医学院	王战国	男	副教授
571	基础医学院	刘 瑛	女	副教授

续表

序号	部门	姓名	性别	专业技术职务
572	基础医学院	余 真	女	高级讲师
573	基础医学院	陈春兰	女	副教授
574	基础医学院	罗世祥	男	副教授
575	基础医学院	李 建	男	副教授
576	基础医学院	李 辉	男	教授
577	基础医学院	兰 鸿	男	副主任医师
578	基础医学院	王跃锜	男	副教授
579	基础医学院	刘 荣	女	研究员
580	基础医学院	杨 林	男	教授
581	基础医学院	郭晓恒	男	副教授
582	基础医学院	蒲春霞	女	副教授
583	基础医学院	杜凤英	女	副主任医师
584	基础医学院	范小军	男	副教授
585	基础医学院	杨洪勤	男	副研究员
586	基础医学院	曹晓容	女	高级讲师
587	基础医学院	刘冰花	女	教授
588	基础医学院	吕春燕	女	副主任医师
589	药学院、四川抗菌素工业研究所	刘坤平	男	教授
590	药学院、四川抗菌素工业研究所	俞岩青	男	副研究员
591	药学院、四川抗菌素工业研究所	刘 嵬	女	副研究员
592	药学院、四川抗菌素工业研究所	鲁 兰	女	副研究员
593	药学院、四川抗菌素工业研究所	王昆蓉	女	副研究员
594	药学院、四川抗菌素工业研究所	任 静	女	副研究员
595	药学院、四川抗菌素工业研究所	姚 倩	女	教授
596	药学院、四川抗菌素工业研究所	聂敏奎	男	副研究员
597	药学院、四川抗菌素工业研究所	胡一冰	女	副教授
598	药学院、四川抗菌素工业研究所	张春然	女	副研究员
599	药学院、四川抗菌素工业研究所	张亦斌	男	副研究员
600	药学院、四川抗菌素工业研究所	戴君武	男	副教授
601	药学院、四川抗菌素工业研究所	张 颖	女	研究员
602	药学院、四川抗菌素工业研究所	何正有	男	副研究员
603	药学院、四川抗菌素工业研究所	曾志刚	男	副研究员
604	药学院、四川抗菌素工业研究所	姚 洁	女	高级工程师
605	药学院、四川抗菌素工业研究所	胡建平	男	教授

续表

序号	部门	姓名	性别	专业技术职务
606	药学院、四川抗菌素工业研究所	徐明琴	女	副研究员
607	药学院、四川抗菌素工业研究所	褚以文	男	研究员
608	药学院、四川抗菌素工业研究所	贾爱琼	女	副研究员
609	药学院、四川抗菌素工业研究所	陈 林	男	副研究员
610	药学院、四川抗菌素工业研究所	李 楠	女	研究员
611	药学院、四川抗菌素工业研究所	郭晓强	男	教授
612	药学院、四川抗菌素工业研究所	付 强	男	副研究员
613	药学院、四川抗菌素工业研究所	李俊龙	男	副教授
614	药学院、四川抗菌素工业研究所	林家富	男	副研究员
615	药学院、四川抗菌素工业研究所	陈 龙	男	副研究员
616	药学院、四川抗菌素工业研究所	王欣荣	男	研究员
617	药学院、四川抗菌素工业研究所	赵 飞	男	副研究员
618	药学院、四川抗菌素工业研究所	何 钢	男	副教授
619	药学院、四川抗菌素工业研究所	王 辂	男	副研究员
620	药学院、四川抗菌素工业研究所	郑哲彬	男	研究员
621	药学院、四川抗菌素工业研究所	赵经伟	男	副研究员
622	药学院、四川抗菌素工业研究所	李 强	男	副研究员
623	药学院、四川抗菌素工业研究所	颜 军	男	教授
624	药学院、四川抗菌素工业研究所	张新宜	女	副研究员
625	药学院、四川抗菌素工业研究所	陶 静	女	副研究员
626	药学院、四川抗菌素工业研究所	陈 岚	女	高级经济师
627	药学院、四川抗菌素工业研究所	刘 悦	女	副研究员
628	药学院、四川抗菌素工业研究所	孙晓华	男	副教授
629	药学院、四川抗菌素工业研究所	左宇碧	女	高级工程师
630	药学院、四川抗菌素工业研究所	曹胜华	男	研究员
631	药学院、四川抗菌素工业研究所	徐玉玲	女	副教授
632	药学院、四川抗菌素工业研究所	马文博	男	副研究员
633	药学院、四川抗菌素工业研究所	宋 芹	女	教授
634	药学院、四川抗菌素工业研究所	李青竹	男	副研究员
635	药学院、四川抗菌素工业研究所	石克金	男	副研究员
636	药学院、四川抗菌素工业研究所	朱 洁	女	副研究员
637	药学院、四川抗菌素工业研究所	程 强	男	研究员
638	药学院、四川抗菌素工业研究所	曾 文	女	研究员
639	药学院、四川抗菌素工业研究所	李 佳	女	高级工程师

续表

序号	部门	姓名	性别	专业技术职务
640	药学院、四川抗菌素工业研究所	赵克雷	男	研究员
641	药学院、四川抗菌素工业研究所	龚 立	男	副研究员
642	药学院、四川抗菌素工业研究所	刘 啸	女	高级工程师
643	药学院、四川抗菌素工业研究所	张 舒	男	研究员
644	药学院、四川抗菌素工业研究所	任凤英	女	副研究员
645	药学院、四川抗菌素工业研究所	唐克慧	女	研究员
646	药学院、四川抗菌素工业研究所	汪 令	女	副研究员
647	药学院、四川抗菌素工业研究所	邓盛齐	男	研究员
648	药学院、四川抗菌素工业研究所	李端华	男	副研究员
649	药学院、四川抗菌素工业研究所	陈 仰	男	高级工程师
650	药学院、四川抗菌素工业研究所	董宏波	男	副研究员
651	药学院、四川抗菌素工业研究所	彭 西	女	教授
652	成都大学附属医院（临床医学院）	余阳燊	男	副教授
653	图书馆	张 静	女	高级会计师
654	图书馆	林 玲	女	副研究馆员
655	图书馆	白 莉	女	副研究馆员
656	图书馆	张 青	女	副研究馆员
657	图书馆	黄 杉	女	副研究馆员
658	图书馆	杨蜀冀	女	副教授
659	图书馆	李 慧	女	副研究馆员
660	图书馆	都东浩	女	副研究馆员
661	图书馆	汪令江	男	教授
662	图书馆	罗晓燕	女	副研究馆员
663	图书馆	杨春华	女	副教授
664	图书馆	彭时平	男	教授
665	图书馆	刘先强	男	教授
666	图书馆	李 华	男	副研究馆员
667	图书馆	黄 敏	女	副研究馆员
668	档案馆	赵雪峰	男	中学高级教师
669	档案馆	郑典宜	女	研究馆员
670	档案馆	舒 涛	女	副研究馆员
671	档案馆	樊 英	女	副研究馆员
672	信息网络中心	杜小丹	女	教授
673	信息网络中心	吴成宾	男	教授级高级工程师

续表

序号	部门	姓名	性别	专业技术职务
674	心理健康教育中心	周 宏	男	教授
675	心理健康教育中心	邵昌玉	女	副教授
676	期刊中心	刘晓红	女	副研究员
677	期刊中心	贺蓉蓉	女	副研究员
678	期刊中心	张 蕾	女	副研究员
679	期刊中心	张锦波	男	副编审
680	期刊中心	付晓帆	女	副教授
681	期刊中心	苟亚春	女	副教授
682	期刊中心	代显华	女	研究员
683	期刊中心	彭文彬	女	副编审
684	社区建设办公室	杜小安	男	副教授
685	社区建设办公室	聂志萍	女	副教授
686	海外教育学院	杨 茜	女	副教授
687	海外教育学院	周 一	男	副教授
688	海外教育学院	刘亚玲	女	副教授
689	海外教育学院	邓丽娜	女	副教授
690	继续教育学院	谌贻会	女	高级讲师
691	继续教育学院	陈晓蓉	女	高级讲师
692	继续教育学院	魏 青	女	教授
693	继续教育学院	毛艳萍	女	高级讲师
694	继续教育学院	段海涛	男	副主任医师
695	继续教育学院	黄晓红	女	副教授
696	继续教育学院	廖崇凯	男	副主任医师
697	继续教育学院	黄菊辉	女	副教授
698	创新创业学院	陈 烈	女	副研究员
699	高等研究院	任家乐	男	研究馆员
700	高等研究院	欧俊科	男	副研究员
701	高等研究院	董 浩	男	副研究员
702	高等研究院	王昉彤	女	研究员
703	高等研究院	游 勇	男	副研究员
704	高等研究院	袁伟成	男	研究员
705	高等研究院	杨苏东	男	副研究员
706	高等研究院	何周坤	男	副研究员
707	高等研究院	陈 琳	女	高级工程师

续表

序号	部门	姓名	性别	专业技术职务
708	成大资产经营有限责任公司	李 云	男	副教授
709	成大资产经营有限责任公司	杨 扬	男	副教授
710	成大资产经营有限责任公司	罗 斌	男	副研究员
711	成大资产经营有限责任公司	尹 谦	女	副教授
712	附属医院（十陵医院）	魏莎莉	女	主任护师

附件2 2020年晋升专业技术职务人员名册

序号	姓 名	性别	所在部门	晋升专业技术职务
1	甘露萍	女	机械工程学院	教授
2	程丽佳	女	基础医学院	教授
3	张修军	男	计算机学院	教授
4	游 磊	男	计算机学院	教授
5	吴建瓴	男	马克思主义学院	教授
6	刘 颖	女	美术与设计学院	教授
7	李星丽	女	美术与设计学院	教授
8	王积慧	女	商学院	教授
9	吴中超	男	商学院	教授
10	张千友	男	商学院	教授
11	王 钢	男	师范学院	教授
12	谭 梅	女	师范学院	教授
13	邹晓勇	男	食品与生物工程学院	教授
14	彭镰心	男	食品与生物工程学院	教授
15	魏红翎	女	文学与新闻传播学院	教授
16	李俊龙	男	药学院、四川抗菌素研究所	教授
17	魏 平	女	音乐与舞蹈学院	教授
18	刘晓萍	女	影视与动画学院	教授
19	任 静	女	药学院、四川抗菌素研究所	研究员
20	吴银涛	男	法学院	副教授
21	赵 虔	男	机械工程学院	副教授
22	高蕾娜	女	机械工程学院	副教授
23	万 君	女	基础医学院	副教授
24	冉 伶	女	基础医学院	副教授
25	黄静玮	女	基础医学院	副教授
26	刘璐璐	女	建筑与土木工程学院	副教授
27	张 妍	女	建筑与土木工程学院	副教授

续表

序号	姓　名	性别	所在部门	晋升专业技术职务
28	陈　颖	男	旅游与文化产业学院	副教授
29	何先月	男	马克思主义学院	副教授
30	周霜菊	女	美术与设计学院	副教授
31	彭芳燕	女	美术与设计学院	副教授
32	吴飒雪	女	美术与设计学院	副教授
33	郝　巍	男	美术与设计学院	副教授
34	何　悦	女	商学院	副教授
35	田　涛	男	师范学院	副教授
36	彭　欧	男	师范学院	副教授
37	吉莉莉	女	食品与生物工程学院	副教授
38	刘　洋	男	食品与生物工程学院	副教授
39	李　婧	女	食品与生物工程学院	副教授
40	李　锐	男	食品与生物工程学院	副教授
41	唐　迅	女	体育学院	副教授
42	谢　爽	女	外国语学院	副教授
43	周翔宇	男	文学与新闻传播学院	副教授
44	王　瑜	男	文学与新闻传播学院	副教授
45	杨　颖	女	音乐与舞蹈学院	副教授
46	何洋托美次仁	男	音乐与舞蹈学院	副教授
47	朱婧雯	女	影视与动画学院	副教授
48	李濯缨	女	影视与动画学院	副教授
49	邓　瑶	女	影视与动画学院	副教授
50	王志强	男	高等研究院	副研究员
51	王振华	男	高等研究院	副研究员
52	赵建强	男	高等研究院	副研究员
53	辛成来	男	机械工程学院	副研究员
54	傅林涛	男	建筑与土木工程学院	副研究员
55	唐　杰	男	食品与生物工程学院	副研究员
56	孙文霞	女	药学院、四川抗菌素研究所	副研究员
57	何玉娇	女	药学院、四川抗菌素研究所	副研究员
58	黄　挺	男	药学院、四川抗菌素研究所	副研究员
59	张乐乐	男	医学院（护理学院）	副研究员
60	田海稣	女	海外教育学院	副教授（转评）
61	陈　渝	男	机械工程学院	副教授（转评）

续表

序号	姓　名	性别	所在部门	晋升专业技术职务
62	邓　禹	男	基础医学院	副教授（转评）
63	吕春燕	女	基础医学院	副教授（转评）
64	黄　曦	女	师范学院	副教授（转评）
65	付　强	男	药学院、四川抗菌素研究所	副教授（转评）
66	杨继玥	女	法学院	讲师
67	牛晓丹	女	海外教育学院	讲师
68	刘潇潇	女	海外教育学院	讲师
69	李昊霖	男	海外教育学院	讲师
70	周晓沫	女	海外教育学院	讲师
71	侯苏庭	女	海外教育学院	讲师
72	袁　莉	女	海外教育学院	讲师
73	高莲莲	女	海外教育学院	讲师
74	熊柳慧子	女	海外教育学院	讲师
75	陈　璐	女	机械工程学院	讲师
76	张　飞	男	基础医学院	讲师
77	周　兰	女	基础医学院	讲师
78	仰骏辉	男	建筑与土木工程学院	讲师
79	赵晓丹	女	旅游与文化产业学院	讲师
80	杨东晓	男	马克思主义学院	讲师
81	吴立立	女	马克思主义学院	讲师
82	吴亚玲	女	美术与设计学院	讲师
83	孙　笑	女	商学院	讲师
84	游　罂	女	食品与生物工程学院	讲师
85	罗小红	女	体育学院	讲师
86	王　珏	女	外国语学院	讲师
87	王　颖	女	外国语学院	讲师
88	李　丹	女	外国语学院	讲师
89	李若珺	女	外国语学院	讲师
90	杨　夏	女	外国语学院	讲师
91	彭　希	女	外国语学院	讲师
92	程　敏	女	外国语学院	讲师
93	唐国钧	男	音乐与舞蹈学院	讲师
94	孙　明	男	影视与动画学院	讲师
95	吴双玲	女	保卫处	助理研究员

续表

序号	姓名	性别	所在部门	晋升专业技术职务
96	徐 凯	女	党委宣传部	助理研究员
97	刘国凯	男	党委组织部	助理研究员
98	帅煜朦	女	继续教育学院	助理研究员
99	刘 晓	女	教务处	助理研究员
100	陈 婵	女	教务处	助理研究员
101	余松科	男	科技处	助理研究员
102	宋 雨	男	科技处	助理研究员
103	徐莉萍	女	美术与设计学院	助理研究员
104	杭 行	男	商学院	助理研究员
105	肖 宇	女	食品与生物工程学院	助理研究员
106	邵 洋	男	食品与生物工程学院	助理研究员
107	徐 谧	女	团委	助理研究员
108	张长剑	男	学生处	助理研究员
109	岳 春	女	学生处	助理研究员
110	李 勇	男	学校办公室	助理研究员
111	钟林江	男	学校办公室	助理研究员
112	秦 玲	女	研究生处	助理研究员
113	王识瑞	女	影视与动画学院	助理研究员
114	杨春梅	女	影视与动画学院	助理研究员
115	徐 青	女	食品与生物工程学院	讲师（转评）
116	王 森	男	美术与设计学院	助理研究员（转评）
117	杨 柳	男	机械工程学院	高级实验师
118	高 珊	女	建筑与土木工程学院	高级实验师
119	王 黎	女	商学院	高级实验师
120	唐 琳	女	信息科学与工程学院	高级实验师
121	唐春艳	女	川抗所	实验师
122	郑璐璐	女	师范学院	实验师
123	黄兴禄	男	信息科学与工程学院	实验师
124	李小红	男	药学与生物工程学院	实验师
125	孟 源	男	信息科学与工程学院	实验师（转评）

附件3 2020年引进人才目录

序号	姓 名	性别	归属学院	人员类别
1	孙晓萌	女	外国语学院	名誉院长
2	张德权	男	食品与生物工程学院	名誉院长
3	熊澄宇	男	旅游与文化产业学院	名誉院长
4	章 毅	男	计算机学院	名誉院长
5	邓淑华	女	马克思主义学院	名誉院长
6	薛 康	男	美术与设计学院	名誉院长
7	张 锐	男	食品与生物工程学院	特聘副研究员
8	李东哲	男	高等研究院	特聘研究员
9	王安齐	男	医学院（护理学院）	特聘副研究员
10	李小琴	女	高等研究院	特聘副研究员
11	任 旭	女	建筑与土木工程学院	特聘副研究员
12	刘长英	男	食品与生物工程学院	特聘副研究员
13	叶雪玲	女	食品与生物工程学院	特聘副研究员
14	高涛涛	男	高等研究院	特聘副研究员
15	徐妍雪	女	高等研究院	特聘副研究员
16	魏 枭	男	医学院（护理学院）	特聘副研究员
17	张 翔	男	川抗所	特聘副研究员
18	郭俊雄	男	电子信息与电气工程学院	特聘副研究员
19	漆 锐	男	食品与生物工程学院	特聘副研究员
20	王鸣程	男	高等研究院	特聘副研究员
21	陈 琳	女	高等研究院	特聘研究员
22	黄章益	男	高等研究院	特聘副研究员
23	牟自豪	男	高等研究院	特聘副研究员
24	姚 田	男	食品与生物工程学院	特聘研究员
25	陈佳琪	女	机械工程学院	特聘副研究员
26	张 瑞	女	机械工程学院	特聘副研究员
27	卢云浩	男	食品与生物工程学院	特聘副研究员

续表

序号	姓 名	性别	归属学院	人员类别
28	成 军	男	高等研究院	特聘学者
29	戴 峰	男	高等研究院	特聘学者
30	何早波	男	高等研究院	特聘学者
31	沈 浩	男	高等研究院	特聘学者
32	吴争光	男	高等研究院	特聘学者
33	严怀成	男	高等研究院	特聘学者
34	朱全新	男	高等研究院	特聘学者
35	朱顺鹏	男	高等研究院	特聘学者
36	甘人友	男	高等研究院	特聘学者
37	黄 群	男	高等研究院	特聘学者
38	李 斌	男	高等研究院	特聘学者
39	卢剑权	男	高等研究院	特聘学者
40	齐文海	男	高等研究院	特聘学者
41	温世平	男	高等研究院	特聘学者
42	萧（肖）建波	男	高等研究院	特聘学者
43	聂少平	男	高等研究院	特聘学者
44	冯 刚	男	马克思主义学院	特聘教授
45	苗 放	男	计算机学院	特聘教授
46	欧阳宏生	男	高等研究院	特聘教授
47	王化成	男	商学院	特聘教授
48	段从学	男	文新学院	特聘教授
49	杨 桦	男	体育学院	特聘教授
59	邬志辉	男	师范学院	特聘教授
50	寇 纲	男	商学院	特聘教授
51	黄维扬	男	药学院、四川抗菌素研究所	特聘教授
52	孔令翠	男	外国语学院	特聘教授
53	钟 斌	男	机械工程学院	博导
54	彭 西	女	四川抗菌素工业研究所	博导
55	罗崇蓉	女	美术与设计学院	青年博士
56	张 程	男	文学与新闻传播学院	青年博士
57	谢松志	男	药学与生物工程学院	青年博士
58	张寅玲	女	旅游与文化产业学院	青年博士
59	李 钊	男	信息科学与工程学院	青年博士
60	柳炳琦	男	机械工程学院	青年博士
61	黄彦彦	女	机械工程学院	青年博士

续表

序号	姓　名	性别	归属学院	人员类别
62	佘国秀	女	美术与设计学院	青年博士
63	杨华平	男	建筑与土木工程学院	青年博士
64	王翙翙	女	医学院（护理学院）	青年博士
65	但　敏	女	影视与动画学院	青年博士
66	母雪玲	女	信息科学与工程学院	青年博士
67	张婉嫕	女	建筑与土木工程学院	青年博士
68	李瑞强	男	商学院	青年博士
69	詹本乐	男	体育学院	青年博士
70	许欣欣	女	商学院	青年博士
71	李　殷	女	商学院	青年博士
72	黄毓芸	女	文学与新闻传播学院	青年博士
73	代华凤	女	机械工程学院	青年博士
74	吴小强	男	机械工程学院	青年博士
75	王怡如	女	机械工程学院	青年博士
76	文沫霏	女	体育学院	青年博士
77	米昊阳	男	文学与新闻传播学院	青年博士
78	罗　杰	男	信息科学与工程学院	青年博士
79	王　双	女	美术与设计学院	青年博士
80	吕晶晶	女	信息科学与工程学院	青年博士
81	王佳熙	男	信息科学与工程学院	青年博士
82	彭芳燕	女	美术与设计学院	青年博士
83	蓝庆伟	男	美术与设计学院	青年博士
84	欧洋铭	男	建筑与土木工程学院	青年博士
85	杨耀如	男	信息科学与工程学院	青年博士
86	罗咏劼	男	信息科学与工程学院	青年博士
87	范洪光	男	信息科学与工程学院	青年博士
88	李　丽	女	建筑与土木工程学院	青年博士
89	何秋萍	女	外国语学院	青年博士
90	侯　飞	女	信息科学与工程学院	青年博士
91	李永振	男	建筑与土木工程学院	青年博士
92	傅林涛	男	建筑与土木工程学院	青年博士
93	林　丹	女	学生处	青年博士
94	戴　骋	男	文学与新闻传播学院	青年博士
95	樊　越	女	机械工程学院	青年博士
96	王　婷	女	体育学院	青年博士

续表

序号	姓名	性别	归属学院	人员类别
97	王 瑜	男	文学与新闻传播学院	青年博士
98	李 斌	男	文学与新闻传播学院	青年博士
99	郭毅锋	男	机械工程学院	青年博士
100	韩 淼	女	旅游与文化产业学院	青年博士
101	彭文敏	女	商学院	青年博士
102	何小东	男	旅游与文化产业学院	青年博士
103	高 韬	女	文学与新闻传播学院	青年博士
104	孙 美	女	商学院	青年博士
105	邱 超	男	外国语学院	青年博士
106	王跃飞	男	计算机学院	青年博士
107	邹 杭	男	四川抗菌素工业研究所	青年博士
108	樊 琪	女	美术与设计学院	青年博士
109	邓 禹	男	基础医学院	青年博士
110	刘春玉	女	外国语学院	青年博士
111	臧 肖	男	法学院	青年博士
112	王鸿斌	男	建筑与土木工程学院	青年博士
113	王祺超	男	计算机学院	青年博士
114	钟应子	女	建筑与土木工程学院	青年博士
115	申 玉	女	医学院（护理学院）	青年博士
116	王梓灼	女	法学院	青年博士
117	徐 冉	女	法学院	青年博士
118	杨 何	男	建筑与土木工程学院	青年博士
119	彭 晨	男	计算机学院	青年博士
120	李骅锦	男	建筑与土木工程学院	青年博士
121	毛 润	男	电子信息与电气工程学院	青年博士
122	金翼翔	男	法学院	青年博士
123	赵 姗	女	电子信息与电气工程学院	青年博士
124	唐定康	男	电子信息与电气工程学院	青年博士
125	奉美林	女	食品与生物工程学院	青年博士
126	黄 龙	男	机械工程学院	青年博士
127	杨亚茹	女	机械工程学院	青年博士
128	张 鹏	男	机械工程学院	青年博士
129	李 逵	男	机械工程学院	青年博士
130	韩 晨	女	体育学院	青年博士
131	米传振	男	法学院	青年博士

续表

序号	姓　名	性别	归属学院	人员类别
132	吴　杰	男	计算机学院	青年博士
133	闫　淼	女	音乐与舞蹈学院	青年博士
134	曾　思	女	文学与新闻传播学院	青年博士
135	周后燕	女	马克思主义学院	青年博士
136	王德政	男	法学院	青年博士
137	李　双	女	海外教育学院	青年博士
138	彭　鑫	男	建筑与土木工程学院	青年博士
139	冉　驰	女	文学与新闻传播学院	青年博士
140	杨玉欣	女	机械工程学院	青年博士
141	戴琼瑶	女	法学院	青年博士
142	何秋竺	女	法学院	青年博士
143	黄梓航	男	心理健康教育中心	青年博士
144	刘苗苗	女	文学与新闻传播学院	青年博士
145	范占锋	男	建筑与土木工程学院	青年博士
146	胡永旭	男	机械工程学院	青年博士
147	文小梅	女	法学院	青年博士
148	杨渝坪	女	美术与设计学院	青年博士

附件4 2020年度考核优秀人员名单（含中干）

序号	单位	优秀指标	编内名单	编外名单
1	辅导员	10	王任飞　许丽佳　周　平	王增辉　刘翱翔　杨　龙　张　飞　张长剑　陈　璐　游　嬰
2	学校办公室（党委办公室校长办公室）	4	薛常兵　李　勇　王雁南　孟　莉	
3	党委组织部（机关党委）	3	王祖芳　任　敏　周宗旭	
4	纪委办公室（监察处）	2	涂思义　陈永凤	
5	党委宣传部（新闻中心）	4	王建武　杨启金　沈　静　徐　凯	
6	党委统战部	1	杨　涛	
7	党委教师工作部、人事处	5	陈小平　刘　斌　陈　静　樊天相	景　希
8	党委学生工作部（学生处）	4	曹游宇　岳　春　蒋桂高	廖　雄
9	党委武装部（保卫处）	5	庄世洪　陈　鹏　周　波　胡清明　刘　刚	
10	离退休工作处	2	邵　军　杨　红	
11	发展规划处（高等教育研究所）	2	刘佳磊　应会琼	
12	教务处（招生办公室）	5	叶安胜　赵　倩　任雪梅　姚　庚	陈曦乐
13	研究生处（学科建设办公室）	4	李　艳　何　盈　杨汉国	袁红萍
14	社科处	1	任　蓉	
15	科技处（科技成果转化中心）	3	刘　兵　侯盛炜	杨　琳
16	高等研究院			
17	财务处	3	黄丽颖	何金萍　周晓露
18	审计处	1	林　璐	
19	国际合作与交流处（港澳台办公室）	9	杜　洁　刘亚玲　杜　薇　张冬野　林　莺　高　婧　顾　磊　裴金梅	李雪婷
20	海外教育学院			
21	国有资产管理处	3	吕天洋　陈海超　何　川	
22	实验室与设备管理处	2	梁　萍	乔　蓓

续表

序号	单 位	优秀指标	编内名单	编外名单
23	后勤处	14	李 兵　王 战　刘 俪　李汝英 张友弟　张良全　陈志荣　陈丽槐 易春华　唐 勇　程 明　龙开蓉 梁树春	曾 科
24	基建处	4	周 云　张 传　白玉华　邱 娜	
25	工会、扶贫办	3	徐 涛　邱 珩　李 亮	
26	团委	2	徐 谧	尚建业
27	校友工作办公室	2	杨 阳	马 琦
28	图书馆	7	邝 喻　李 媛　李 慧　何 欣 程 川　张 青	刘光迪
29	档案馆	2	杨 玫　陈 杲	
30	信息网络中心	3	杜小丹　刘新跃	罗德彪
31	心理健康教育中心	2	亢旭东	郭玲静
32	期刊中心	2	苟亚春　彭文彬	
33	社区建设办公室	2	聂志萍　杨 挺（基础医学院借调）	
34	继续教育学院	4	帅煜朦　刘 雷　李 强　杨顺祥	
35	创新创业学院	1	刘巧玲	
36	四川抗菌素工业研究所	22	王 辂　王 磊　尹 璐　邓俊丰 叶 勤　刘元璐　刘 啸　刘超兰 阮晓冬　吴 明　张 波　张 颖 陈珍祥　郑 筠　赵军军　赵 俊 倪彩霞　郭义东　陶 静　辜玲慧 谢 娟　颜 军	
37	药学院	1	徐玉玲	
38	成大资产经营有限责任公司	2	张吉云　李 斌	
39	机械工程学院	13	王仕平　王小炼　王 辉　安旭光 孙丰云　李 俭　林丽君　钟 斌 陈 娅　陈双喜	王小龙　夏玲玲　黄 林
40	电子信息与电气工程学院	9	王 勤　方 红　向 博　杨 维 赵永鑫　高山山　董朝云　傅 勇 曾 超	
41	计算机学院	11	古沐松　吕晶晶　李 钊　杨 洪 张修军　赵丽琴　胡德昆　洪雪维 曾 宇　游 磊	杨晨辉
42	食品与生物工程学院	11	李云成　李红梅　吴 琪　张佳敏 胡晓红　聂忠莉　彭 聪　万 燕 叶富云	肖 宇　曹亚楠
43	建筑与土木工程学院	12	王 繁　毛天斌　杨 平（1971） 杨有莲　杨晓艺　姚 远　高 珊 鲁艺玲　曾永刚　曾 丽　谢飞鸿	熊 容

续表

序号	单 位	优秀指标	编内名单	编外名单
44	旅游与文化产业学院	7	诸 丹　王 祚　刘 婕　陈舒慧 陈 颖　詹 毅　冯 颖	
45	商学院	13	马 胜　王积慧　刘 佳　杨姗姗 吴中超　何 悦　罗 彬　周筱蕊 聂 玲　徐 凯　傅剑波　李 琳 张千友	
46	文学与新闻传播学院	10	张 莉　张晓霞　张 程　陆 烨 袁联波　彭 涛　程建忠　魏红翎 刘 茜　刘咏涛	
47	外国语学院	15	马 敖　杨 建　邹小弈　沈 岚 高 坚　唐冬梅　黄 曦　谢 爽 杨 晔　燕 爽	牟宇清　李 丹　林艺佳 郑 帅　彭 希
48	马克思主义学院	7	吴建瓴　何先月　夏咏梅　涂 利 樊英杰	杨东晓　吴立立
49	法学院	3	沈冬军　张 蕾　傅碧波	
50	中国－东盟艺术学院（办公室、国际部）		周小骥	李 超
51	美术与设计学院	30	罗 徕　马丽娃　刘 颖　李 茜 杨 波　吴飔雪　罗晓飞　周 胜 徐莉萍　董 泓　朱 敬　郑晓东	刘 瀛
52	影视与动画学院		陈 扬　王岩松　伏东海　向朝楚 李茂华　罗世玉　刘 彤　钟 骥	曹 熠
53	音乐与舞蹈学院		刘 宇　李 刚　胡郁青　唐 榕 魏 平	唐国钧
54	体育学院	13	冉 建　李 欣　刘 雨　许 杰 金 燕　唐 迅　蔺 浩　刘 蓉 罗晓珊　申俊瑛	甘宏博　罗小红　周梦海
55	师范学院	16	肖 红　万正维　孙 霞　李建波 陈大伟　罗 丹　郭俊奇　黄云峰 黄 曦　彭 欧　彭韵潼　曾 珍 谭 梅　余 勇　范小梅　徐海燕	
56	基础医学院	12	王昆蓉　王 婷　任 娟　刘 娟 刘 瑛　许光亚　张 珍　张 艳 程丽佳　魏媛媛	弋 新　李 维

附件5 2020年学生社团一览表

序号	协会名称	星级	社团类别	指导单位	指导老师
1	材料菁英协会	非星级	学术科技类	机械工程学院	赵 虔
2	绿之铃协会	三星级	志愿公益类	机械工程学院	王利国
3	绘画者协会	三星级	文化体育类	机械工程学院	郭小平
4	汽车爱好者协会	非星级	学术科技类	机械工程学院	牛钊文
5	数学建模协会	五星级	学术科技类	计算机学院	施 达
6	轨迹飘逸协会	非星级	文化体育类	计算机学院	鄢 涛
7	信息安全与网络攻防协会	非星级	学术科技类	计算机学院	韩祺祎
8	电子竞技协会	非星级	文化体育类	计算机学院	方林红
9	计算机协会	非星级	学术科技类	电气工程与电子信息学院	鄢 涛
10	动物保护协会	非星级	志愿公益类	电气工程与电子信息学院	雍 容
11	电子创意协会	四星级	学术科技类	电气工程与电子信息学院	练丰丽
12	滑板协会	非星级	文化体育类	电气工程与电子信息学院	雍 容
13	生物环保协会	非星级	志愿公益类	食品与生物工程学院	游 垫
14	烘焙俱乐部	非星级	文化体育类	食品与生物工程学院	张云峰
15	足迹自然教育协会	三星级	志愿公益类	建筑与土木工程学院	辛 勤
16	结构设计与模型制作协会	三星级	学术科技类	建筑与土木工程学院	陈 菲
17	建研社	四星级	学术科技类	建筑与土木工程学院	路 峻
18	测绘地理信息协会	非星级	学术科技类	建筑与土木工程学院	崔立鲁
19	成都大学BIM协会	五星级	学术科技类	建筑与土木工程学院	王钟箐
20	茶艺协会	四星级	文化体育类	旅游与文化产业学院	陈舒慧 祝郁欣
21	非遗协会	非星级	志愿公益类	旅游与文化产业学院	祝郁欣
22	魔方数独协会	三星级	文化体育类	旅游与文化产业学院	祝郁欣
23	会展协会	三星级	文化体育类	旅游与文化产业学院	孙佳媛
24	旅游协会	非星级	文化体育类	旅游与文化产业学院	陈 颖
25	ERP社团	四星级	学术科技类	商学院	朱万木
26	财经协会	三星级	学术科技类	商学院	杭 行
27	电影爱好协会	非星级	文化体育类	商学院	孙 笑

续表

序号	协会名称	星级	社团类别	指导单位	指导老师
28	交际与口才协会	四星级	文化体育类	文学与新闻传播学院	陈倩龄
29	大风文学社	四星级	文化体育类	文学与新闻传播学院	张 起
30	日映汉服社	四星级	文化体育类	文学与新闻传播学院	王 森
31	花艺协会	五星级	文化体育类	文学与新闻传播学院	孙 钠
32	仓庚国学社	五星级	文化体育类	文学与新闻传播学院	周翔宇
33	戏曲协会	四星级	文化体育类	文学与新闻传播学院	王 森
34	天府传媒协会	非星级	文化体育类	文学与新闻传播学院	谭筱玲
35	英语口语协会	三星级	学术科技类	外国语学院	王增辉
36	日韩文化交流协会	三星级	文化体育类	外国语学院	王增辉
37	泰国文化协会	非星级	文化体育类	外国语学院	唐敏莉
38	翻译协会	非星级	文化体育类	外国语学院	樊 皇 李若珺 孙 野
39	廉洁文化社团	三星级	思想政治类	法学院	史浩岑
40	法律情景剧社团	非星级	文化体育类	法学院	杨继玥
41	音乐与乐器社团	非星级	文化体育类	法学院	杨继玥
42	敦艮书法协会	四星级	文化体育类	美术与设计学院	蔡育坤
43	行者轮滑社	四星级	文化体育类	美术与设计学院	王婧劼
44	柳莺剧社	非星级	文化体育类	美术与设计学院	王 森
45	动翼CG原创社团	非星级	文化体育类	影视与动画学院	王田园
46	吉他协会	非星级	文化体育类	影视与动画学院	王媚娇
47	动漫社	四星级	文化体育类	影视与动画学院	代 波
48	摄影协会	非星级	文化体育类	影视与动画学院	孙 明
49	民族舞蹈协会	非星级	文化体育类	音乐与舞蹈学院	刘 蓉
50	女生协会	非星级	文化体育类	音乐与舞蹈学院	余超群
51	音乐联合交流协会	三星级	文化体育类	音乐与舞蹈学院	刘国凯
52	双截棍协会	四星级	文化体育类	体育学院	朱 斌
53	跆拳道协会	三星级	文化体育类	体育学院	康 伟
54	体育舞蹈协会	非星级	文化体育类	体育学院	刘 蓉
55	散打武术协会	三星级	文化体育类	体育学院	代海斌
56	棋类协会	非星级	文化体育类	体育学院	古成龙
57	自行车协会	五星级	文化体育类	体育学院	王 建
58	Forang极限飞盘协会	三星级	文化体育类	体育学院	古成龙
59	RV街舞协会	三星级	文化体育类	体育学院	唐 勇
60	羽毛球协会	三星级	文化体育类	体育学院	唐纪平
61	乒乓球协会	五星级	文化体育类	体育学院	吕寻金

续表

序号	协会名称	星级	社团类别	指导单位	指导老师
62	奔跑者协会	三星级	文化体育类	体育学院	李垂坤/余启政
63	跳绳协会	三星级	文化体育类	体育学院	刘 雨
64	射箭协会	非星级	文化体育类	体育学院	陈 胜
65	攀岩定向协会	非星级	文化体育类	体育学院	李中华
66	学前教育行动研习会	非星级	学术科技类	师范学院	李建波
67	普通话协会	非星级	文化体育类	师范学院	唐红英
68	大学生性健康协会	非星级	志愿公益类	师范学院青少年性教育普及基地	马 骋
69	咔咔巧手协会	非星级	文化体育类	师范学院	罗天昱
70	手语协会	四星级	文化体育类	师范学院	莫春梅
71	应用心理学社	非星级	文化体育类	师范学院	邓 晶
72	橙心天使协会	三星级	志愿公益类	师范学院	莫春梅
73	中医保健协会	四星级	志愿公益类	基础医学院	符 佳
74	口腔文化协会	三星级	文化体育类	基础医学院	蒋晓峰
75	医疗健康协会	五星级	学术科技类	基础医学院	万 君
76	校园媒体联合会	非星级	文化体育类	党委宣传部	李 科
77	考研俱乐部	非星级	自律互助类	团委	刘 超
78	创业俱乐部	非星级	创新创业类	团委	刘 超
79	就业与职业发展协会	四星级	创新创业类	党委学生工作部就业指导中心	王 平
80	红十字会	五星级	志愿公益类	团委	徐 谧
81	生命澍无偿献血宣传服务队	五星级	志愿公益类	团委	徐 谧
82	"蒲公英"关爱留守学生志愿服务队	五星级	志愿公益类	团委	徐 谧
83	纸鸢书社	非星级	文化体育类	团委	徐 谧
84	军事爱好者协会	非星级	文化体育类	保卫处（党委武装部）	庄世洪
85	青年马克思主义研习会	非星级	思想政治类	马克思主义学院	岳鹏

附件6 2020年纵向立项项目及经费来源统计（自科）

序号	课题编号	课题名称	课题负责人	承担部门	项目来源	级别	学科	批准经费（万元）
1	2019ZX09721001-006-002	抗耐药细菌药物筛选及体内外评价技术体系	褚以文	四川抗菌素工业研究所	国家科技重大专项（子课题）	国家级	自然科学	177.72
2	2019YFD1001302-9	高出米率荞麦新种质的创制	吴琪	药学与生物工程学院	国家重点研发计划（子课题）	国家级	自然科学	49
3	2019YFD1001303-8	荞麦抗性种质资源鉴定及评价	时小东	药学与生物工程学院	国家重点研发计划（子课题）	国家级	自然科学	34
4	2018YFB0904205	应对风电/光伏出力不确定风险的备用容量优化配置与紧急控制技术研究	张修军	信息科学与工程学院	国家重点研发计划（子课题）	国家级	自然科学	10
5	51873240	3D打印制备具有特殊润湿性的规整多孔硅橡胶及其结构的润湿性的机械稳定性能研究	何周坤	高等研究院	国家自科基金面上项目（转入）	国家级	自然科学	59
6	12004054	对称性保护下单分子器件的全自旋极化电流研究	李东哲	高等研究院	国家自科基金青年项目	国家级	自然科学	24
7	12072049	剪切增稠纤维金属杂化层合结构的力学设计及其抗冲击抗疲劳性能研究	官忠伟	机械工程学院	国家自科基金面上项目	国家级	自然科学	62
8	22071011	氮杂环卡宾催化自由基历程的惰性键官能团化反应研究	李青竹	四川抗菌素工业研究所	国家自科基金面上项目	国家级	自然科学	63
9	32072236	鸡蛋黄卵黄颗粒组装结构的聚集一解聚机理研究	耿放	药学与生物工程学院	国家自科基金面上项目	国家级	自然科学	58

十三、表彰奖励及附件

续表

序号	课题编号	课题名称	课题负责人	承担部门	项目来源	级别	学科	批准经费（万元）
10	42007272	高地应力下岩石破裂声发射的双主频机制研究	陈菲	建筑与土木工程学院	国家自科基金青年项目	国家级	自然科学	24
11	52003031	纳米石墨烯块水凝胶在皮肤放射防护中的应用及机制研究	谢佳妮	药学与生物工程学院	国家自科基金青年项目	国家级	自然科学	24
12	52050410328	Basic research studies on biofuel production from microalgae harvested by innovative technique of floating bio-mat formation	Abdelfatah Ibrahim Abdelfatah Abomohra	建筑与土木工程学院	国家自科基金国际（地区）合作与交流项目	国家级	自然科学	20
13	62005028	基于人眼视觉特征的自由立体显示视疲劳研究	王勤	信息科学与工程学院	国家自科基金青年项目	国家级	自然科学	24
14	62076041	基于原子表示的鲁棒高维数据学习理论与算法研究	王玉龙	信息科学与工程学院	国家自科基金面上项目	国家级	自然科学	59
15	82003619	紫丁香苷及类似天然产物的全合成、结构改造与生物活性研究	董宏波	四川抗菌素工业研究所	国家自科基金青年项目	国家级	自然科学	24
16	82073803	基于生物正交反应和膜融合脂质体靶向修复血管内皮糖萼治疗急性肺损伤的研究	李寒梅	药学与生物工程学院	国家自科基金面上项目	国家级	自然科学	56
17	2020YJ0195	葛根芩连汤拮抗伊立替康毒性的质量属性辨识研究	胡一晨	药学与生物工程学院	四川省科技厅应用基础研究项目	省部级	自然科学	10
18	2020YJ0196	基于厌氧膜集成的污水能源回收耦合病毒群削减的养殖废水高效处理系统	唐嘉陵	建筑与土木工程学院	四川省科技厅应用基础研究项目	省部级	自然科学	10
19	2020YJ0199	藜麦发芽调控机制研究	白雪	药学与生物工程学院	四川省科技厅应用基础研究项目	省部级	自然科学	9.5
20	2020YJ0477	基于QuD矿研究思路的儿童病毒性肺炎治疗药物——肺毒清颗粒临床前研究	刘涛	药学与生物工程学院	四川省科技厅应用基础研究项目	省部级	自然科学	40

续表

序号	课题编号	课题名称	课题负责人	承担部门	项目来源	级别	学科	批准经费（万元）
21	2020YJ0479	动态剧烈塑性变形技术合成块体纳米金属机理及其力学性能研究	赵 峰	高等研究院	四川省科技厅应用基础研究项目	省部级	自然科学	40
22	2020YJ0487	基于PIP4K2B基因编辑靶向治疗乳腺癌应用基础研究	许光亚	基础医学院	四川省科技厅应用基础研究项目	省部级	自然科学	10
23	2020YJ0490	大熊猫年龄相关免疫变化过程中miRNA调控机理研究	杜联明	高等研究院	四川省科技厅应用基础研究项目	省部级	自然科学	10
24	2020YJ0491	新型抗水解铜离子萃取剂的设计研究	孙俊梅	药学与生物工程学院	四川省科技厅应用基础研究项目	省部级	自然科学	10
25	2020YFG0379	利用现代生物技术改造传统豆腐乳酿造关键技术的研究	周 罔	药学与生物工程学院	四川省科技厅重点研发项目	省部级	自然科学	20
26	2020YFS0496	濒危药用植物独蒜兰优质种苗快速培育与栽培关键技术研究与示范	王跃华	药学与生物工程学院	四川省科技厅重点研发项目	省部级	自然科学	20
27	2020YFS0504	基于微生物控制的冷鲜羊肉储运关键技术研究与应用	肖龙泉	药学与生物工程学院	四川省科技厅重点研发项目	省部级	自然科学	20
28	2020YFS0507	低成本可重构"非合作型"无人机无源探测与跟踪系统	向 博	信息科学与工程学院	四川省科技厅重点研发项目	省部级	自然科学	20
29	2020YFH0184	运动诱导成年神经发生改善AD认知的机制研究	张业廷	体育学院	四川省科技厅国际科技创新合作项目	省部级	自然科学	20
30	2020JDR0338	四川高原藏区旅游扶贫绩效考核指标体系研究	张学梅	旅游文化与产业学院	四川省科技厅软科学研究项目	省部级	自然科学	5
31	2020JDR0350	成都市国际化营商环境提升战略研究	马 胜	商学院	四川省科技厅软科学研究项目	省部级	自然科学	20
32	2017RZ0061	面向四川丘陵地区的无人驾驶农机开发与应用	樊 越	机械工程学院	四川省科技厅苗子工程重点项目（转入）	省部级	自然科学	10
33	2020058	自然发酵香肠微生物群落结构变化和生物胺生成相关性研究	张雅琳	药学与生物工程学院	四川省科技厅苗子工程培育项目	省部级	自然科学	2

续表

序号	课题编号	课题名称	课题负责人	承担部门	项目来源	级别	学科	批准经费（万元）
34	2020059	高品质九寨党参营养保健挂面的研制	张林	学生（药学与生物工程学院）	四川省科技厅苗子工程培育项目	省部级	自然科学	2
35	2020082	高效区分江油附子与其他产区附子的特征性标志物研究	朱彦西	学生（药学与生物工程学院）	四川省科技厅苗子工程培育项目	省部级	自然科学	2
36	2019JDS0018	肉类加工四川省重点实验室	王卫	药学与生物工程学院	四川省科技厅科技创新基地（平台）项目	省部级	自然科学	50
37	2020ZYD067	萝卜硫素调控猪肌肉生长和肌内脂沉积及分子机制研究	张锐	药学与生物工程学院	四川省科技厅中央引导地方科技发展专项	省部级	自然科学	40
38	K202121	无线通信射频前端多功能融合元部件的电磁-热一体化设计研究	高山山	信息科学与工程学院	东南大学毫米波国家重点实验室	省部级	自然科学	3
39	K202119	毫米波高Q谐振法复介电常数测量理论与技术研究	向博	信息科学与工程学院	东南大学毫米波国家重点实验室	省部级	自然科学	3
40	STRFML-2020-12	RPV用新型高熵合金制备及辐照性能模拟研究	孔清泉	机械工程学院	反应堆燃料及材料重点实验室	省部级	自然科学	9
41	2019-YFYF-00023-SN	鲫鱼亚临界温度下保活贮运技术研究	张鉴	药学与生物工程学院	成都市科技局技术创新研发项目	厅局级	自然科学	10
42	2019-YFYF-00002-SN	基于转录组学的川产道地药材治疗关节炎药效物质发现与作用机制研究	付强	药学与生物工程学院	成都市科技局技术创新研发项目	厅局级	自然科学	10
43	2019-YFYF-00180-SN	天然植物提取物替代硝酸盐提升四川腊肉品质技术研究	白婷	药学与生物工程学院	成都市科技局技术创新研发项目	厅局级	自然科学	10
44	2019-YF05-1713-SN	牛皮无铬化精深加工技术的研究及应用	刘宝华	药学与生物工程学院	成都市科技局技术创新研发项目	厅局级	自然科学	10
45	2019-YF05-2192-SN	即食性川味腌腊肉低温保鲜技术研究与应用	文永平	药学与生物工程学院	成都市科技局技术创新研发项目	厅局级	自然科学	10

续表

序号	课题编号	课题名称	课题负责人	承担部门	项目来源	级别	学科	批准经费（万元）
46	2019—YF05—2421—SN	基于代谢组学的苦荞叶发酵制品的研发及其品质评价	姜良珍	药学与生物工程学院	成都市科技局技术创新研发项目	厅局级	自然科学	10
47	2019—YF05—2636—SN	低空无人机智能防控系统	罗正华	信息科学与工程学院	成都市科技局技术创新研发项目	厅局级	自然科学	10
48	2019—YF05—2118—SN	基于物联网的古建筑群级危房智能监控系统	罗浚溢	信息科学与工程学院	成都市科技局技术创新研发项目	厅局级	自然科学	10
49	2020—ZT07—0077—CG	成都大学CC国家众创空间	陈烈	创新创业学院	成都市科技局创新创业载体	厅局级	自然科学	20
50	2019—HM03—0073—SN	成都市畜产品食品安全科普基地	张佳敏	药学与生物工程学院	成都市科技局科普基地建设	厅局级	自然科学	20
51	2020—YF09—00005—SN	成都2021大运会密集人群风险防控平台研发及应用示范	唐毅谦	校领导	成都市科技局重大科技应用示范项目	厅局级	自然科学	50
52	2020—RK00—00105—ZF	成渝地区双城经济圈背景下成都科技创新路径研究	高山山	信息科学与工程学院	成都市科技局软科学项目	厅局级	自然科学	5
53	2020—RK00—00184—ZF	废旧新能源汽车电池回收处理产业发展政策研究	雷舒雅	商学院	成都市科技局软科学项目	厅局级	自然科学	5
54	2020—RK00—00336—ZF	成都构建城乡融合发展的科技支撑体系研究	眭海霞	旅游与文化产业学院	成都市科技局软科学项目	厅局级	自然科学	5
55	2020—GH02—00059—HZ	特高压输电线路舞动及预警研究	蔡萌琦	建筑与土木工程学院	成都市科技局国际科技合作项目	厅局级	自然科学	20
56	2020—RC03—0018—CG	高校院所科技人才创新创业服务资助	李翔	药学与生物工程学院	成都市科技局科技人才创新创业资助项目	厅局级	自然科学	8
57	2020—RC03—0025—CG	高校院所科技人才创新创业服务资助	王新惠	药学与生物工程学院	成都市科技局科技人才创新创业资助项目	厅局级	自然科学	8
58	2020—RC03—0026—CG	高校院所科技人才创新创业服务资助	耿放	药学与生物工程学院	成都市科技局科技人才创新创业资助项目	厅局级	自然科学	10

续表

序号	课题编号	课题名称	课题负责人	承担部门	项目来源	级别	学科	批准经费（万元）
59	20-R-05	生物抗菌纳米乳液的制备及其在冷鲜肉保藏中的应用研究	孟凡冰	药学与生物工程学院	肉类加工四川省重点实验室	厅局级	自然科学	0.5
60	20-R-06	微生物组合发酵畜禽屠宰血液制备高营养价值饲料	程杰	药学与生物工程学院	肉类加工四川省重点实验室	厅局级	自然科学	0
61	20-R-07	肉类加工工业污染控制关键技术研究	黄进	建筑与土木工程学院	肉类加工四川省重点实验室	厅局级	自然科学	0.5
62	20-R-08	川式菜肴包制作及品质变化研究	张佳敏	药学与生物工程学院	肉类加工四川省重点实验室	厅局级	自然科学	0
63	20-R-09	基于分数阶微分的猪肉溯源系统关键技术研究	高朝邦	信息科学与工程学院	肉类加工四川省重点实验室	厅局级	自然科学	0.8
64	20-R-10	废弃猪骨头回收构建高性能基碳负极材料及其锂离子电池应用研究	欧俊科	高等研究院	肉类加工四川省重点实验室	厅局级	自然科学	0
65	20-R-11	浅发酵香肠制作及储存期微生物与理化性质变化研究	吉莉莉	药学与生物工程学院	肉类加工四川省重点实验室	厅局级	自然科学	0.5
66	20-R-13	川菜菜肴贮藏期风味衰减及其调控研究	陈林	药学与生物工程学院	肉类加工四川省重点实验室	厅局级	自然科学	0.8
67	20-R-15	微冻技术延缓肉类菜肴风味衰减及延长保质期研究	白婷	药学与生物工程学院	肉类加工四川省重点实验室	厅局级	自然科学	0.5
68	20-R-20	酱卤肉制品工业化关键技术研究	侯薄	药学与生物工程学院	肉类加工四川省重点实验室	厅局级	自然科学	0.5
69	20-R-21	基于类红球细菌粗提物弱化四川腊肠风味衰减研究	赵志平	药学与生物工程学院	肉类加工四川省重点实验室	厅局级	自然科学	0.5
70	19ZYCXPT0004	肉类加工四川省重点实验室	王卫		四川省中央引导地方科技发展专项	厅局级	自然科学	15
71	2019CSEEKFKT	常见涉案毒物氯硝西泮的代谢研制	赵建强	高等研究院	北京市现场物证检验技术研究中心	厅局级	自然科学	7

续表

序号	课题编号	课题名称	课题负责人	承担部门	项目来源	级别	学科	批准经费（万元）
72	19PJ161	HBV胶体金检测试纸的研发与推广应用	程丽佳	医学院	四川省卫生健康委员会	厅局级	自然科学	2
73	2019YFS0513	满足国VI标准汽油车污染排放控制催化剂技术研究与应用	兰丽	药学与生物工程学院	四川省科技厅重点研发项目（参与）	厅局级	自然科学	25
74	2019YFS0067	四川公安时空大数据一体化协同体系构建与应急处置智能指挥示范应用	苗放	信息科学与工程学院	四川省科技厅重点研发项目（参与）	厅局级	自然科学	6
75	2018FZ0014	绿色中兽药加工关键技术集成研究与示范	唐仁勇	药学与生物工程学院	四川省科技厅重点研发项目（参与）	厅局级	自然科学	9
76	Se-2019C03	富硒苦荞苗芽菜产品研发及营养功能评价	时小东	药学与生物工程学院	农业农村部富硒产品开发与质量控制重点实验室	厅局级	自然科学	3
77	SZKT201908	基于盆地气象因子的四川省洪旱灾害损失长期预报研究	黄伟军	建筑与土木工程学院	高原与盆地暴雨旱涝灾害四川省重点实验室	厅局级	自然科学	1.5
78	FZBC2020006	辐照技术在发酵类中药百药煎中的应用研究	黎江华	四川抗菌素工业研究所	辐照保藏四川省重点实验室	厅局级	自然科学	2
79	2019GTY004	四川大头菜高通量测序分析及功能微生物的分离与应用研究	赵志平	药学与生物工程学院	固态发酵资源利用四川省重点实验室	厅局级	自然科学	3
80	scsxdz2020yb05	基于智能分类方法中的中子-伽马光谱甄别技术研究	柳炳琦	机械工程学院	数字地质四川省重点实验室	厅局级	自然科学	0.5
81	2019YFN0157	新型兽用长效驱虫制剂关键技术集成及产业化研究	唐仁勇	药学与生物工程学院	四川省科技厅重点研发项目（参与）	厅局级	自然科学	10.5
82	2019YFN0174	特色优质水果采后品质劣变控制及安全保险关键技术创新与集成	孟凡冰	药学与生物工程学院	四川省科技厅重点研发项目（参与）	厅局级	自然科学	10
83	2018GZ0022	浓香型甜面酱开发新型腌腊肉调料的研究及应用	肖龙泉	药学与生物工程学院	四川省科技厅重点研发项目（参与）	厅局级	自然科学	40
84	2020ZHCG0010	预调理猪肉菜肴制品工业化加工关键技术集成研究及应用	王卫	药学与生物工程学院	四川省科技厅成果转移转化示范项目（参与）	厅局级	自然科学	30

十三、表彰奖励及附件

续表

序号	课题编号	课题名称	课题负责人	承担部门	项目来源	级别	学科	批准经费（万元）
85	2020ZHCG0073	四川大宗道地药材川贝母等生物部位提取物及其药渣综合利用技术成果转化及产业化	刘涛	药学与生物工程学院	四川省科技厅成果转移转化示范项目（参与）	厅局级	自然科学	24
86	2020YFG0036	基于神经形态的视觉传感器和低小目标探测识别关键技术研究	胡德昆	信息科学与工程学院	四川省科技厅重点研发项目（参与）	厅局级	自然科学	30
87	MSSB-2020-04	基于深度迁移学习的农作物病虫害等级检测系统	于曦	信息科学与工程学院	模式识别与智能信息处理高校重点实验室	其他	自然科学	0.4
88	MSSB-2020-05	基于多通道模态分析的输电线路风致振动特征识别	蔡萌琦	建筑与土木工程学院	模式识别与智能信息处理高校重点实验室	其他	自然科学	0.4
89	MSSB-2020-06	一类特殊环上模的结构及在编码理论中的应用	陈东	信息科学与工程学院	模式识别与智能信息处理高校重点实验室	其他	自然科学	0.4
90	MSSB-2020-07	基于社交网络的信息源定位算法研究	张洪	信息科学与工程学院	模式识别与智能信息处理高校重点实验室	其他	自然科学	0.4
91	MSSB-2020-08	用于超高密度集成射频前端的元部件小型化集成研究	高山山	信息科学与工程学院	模式识别与智能信息处理高校重点实验室	其他	自然科学	0.4
92	MSSB-2020-09	高光谱数据反演模型研究	陈二阳	信息科学与工程学院	模式识别与智能信息处理高校重点实验室	其他	自然科学	0.4
93	MSSB-2020-11	X荧光光谱中的畸变脉冲信息提取与处理算法研究	唐琳	信息科学与工程学院	模式识别与智能信息处理高校重点实验室	其他	自然科学	0.4
94	MSSB-2020-12	分形图的拓扑指数及高分子聚合物平均拓扑指数研究	张修军	信息科学与工程学院	模式识别与智能信息处理高校重点实验室	其他	自然科学	0.4
95	PRKX2020Z11	低盐辣椒酱系列调味品加工技术研究	詹毅	旅游文化与产业学院	烹饪科学高校重点实验室	其他	自然科学	0.5
96	PRKX2020Z18	川味荞麦保健鱼面的研发	李婧	药学与生物工程学院	烹饪科学高校重点实验室	其他	自然科学	0.5
97	2019QZKK020107	青藏高原冰川融水重金属考察研究	刘坤平	四川抗菌素工业研究所	第二次青藏高原综合科学考察研究（子课题）	其他	自然科学	60

续表

序号	课题编号	课题名称	课题负责人	承担部门	项目来源	级别	学科	批准经费（万元）
98	2035	自贡传统大头菜腌制工艺转型关键技术研究	赵志平	药学与生物工程学院	自贡高新区发展改革与科学技术局（参与）	其他	自然科学	3
99	LQXKJ-ZX-2020-05	用于病毒性肺炎的肺毒清颗粒临床前研制	刘涛	药学与生物工程学院	龙泉驿区科技局	其他	自然科学	6
100	2019CK090	用于奶牛乳腺炎的RXK乳房灌注液的研制	刘涛	药学与生物工程学院	德阳市科技局	其他	自然科学	15
101	2020EEEVL0202	宜宾三江新区区域场地模型建立与地震动区划	唐然	建筑与土木工程学院	中国地震局工程与工程振动重点实验室专项	其他	自然科学	10
102	无编号	龙泉驿英才计划	赵飞	四川抗菌素工业研究所	龙泉驿委组织部	其他	自然科学	20
103	2019-YF04-00015-JH	迪菲特药业-成都大学产学研联合实验室	王跃华	药学与生物工程学院	成都市科技局科技创新平台资助项目（参与）	其他	自然科学	7.5
104	20-R-26	气调包装技术在生鲜羊肉保鲜中的应用与优化改良	张锐	药学与生物工程学院	肉类加工四川省重点实验室	厅局级	自然科学	0.9
105	20-R-27	天然植物提取物在肉制品中抗氧化、抑菌防腐的应用研究	杨铁浠	药学与生物工程学院	肉类加工四川省重点实验室	厅局级	自然科学	0.9
106	20-R-28	餐厨废油的净化处理及其油脂的回收再利用	赵度	机械工程学院	肉类加工四川省重点实验室	厅局级	自然科学	0
107	20-R-29	肉类屠宰加工行业废水深度处理综合技术评价及污染防治对策研究	周洋	建筑与土木工程学院	肉类加工四川省重点实验室	厅局级	自然科学	0
108	SC-FMYJ2020-04	基于粉末冶金法的低锡点锡锌合金/腈基树脂复合材料的结构与性能研究	杨旭林	机械工程学院	粉末冶金工程技术研究中心	厅局级	自然科学	1
109	SC-FMYJ2020-05	纳米ZrC弥散增强FeCrAl合金的制备及性能研究	安旭光	机械工程学院	粉末冶金工程技术研究中心	厅局级	自然科学	1

十三、表彰奖励及附件

续表

序号	课题编号	课题名称	课题负责人	承担部门	项目来源	级别	学科	批准经费（万元）
110	SC-FMYJ2020-08	预烧结氧化锆义齿高速加工的铣削参数规划研究	林丽君	机械工程学院	粉末冶金工程技术研究中心	厅局级	自然科学	0.5
111	SC-FMYJ2020-09	工业废水对地层特性的影响研究与评价	熊 容	建筑与土木工程学院	粉末冶金工程技术研究中心	厅局级	自然科学	0.5
112	SC-FMYJ2020-10	以表面增韧为导向的Ti（C，N）基金属陶瓷梯度自润滑材料的制备及其摩擦动力学仿真研究	周黎明	机械工程学院	粉末冶金工程技术研究中心	厅局级	自然科学	0.5
113	20kfgk04	直接烧结制备粉煤灰微晶玻璃的高温物相重构过程	曾 丽	建筑与土木工程学院	固体废物处理与资源化教育部重点实验室	厅局级	自然科学	2
114	无编号	基于机器学习的大数据技术光纤智能制造中的辅助应用	张 洪	信息科学与工程学院	信息材料及器件化应用四川省高校重点实验室	其他	自然科学	0
115	2020RYR02	基于实时大数据特征提取的共享汽车管理与应用技术研究	张 洪	信息科学与工程学院	人工智能四川省重点实验室	厅局级	自然科学	1
116	TSZW2012	基于区块链的中药材质量安全溯源管理系统研究	张 洪	信息科学与工程学院	特色植物资源开发研究四川省高校重点实验室	其他	自然科学	1
117	LZYZX-2020-01	基于云平台的磷矿资源供应链协同技术研究	张 洪	信息科学与工程学院	磷资源综合利用工程技术中心	厅局级	自然科学	0
118	2020YFS0021	散居村落水环境整治技术研发与应用示范	王 欢	药学与生物工程学院	四川省科技厅重点研发项目（参与）	厅局级	自然科学	10
119	2020GTJ002	固态发酵副产物酒糟的降解及其在生物制氢中的应用	赵 庾	机械工程学院	固态发酵资源利用四川省重点实验室	厅局级	自然科学	1.5
120	2020YFG0271	UWB高精度定位技术在智慧仓储管理的应用研究	曾 超	信息科学与工程学院	四川省科技厅重点研发项目（参与）	厅局级	自然科学	20
121	Mar.19	LID-BMPs城市雨洪管理措施空间布局优化研究	刘 冶	建筑与土木工程学院	海绵城市建设水系统科学湖北省重点实验室	厅局级	自然科学	2

附件7　2020年度国家级项目立项统计表（社科）

课题编号	课题名称	课题负责人	承担部门	项目来源	级别	学科	批准经费（万元）	立项时间
20BTY034	耦合视角下民族民间体育赛事与文化旅游产业融合发展研究	李　欣	体育学院	国家社会科学基金一般项目	国家级	社科	20	2020.09
20CG188	新中国十七年商标设计史料整理与研究（1949—1966）	彭芳燕	中国－东盟美术与设计学院	国家社科基金（艺术学）青年项目	国家级	社科	20	2020.10
20XJY005	成渝双城集聚－辐射效应分解与优化研究	何　悦	商学院	国家社科基金西部项目	国家级	社科	20	2020.09
20XZS016	乾嘉道时期巴县命案中的信息传递与处置能力研究	张晓霞	文学与新闻传播学院	国家社科基金西部项目	国家级	社科	20	2020.09

十三、表彰奖励及附件

附件8 2020年横向项目立项及经费统计表（自科）

序号	项目编号	项目名称	项目负责人	项目承担部门	本次到校经费（万元）	经费来源
1	1702050	输电线路舞动历史数据的挖掘与数值分析	蔡明琦	建筑与土木工程学院	1.19	国网河南省电力公司电力科学研究院
2	1802049	星同链路基带收发原理样机技术开发	喻 娜	信息科学与工程学院	10	北京航空航天大学
3	1802065	无线电控锁控制器	陈绍祥	电子信息与电气工程学院	0.778	成都威尔洛克科技有限公司
4	1802077	基于海量数据的大学生上网行为模型分析（以成都大学为例）	杜小丹	信息网络中心	2	北京希嘉创智教育科技有限公司
5	1802078	药品乳核内消液的工艺优化研究	刘 涛	食品与生物工程学院	1.25	北京同仁堂科技发展股份有限公司制药厂
6	1802081	药品冠心安口服液的工艺优化研究	徐玉玲	食品与生物工程学院	1.25	北京同仁堂科技发展股份有限公司制药厂
7	1802082	某型气象雷达健康管理系统	易发胜	信息科学与工程学院	3	成都锦江电子系统工程有限公司
8	1902051	生活污水处理一体化装置设计	徐 青	建筑与土木工程学院	20	四川国能电力环保设备制造有限公司
9	1902071	碳化硅电火花烧结及多腔烧结技术研究	孔清泉	机械工程学院	12.6	中国核动力研究设计院
10	1902085	2019年管道地质灾害技术支持及大修理工程抽查技术服务	关惠平	建筑与土木工程学院	19.8994	中石油管道有限责任公司西气东输分公司
11	1902102	AI Lab人工智能系统辅助新药研发	万 君	基础医学院	5	成都知识视觉科技有限公司
12	1902113	成都市新型显示产业价值链研究	刘文龙	药学与生物工程学院	27.02	成都市经济和信息化局
13	1902118	新型显示产业生产制造设备研究	李 靖	药学与生物工程学院	26.95	成都市经济和信息化局
14	1902145	冷链发酵和传统发酵腌菜技术指标检测	赵志平	药学与生物工程学院	2	四川绣梦科技有限公司

续表

序号	项目编号	项目名称	项目负责人	项目承担部门	本次到校经费（万元）	经费来源
15	1902164	大气信道测试数据存储系统开发	朱彬	电子信息与电气工程学院	8	电子科技大学
16	2002001	基于多组学联合技术的补血益母制剂应用于产后并发症的机制研究	张乐乐	基础医学院	78	株洲千金药业股份有限公司
17	2002015	道面FOD地理信息可视化界面软件	李波	信息科学与工程学院	11.4	中国民用航空总局第二研究所
18	2002015	道面FOD地理信息可视化界面软件	李波	电子信息与电气工程学院	7.6	中国民用航空总局第二研究所
19	2002016	探测系统数据存储与统计软件	李波	信息科学与工程学院	8	中国民用航空总局第二研究所
20	2002019	四川省高值医用耗材2019年第一轮增补审核服务外包项目	刘涛	药学与生物工程学院	29.2	四川省医疗保障局
21	2002023	能源物联网2G RTU，LoraWAN系统	李波	信息科学与工程学院	5.4	四川长虹电器股份有限公司
22	2002024	西藏山南市藏医医院藏医药传承创新工程建设项目、绵竹天心别墅建设项目、西藏航空林芝运行基地一期项目	侯杰	建筑与土木工程学院	3	四川大学工程设计研究院有限公司
23	2002025	数字化反应堆材料多尺度建模程序开发	颜强	高等研究院	31.5	哈尔滨工程大学
24	2002026	酱油酿造新产品开发与成果鉴定后补助项目	刘达玉	药学与生物工程学院	5	成都国酿食品股份有限公司
25	2002028	基于开源技术的移动开发技术课程项目	黎忠文	信息科学与工程学院	5	谷歌信息技术（中国）有限公司
26	2002029	肉制品安全性能指标测定	刘文龙	药学与生物工程学院	2.7	成都金开生物工程有限公司
27	2002032	农安县高质量发展创建指导咨询服务	李云成	药学与生物工程学院	30	农业农村部农产品质量安全监督司
28	2002033	调理鱼鱼丸制品开发	张鉴	药学与生物工程学院	2	自贡市大丸家食品有限公司
29	2002036	2019年成都市龙泉驿区结核病防治百千万志愿者宣传项目	万君	基础医学院	1	成都市龙泉驿区疾病预防控制中心
30	2002037	新建至蓉数铁路站前19标隧道超欠挖控制及爆破设计智能系统研究	谢飞鸿	建筑与土木工程学院	24	中交第一航务工程局有限公司

十三、表彰奖励及附件

续表

序号	项目编号	项目名称	项目负责人	项目承担部门	本次到校经费（万元）	经费来源
31	2002038	贵州省织金县三塘镇小炉塘村房屋开裂及地面调查	董建辉	建筑与土木工程学院	4	贵州贵能投资股份有限公司织金县四季春煤矿
32	2002039	成都金信源公司办公楼加建咨询	李平昌	建筑与土木工程学院	3	成都金信源建设投资有限责任公司
33	2002041	内江高新区蟠龙路北二段道路工程的路基稳定性验算和边坡防护设计	万世明	建筑与土木工程学院	10.0575	四川内江博达建筑勘察设计有限公司
34	2002042	宜宾市工业和军民融合局300万头生猪精深加工项目预可研编制服务	王卫	药学与生物工程学院	13	宜宾市工业和军民融合局
35	2002043	宜宾道地药材仙茅生态环境调查	蔡纪洪	建筑与土木工程学院	8	四川省中医药科学院
36	2002044	基于产科教融合的生物工程人才校外实践基地建设与研究	时小东	药学与生物工程学院	0.7	浙江树人大学黄酒学院
37	2002046	基于岗位胜任力的实习生形成性评价体系的构建——以某三甲医院为例	刘晓云	基础医学院	0.5	四川省护理学会
38	2002047	成都市智慧教育发展研究2020年课题服务	高朝邦	信息科学与工程学院	3.96	成都市教育技术装备管理中心
39	2002047	成都市智慧教育发展研究2020课题服务	高朝邦	计算机学院	2.97	成都市教育技术装备管理中心
40	2002049	不同赋存深度煤岩润湿性能测试	李红梅	药学与生物工程学院	26	四川大学
41	2002053	无人机数传电台技术开发	喻娜	信息科学与工程学院	12.9675	成都阿童智能科技有限公司
42	2002054	水处理过程中微生物群落宏基因组调查	唐杰	药学与生物工程学院	4.6	北京大学深圳研究生院
43	2002055	院士（专家）创新工作站项目合作开发项目	李俭	机械工程学院	5	成都固特机械有限责任公司
44	2002056	移动产品芯片集成设备	喻洪平	机械工程学院	50	绵阳金能移动能源有限公司
45	2002057	6G~18GHz宽带功放大模块仿真设计	高山山	电子信息与电气工程学院	21.85758	四川久志康明科技有限公司
46	2002058	高分子基耐磨管道关键材料	杨旭林	机械工程学院	2	成都海逸机电设备有限公司
47	2002059	石墨烯聚合物耐磨管道力学性能研究	杨柳	机械工程学院	1	成都海逸机电设备有限公司

续表

序号	项目编号	项目名称	项目负责人	项目承担部门	本次到校经费（万元）	经费来源
48	2002060	MS10000ERP系统需求分析与设计	赵卫东	计算机学院	10	成都熊谷加世电器有限公司
49	2002061	高性能不饱和树脂基隔热复合材料研究	杨旭林	机械工程学院	24	无锡嘉德复合材料有限公司
50	2002062	铁基合金制备、微观分析与关键性能测试	卢超	机械工程学院	4.634	反应堆燃料及材料重点实验室
51	2002066	武侯区一卡通行项目研究咨询服务	高朝邦	计算机学院	2.84	成都市武侯区教育技术装备与信息管理中心
52	2002066	武侯区一卡通行项目研究咨询服务	高朝邦	计算机学院	2.84	成都市武侯区教育技术装备与信息管理中心
53	2002068	醇基燃料研发	王辉	机械工程学院	10	四川蜀地逯乐新能源科技有限公司
54	2002070	材料微观测试、盐雾腐蚀及内耗测量	王小炼	机械工程学院	4.9	反应堆燃料及材料重点实验室
55	2002071	12Cr棒材多批次热处理后样品的高分辨TEM/EBSD等微观检测	安旭光	机械工程学院	4.5	反应堆燃料及材料重点实验室
56	2002072	生物陶瓷材料的精加工	董志红	机械工程学院	1	四川亿诺生物科技有限公司
57	2002081	教育部产学研育人项目——数字SOC系统的FPGA实现	高俊枫	电子信息与电气工程学院	0.9	北京海云捷讯科技有限公司
58	2002091	成都市水污染排放重点清单（以2018年为基准年）研究服务采购项目	李玫	建筑与土木工程	20.958	成都市环科院
59	2002094	APL-1501体内抗菌药效研究	朱洁	四川抗菌素工业研究所	7	江苏亚虹医药科技有限公司
60	2002095	组织器官纤维化及肿瘤疾病防治研发项目	程强	四川抗菌素工业研究所	12.6	成都惠泰生物医药有限公司
61	2002096	基于物联网的数据中心资产管理平台方案设计	唐勇	计算机学院	7	宜宾市靖丰电子科技有限公司
62	2002097	科技扶贫产学研合作——苦荞特色新产品开发	赵江林	食品与生物工程学院	10	西昌市正中食品有限公司

十三、表彰奖励及附件

续表

序号	项目编号	项目名称	项目负责人	项目承担部门	本次到校经费（万元）	经费来源
63	2002098	混凝土脱模剂工艺优化	李强	四川抗菌素工业研究所	5	四川简阳天府脱模材料厂
64	2002099	汽车发动机及底盘三维动态仿真视频开发	王小龙	机械工程学院	5	成都市龙泉驿区新经济和科技局成都市龙泉驿区科学技术协会
65	2002100	一类新型水溶性抗肿瘤药物的设计开发研究	朱红萍	实验室与设备管理处	10	成都云华利科技有限公司
66	2002101	嗜热蓝细菌天然色素的生物合成优化	唐杰	食品与生物工程学院	4	北京工商大学
67	2002107	市政污泥减量化处理新技术	潘声旺	建筑与土木工程学院	30	四川恒沃环保工程有限公司
68	2002108	复杂山区岩土灾变机理与智能化监测预警关键技术研究	董建辉	建筑与土木工程学院	20	四川省地质工程勘察院集团有限公司
69	2002109	时间域航空电磁数据变维贝叶斯反演的自适应采样方法研究	余小东	计算机学院	4.5	中国自然资源航空物探遥感中心
70	2002110	医疗器械和包材相关的动物实验的联合研究	程强	药学院	30	四川省食品药品检察院
71	2002111	司来普伐肽体外抗白色念珠菌初步筛选试验	朱洁	药学院	1	兆科（广州）眼科药物有限公司
72	2002116	含油污水处理系微生物群落分析	唐杰	食品与生物工程学院	3.9	北京大学深圳研究生院
73	2002123	《基础护理学》虚拟仿真实践教学基地建设	谈学灵	基础医学院	3	上海梦之路数字科教有限公司
74	2002124	七里坪S6地块园林景观设计	杨晓艺	建筑与土木工程学院	10.92	四川洪雅七里坪半山旅游开发有限公司
75	2002125	成都实验外国语麓山校区小学及幼儿园工程	熊咨	建筑与土木工程学院	20	西北有色工程有限责任公司成都分公司
76	2002126	基于超星在线平台的混合式金课教学模式探索与实践	叶安胜	教务处	0.9	北京世纪超星信息技术发展有限公司
77	2002127	富顺香辣酱衍生腌菜调味食品的开发	刘达玉	食品与生物工程学院	9	四川远达集团富顺县美乐食品公司
78	2002131	生态文明建设状况数据收集与处理	刘璐璐	建筑与土木工程学院	6	中国科学院地理科学与资源研究所
79	2002132	2020年电梯安装咨询项目	熊鹭	建筑与土木工程学院	3	四川腾云泰电梯有限公司

续表

序号	项目编号	项目名称	项目负责人	项目承担部门	本次到校经费（万元）	经费来源
80	2002133	中医药大健康产业创新研究中心委托费	肖宇	食品与生物工程学院	2	成都市中药材研究所
81	2002136	CO_2 化合抗菌谱 MIC 初筛	程强	药学院	1.5	广东工业大学
82	2002137	直线驱动装置研制	谭健敏	电子信息与电气工程学院	6	成都恒感科技有限公司
83	2002138	玻璃酸钠滴眼液抑菌效力检查试验	朱洁	药学院	2.5	浙江尖峰药业有限公司
84	2002138	玻璃酸钠滴眼液抑菌效力检查试验	朱洁	药学院	0.5	浙江尖峰药业有限公司
85	2002139	长大隧道穿越富水变粒岩断层带综合技术与大断面坚井穿越富水断层破碎带成套技术	谢飞鸿	建筑与土木工程学院	24	中铁十四局集团建筑工程有限公司
86	2002140	富硒荞麦绿色产品开发	彭镰心	食品与生物工程学院	3	陕西省汉阴县金惠荞富硒绿色产品开发有限公司
87	2002143	特色杂粮产研学创新试验及大田展示	邹晓勇	食品与生物工程学院	8	新津农博园财政拨款
88	2002144	网络视频监控系统的开发与设计	陈斌	电子信息与电气工程学院	6	四川万升智能科技有限公司
89	2002145	工程项目管理系统	蒋毅	电子信息与电气工程学院	10	成都思为交互科技有限公司
90	2002146	地面显控软件实现	徐嘉莉	电子信息与电气工程学院	2	成都涌清科技有限公司
91	2002147	板材低周疲劳测试	陈渝	机械工程学院	14.8	中国核动力研究设计院
92	2002148	PEG-SC 化合物动物热原实验	程强	药学院	0.12	成都零距离生物技术有限责任公司
93	2002149	Marinopyrrole A 衍生物系列化合物体外抗菌初步筛选试验	朱洁	药学院	3.68	重庆柳江医药科技有限公司
94	2002150	基于线粒体的木芙蓉花色变化调控机制研究	李强	食品与生物工程学院	12	成都市植物园
95	2002151	综合化防撞系统中 TCAS 译码模块的开发	傅勇	电子信息与电气工程学院	15	成都讯隆科技发展有限公司
96	2002152	医疗相关物分布式智能管理控制系统	袁飞	计算机学院	15	成都普胜科技发展有限公司
97	2002153	抗菌肽 J-1 体外抗菌初筛试验	朱洁	四川抗菌素工业研究所	1.1	扬子江药业集团有限公司

续表

序号	项目编号	项目名称	项目负责人	项目承担部门	本次到校经费（万元）	经费来源
98	2002154	卡波姆产道凝胶对缓解小鼠离体阴道横向张力的作用	朱洁	四川抗菌素工业研究所	2	上海鑫雅信息科技有限责任公司
99	2002155	食药用菌多糖提取技术研究与产业化应用	王跃华	食品与生物工程学院	1.5	四川岚晟生物科技股份有限公司
100	2002156	信号综合处理器	曾超	电子信息与电气工程学院	7.5	四川万升智能科技有限公司
101	2002157	多频段有源阵列天线	曾超	电子信息与电气工程学院	6	成都锦江电子系统工程有限公司
102	2002158	病死猪生物酶解生产农用酵素	王新惠	食品与生物工程学院	2	四川洁能干燥设备有限责任公司
103	2002165	四川甘孜藏区高原特有物种资源调查及遗传多样性分析	杜联明	高等研究院	30	成都润楠环保科技有限公司
104	2002166	濒危野生动物研究与保护	杜联明	高等研究院	10	成都独叶草生物科技有限公司
105	2002167	川味特色方便菜肴工业化生产关键技术—智慧团餐	李翔	食品与生物工程学院	5.04	四川优膳供应链管理有限公司
106	2002168	多功能射频治疗仪研制	谢虹	电子信息与电气工程学院	6	成都巨嘉医疗科技有限公司
107	2002169	2020年管道地址灾害技术支持及大修理工程抽查技术服务	关惠平	建筑与土木工程学院	19.7994	中石油管道有限责任公司西气东输分公司
108	2002172	谷氨酰胺增敏抗菌验证研究	朱洁	四川抗菌素工业研究所	5	广东利泰制药股份有限公司
109	2002173	材料高温氧化、高温拉伸及性能测试	卢超	机械工程学院	3.8	中国核动力研究设计院

附件9 2020年横向项目立项及经费统计表（社科）

序号	项目编号	项目名称	项目负责人	项目承担部门	本次到校经费（万元）	经费来源
1	1702108	彭州市白鹿镇回水村书院新居旧村改造项目	陈 烈	创新创业学院	4	彭州市白鹿镇回水村村民委员会
2	1802100	政府会计改革双报告体系实施现状调查研究	王积慧	商学院	5	成都市会计学会
3	1802103	知识建构环境下促进合作创新式学习的策略与机制研究	张 艳	师范学院	1.5	教育部学校规划建设发展中心
4	1902035	龙泉机关幼儿园泸溪河园区园本文化理念顶层设计	李 敏	师范学院	6	成都市龙泉驿区机关幼儿园
5	1902054	2019年龙泉驿区示范社区创建与提升项目	吴银涛	法学院	5.82	中共成都市龙泉驿区委城乡社区发展治理委员会
6	1902062	办园质量与水平提升研究	蒲永明	师范学院	20	成都市实验小学附属幼儿园
7	1902090	2019年同安街道社区发展治理工作提升项目	吴银涛	法学院	3	成都市龙泉驿区同安街道
8	1902094	成都龙泉驿客家文化对天府文化传承与发展的特色贡献与价值调查研究	陈 静	文学与新闻传播学院	2.5	中共成都市龙泉驿区委员会宣传部
9	1902107	成都兴城建设管理有限公司2019—2022年战略规划研究与编制	邱 果	中国—东盟美术与设计学院	11.88	成都兴城建设管理有限公司
10	1902114	2019—2021年度成都市会展业发展专项资金项目评审	诸 丹	旅游与文化产业学院	26	中国国际贸易促进委员会成都市分会
11	1902115	成都绿色展会认证标准制定项目	诸 丹	旅游与文化产业学院	7.76	中国国际贸易促进委员会成都市分会
12	1902124	新都区内部审计工作效能提升机制的研究	马 胜	商学院	1.6	成都市新都区审计局
13	1902138	《四川省性别平等促进条例》立法调研项目	邓陕峡	法学院	2	四川省妇女联合会
14	1902141	鹭岛湖畔酒店景观艺术品制作	杨 波	中国—东盟美术与设计学院	15	南充万睿酒店有限公司

续表

序号	项目编号	项目名称	项目负责人	项目承担部门	本次到校经费（万元）	经费来源
15	1902147	成都树基教育发展有限公司文化梳理及品牌建设咨询	田　涛	师范学院	3.68	成都树基发展有限公司
16	1902149	幼儿园博士工作站	蒲永明	师范学院	24	成都市第二十五幼儿园、成都市第二十六幼儿园、成都市锦绣青城幼儿园
17	1902159	"百名厨师进乡旅游集聚区"培训活动	诸　丹	旅游与文化产业学院	5.84484	成都市文化广电旅游局
18	1902160	展会项目验收评审合作协议	诸　丹	旅游与文化产业学院	13.93	四川省天府新区成都管理委员会文创和会展局
19	1902162	成都市会展业立法项目	诸　丹	旅游与文化产业学院	7.52	中国国际贸易促进委员会成都市委员会
20	1902167	成都市教育局2019年成都市教育改革发展专项委托服务	张　艳	师范学院	53.58	成都市教育局
21	1902171	简阳市十里坝中小学农耕体验园景观规划设计	邹宏玉	旅游与文化产业学院	1.15	简阳市人民政府十里坝街道办事处财政所
22	1902180	古川酒包装设计	石　阳	中国－东盟美术与设计学院	20	成都市盈升商贸有限公司
23	1902184	2019年度课题调研服务项目	诸　丹	旅游与文化产业学院	34.608	中国国际贸易促进委员会成都市分会
24	1902198	新都区领导干部自然资源资产离任审计试点实施方案评估项目	张千友	商学院	0.25	成都市新都区审计局
25	1902201	校园文化打造与提升和园本课程框架撰写	严虹焰	文学与新闻传播学院	4.7	天府新区管委会
26	1902205	校园文化打造－顶层设计框架	廖　萍	师范学院	1.26	成都高新区临江爱绿幼儿园
27	1902206	临江爱绿幼儿园园本课程建设（第一阶段）	廖　萍	师范学院	1.14	成都高新区临江爱绿幼儿园
28	1902225	成都市龙泉驿区教育局 成都大学合作办学项目	肖　红	师范学院	130	龙泉驿区教育局
29	2002002	ICCA国际会议研究及培训中心合作项目	诸　丹	旅游与文化产业学院	69.9	中国国际贸易促进委员会成都市分会
30	2002003	2019中国城市会展业竞争力指数发布会	诸　丹	旅游与文化产业学院	65	成都市博览局（中国国际贸易促进委员会成都市分会）
31	2002004	成都市融媒体发展现状调查与研究	张建锋	文学与新闻传播学院	12.5	中国共产党温江区委员会宣传部

续表

序号	项目编号	项目名称	项目负责人	项目承担部门	本次到校经费（万元）	经费来源
32	2002005	我市世界赛事名城形象提升和舆情应对的现状与对策	陆 烨	文学与新闻传播学院	1.064	成都市人民政府新闻办公室
33	2002006	成都中小学媒介素养状况调查项目	谭筱玲	文学与新闻传播学院	1	成都市金牛区教育研究培训中心
34	2002007	室内装饰艺术品制作	罗 徕	中国—东盟美术与设计学院	10	北京壹号门航空服务技术培训中心有限公司
35	2002010	西昌市裕隆乡兴富村生态文明示范村规划编制课题	万 国	中国—东盟美术与设计学院	11.76	西昌市裕隆乡人民政府
36	2002011	共建华侨城成都大学生合唱团项目	王小军	中国—东盟音乐与舞蹈学院	200	成都天府华侨城实业发展有限公司
37	2002012	成都市列五书池学校课程建设与教学质量提升项目	黄云峰	师范学院	6	成都市列五书池学校
38	2002013	成都市法治建设年度报告（2019）	邓陕峡	法学院	19	成都市法学会
39	2002014	《太阳神鸟》系列漫画创作	张 娟	中国—东盟影视与动画学院	20	成都市电视电影家协会
40	2002017	成都大学附属实验小学博士工作站建设项目	黄云峰	师范学院	8	成都大学附属实验小学
41	2002018	成都大学高校学生法治教育基地	李海峰	法学院	10	龙泉驿区司法局
42	2002020	幼儿园足球课程开发	黄 旭	师范学院	3	成都市龙泉驿区青台山幼儿园
43	2002021	青春健康教育家校合作研究	苟 萍	师范学院	5	成都市龙泉驿区第七中学校
44	2002027	金堂县全域旅游资源调查与研究	徐 茜	旅游与文化产业学院	18.6	成都锦睿文创旅游发展中心
45	2002030	成都市大中小学思想政治理论课建设现状与思考	彭时平	马克思主义学院	3.2	成都市教育局
46	2002031	四川省网络文艺创作情况调研报告	李 立	文学与新闻传播学院	1.5	四川省网信办
47	2002034	阿坝州"十四五"财政与金融改革发展研究	独 娟	商学院	3.4	阿坝州财政局
48	2002035	温江区融媒体新闻产品阅评协议	陆 烨	文学与新闻传播学院	4.2	中共成都市温江区委宣传部
49	2002040	2019年度成都市报纸新闻质量考评	王 珏	文学与新闻传播学院	15.78	成都市委宣传部
50	2002045	支持儿童游戏开展的主题课程建设	田 涛	师范学院	7	新华文轩出版传媒股份有限公司
51	2002048	大竹县杨通乡大庙寨旅游业发展总体规划项目	陈 颖	旅游与文化产业学院	51	四川汇途旅游规划设计有限公司

续表

序号	项目编号	项目名称	项目负责人	项目承担部门	本次到校经费（万元）	经费来源
52	2002050	激发成都文旅消费潜力与创建国家文化旅游消费示范城市课题研究项目	陈颖	旅游与文化产业学院	14.7	成都市文化广电旅游局
53	2002051	产教城融合发展机制：成都模式	张艳	师范学院	2	中国教育发展战略学会
54	2002052	驿路同行 涓滴成河：驿河社区顶层设计与品牌打造及社工专业实习基地建设	吴银涛	法学院	3.6	龙泉街道驿河社区
55	2002063	山水芦溪 校地共融：芦溪河社区小区参与式微更新示范与社工专业实践基地建设	吴银涛	法学院	4.8	龙泉街道芦溪河社区
56	2002064	2020幼儿园地方服务（一）	毛慧琳	师范学院	19.26	高新区社会事业局、四川省直属机关东府幼儿园、四川省直属机关玉泉幼儿园
57	2002065	高新区音乐教师素养提升	毛慧琳	师范学院	8.51	高新区社会事业局、四川省直属机关东府幼儿园、四川省直属机关玉泉幼儿园
58	2002067	2020高新区特殊儿童康复服务	卢悦	师范学院	17.48	高新三岔湖小学、高新新源学校
59	2002069	龙泉机关幼儿园泸溪河园区园本课程建设	王德林	师范学院	12	成都市龙泉驿区机关幼儿园
60	2002073	北川羌族自治县《曲山镇志》编纂项目	李建峰	文学与新闻传播学院	4.75	北川县曲山镇人民政府
61	2002074	《成都市城乡教育一体化发展监测与评价报告（2019）》项目	张艳	师范学院	3.2	成都市教育局
62	2002075	《成都教育参考》编制项目	张艳	师范学院	3.2	成都市教育局
63	2002076	成都市文化广电旅游局2020年广播电视收听收看监评采购项目	陆烨	文学与新闻传播学院	56	成都市文化广电旅游局
64	2002077	"成都市公办初中强校工程"项目	范小梅	师范学院	3.92	成都市教育局
65	2002078	成都市普通高中"优质特色发展行动计划"项目学校评估验收（第二期）项目	佘勇	师范学院	3.92	成都市教育局
66	2002079	成都市教育信息化发展年度报告（2019）编制服务	范小梅	师范学院	10.64	成都市教育技术装备管理中心
67	2002080	武侯实验中学附属小学全纳教育购买项目	莫春梅	师范学院	1.386	武侯实验中学附属小学

续表

序号	项目编号	项目名称	项目负责人	项目承担部门	本次到校经费（万元）	经费来源
68	2002082	幼儿园品质综合提升研究	黄旭	师范学院	7	成都市壹格未来教育管理有限公司
69	2002083	自杀决策缺陷评估工具的研制	彭嘉熙	师范学院	10	空军军医大学
70	2002084	成都市太平小学校	莫春梅	师范学院	4.6	成都市太平小学校
71	2002085	北川羌族自治县《永昌镇志》编纂项目	李建峰	文学与新闻传播学院	4.75	北川县永昌镇人民政府
72	2002086	大邑县文化和旅游资源普查服务	徐茜	旅游与文化产业学院	24.72	大邑县文化体育和旅游局
73	2002087	成都市武侯区特殊教育学校专家评审指导服务项目	莫春梅	师范学院	2.4	成都市武侯区特殊教育学校
74	2002088	成都大熊猫繁育研究基地实验室年度报告2019设计项目	陈烈	创新创业学院	3.44	成都大熊猫繁育研究基地
75	2002089	《成都市区域合作蓝皮书（2020）》专题报告编写	马胜	商学院	9.8	成都市经济信息中心（成都市经济发展研究院）
76	2002090	川渝首届"庆六一"线上亲子运动会	黄巧婷	体育学院	9.75	四川省体育局
77	2002092	数字化赋能内部审计指导监督的途径和方法研究	张千友	商学院	0.5	四川省审计科学研究所
78	2002102	2020年度课题调研	诸丹	旅游与文化产业学院	51.912	中国国际贸易促进委员会成都市委员会
79	2002103	2020新源学校特殊儿童康复服务（二）	卢悦	师范学院	9	高新新源学校
80	2002104	2020新冠课题	毛慧琳	师范学院	7.15	成都市第十八幼儿园、郫都区红光金雨点幼儿园、成都市金牛区红色幼儿园
81	2002105	2020幼儿园地方服务（二）	毛慧琳	师范学院	12.76	天府新区社会事业局、四川省直属机关东府幼儿园、四川省直属机关玉泉幼儿园
82	2002106	2020天府幼儿园地方服务	毛慧琳	师范学院	17.4	成都市青羊区天府幼儿园
83	2002112	幼小衔接教育课程开发与研究	张勇	师范学院	10	北京慧衔接有限责任公司
84	2002113	蚕丛路小学教师发展学校联合建设	张勇	师范学院	14.85	新都蚕丛路小学
85	2002114	高校政府会计准则制度实施问题及对策研究	陈建西	商学院	4	四川省财政厅

十三、表彰奖励及附件

续表

序号	项目编号	项目名称	项目负责人	项目承担部门	本次到校经费（万元）	经费来源
86	2002115	爱成都、迎大运，成都社区音乐文化发展现状研究？	曾勤	中国－东盟音乐与舞蹈学院	10	成都市龙泉驿区十陵悦动文化服务中心
87	2002117	成都市教育局义务教育阶段"新优质学校"评估服务采购项目	张艳	师范学院	7.72	成都市教育局
88	2002118	积微物联企业管理模式提炼和经验总结创新研究项目	刘婕	旅游与文化产业学院	4.24	成都积微物联集团股份有限公司
89	2002119	大运多语言服务研究与实践	李萍	外国语学院	2.55	四川语言桥信息技术有限公司
90	2002120	四川省第三届幼儿体育大会线上亲子运动会	黄巧婷	体育学院	10.44	四川省体育局
91	2002121	幼儿园游戏化音乐与戏剧活动的实践研究	孙霞	师范学院	10	成都市军区机关第一幼儿园、成都市军区机关第二幼儿园等10所幼儿园
92	2002128	幼儿园教育科研能力提升	黄曦	师范学院	5	峨眉山市安吉儿幼稚园
93	2002129	加快推动数字版权产业发展，培育文创经济新引擎	眭海霞	旅游与文化产业学院	1.8	成都市金沙智库研究会
94	2002130	北川县《黑水村志》编纂项目	李建峰	文学与新闻传播学院	4.5	北川人民政府
95	2002134	关于郫都区集体经营性建设用地入市试点工作的调研报告	吴建瓴	马克思主义学院	4	成都市土地学会
96	2002135	建立健全成都生态文明建设研究与促进长效机制	诸丹	旅游与文化产业学院	49.5	成都市生态环境局
97	2002141	自我耗竭对信息损伤的影响研究	彭嘉熙	师范学院	7	解放军空军军医大学
98	2002142	"《英语视听说》（国际化人才英语演讲）教学内容与课程体系改革"智慧平台融入研究	李萍	外国语学院	1.5	科大讯飞股份有限公司
99	2002159	自闭症谱系障碍儿童美术治疗干预研究	彭韵潼	师范学院	2	成都市青羊区教育科学研究院
100	2002160	2020年成都市龙泉驿区结核病防治百千万志愿者宣传项目	万君	医学院	0.9	成都市龙泉驿区疾控中心
101	2002161	成都宽之间建筑设计有限公司设计资料中英文翻译及会议口译服务	曾尼	外国语学院	5	成都宽之间建筑设计有限公司
102	2002162	北方－汉沙杨建筑工程设计有限公司四川分公司设计资料中英文翻译及会议口译服务	曾尼	外国语学院	5	北方－汉沙杨建筑工程设计有限公司四川分公司

续表

序号	项目编号	项目名称	项目负责人	项目承担部门	本次到校经费（万元）	经费来源
103	2002163	2020年度成都市报纸新闻质量考评委托	王珏	文学与新闻传播学院	13.98	中共成都市委宣传部
104	2002164	成都市双流区国资国企改革白皮书（2020）	白莹	商学院	9.98	成都市双流区国资金融局
105	2002170	西部战区空军直属机关幼儿园"园本课程建设"（第一阶段）	廖萍	师范学院	1.88	西部战区空军直属机关幼儿园
106	2002171	校园文化打造（顶层设计）及园本课程建设（第一阶段）	严虹焰	文学与新闻传播学院	3.488	成都市双流区彭镇幼儿园
107	2002174	区块链技术对传统审计行业的影响及应对措施	程皖川	商学院	1	中山市维信会计咨询服务有限公司
108	2002175	2020—2021年度成都市会展业发展专项资金项目评审	诸丹	旅游与文化产业学院	39	中国国际贸易促进委员会成都市委员会
109	2002176	家庭性教育音频系列课程开发	苟萍	师范学院	3.36	云南正兴教育信息咨询有限公司
110	2002177	国际理解小语钟教学实践项目	黄云峰	师范学院	4.9	四川省成都市华川中学
111	2002178	健全特殊教育保障机制研究	刘先强	师范学院	17	教育部
112	2002179	大数据助力成都审计提质增效路径研究——基于数字化赋能视角的单案例分析	张千友	商学院	1	成都市审计学会
113	2002180	先秦蜀文化的神秘浪漫特征与优雅时尚的城市形象塑造研究	谭平	文学与新闻传播学院	7	成都市实验小学附属幼儿园
114	190211999	成都市教育局义务教育阶段"新优质学校"评估服务	张艳	师范学院	11.58	成都市教育局
115	190212099	成都市普通高中"优质特色发展行动计划"项目学校评估验收	张艳	师范学院	10.74	成都市教育局
116	190213199	成都市教育信息化年度发展报告（2018）	张艳	师范学院	10.26	成都市教育局
117	1802075	成都市城乡社区发展治理示范培训教学大纲编制采购项目	魏青	继续教育学院	7.38	中共成都市委城乡社区发展治理委员会
118	1902151	公园城市的成华实践	汪令江	行政	15	中共成华区委宣传部
119	2002002	ICCA国际会议研究及培训中心	诸丹	旅游与文化产业学院	69.9	中国国际贸易促进委员会成都市委员会
120	2002022	成都市哲学社会科学研究成果管理系统	张学梅	旅游与文化产业学院	1	成都市社科联

续表

序号	项目编号	项目名称	项目负责人	项目承担部门	本次到校经费（万元）	经费来源
121	2002160	2020年成都市龙泉驿区结核病防治百千万志愿者宣传项目	万 君	医学院	0.6	成都市龙泉驿区疾控中心
122	2102054	宜宾市叙州区"十四五"规划财政发展思路研究	独 娟	商学院	6.5	宜宾市叙州区财政局
123	2102010	四川博物院《教育十年》手册设计	黄 悦	中国—东盟美术与设计学院	4.58	四川博物院

附件10　2020年纵向科研项目结题一览表（自科）

序号	课题编号	课题名称	负责人	承担部门	项目来源	级别
1	2016NZYZF0068	广元市旺苍县水磨乡天麻规范化种植基地建设	刘瑛	医学院	四川科技厅扶贫专项	厅局级
2	2017-RK00-00192-ZF	国家中心城市视阈下的成都市经济开放协同创新路径研究	游婧	商学院	成都市科技局软科学项目	厅局级
3	2019JDR0266	校地共建新型产业技术研究院模式的研究	孙付春	机械工程学院	四川省科技厅软科学项目	省部级
4	2012GZX0083	汽车零部件材料与工艺关键技术研究	魏万迎	信息科学与工程学院	四川省科技厅科技支撑计划项目	省部级
5	2018ZR0259	要素视角的军民融合路径研究	杨昕	商学院	四川省科技计划软科学项目	省部级
6	61672114	谱-空合一的高光谱图像特征提取理论研究	唐远炎	高等研究院	国家自科基金面上项目	国家级
7	11602039	不规则沙粒碰撞回弹后反弹参数的实验和理论研究	傅林涛	机械工程学院	国家自科基金青年项目	国家级
8	21602021	新型手性DMAP衍生物的制备及其在不对称催化中的应用	冯鑫	四川抗菌素工业研究所	国家自科基金青年项目	国家级
9	21602022	选择性α1A肾上腺素受体拮抗剂的设计、合成抗前列腺增生药理活性研究	赵飞	四川抗菌素工业研究所	国家自科基金青年项目	国家级
10	21606024	氟碳包覆磷酸铁锂正极材料的可控制备及其锂离子扩散机制研究	欧俊科	医学院	国家自科基金青年项目	国家级
11	31600253	凉山地区彝族传统野生食用植物资源的民族植物学研究	王静	建筑与土木工程学院	国家自科基金青年项目	国家级
12	31600261	卷叶贝母再生鳞茎生物碱高效积累相关基因资源发掘与激素调控机理研究	赵琦	药学与生物工程学院	国家自科基金青年项目	国家级
13	31601260	提高苦荞水分利用效率的生理机理研究	万燕	药学与生物工程学院	国家自科基金青年项目	国家级

续表

序号	课题编号	课题名称	负责人	承担部门	项目来源	级别
14	31601427	辛烯基琥珀酸酐甘聚糖酯的自组装行为及控释机制研究	孟凡冰	药学与生物工程学院	国家自科基金青年项目	国家级
15	31601490	基于糖蛋白质组学的鸡蛋清糖肽致敏原鉴定及其致敏机制研究	耿放	药学与生物工程学院	国家自科基金青年项目	国家级
16	31601529	基于三维石墨烯的新型气体传感器对肉品检测的敏感机理研究	刘文龙	药学与生物工程学院	国家自科基金青年项目	国家级
17	51605047	耦合时变不确定性量化的水电机组运行可靠性建模与实时评估	袁容	机械工程学院	国家自科基金青年项目	国家级
18	61601063	基于全息理论的宽角度扫描共形天线研究	高山山	信息科学与工程学院	国家自科基金青年项目	国家级
19	81602652	CtBP1 转录调控 DNA 损伤修复信号通路对肿瘤恶性表型与耐药性的影响研究	邓禹	医学院	国家自科基金青年项目	国家级
20	81603288	姜黄挥发油气调用于贮藏树种中药黄曲霉污染的质量控制综合评价	胡一晨	药学与生物工程学院	国家自科基金青年项目	国家级
21	81603503	丹酚酸 B 抗抑郁作用的神经免疫机制研究	鄢硕	医学院	国家自科基金青年项目	国家级
22	5175011049 2	Very High Cycle Fatigue Characteristics of Additive Manufactured Nickel Based Super Alloys	Muhammad Kashif Khan	高等研究院	国家自科基金外国青年学者基金	国家级
23	11572057	基于 3D 显微 CT 图像相关技术等的骨疲劳损伤机理与寿命预测研究	王清远	校领导	国家自科基金面上项目	国家级
24	2017ZR0091	协同创新视角下四川省创新创业人才孵化机制研究	陈琳	研究生处	四川省科技计划软科学项目	省部级
25	2019JDR0265	基于项目资源聚合的创新模式研究	周霜菊	美术与设计学院	四川省科技厅软科学项目	省部级
26	2018ZR0265	军民融合——基于图论模型的军队救灾资源配置的应用与研究	杨洪	信息科学与工程学院	四川省科技计划软科学项目	省部级
27	2018ZR0182	基于 DEA 模型的四川教育质量演化评估系统	张勇	师范学院	四川省科技计划软科学项目	省部级
28	2018ZR0150	新常态下农村经济发展新模式研究	赵永鑫	信息科学与工程学院	四川省科技厅软科学项目	省部级

续表

序号	课题编号	课题名称	负责人	承担部门	项目来源	级别
29	A1922	高层公共建筑人员应急疏散模型及可视化仿真研究	游磊	信息科学与工程学院	计算机辅助设计与图形学国家重点实验室	省部级
30	2016-HM01-00096-SF	基于PPK/PPD技术的中西药物联合应用评价模式研究	邹亮	医学院	成都市科技局科技惠民计划项目	厅局级
31	2015-NY02-00366-NC	卷叶贝母工厂化繁育技术研究与开发	赵琦	药学与生物工程学院	成都市科技局现代农业科技项目	厅局级
32	2016-HM02-00052-SF	医联体就医系统信息化建设	苏蓉	校领导	成都市科技局科技惠民计划项目	厅局级
33	2015-NY02-00181-NC	基于大数据分析的"互联网+"农产品交易平台	李小玲	信息科学与工程学院	成都市科技局项目	厅局级
34	2016-HM01-00117-SF	应急场景下便携式宽带卫星通信终端设计与实现	曹文继	机械工程学院	成都市科技局科技惠民计划项目	厅局级
35	2016-HM01-00062-SF	城市环境下警用无人机超视距远程通信技术研究	喻娜	信息科学与工程学院	成都市科技局科技惠民计划项目	厅局级
36	2016-HM01-00138-SF	基于自主巡航飞行器的城市交通监测系统研究	葛一楠	信息科学与工程学院	成都市科技局科技惠民计划项目	厅局级
37	2016-HM01-00063-SF	飞机综合化防撞系统的研究与开发	傅勇	信息科学与工程学院	成都市科技局科技惠民计划项目	厅局级
38	2016-NY02-00146-NC	健康萘殖专用乳酸菌微丸的研发	邹强	药学与生物工程学院	成都市科技局现代农业科技项目	厅局级
39	2017FZ0086	基于互联网的无人机远程通信系统研究	喻娜	信息科学与工程学院	四川省科技厅重点研发项目	省部级
40	2018GZ0285	面向口腔修复材料的数字化雕铣设备研制及其应用	林丽君	机械工程学院	四川省科技厅重点研发项目	省部级
41	2017KZ0016	人体科学与医学科普基地	鄢硕	医学院	四川省科技厅科普培训项目	省部级

附件 11　2020 年横向项目结题一览表（自科）

序号	项目编号	项目名称	项目负责人	项目负责单位	项目委托单位	项目合同金额（万元）	结题日期
1	2020017	宜宾市300万头生猪精深加工项目建议书	王卫	食品与生物工程	宜宾市工业和军民融合局	26	2020.04
2	2019063	废旧动力电池拆解设备研究	孙付春	国有资产管理处	成都海逸机电设备有限公司	6	2020.05
3	1402130	尼美舒利分散片发补工作	郭晓强	四川抗菌素工业研究所	天津怀仁制药有限公司	18.5	2020.11

附件12 2020年横向项目结题一览表（社科）

序号	项目编号	项目名称	项目负责人	项目负责单位	项目委托单位	项目合同金额（万元）	结题日期
1	2017090	认罪认罚从宽制度改革探索	邓陕峡	政治学院	成都市龙泉驿区人民法院	4.8	2020.01.09
2	2017091	刑事庭审中证人证言调查	邓陕峡	政治学院	成都市龙泉驿区人民法院	4.8	2020.01.09
3	2017112	第四届成都创意设计周成都浴室柜行业协会展会策划与设计	万国	中国—东盟美术影视学院	成都浴室柜行业协会	6.5	2020.06.01
4	2018064	天府文化资料编印	岳鹏	马克思主义学院	成都市委宣传部	9.9	2020.05.20
5	2018132	成都大熊猫繁育研究中心外墙玻璃单透设计	陈烈	创新创业学院	成都大熊猫繁育研究基地	7	2020.05.26
6	2018134	熊猫基地所委托技术指南及宣传画册（中英版本）共计4册的设计	陈烈	创新创业学院	成都大熊猫繁育研究基地	2.4	2020.05.26
7	2018135	熊猫文化时间线索墙面装饰设计及制作	陈烈	创新创业学院	成都大熊猫繁育研究基地	6.7	2020.05.26
8	2018136	成都大熊猫繁育研究基地实验室A、B座入口门头设计及施工	陈烈	创新创业学院	成都大熊猫繁育研究基地	4.5	2020.05.26
9	2018137	成都大熊猫繁育研究基地实验室茶水间室内设计	陈烈	创新创业学院	成都大熊猫繁育研究基地	0.5	2020.05.26
10	2019054	幼儿园园长领导力提升的路径与机制研究（2019年成都市双流区幼儿园园长任职资格集中专题）	肖红	师范学院	成都市双流区教育研究与教师培训中心	15	2020.05.27
11	2019121	成都树基教育发展有限公司文化梳理及品牌建设咨询采购	田涛	师范学院	成都树基教育发展有限公司	3.68	2020.12.02
12	2019170	成都大学附属实验小学博士工作站建设项目	黄云峰	师范学院	成都大学附属实验小学	8	2020.12.01
13	2019182	成都大熊猫繁育研究基地年度报告设计合同	陈烈	创新创业学院	成都大熊猫繁育研究基地	2.5	2020.05.26
14	2019193	成都市列五书池学校课程建设与教学质量提升项目	黄云峰	师范学院	成都市列五书池学校	6	2020.12.01
15	2016145	企业文化体系建设方案策划	陈舒慧	旅游与经济管理学院	上海汇秦泵业制造有限公司	6	2020.06.19
16	2020005	成都市教育信息化发展年度发展报告（2019年）编制服务采购	范小梅	师范学院	成都市教育技术装备研究中心	15.2	2020.12.15

十三、表彰奖励及附件

续表

序号	项目编号	项目名称	项目负责人	项目负责单位	项目委托单位	项目合同金额（万元）	结题日期
17	2020007	成都市太平小学校2020年春期全纳教育外包服务项目	莫春梅	师范学院	成都市太平小学校	2.98	2020.09.27
18	2020037	爱成都、迎大运，成都社区音乐文化发展现状研究	曾勤	中国—东盟音乐与舞蹈学院	成都市龙泉驿区十陵悦动文化服务中心	10	2020.11.15

附件13 2020年校资助项目结项统计表

序号	课题编号	课题名称	学科	负责人	承担部门	立项时间	结题时间
1	2017XJZ01	以Pickering高内相乳液为模型制备3D多孔支架材料及其生物相容性研究	自科重点	谭 欢	四川抗菌素工业研究所	2017.02	2019.12.20
2	2017XJZ22	灵芝泡腾片的制备工艺及质量标准研究	自科一般	雨 田	医学院	2017.02	2020.01.08
3	2018XZB07	红景天苷通过干扰STING通路延缓鼠表皮成纤维细胞衰老的作用机制研究	自科一般	杨雨婷	附属医院	2018.05	2020.01.08
4	2018XZA07	汽车车内NVH监测及分析系统关键技术研究校基金申报书	自科重点	李跃鹏	信息科学与工程学院	2018.05	2020.05.12
5	2018XZA05	中国人群血脂、血白细胞与结肠息肉良恶性的关联研究	自科重点	叶 鹏	医学院	2018.05	2020.05.25
6	2015XJZ32	传染病动力学模型的建立与应用	自科一般	单旭征	附属医院	2015.01	2020.07.10
7	2015XJZ10	红景天苷上调SIRT3表达抑制血管内皮细胞老化	自科重点	邢莎莎	附属医院	2015.01	2020.09.03
8	2018XZB19	加速碳化再生骨料及其对混凝土耐高温性的影响研究土木工程	自科一般	蒲云辉	建筑与土木工程学院	2018.05	2020.11.03
9	2018XZB16	陶瓷烧结法制备粉煤灰微晶玻璃的烧结行为	自科一般	曾 丽	建筑与土木工程学院	2018.05	2020.11.03

附件14 2020年著作成果统计一览表

序号	著作名称	第一作者	所属单位	出版单位	著作类别	出版社级别	出版时间	备注
1	成都最美古诗词100首详注精评	杨玉华	文学与新闻传播学院	成都时代出版社	编著	B类出版社	2020.10	独著
2	2021年乡村全科执业助理医师资格考试辅导讲义	余真	医学院（护理学院）	人民卫生出版社	编著	A类出版社	2020.12	参编
3	智能中子·伽马甄别技术研究	柳炳琦	机械工程学院	吉林大学出版社	学术专著	A类出版社	2020.11	
4	四川公路建设中典型路基病害处治实用案例研究	张华	建筑与土木工程学院	西南交通大学出版社	学术专著	A类出版社	2020.11	
5	降雨诱发红层滑坡研究——以四川盆地为例	唐然	建筑与土木工程学院	科学出版社	学术专著	A类出版社	2020.10	
6	肉类加工企业新冠肺炎疫情防控指南	王卫	药学与生物工程学院	四川科学技术出版社	编著	B类出版社	2020.09	参编
7	生理学基础	徐亚吉	医学院（护理学院）	高等教育出版社	国家统编教材	B类出版社	2020.09	
8	Linux系统编程	陈二阳	信息科学与工程学院	人民邮电出版社	编著	B类出版社	2020.08	
9	药理学概述	肖宁	药学与生物工程学院	天津科学技术出版社	国家统编教材	B类出版社	2020.08	参编
10	电子信息技术与电气工程研究	赵永鑫	信息科学与工程学院	中国原子能出版社	编著	B类出版社	2020.08	参编
11	Autocad2020完全自学一本通	林泉	建筑与土木工程学院	电子工业出版社	编著	A类出版社	2020.03	参编
12	整合人体生理实验指导	徐亚吉	医学院（护理学院）	人民卫生出版社	国家统编教材	A类出版社	2020.03	参编
13	计算机控制技术（第2版）	方红	信息科学与工程学院	电子工业出版社	国家统编教材	A类出版社	2020.02	参编
14	大数据背景下高等教育信息技术全方位探究	杜小丹	信息网络中心	吉林大学出版社	专著	A类出版社	2020.03	
15	中药药剂学	付强	药学院	中国医药科技出版社	教材	B类出版社	2020.10	参编
16	艺术设计与创意思维	毛天斌	建筑与土木工程学院	吉林文史出版社	专著	B类出版社	2020.10	
17	医院精细化管理实践	张亚美	附属医院	科学技术文献出版社	编著	B类出版社	2020.10	

附件15　2020年校地合作情况一览表

序号	合作单位	合作领域	负责部门	签订时间
1	西藏诺迪康药业股份有限公司	发挥双方在医药领域学术研究、技术研发和转化应用等方面的优势，围绕国家医药健康重大战略需求，以提升自主创新能力为目标，共同打造协同创新平台，推动基础研究与成果转化	科技处	2020.09.30
2	成都超算中心运营管理有限公司	双方就计算资源使用、课题联合申报、科研项目合作、商业计算项目合作等方面开展校企协同创新	科技处	2020.06.11
3	成都市中草药研究所	双方结合各自技术优势，实现多学科交叉融合，共同推动中医药大健康产业的科学研究和高质量发展，本着优势互补、平等互利和长期合作的原则，以联合实验室为载体，共同开展人才培养、实施技术项目合作开发	药学与生物工程学院	2020.06.09
4	成都天府新区投资集团有限公司	依托双方资源优势，推进学科、专业、人才和产业的深度融合，共同推动高端智库、人才培养、医疗体系、成果转化等领域的深度合作，为成都新发展理念的中心城市建设助力	科技处	2020.06.02

附件16 2020年新增省部级科研平台情况一览表

平台类别	平台名称	批准单位	级别	归属单位
四川省工程技术研究中心	四川省杂粮产业化工程技术研究中心	省科技厅	省部级	食品与生物工程学院
四川省引才引智基地	四川省新材料设计制备与使役性能引才引智基地	省科技厅	省部级	机械工程学院

附件17 2020年12月在岗教职工花名册

截至2020年12月31日,学校在岗教职工2196人[其中编制内聘用1952人,校聘(人事代理及同工同酬)162人,特聘研究员(或特聘副研究员)82人];另有长期病休人员5人,内部分流人员11人。具体名册见表。

序号	姓名	所在单位	性别	职务名称	人员类别
1	王清远	校领导	男		在编在岗
2	冯 炼	校领导	男		在编在岗
3	苏 波	校领导	男		在编在岗
4	唐毅谦	校领导	男		在编在岗
5	彭晓琳	校领导	女		在编在岗
6	杨玉华	校领导	男		在编在岗
7	王小军	校领导	男		在编在岗
8	刘 娅	校领导	女		在编在岗
9	苏 蓉	校领导	女		在编在岗
10	薛常兵	学校办公室(党委办公室、校长办公室)	男	学校办公室(党委办公室、校长办公室)主任	在编在岗
11	杨春霞	学校办公室(党委办公室、校长办公室)	女	学校办公室(党委办公室、校长办公室)副主任兼机关第一党总支书记	在编在岗
12	王 涛	学校办公室(党委办公室、校长办公室)	男	学校办公室(党委办公室、校长办公室)副主任	在编在岗
13	朱 睿	学校办公室(党委办公室、校长办公室)	女		在编在岗
14	汤 磊	学校办公室(党委办公室、校长办公室)	男		在编在岗
15	孟 莉	学校办公室(党委办公室、校长办公室)	女		在编在岗
16	钟林江	学校办公室(党委办公室、校长办公室)	男		在编在岗
17	李 勇	学校办公室(党委办公室、校长办公室)	男		在编在岗

续表

序号	姓名	所在单位	性别	职务名称	人员类别
18	王雁南	学校办公室（党委办公室、校长办公室）	女		在编在岗
19	吴航	学校办公室（党委办公室、校长办公室）	男		在编在岗
20	刘康平	学校办公室（党委办公室、校长办公室）	男		在编在岗
21	田崇军	学校办公室（党委办公室、校长办公室）	男		在编在岗
22	梁恩梅	学校办公室（党委办公室、校长办公室）	女		在编在岗
23	吕建	学校办公室（党委办公室、校长办公室）	男		在编在岗
24	李兴泉	党委组织部（机关党委）	男	党委常委、党委组织部部长	在编在岗
25	王家芝	党委组织部（机关党委）	女	党委组织部常务副部长	在编在岗
26	周宗旭	党委组织部（机关党委）	男		在编在岗
27	陈晶	党委组织部（机关党委）	女		在编在岗
28	刘国凯	党委组织部（机关党委）	男		人事代理
29	任敏	党委组织部（机关党委）	女		在编在岗
30	王祖芳	党委组织部（机关党委）	女		在编在岗
31	唐伟	纪委办公室（监察处）	男	纪委办公室副主任（监察处副处长）	在编在岗
32	陈永凤	纪委办公室（监察处）	男		在编在岗
33	李江山	纪委办公室（监察处）	女		在编在岗
34	尹衡	纪委办公室（监察处）	男		在编在岗
35	涂思义	纪委办公室（监察处）	男		在编在岗
36	王敏睿	纪委办公室（监察处）	女		在编在岗
37	陈钧	党委宣传部（新闻中心）	女	党委常委、党委宣传部部长（新闻中心主任）	在编在岗
38	王建武	党委宣传部（新闻中心）	男	党委宣传部（新闻中心）副部长	在编在岗
39	李洁	党委宣传部（新闻中心）	女	新闻中心副主任	在编在岗
40	沈静	党委宣传部（新闻中心）	女		在编在岗
41	杨启金	党委宣传部（新闻中心）	男		在编在岗
42	闵秀玲	党委宣传部（新闻中心）	女		在编在岗
43	李科	党委宣传部（新闻中心）	男		在编在岗
44	徐凯	党委宣传部（新闻中心）	男		在编在岗
45	肖乃田	党委宣传部（新闻中心）	女		在编在岗

续表

序号	姓名	所在单位	性别	职务名称	人员类别
46	孟　晖	党委统战部	女	党委常委、党委统战部部长、临床医学院、附属医院党委书记	在编在岗
47	杨　涛	党委统战部	女		在编在岗
48	张　弘	党委教师工作部、人事处	男	党委教师工作部部长、人事处处长	在编在岗
49	李　焰	党委教师工作部、人事处	女	党委教师工作部副部长、人事处副处长兼机关第二党总支书记（正处级）	在编在岗
50	陈小平	党委教师工作部、人事处	男	人事处副处长	在编在岗
51	刘　飞	党委教师工作部、人事处	男		在编在岗
52	陈泓妃	党委教师工作部、人事处	女		人事代理
53	王思豫	党委教师工作部、人事处	女		在编在岗
54	张爱婷	党委教师工作部、人事处	女		在编在岗
55	刘　强	党委教师工作部、人事处	男		在编在岗
56	陈　静	党委教师工作部、人事处	女		在编在岗
57	刘　斌	党委教师工作部、人事处	男		在编在岗
58	余景熙	党委教师工作部、人事处	女		人事代理
59	曾玉玲	党委教师工作部、人事处	女		在编在岗
60	赵建峰	党委教师工作部、人事处	男		在编在岗
61	邹　伟	党委教师工作部、人事处	女		在编在岗
62	景　希	党委教师工作部、人事处	女		人事代理
63	樊天相	党委教师工作部、人事处	男		在编在岗
64	周艳玲	党委教师工作部、人事处	女		人事代理
65	李　瑶	党委教师工作部、人事处	女		人事代理
66	张　锐	党委教师工作部、人事处	女		在编在岗
67	李喆宇	党委教师工作部、人事处	女		在编在岗
68	李　维	党委学生工作部（学生处）	男	党委学生工作部部长（学生处处长）	在编在岗
69	曹游宇	党委学生工作部（学生处）	女		在编在岗
70	岳　春	党委学生工作部（学生处）	女		在编在岗
71	丁　璐	党委学生工作部（学生处）	女		在编在岗
72	廖　雄	党委学生工作部（学生处）	男		人事代理
73	曾思澄	党委学生工作部（学生处）	女		在编在岗
74	黄　智	党委学生工作部（学生处）	男		在编在岗
75	李云杏	党委学生工作部（学生处）	女		在编在岗
76	王焕举	党委学生工作部（学生处）	男		在编在岗

续表

序号	姓名	所在单位	性别	职务名称	人员类别
77	张长剑	党委学生工作部（学生处）	男		人事代理
78	覃晓岚	党委学生工作部（学生处）	女		在编在岗
79	车　毅	党委学生工作部（学生处）	女		在编在岗
80	蒋桂高	党委学生工作部（学生处）	男		在编在岗
81	王　平	党委学生工作部（学生处）	女		人事代理
82	霍梦诗	党委学生工作部（学生处）	女		人事代理
83	叶未婷	党委学生工作部（学生处）	女		人事代理
84	蔡薇薇	党委学生工作部（学生处）	女		在编在岗
85	宋晓龙	党委学生工作部（学生处）	男		在编在岗
86	王利娟	党委学生工作部（学生处）	女		在编在岗
87	田　东	党委武装部（保卫处）	男	党委武装部部长（保卫处处长）	在编在岗
88	李　靖	党委武装部（保卫处）	男	保卫处副处长	在编在岗
89	邹利嘉	党委武装部（保卫处）	男		在编在岗
90	陈燕芳	党委武装部（保卫处）	女		在编在岗
91	黄　波	党委武装部（保卫处）	男		在编在岗
92	王云飞	党委武装部（保卫处）	男		在编在岗
93	吴双玲	党委武装部（保卫处）	女		人事代理
94	赵素荣	党委武装部（保卫处）	女		在编在岗
95	孙　宽	党委武装部（保卫处）	男		在编在岗
96	杨铁君	党委武装部（保卫处）	女		在编在岗
97	廖　萍	党委武装部（保卫处）	女		在编在岗
98	周　波	党委武装部（保卫处）	男		在编在岗
99	裴立丰	党委武装部（保卫处）	男		在编在岗
100	唐　进	党委武装部（保卫处）	男		在编在岗
101	赵礼昌	党委武装部（保卫处）	男		在编在岗
102	庄世洪	党委武装部（保卫处）	男		在编在岗
103	杨　平	党委武装部（保卫处）	男		在编在岗
104	郑力瑞	党委武装部（保卫处）	男		在编在岗
105	刘　刚	党委武装部（保卫处）	男		在编在岗
106	周守福	党委武装部（保卫处）	男		在编在岗
107	邓新志	党委武装部（保卫处）	男		在编在岗
108	喻身健	党委武装部（保卫处）	男		在编在岗
109	岳冬梅	党委武装部（保卫处）	女		在编在岗
110	龚梁科	党委武装部（保卫处）	男		在编在岗

续表

序号	姓名	所在单位	性别	职务名称	人员类别
111	张 冰	党委武装部（保卫处）	男		在编在岗
112	翁建明	党委武装部（保卫处）	男		在编在岗
113	赵 静	党委武装部（保卫处）	男		在编在岗
114	赵 萍	党委武装部（保卫处）	女		在编在岗
115	张 强	党委武装部（保卫处）	男		在编在岗
116	陈 鹏	党委武装部（保卫处）	男		在编在岗
117	石 平	党委武装部（保卫处）	男		在编在岗
118	胡清明	党委武装部（保卫处）	男		在编在岗
119	邵 军	离退休工作处	男	离退休教职工党委书记（离退休工作处处长）	在编在岗
120	肖 军	离退休工作处	女	离退休工作处副处长	在编在岗
121	杨 红	离退休工作处	女		在编在岗
122	任 青	离退休工作处	女		在编在岗
123	乐勤炜	离退休工作处	男		在编在岗
124	江小玲	离退休工作处	女		在编在岗
125	何培阳	离退休工作处	男		在编在岗
126	薛 平	离退休工作处	女		在编在岗
127	李 海	离退休工作处	男		在编在岗
128	王文莉	离退休工作处	女		在编在岗
129	李欣颖	离退休工作处	女		在编在岗
130	丁吉全	离退休工作处	男		在编在岗
131	严雅莉	离退休工作处	女		在编在岗
132	桂世权	发展规划处（高等教育研究所）	男	发展规划处（高等教育研究所）处长	在编在岗
133	卢笑歌	发展规划处（高等教育研究所）	女		在编在岗
134	刘佳磊	发展规划处（高等教育研究所）	男		在编在岗
135	应会琼	发展规划处（高等教育研究所）	女		在编在岗
136	张一赫	发展规划处（高等教育研究所）	女		人事代理
137	叶安胜	教务处（招生办公室）	男	教务处处长（招生工作办公室主任）	在编在岗
138	彭长宇	教务处（招生办公室）	男	教务处副处长	在编在岗
139	李瑞瑾	教务处（招生办公室）	女		在编在岗
140	刘雪琪	教务处（招生办公室）	女		在编在岗
141	林晓琴	教务处（招生办公室）	女		在编在岗
142	赵 倩	教务处（招生办公室）	女		在编在岗
143	王梓蔚	教务处（招生办公室）	女		人事代理

续表

序号	姓名	所在单位	性别	职务名称	人员类别
144	袁太辉	教务处（招生办公室）	女		在编在岗
145	郑　瑞	教务处（招生办公室）	男		在编在岗
146	李应君	教务处（招生办公室）	女		人事代理
147	陈曦乐	教务处（招生办公室）	女		人事代理
148	王旭军	教务处（招生办公室）	男		在编在岗
149	叶善均	教务处（招生办公室）	男		在编在岗
150	刘　杨	教务处（招生办公室）	女		人事代理
151	任雪梅	教务处（招生办公室）	女		在编在岗
152	邓　洪	教务处（招生办公室）	男		在编在岗
153	龚琳捷	教务处（招生办公室）	女		在编在岗
154	刘　晓	教务处（招生办公室）	女		在编在岗
155	陈　婵	教务处（招生办公室）	女		在编在岗
156	姚　庚	教务处（招生办公室）	男		在编在岗
157	陈　琳	研究生处（学科建设办公室）	女	研究生处处长（学科建设办公室主任）	在编在岗
158	李　艳	研究生处（学科建设办公室）	女	研究生处副处长	在编在岗
159	严　彦	研究生处（学科建设办公室）	男		在编在岗
160	何梦颖	研究生处（学科建设办公室）	女		在编在岗
161	秦　玲	研究生处（学科建设办公室）	女		在编在岗
162	何　盈	研究生处（学科建设办公室）	女		在编在岗
163	杨汉国	研究生处（学科建设办公室）	男		在编在岗
164	余蛟龙	研究生处（学科建设办公室）	女		在编在岗
165	夏雪娇	研究生处（学科建设办公室）	女		在编在岗
166	袁红萍	研究生处（学科建设办公室）	女		人事代理
167	卢利聘	研究生处（学科建设办公室）	女		在编在岗
168	韩玉洁	研究生处（学科建设办公室）	女		在编在岗
169	张学梅	社科处	女	社科处处长	在编在岗
170	任　蓉	社科处	女		在编在岗
171	杨　帆	社科处	女		在编在岗
172	龙艳华	社科处	女		在编在岗
173	肖华玮	社科处	女		在编在岗
174	马海燕	社科处	女		在编在岗
175	赵　琦	科技处（科技成果转化中心）	男	科技处（科技成果转化中心）副处长	在编在岗
176	侯盛炜	科技处（科技成果转化中心）	女		在编在岗

序号	姓名	所在单位	性别	职务名称	人员类别
177	刘兵	科技处（科技成果转化中心）	男		在编在岗
178	蔡业新	科技处（科技成果转化中心）	女		在编在岗
179	余松科	科技处（科技成果转化中心）	男		在编在岗
180	宋雨	科技处（科技成果转化中心）	男		人事代理
181	杜莉娟	科技处（科技成果转化中心）	女		在编在岗
182	邱露	科技处（科技成果转化中心）	男		在编在岗
183	杨长恩	财务处	男	财务处处长	在编在岗
184	张勤	财务处	女	财务处副处长	在编在岗
185	林育晟	财务处	男	财务处副处长	在编在岗
186	柴文辉	财务处	女		人事代理
187	徐秋宇	财务处	女		人事代理
188	刘爽	财务处	女		在编在岗
189	刘家贝	财务处	女		人事代理
190	谭薇	财务处	女		人事代理
191	张欣	财务处	女		人事代理
192	陈玥州	财务处	女		在编在岗
193	雷敏娜	财务处	女		人事代理
194	宋茵苗	财务处	女		人事代理
195	黄隐	财务处	女		人事代理
196	黄丽颖	财务处	女		在编在岗
197	周晓露	财务处	女		人事代理
198	张心叶	财务处	女		人事代理
199	白雪梅	财务处	女		在编在岗
200	赵珺	财务处	女		人事代理
201	何金萍	财务处	女		人事代理
202	刘音延	财务处	女		人事代理
203	田园	财务处	女		在编在岗
204	胥明琼	财务处	女		在编在岗
205	冉雅娴	财务处	女		人事代理
206	吴梦希	财务处	女		在编在岗
207	闫贞铮	审计处	女	审计处处长	在编在岗
208	陈江涛	审计处	女	审计处副处长	在编在岗
209	夏敬标	审计处	男		在编在岗
210	孙萍	审计处	女		在编在岗
211	林璐	审计处	女		在编在岗

续表

序号	姓名	所在单位	性别	职务名称	人员类别
212	杜 洁	国际合作与交流处（港澳台办公室）	女	国际合作与交流处（港澳台办公室）处长、海外教育学院院长	在编在岗
213	顾 磊	国际合作与交流处（港澳台办公室）	女		在编在岗
214	潘 薇	国际合作与交流处（港澳台办公室）	女		在编在岗
215	孙明霞	国际合作与交流处（港澳台办公室）	女		在编在岗
216	于佳霖	国际合作与交流处（港澳台办公室）	男		在编在岗
217	郑颖佳	国际合作与交流处（港澳台办公室）	女		在编在岗
218	朱 玲	国际合作与交流处（港澳台办公室）	女		在编在岗
219	张冬野	国际合作与交流处（港澳台办公室）	女		在编在岗
220	廖 菁	国际合作与交流处（港澳台办公室）	女		在编在岗
221	高 婧	国际合作与交流处（港澳台办公室）	女		在编在岗
222	宋 玥	国际合作与交流处（港澳台办公室）	女		在编在岗
223	魏 玮	国际合作与交流处（港澳台办公室）	女		在编在岗
224	孙付春	国有资产管理处	男	国有资产管理处处长	在编在岗
225	徐建明	国有资产管理处	男	国有资产管理处副处长	在编在岗
226	黄 洁	国有资产管理处	女		在编在岗
227	陈海超	国有资产管理处	男		在编在岗
228	廖进涛	国有资产管理处	女		在编在岗
229	杨良才	国有资产管理处	男		在编在岗
230	敖 松	国有资产管理处	女		人事代理
231	何 川	国有资产管理处	男		在编在岗
232	魏 勇	国有资产管理处	男		在编在岗
233	陈 华	国有资产管理处	女		在编在岗
234	赵 根	国有资产管理处	女		人事代理
235	岑立新	国有资产管理处	男		在编在岗
236	喻柯力	国有资产管理处	男		在编在岗
237	吕天洋	国有资产管理处	男		在编在岗

续表

序号	姓名	所在单位	性别	职务名称	人员类别
238	赵显柱	实验室与设备管理处	男	实验室与设备管理处处长	在编在岗
239	胡 强	实验室与设备管理处	男	实验室与设备管理处副处长	在编在岗
240	刘佩佩	实验室与设备管理处	女		在编在岗
241	朱红萍	实验室与设备管理处	女		在编在岗
242	马 蓉	实验室与设备管理处	女		在编在岗
243	黄业雄	实验室与设备管理处	男		在编在岗
244	胡家成	实验室与设备管理处	男		在编在岗
245	李 丹	实验室与设备管理处	女		在编在岗
246	黎 惠	实验室与设备管理处	女		在编在岗
247	梁 萍	实验室与设备管理处	女		在编在岗
248	姜树平	实验室与设备管理处	男		在编在岗
249	乔 蓓	实验室与设备管理处	女		人事代理
250	李 兵	后勤处	男	后勤处处长	在编在岗
251	李 洪	后勤处	男	后勤处副处长	在编在岗
252	向兆山	后勤处	男	后勤处副处长	在编在岗
253	韩建民	后勤处	男		在编在岗
254	石四庆	后勤处	男		在编在岗
255	李洪祥	后勤处	男		在编在岗
256	梁崇凯	后勤处	男		在编在岗
257	陈丽槐	后勤处	女		在编在岗
258	王 建	后勤处	男		在编在岗
259	冯建刚	后勤处	男		在编在岗
260	唐 勇	后勤处	男		在编在岗
261	饶建强	后勤处	男		在编在岗
262	朱 波	后勤处	男		在编在岗
263	黄桂芹	后勤处	女		在编在岗
264	吴春红	后勤处	女		在编在岗
265	张晓南	后勤处	男		在编在岗
266	吴弼生	后勤处	男		在编在岗
267	张 强	后勤处	男		在编在岗
268	程 明	后勤处	男		在编在岗
269	胡 波	后勤处	男		在编在岗
270	王 辉	后勤处	男		在编在岗
271	虞海霞	后勤处	女		在编在岗

续表

序号	姓名	所在单位	性别	职务名称	人员类别
272	刘秀苇	后勤处	女		在编在岗
273	饶 强	后勤处	男		在编在岗
274	徐春兰	后勤处	女		在编在岗
275	张道明	后勤处	男		在编在岗
276	周丽嫦	后勤处	女		在编在岗
277	王 战	后勤处	男		在编在岗
278	樊 跃	后勤处	女		在编在岗
279	周家凤	后勤处	女		在编在岗
280	谢庆海	后勤处	男		在编在岗
281	谢 怡	后勤处	女		在编在岗
282	龙开蓉	后勤处	女		在编在岗
283	易春华	后勤处	女		在编在岗
284	张 庆	后勤处	女		在编在岗
285	伍 玫	后勤处	女		在编在岗
286	张友弟	后勤处	男		在编在岗
287	赵 健	后勤处	男		在编在岗
288	袁建国	后勤处	男		在编在岗
289	刘 权	后勤处	男		在编在岗
290	郭晓川	后勤处	男		在编在岗
291	刘宗友	后勤处	男		在编在岗
292	熊 斌	后勤处	男		在编在岗
293	刘雪松	后勤处	男		在编在岗
294	吴 昕	后勤处	女		在编在岗
295	吴孟义	后勤处	男		在编在岗
296	张 舰	后勤处	男		在编在岗
297	张 俊	后勤处	男		在编在岗
298	周 永	后勤处	男		在编在岗
299	徐宁璟	后勤处	女		同工同酬
300	胡建永	后勤处	男		在编在岗
301	黄善本	后勤处	男		在编在岗
302	曹 骥	后勤处	男		在编在岗
303	刘 滨	后勤处	女		在编在岗
304	文仁刚	后勤处	男		在编在岗
305	袁昌珍	后勤处	女		在编在岗
306	任伟光	后勤处	男		在编在岗

续表

序号	姓名	所在单位	性别	职务名称	人员类别
307	李汝英	后勤处	女		在编在岗
308	张 斌	后勤处	男		在编在岗
309	梁树春	后勤处	男		在编在岗
310	陈志荣	后勤处	男		在编在岗
311	王盛阳	后勤处	男		在编在岗
312	杨兴俊	后勤处	男		在编在岗
313	梁 琦	后勤处	男		在编在岗
314	陈 萍	后勤处	女		在编在岗
315	龚洪斌	后勤处	男		在编在岗
316	宋 樱	后勤处	女		在编在岗
317	吴升涛	后勤处	男		在编在岗
318	赵小月	后勤处	女		在编在岗
319	唐立全	后勤处	男		在编在岗
320	井 进	后勤处	男		在编在岗
321	刘 俪	后勤处	女		在编在岗
322	李晓兰	后勤处	女		在编在岗
323	周通富	后勤处	男		在编在岗
324	陆海平	后勤处	男		在编在岗
325	冷金章	后勤处	男		在编在岗
326	王 文	后勤处	女		在编在岗
327	肖雨枫	后勤处	男		在编在岗
328	龚 军	后勤处	男		在编在岗
329	张 姝	后勤处	女		在编在岗
330	王连海	后勤处	男		在编在岗
331	黄 沛	后勤处	男	后勤处党总支书记	在编在岗
332	王志强	后勤处	男		在编在岗
333	吴 岚	后勤处	女		在编在岗
334	张良全	后勤处	男		在编在岗
335	张 繁	基建处	男	基建处处长	在编在岗
336	周 云	基建处	男	基建处副处长	在编在岗
337	张 传	基建处	男		在编在岗
338	邱 娜	基建处	女		在编在岗
339	冯建立	基建处	男		在编在岗
340	贾 平	基建处	男		在编在岗
341	刘光忠	基建处	男		在编在岗

续表

序号	姓名	所在单位	性别	职务名称	人员类别
342	蒋宇刘鹏	基建处	男		人事代理
343	杨净淳	基建处	男		在编在岗
344	唐怀彬	基建处	男		在编在岗
345	朱芳琳	基建处	女		在编在岗
346	孙雯祥	基建处	女		人事代理
347	白玉华	基建处	女		在编在岗
348	徐涛	工会、扶贫办	男	工会常务副主席（正处级）、扶贫工作办公室主任	在编在岗
349	谢沣	工会、扶贫办	男	扶贫工作办公室常务副主任（正处级）	在编在岗
350	文光富	工会、扶贫办	男	工会副主席	在编在岗
351	吴志强	工会、扶贫办	男		在编在岗
352	罗祥德	工会、扶贫办	男		在编在岗
353	邱珩	工会、扶贫办	女		在编在岗
354	李亮	工会、扶贫办	男		在编在岗
355	刘超	团委	男	校团委副书记（主持工作）	在编在岗
356	徐谧	团委	女		在编在岗
357	曲扬	团委	女		在编在岗
358	尚建业	团委	女		在编在岗
359	冯威	机械工程学院	男	机械工程学院院长	在编在岗
360	唐茂	机械工程学院	男	机械工程学院副院长	在编在岗
361	王仕平	机械工程学院	男	机械工程学院党委书记	在编在岗
362	孔清泉	机械工程学院	男		在编在岗
363	游佳忆	机械工程学院	女		在编在岗
364	唐子淇	机械工程学院	女		在编在岗
365	袁容	机械工程学院	女		在编在岗
366	陈康	机械工程学院	男		在编在岗
367	马娟	机械工程学院	女		在编在岗
368	邓嫄媛	机械工程学院	女		在编在岗
369	向长奎	机械工程学院	女		在编在岗
370	董志红	机械工程学院	女		在编在岗
371	汪历	机械工程学院	男		在编在岗
372	冯静	机械工程学院	女		在编在岗
373	罗小麟	机械工程学院	男		人事代理

续表

序号	姓名	所在单位	性别	职务名称	人员类别
374	孙丰云	机械工程学院	女		在编在岗
375	王小炼	机械工程学院	男		在编在岗
376	刘丽	机械工程学院	女		在编在岗
377	王利国	机械工程学院	男		在编在岗
378	彭建设	机械工程学院	男		在编在岗
379	朱晓东	机械工程学院	男		在编在岗
380	甘露萍	机械工程学院	女		在编在岗
381	杨旭林	机械工程学院	男		在编在岗
382	李力	机械工程学院	男		在编在岗
383	李俭	机械工程学院	男		在编在岗
384	赵虔	机械工程学院	男		在编在岗
385	杨向菩	机械工程学院	男		人事代理
386	康小鹏	机械工程学院	男		在编在岗
387	冉龙姣	机械工程学院	女		在编在岗
388	蒋阳	机械工程学院	女		在编在岗
389	赵洁	机械工程学院	女		在编在岗
390	王小龙	机械工程学院	男		人事代理
391	陈璐	机械工程学院	女		人事代理
392	陈渝	机械工程学院	男		在编在岗
393	余明浪	机械工程学院	女		在编在岗
394	牛钊文	机械工程学院	男		在编在岗
395	祁传琦	机械工程学院	女		在编在岗
396	安旭光	机械工程学院	男		在编在岗
397	龚一龙	机械工程学院	男		在编在岗
398	倪妍婷	机械工程学院	女		在编在岗
399	赵悦	机械工程学院	女		在编在岗
400	夏玲玲	机械工程学院	女		人事代理
401	李涛	机械工程学院	男		在编在岗
402	周黎明	机械工程学院	男		在编在岗
403	陈顺洪	机械工程学院	男		人事代理
404	李立	机械工程学院	女		在编在岗
405	程跃	机械工程学院	男		在编在岗
406	曹文继	机械工程学院	男		在编在岗
407	黄林	机械工程学院	男		人事代理
408	喻洪平	机械工程学院	男		在编在岗

续表

序号	姓名	所在单位	性别	职务名称	人员类别
409	宋慧瑾	机械工程学院	女		在编在岗
410	杨凤英	机械工程学院	女		在编在岗
411	钱扬顺	机械工程学院	男		在编在岗
412	王 辉	机械工程学院	女		在编在岗
413	高蕾娜	机械工程学院	女		在编在岗
414	樊学良	机械工程学院	男		在编在岗
415	黄建峰	机械工程学院	男		在编在岗
416	陈 娅	机械工程学院	女		在编在岗
417	史延枫	机械工程学院	男		在编在岗
418	陈双喜	机械工程学院	男		在编在岗
419	乔水明	机械工程学院	男		在编在岗
420	李孟华	机械工程学院	女		人事代理
421	辛成来	机械工程学院	男		特聘副研究员
422	孙 艳	机械工程学院	女		在编在岗
423	李晓晓	机械工程学院	男		在编在岗
424	宫霞霞	机械工程学院	女		在编在岗
425	李 珺	机械工程学院	男		在编在岗
426	鄢 强	机械工程学院	男		在编在岗
427	吴 斌	机械工程学院	男		在编在岗
428	任振兴	机械工程学院	男		在编在岗
429	曾令荣	机械工程学院	男		特聘副研究员
430	何忠平	机械工程学院	男		特聘副研究员
431	杨 柳	机械工程学院	男		在编在岗
432	莫 莉	机械工程学院	女		在编在岗
433	戢 敏	机械工程学院	女		在编在岗
434	林丽君	机械工程学院	女		在编在岗
435	王 盼	机械工程学院	女		特聘副研究员
436	卢 超	机械工程学院	男		在编在岗
437	钟 斌	机械工程学院	男		在编在岗
438	黄彦彦	机械工程学院	女		在编在岗
439	柳炳琦	机械工程学院	男		在编在岗
440	代华凤	机械工程学院	女		在编在岗
441	吴小强	机械工程学院	男		在编在岗
442	王怡如	机械工程学院	女		在编在岗
443	郭毅锋	机械工程学院	男		在编在岗

续表

序号	姓名	所在单位	性别	职务名称	人员类别
444	黄丽敏	机械工程学院	女		在编在岗
445	樊 越	机械工程学院	女		在编在岗
446	杨亚茹	机械工程学院	女		在编在岗
447	杨玉欣	机械工程学院	女		在编在岗
448	黄 龙	机械工程学院	男		在编在岗
449	李 逵	机械工程学院	男		在编在岗
450	张 鹏	机械工程学院	男		在编在岗
451	陈佳琪	机械工程学院	女		特聘副研究员
452	胡永旭	机械工程学院	男		在编在岗
453	张 瑞	机械工程学院	女		特聘副研究员
454	练丰丽	电子信息与电气工程学院	女	电子信息与电气工程学院党委书记	在编在岗
455	雷 霖	电子信息与电气工程学院	男	电子信息与电气工程学院院长	在编在岗
456	罗正华	电子信息与电气工程学院	男	电子信息与电气工程学院副院长	在编在岗
457	高山山	电子信息与电气工程学院	女		在编在岗
458	王晓茜	电子信息与电气工程学院	女		在编在岗
459	雷兰成	电子信息与电气工程学院	男		在编在岗
460	付 平	电子信息与电气工程学院	女		在编在岗
461	张 玉	电子信息与电气工程学院	女		在编在岗
462	蒋 毅	电子信息与电气工程学院	男		在编在岗
463	朱晓玲	电子信息与电气工程学院	女		在编在岗
464	谭健敏	电子信息与电气工程学院	男		在编在岗
465	施开波	电子信息与电气工程学院	男		特聘研究员
466	张建伟	电子信息与电气工程学院	男		在编在岗
467	杨 柳	电子信息与电气工程学院	女		在编在岗
468	郭红霞	电子信息与电气工程学院	女		在编在岗
469	陈绍祥	电子信息与电气工程学院	男		在编在岗
470	谢 进	电子信息与电气工程学院	男		在编在岗
471	丁中梁	电子信息与电气工程学院	男		在编在岗
472	刘星月	电子信息与电气工程学院	女		在编在岗
473	李 波	电子信息与电气工程学院	男		在编在岗
474	喻 娜	电子信息与电气工程学院	女		在编在岗
475	谢 虹	电子信息与电气工程学院	男		在编在岗
476	刘 鸿	电子信息与电气工程学院	男		在编在岗

十三、表彰奖励及附件

续表

序号	姓名	所在单位	性别	职务名称	人员类别
477	向 博	电子信息与电气工程学院	男		在编在岗
478	李跃鹏	电子信息与电气工程学院	男		在编在岗
479	戴松晖	电子信息与电气工程学院	男		在编在岗
480	罗远晟	电子信息与电气工程学院	男		在编在岗
481	严 峰	电子信息与电气工程学院	男		在编在岗
482	董朝云	电子信息与电气工程学院	女		在编在岗
483	杨加国	电子信息与电气工程学院	男		在编在岗
484	雍 容	电子信息与电气工程学院	女		在编在岗
485	陈亚莉	电子信息与电气工程学院	女		在编在岗
486	黄 波	电子信息与电气工程学院	男		在编在岗
487	胡 庆	电子信息与电气工程学院	女		在编在岗
488	蒋 玲	电子信息与电气工程学院	女		在编在岗
489	徐嘉莉	电子信息与电气工程学院	女		在编在岗
490	周晓兵	电子信息与电气工程学院	男		在编在岗
491	黄建刚	电子信息与电气工程学院	男		在编在岗
492	赵永鑫	电子信息与电气工程学院	男		在编在岗
493	杨柱中	电子信息与电气工程学院	男		在编在岗
494	陈二阳	电子信息与电气工程学院	男		在编在岗
495	杨 维	电子信息与电气工程学院	男		在编在岗
496	方 红	电子信息与电气工程学院	男		在编在岗
497	傅 勇	电子信息与电气工程学院	男		在编在岗
498	严刚峰	电子信息与电气工程学院	男		在编在岗
499	张 鹏	电子信息与电气工程学院	男		在编在岗
500	任佼佼	电子信息与电气工程学院	女		特聘副研究员
501	田晓滨	电子信息与电气工程学院	男		在编在岗
502	杨洪军	电子信息与电气工程学院	男		在编在岗
503	王 勤	电子信息与电气工程学院	女		在编在岗
504	罗浚溢	电子信息与电气工程学院	男		在编在岗
505	唐 琳	电子信息与电气工程学院	女		在编在岗
506	邓万达	电子信息与电气工程学院	男		在编在岗
507	葛一楠	电子信息与电气工程学院	男		在编在岗
508	吴 伟	电子信息与电气工程学院	男		在编在岗
509	杨 涛	电子信息与电气工程学院	男		在编在岗
510	李玉龙	电子信息与电气工程学院	男		在编在岗
511	段 黎	电子信息与电气工程学院	女		在编在岗

续表

序号	姓名	所在单位	性别	职务名称	人员类别
512	程 皓	电子信息与电气工程学院	男		在编在岗
513	王阿署	电子信息与电气工程学院	男		在编在岗
514	廖先莉	电子信息与电气工程学院	女		在编在岗
515	温心馨	电子信息与电气工程学院	女		在编在岗
516	赵 静	电子信息与电气工程学院	女		在编在岗
517	陈 东	电子信息与电气工程学院	男		在编在岗
518	周 红	电子信息与电气工程学院	女		在编在岗
519	喻晓红	电子信息与电气工程学院	女		在编在岗
520	陈 斌	电子信息与电气工程学院	男		在编在岗
521	高俊枫	电子信息与电气工程学院	男		在编在岗
522	沈自洁	电子信息与电气工程学院	女		在编在岗
523	张亚飞	电子信息与电气工程学院	男		在编在岗
524	王亚楠	电子信息与电气工程学院	女		在编在岗
525	曾 超	电子信息与电气工程学院	男		在编在岗
526	刘 泽	电子信息与电气工程学院	男		在编在岗
527	张 雷	电子信息与电气工程学院	男		在编在岗
528	叶菁华	电子信息与电气工程学院	男		特聘副研究员
529	罗 杰	电子信息与电气工程学院	男		在编在岗
530	母雪玲	电子信息与电气工程学院	女		在编在岗
531	杨耀如	电子信息与电气工程学院	男		在编在岗
532	侯 飞	电子信息与电气工程学院	女		在编在岗
533	郭俊雄	电子信息与电气工程学院	男		特聘副研究员
534	毛 润	电子信息与电气工程学院	男		在编在岗
535	赵 姗	电子信息与电气工程学院	女		在编在岗
536	唐定康	电子信息与电气工程学院	男		在编在岗
537	肖小琼	计算机学院	女	计算机学院党委书记	在编在岗
538	高朝邦	计算机学院	男	计算机学院院长	在编在岗
539	于 曦	计算机学院	男	计算机学院副院长	在编在岗
540	张 洪	计算机学院	男		在编在岗
541	杨晨辉	计算机学院	男		同工同酬
542	曾令艳	计算机学院	女		在编在岗
543	黎忠文	计算机学院	女		在编在岗
544	王 晋	计算机学院	女		在编在岗
545	黄 毅	计算机学院	男		在编在岗
546	刘永红	计算机学院	男		在编在岗

续表

序号	姓名	所在单位	性别	职务名称	人员类别
547	刘春燕	计算机学院	女		在编在岗
548	余化鹏	计算机学院	男		在编在岗
549	彭兴媛	计算机学院	女		人事代理
550	余 竞	计算机学院	男		在编在岗
551	梁 华	计算机学院	男		在编在岗
552	周 强	计算机学院	男		人事代理
553	李 轶	计算机学院	男		在编在岗
554	聂莉莎	计算机学院	女		在编在岗
555	杨 洪	计算机学院	男		在编在岗
556	刘 茹	计算机学院	女		在编在岗
557	施 达	计算机学院	男		在编在岗
558	刘 昶	计算机学院	女		在编在岗
559	黄兴禄	计算机学院	男		在编在岗
560	骆国锋	计算机学院	男		在编在岗
561	黄荣兵	计算机学院	男		在编在岗
562	张君雁	计算机学院	女		在编在岗
563	胡旭东	计算机学院	男		在编在岗
564	陈晓丹	计算机学院	女		在编在岗
565	赵卫东	计算机学院	男		在编在岗
566	孟 飞	计算机学院	男		在编在岗
567	袁 飞	计算机学院	男		在编在岗
568	彭秀萍	计算机学院	女		在编在岗
569	席 峰	计算机学院	男		在编在岗
570	李 倩	计算机学院	女		在编在岗
571	白祥福	计算机学院	男		在编在岗
572	陈 丹	计算机学院	女		在编在岗
573	胡德昆	计算机学院	男		在编在岗
574	王文杰	计算机学院	男		在编在岗
575	王立英	计算机学院	女		在编在岗
576	程付超	计算机学院	男		在编在岗
577	刘 雁	计算机学院	女		在编在岗
578	李平勇	计算机学院	男		在编在岗
579	鄢 涛	计算机学院	男		在编在岗
580	马家蓉	计算机学院	女		在编在岗
581	韩天勇	计算机学院	男		在编在岗

续表

序号	姓名	所在单位	性别	职务名称	人员类别
582	邹全春	计算机学院	男		在编在岗
583	蒲 强	计算机学院	男		在编在岗
584	文家金	计算机学院	男		在编在岗
585	叶建华	计算机学院	男		在编在岗
586	唐 勇	计算机学院	男		在编在岗
587	韩祺祎	计算机学院	男		在编在岗
588	罗银燕	计算机学院	女		在编在岗
589	张 坤	计算机学院	女		在编在岗
590	古沐松	计算机学院	男		在编在岗
591	温怀玉	计算机学院	男		在编在岗
592	方林红	计算机学院	女		在编在岗
593	王 进	计算机学院	男		在编在岗
594	朱 然	计算机学院	男		在编在岗
595	李 立	计算机学院	男		在编在岗
596	李小玲	计算机学院	女		在编在岗
597	赵 千	计算机学院	男		在编在岗
598	苟小珊	计算机学院	女		在编在岗
599	洪雪维	计算机学院	女		在编在岗
600	铁 玲	计算机学院	女		在编在岗
601	张修军	计算机学院	男		在编在岗
602	何志华	计算机学院	男		在编在岗
603	李 宏	计算机学院	女		在编在岗
604	敬 晶	计算机学院	女		在编在岗
605	余小东	计算机学院	男		在编在岗
606	周晓清	计算机学院	女		在编在岗
607	冯 潇	计算机学院	女		在编在岗
608	张 莉	计算机学院	女		在编在岗
609	孟 源	计算机学院	男		在编在岗
610	曾 宇	计算机学院	男		在编在岗
611	段林涛	计算机学院	男		在编在岗
612	淡 艳	计算机学院	女		在编在岗
613	唐 超	计算机学院	男		在编在岗
614	张志强	计算机学院	男		在编在岗
615	吴文前	计算机学院	女		在编在岗
616	郑加林	计算机学院	男		在编在岗

续表

序号	姓名	所在单位	性别	职务名称	人员类别
617	易发胜	计算机学院	男		在编在岗
618	赵 荣	计算机学院	女		在编在岗
619	汪海鹰	计算机学院	男		在编在岗
620	赵丽琴	计算机学院	女		在编在岗
621	苏长明	计算机学院	男		在编在岗
622	李 霞	计算机学院	女		在编在岗
623	王伟钧	计算机学院	男		在编在岗
624	范文杰	计算机学院	男		在编在岗
625	游 磊	计算机学院	男		在编在岗
626	夏建芳	计算机学院	女		在编在岗
627	李玥玥	计算机学院	女		在编在岗
628	刘 杰	计算机学院	男		在编在岗
629	李 钊	计算机学院	男		在编在岗
630	吕晶晶	计算机学院	女		在编在岗
631	王佳熙	计算机学院	男		在编在岗
632	范洪光	计算机学院	男		在编在岗
633	罗咏劼	计算机学院	男		在编在岗
634	王跃飞	计算机学院	男		在编在岗
635	王祺超	计算机学院	男		在编在岗
636	彭 晨	计算机学院	男		在编在岗
637	吴 杰	计算机学院	男		在编在岗
638	刘达玉	食品与生物工程学院	男	党委常委、食品与生物工程学院院长	在编在岗
639	邹 亮	食品与生物工程学院	男	食品与生物工程学院党委书记	在编在岗
640	张 崟	食品与生物工程学院	男	食品与生物工程学院副院长	在编在岗
641	彭镰心	食品与生物工程学院	男	杂粮加工重点实验室副主任	在编在岗
642	刘 涛	食品与生物工程学院	男		在编在岗
643	李惠茗	食品与生物工程学院	女		在编在岗
644	胡一晨	食品与生物工程学院	女		在编在岗
645	邹 强	食品与生物工程学院	男		在编在岗
646	夏燕莉	食品与生物工程学院	女		在编在岗
647	杨轶浠	食品与生物工程学院	女		在编在岗
648	梅汝槐	食品与生物工程学院	男		特聘研究员

续表

序号	姓名	所在单位	性别	职务名称	人员类别
649	王 欢	食品与生物工程学院	女		在编在岗
650	张卓卓	食品与生物工程学院	女		特聘副研究员
651	徐小超	食品与生物工程学院	男		在编在岗
652	肖 宇	食品与生物工程学院	女		人事代理
653	邱爱东	食品与生物工程学院	男		在编在岗
654	马 玉	食品与生物工程学院	女		在编在岗
655	吴 琪	食品与生物工程学院	男		在编在岗
656	唐远谋	食品与生物工程学院	男		在编在岗
657	吉莉莉	食品与生物工程学院	女		在编在岗
658	李 锐	食品与生物工程学院	男		在编在岗
659	吴 笛	食品与生物工程学院	女		特聘副研究员
660	甘 亚	食品与生物工程学院	女		在编在岗
661	杨敬东	食品与生物工程学院	男		在编在岗
662	李 婧	食品与生物工程学院	女		在编在岗
663	李云成	食品与生物工程学院	男		在编在岗
664	文永平	食品与生物工程学院	男		在编在岗
665	薛慧玲	食品与生物工程学院	女		在编在岗
666	康泰然	食品与生物工程学院	男		在编在岗
667	谢贞建	食品与生物工程学院	男		在编在岗
668	陈 林	食品与生物工程学院	男		在编在岗
669	赵 钢	食品与生物工程学院	男		在编在岗
670	张亚玉	食品与生物工程学院	女		在编在岗
671	徐漪沙	食品与生物工程学院	女		在编在岗
672	侯 薄	食品与生物工程学院	男		人事代理
673	胡晓红	食品与生物工程学院	女		在编在岗
674	漆文胜	食品与生物工程学院	男		在编在岗
675	万 燕	食品与生物工程学院	女		在编在岗
676	唐 杰	食品与生物工程学院	男		特聘副研究员
677	谭茂玲	食品与生物工程学院	女		在编在岗
678	白 雪	食品与生物工程学院	女		在编在岗
679	陈祈磊	食品与生物工程学院	男		在编在岗
680	邓 杰	食品与生物工程学院	男		在编在岗
681	姜良珍	食品与生物工程学院	女		在编在岗
682	万 萍	食品与生物工程学院	女		在编在岗
683	邬晓勇	食品与生物工程学院	男		在编在岗

续表

序号	姓名	所在单位	性别	职务名称	人员类别
684	向达兵	食品与生物工程学院	男		在编在岗
685	孙 敏	食品与生物工程学院	女		在编在岗
686	刘 洋	食品与生物工程学院	男		在编在岗
687	李寒梅	食品与生物工程学院	女		特聘研究员
688	徐文俊	食品与生物工程学院	男		在编在岗
689	刘文龙	食品与生物工程学院	男		在编在岗
690	郭秀兰	食品与生物工程学院	女		在编在岗
691	周 闯	食品与生物工程学院	男		在编在岗
692	邓由飞	食品与生物工程学院	男		在编在岗
693	游 曌	食品与生物工程学院	女		人事代理
694	魏 决	食品与生物工程学院	女		在编在岗
695	苟兴华	食品与生物工程学院	男		在编在岗
696	刘碧崇	食品与生物工程学院	女		在编在岗
697	王金秋	食品与生物工程学院	女		在编在岗
698	张佳敏	食品与生物工程学院	女		在编在岗
699	肖龙泉	食品与生物工程学院	男		人事代理
700	邵 洋	食品与生物工程学院	男		人事代理
701	梁海鹏	食品与生物工程学院	男		在编在岗
702	王跃华	食品与生物工程学院	女		在编在岗
703	杨 敏	食品与生物工程学院	女		在编在岗
704	白 婷	食品与生物工程学院	女		人事代理
705	耿 放	食品与生物工程学院	男		特聘研究员
706	袁海梅	食品与生物工程学院	女		在编在岗
707	戚宝文	食品与生物工程学院	男		特聘副研究员
708	李红梅	食品与生物工程学院	女		在编在岗
709	曹亚楠	食品与生物工程学院	女		人事代理
710	孙俊梅	食品与生物工程学院	女		在编在岗
711	徐 青	食品与生物工程学院	女		在编在岗
712	李 翔	食品与生物工程学院	女		在编在岗
713	张 振	食品与生物工程学院	男		特聘副研究员
714	张云峰	食品与生物工程学院	男		在编在岗
715	彭 聪	食品与生物工程学院	女		在编在岗
716	余 华	食品与生物工程学院	女		在编在岗
717	严 俊	食品与生物工程学院	女		在编在岗
718	赵江林	食品与生物工程学院	男		在编在岗

续表

序号	姓名	所在单位	性别	职务名称	人员类别
719	陈联梅	食品与生物工程学院	女		在编在岗
720	王新惠	食品与生物工程学院	女		在编在岗
721	孟凡冰	食品与生物工程学院	女		在编在岗
722	王 卫	食品与生物工程学院	男		在编在岗
723	叶富云	食品与生物工程学院	男		在编在岗
724	唐仁勇	食品与生物工程学院	男		在编在岗
725	聂忠莉	食品与生物工程学院	女		在编在岗
726	时小东	食品与生物工程学院	男		在编在岗
727	李小红	食品与生物工程学院	男		在编在岗
728	廖文龙	食品与生物工程学院	男		特聘副研究员
729	谢佳妮	食品与生物工程学院	女		特聘研究员
730	程 杰	食品与生物工程学院	男		特聘副研究员
731	李 强	食品与生物工程学院	男		特聘副研究员
732	王爱莉	食品与生物工程学院	女		特聘副研究员
733	任远航	食品与生物工程学院	男		在编在岗
734	王 健	食品与生物工程学院	男		在编在岗
735	刘宝华	食品与生物工程学院	女		在编在岗
736	赵志平	食品与生物工程学院	男		在编在岗
737	谢松志	食品与生物工程学院	男		在编在岗
738	叶雪玲	食品与生物工程学院	女		特聘副研究员
739	刘长英	食品与生物工程学院	男		特聘副研究员
740	张 锐	食品与生物工程学院	男		特聘副研究员
741	漆 锐	食品与生物工程学院	男		特聘副研究员
742	姚 田	食品与生物工程学院	男		特聘研究员
743	奉美林	食品与生物工程学院	女		在编在岗
744	卢云浩	食品与生物工程学院	男		特聘副研究员
745	黄 进	建筑与土木工程学院	女	建筑与土木工程学院党委书记	在编在岗
746	吴启红	建筑与土木工程学院	男	建筑与土木工程学院院长	在编在岗
747	王锡琴	建筑与土木工程学院	女	建筑与土木工程学院副院长	在编在岗
748	刘璐璐	建筑与土木工程学院	女		在编在岗
749	沈 勇	建筑与土木工程学院	男		在编在岗
750	李 艳	建筑与土木工程学院	女		在编在岗
751	邱洪志	建筑与土木工程学院	男		在编在岗

续表

序号	姓名	所在单位	性别	职务名称	人员类别
752	陈佳美	建筑与土木工程学院	女		在编在岗
753	明承林	建筑与土木工程学院	男		在编在岗
754	叶　鑫	建筑与土木工程学院	女		在编在岗
755	曾永刚	建筑与土木工程学院	男		在编在岗
756	韩丽丽	建筑与土木工程学院	女		在编在岗
757	杨　平	建筑与土木工程学院	男		在编在岗
758	高　珊	建筑与土木工程学院	女		在编在岗
759	李虹霖	建筑与土木工程学院	女		人事代理
760	万　俐	建筑与土木工程学院	女		在编在岗
761	徐万福	建筑与土木工程学院	男		在编在岗
762	傅　玲	建筑与土木工程学院	女		在编在岗
763	周　阳	建筑与土木工程学院	女		在编在岗
764	张　兵	建筑与土木工程学院	男		在编在岗
765	王晓青	建筑与土木工程学院	女		在编在岗
766	唐嘉陵	建筑与土木工程学院	男		特聘副研究员
767	李　荣	建筑与土木工程学院	女		同工同酬
768	崔立鲁	建筑与土木工程学院	男		在编在岗
769	李平昌	建筑与土木工程学院	男		在编在岗
770	林　泉	建筑与土木工程学院	男		在编在岗
771	王宇鹏	建筑与土木工程学院	男		特聘副研究员
772	林智敏	建筑与土木工程学院	男		在编在岗
773	练　露	建筑与土木工程学院	女		在编在岗
774	王小鹃	建筑与土木工程学院	女		在编在岗
775	董建辉	建筑与土木工程学院	男		在编在岗
776	王芳芳	建筑与土木工程学院	女		人事代理
777	杨　平	建筑与土木工程学院	男		在编在岗
778	王　繁	建筑与土木工程学院	男		在编在岗
779	蔡萌琦	建筑与土木工程学院	女		在编在岗
780	桂俊骁	建筑与土木工程学院	男		在编在岗
781	李　烽	建筑与土木工程学院	男		在编在岗
782	张　妍	建筑与土木工程学院	女		在编在岗
783	秦纪洪	建筑与土木工程学院	女		在编在岗
784	廖　敏	建筑与土木工程学院	女		在编在岗
785	李文渊	建筑与土木工程学院	男		在编在岗
786	袁　翱	建筑与土木工程学院	男		在编在岗

续表

序号	姓名	所在单位	性别	职务名称	人员类别
787	杨有莲	建筑与土木工程学院	女		在编在岗
788	辛 勤	建筑与土木工程学院	女		在编在岗
789	王 静	建筑与土木工程学院	女		在编在岗
790	孙姝娟	建筑与土木工程学院	女		在编在岗
791	梁焕新	建筑与土木工程学院	女		在编在岗
792	杨晓艺	建筑与土木工程学院	男		在编在岗
793	罗文剀	建筑与土木工程学院	男		在编在岗
794	万世明	建筑与土木工程学院	男		在编在岗
795	郑旭颖	建筑与土木工程学院	女		在编在岗
796	廖 贤	建筑与土木工程学院	男		在编在岗
797	李 玫	建筑与土木工程学院	女		在编在岗
798	鲁艺玲	建筑与土木工程学院	女		在编在岗
799	孙也椒	建筑与土木工程学院	女		在编在岗
800	刘 琪	建筑与土木工程学院	女		在编在岗
801	袁 伟	建筑与土木工程学院	男		在编在岗
802	梁 英	建筑与土木工程学院	女		在编在岗
803	曾 丽	建筑与土木工程学院	女		在编在岗
804	毛天斌	建筑与土木工程学院	男		在编在岗
805	关惠平	建筑与土木工程学院	男		在编在岗
806	王 媛	建筑与土木工程学院	女		在编在岗
807	蒲云辉	建筑与土木工程学院	女		在编在岗
808	李际梅	建筑与土木工程学院	女		人事代理
809	吴 懿	建筑与土木工程学院	男		在编在岗
810	黄正文	建筑与土木工程学院	男		在编在岗
811	龚曲艺	建筑与土木工程学院	女		人事代理
812	雍 军	建筑与土木工程学院	男		在编在岗
813	沈 珂	建筑与土木工程学院	女		在编在岗
814	熊 容	建筑与土木工程学院	女		人事代理
815	刘 丹	建筑与土木工程学院	女		在编在岗
816	傅林涛	建筑与土木工程学院	男		在编在岗
817	路 峻	建筑与土木工程学院	男		在编在岗
818	张 华	建筑与土木工程学院	男		在编在岗
819	张东明	建筑与土木工程学院	男		在编在岗
820	孙 峻	建筑与土木工程学院	女		在编在岗
821	辛蜀嘉	建筑与土木工程学院	女		在编在岗

续表

序号	姓名	所在单位	性别	职务名称	人员类别
822	胡明成	建筑与土木工程学院	男		在编在岗
823	刘 洁	建筑与土木工程学院	女		在编在岗
824	罗竞红	建筑与土木工程学院	女		在编在岗
825	王钟箐	建筑与土木工程学院	女		在编在岗
826	周 洋	建筑与土木工程学院	女		在编在岗
827	许 强	建筑与土木工程学院	男		在编在岗
828	陈 菲	建筑与土木工程学院	女		在编在岗
829	舒愉棉	建筑与土木工程学院	女		在编在岗
830	谢飞鸿	建筑与土木工程学院	男		在编在岗
831	杨雪红	建筑与土木工程学院	女		在编在岗
832	熊 鸳	建筑与土木工程学院	女		在编在岗
833	仰骏辉	建筑与土木工程学院	男		人事代理
834	侯 杰	建筑与土木工程学院	男		在编在岗
835	潘声旺	建筑与土木工程学院	男		在编在岗
836	冯 鹏	建筑与土木工程学院	男		特聘副研究员
837	唐 然	建筑与土木工程学院	男		在编在岗
838	姚 远	建筑与土木工程学院	男		在编在岗
839	邵俊虎	建筑与土木工程学院	男		在编在岗
840	黄伟军	建筑与土木工程学院	男		在编在岗
841	周玲珑	建筑与土木工程学院	女		在编在岗
842	杨华平	建筑与土木工程学院	男		在编在岗
843	张婉嬑	建筑与土木工程学院	女		在编在岗
844	李 丽	建筑与土木工程学院	女		在编在岗
845	欧洋铭	建筑与土木工程学院	男		在编在岗
846	李永振	建筑与土木工程学院	男		在编在岗
847	任 旭	建筑与土木工程学院	女		特聘副研究员
848	王鸿斌	建筑与土木工程学院	男		在编在岗
849	钟应子	建筑与土木工程学院	女		在编在岗
850	李骅锦	建筑与土木工程学院	男		在编在岗
851	杨 何	建筑与土木工程学院	男		在编在岗
852	彭 鑫	建筑与土木工程学院	男		在编在岗
853	范占锋	建筑与土木工程学院	男		在编在岗
854	孙雁霞	旅游与文化产业学院	女	旅游与文化产业学院党委书记	在编在岗
855	诸 丹	旅游与文化产业学院	男	旅游与文化产业学院院长	在编在岗

续表

序号	姓名	所在单位	性别	职务名称	人员类别
856	张学权	旅游与文化产业学院	男	旅游与文化产业学院副院长	在编在岗
857	练红宇	旅游与文化产业学院	女	旅游与文化产业学院副院长	在编在岗
858	袁小凤	旅游与文化产业学院	女		在编在岗
859	廖 涛	旅游与文化产业学院	女		在编在岗
860	刘 婕	旅游与文化产业学院	女		在编在岗
861	袁 力	旅游与文化产业学院	男		在编在岗
862	贾岷江	旅游与文化产业学院	男		在编在岗
863	陈舒慧	旅游与文化产业学院	女		在编在岗
864	林 忠	旅游与文化产业学院	男		在编在岗
865	刘大均	旅游与文化产业学院	男		在编在岗
866	高丽楠	旅游与文化产业学院	女		在编在岗
867	陈 颖	旅游与文化产业学院	男		在编在岗
868	祝郁欣	旅游与文化产业学院	男		在编在岗
869	王文浩	旅游与文化产业学院	男		在编在岗
870	詹 毅	旅游与文化产业学院	男		在编在岗
871	程 兴	旅游与文化产业学院	女		在编在岗
872	张 薇	旅游与文化产业学院	女		在编在岗
873	陈君子	旅游与文化产业学院	女		在编在岗
874	黄玉理	旅游与文化产业学院	女		在编在岗
875	冯 颖	旅游与文化产业学院	女		在编在岗
876	万春林	旅游与文化产业学院	男		在编在岗
877	苗 苗	旅游与文化产业学院	女		在编在岗
878	徐 茜	旅游与文化产业学院	女		在编在岗
879	王岑涅	旅游与文化产业学院	男		在编在岗
880	尹 泓	旅游与文化产业学院	女		在编在岗
881	孙佳媛	旅游与文化产业学院	女		在编在岗
882	王 祚	旅游与文化产业学院	女		在编在岗
883	贺 琼	旅游与文化产业学院	女		在编在岗
884	赵晓丹	旅游与文化产业学院	女		在编在岗
885	甘 霞	旅游与文化产业学院	女		在编在岗
886	卿文静	旅游与文化产业学院	女		在编在岗
887	邹宏玉	旅游与文化产业学院	女		在编在岗
888	岳培宇	旅游与文化产业学院	女		在编在岗

续表

序号	姓名	所在单位	性别	职务名称	人员类别
889	邹高禄	旅游与文化产业学院	男		在编在岗
890	王小红	旅游与文化产业学院	女		在编在岗
891	肖　艳	旅游与文化产业学院	女		在编在岗
892	钟峥嵘	旅游与文化产业学院	女		在编在岗
893	何方永	旅游与文化产业学院	女		在编在岗
894	唐建兵	旅游与文化产业学院	男		在编在岗
895	汪晓岗	旅游与文化产业学院	男		在编在岗
896	高占伟	旅游与文化产业学院	男		在编在岗
897	张寅玲	旅游与文化产业学院	女		在编在岗
898	韩　淼	旅游与文化产业学院	女		在编在岗
899	何小东	旅游与文化产业学院	男		在编在岗
900	眭海霞	旅游与文化产业学院	女		在编在岗
901	王雪婷	旅游与文化产业学院	女		在编在岗
902	贺　达	旅游与文化产业学院	男		在编在岗
903	李　行	商学院	女	商学院党委书记	在编在岗
904	马　胜	商学院	男	商学院院长	在编在岗
905	涂　静	商学院	女	商学院党委副书记	在编在岗
906	朱盈盈	商学院	女		在编在岗
907	刘雨薇	商学院	女		在编在岗
908	龚　静	商学院	女		在编在岗
909	王　黎	商学院	女		在编在岗
910	朱万木	商学院	男		在编在岗
911	曹　斐	商学院	女		在编在岗
912	熊一君	商学院	男		在编在岗
913	蒋奇杰	商学院	男		特聘副研究员
914	许欣欣	商学院	女		在编在岗
915	衡　容	商学院	女		在编在岗
916	敖婷婷	商学院	女		人事代理
917	冯文龙	商学院	男		在编在岗
918	王　慧	商学院	女		在编在岗
919	李　琳	商学院	女		在编在岗
920	喻晓东	商学院	男		在编在岗
921	李　蓉	商学院	女		在编在岗
922	张　蕾	商学院	女		在编在岗
923	王　影	商学院	女		在编在岗

续表

序号	姓名	所在单位	性别	职务名称	人员类别
924	程皖川	商学院	女		在编在岗
925	陈 默	商学院	男		在编在岗
926	李 蕴	商学院	女		在编在岗
927	王蕴秋	商学院	女		人事代理
928	周 毅	商学院	女		在编在岗
929	杨姗姗	商学院	女		在编在岗
930	独 娟	商学院	女		在编在岗
931	孙雁南	商学院	女		在编在岗
932	曾 珠	商学院	女		在编在岗
933	张少奎	商学院	男		在编在岗
934	刘 佳	商学院	女		在编在岗
935	王积慧	商学院	女		在编在岗
936	刘 羽	商学院	女		在编在岗
937	万 春	商学院	女		在编在岗
938	庄志晖	商学院	男		在编在岗
939	唐凯江	商学院	男		在编在岗
940	许明强	商学院	男		在编在岗
941	杨明娜	商学院	女		在编在岗
942	詹孟于	商学院	女		在编在岗
943	徐 凯	商学院	男		在编在岗
944	杨 昕	商学院	女		在编在岗
945	文 华	商学院	女		在编在岗
946	但 婕	商学院	女		在编在岗
947	赵 丽	商学院	女		人事代理
948	张翼飞	商学院	男		在编在岗
949	吴中超	商学院	男		在编在岗
950	白 莹	商学院	女		在编在岗
951	周筱蕊	商学院	女		在编在岗
952	严 梅	商学院	女		在编在岗
953	杨 龙	商学院	男		人事代理
954	高洪洋	商学院	女		在编在岗
955	雷舒雅	商学院	女		在编在岗
956	明仪皓	商学院	男		在编在岗
957	高延歌	商学院	女		人事代理
958	张尊帅	商学院	男		在编在岗

续表

序号	姓名	所在单位	性别	职务名称	人员类别
959	宋满琴	商学院	女		人事代理
960	胥越	商学院	女		人事代理
961	游婧	商学院	女		在编在岗
962	刘学伟	商学院	男		在编在岗
963	刘婷婷	商学院	女		在编在岗
964	张良	商学院	男		在编在岗
965	张千友	商学院	男		在编在岗
966	毛斌	商学院	男		在编在岗
967	张强	商学院	男		在编在岗
968	周庆	商学院	女		在编在岗
969	高菊兰	商学院	女		在编在岗
970	秦文文	商学院	女		在编在岗
971	杭行	商学院	男		人事代理
972	苏斌	商学院	男		在编在岗
973	李文洁	商学院	女		在编在岗
974	刘金彬	商学院	男		在编在岗
975	陈建西	商学院	女		在编在岗
976	杨蔼莉	商学院	女		在编在岗
977	庄爱玲	商学院	女		在编在岗
978	刘巧艳	商学院	女		在编在岗
979	孙笑	商学院	女		人事代理
980	孙平	商学院	男		在编在岗
981	聂玲	商学院	女		在编在岗
982	傅剑波	商学院	男		在编在岗
983	何悦	商学院	女		在编在岗
984	漆婉霞	商学院	女		在编在岗
985	罗彬	商学院	女		在编在岗
986	张宇	商学院	男		在编在岗
987	曹明才	商学院	男		在编在岗
988	韦淼	商学院	女		在编在岗
989	刘永冠	商学院	男		在编在岗
990	李美慧	商学院	女		特聘副研究员
991	李瑞强	商学院	男		在编在岗
992	李殷	商学院	女		在编在岗
993	林丹	商学院	女		在编在岗

续表

序号	姓名	所在单位	性别	职务名称	人员类别
994	彭文敏	商学院	女		在编在岗
995	孙 美	商学院	女		在编在岗
996	张 蓉	文学与新闻传播学院	女	文学与新闻传播学院党委书记	在编在岗
997	谭筱玲	文学与新闻传播学院	女	文学与新闻传播学院院长	在编在岗
998	陈 静	文学与新闻传播学院	女	天府文化研究院常务副院长	在编在岗
999	杜 娟	文学与新闻传播学院	女	文学与新闻传播学院党委副书记	在编在岗
1000	张建锋	文学与新闻传播学院	男	文学与新闻传播学院副院长	在编在岗
1001	刘 茜	文学与新闻传播学院	女		在编在岗
1002	陈倩龄	文学与新闻传播学院	女		在编在岗
1003	马英杰	文学与新闻传播学院	女		在编在岗
1004	张 莉	文学与新闻传播学院	女		在编在岗
1005	李华林	文学与新闻传播学院	女		在编在岗
1006	张 起	文学与新闻传播学院	男		在编在岗
1007	罗 江	文学与新闻传播学院	女		在编在岗
1008	黄宇玲	文学与新闻传播学院	女		在编在岗
1009	彭蕴希	文学与新闻传播学院	女		在编在岗
1010	刘咏涛	文学与新闻传播学院	男		在编在岗
1011	魏红翎	文学与新闻传播学院	女		在编在岗
1012	谭 平	文学与新闻传播学院	男		在编在岗
1013	李 立	文学与新闻传播学院	男		在编在岗
1014	彭 涛	文学与新闻传播学院	男		在编在岗
1015	王 兰	文学与新闻传播学院	女		在编在岗
1016	郭 舫	文学与新闻传播学院	女		在编在岗
1017	李轼华	文学与新闻传播学院	女		在编在岗
1018	胡 艳	文学与新闻传播学院	女		在编在岗
1019	陈秀丽	文学与新闻传播学院	女		在编在岗
1020	周上群	文学与新闻传播学院	女		在编在岗
1021	谢 佳	文学与新闻传播学院	女		在编在岗
1022	张睿睿	文学与新闻传播学院	女		在编在岗
1023	朱四同	文学与新闻传播学院	男		在编在岗
1024	黄李文超	文学与新闻传播学院	女		在编在岗
1025	王 珏	文学与新闻传播学院	女		在编在岗

续表

序号	姓名	所在单位	性别	职务名称	人员类别
1026	崔雪梅	文学与新闻传播学院	女		在编在岗
1027	唐　婷	文学与新闻传播学院	女		在编在岗
1028	胡希东	文学与新闻传播学院	男		在编在岗
1029	刘益明	文学与新闻传播学院	男		在编在岗
1030	冯和一	文学与新闻传播学院	女		在编在岗
1031	陆　烨	文学与新闻传播学院	男		在编在岗
1032	袁联波	文学与新闻传播学院	男		在编在岗
1033	徐玉容	文学与新闻传播学院	女		在编在岗
1034	周翔宇	文学与新闻传播学院	男		在编在岗
1035	徐寿康	文学与新闻传播学院	男		在编在岗
1036	孔稚凤	文学与新闻传播学院	女		在编在岗
1037	张晓霞	文学与新闻传播学院	女		在编在岗
1038	严　铭	文学与新闻传播学院	男		在编在岗
1039	邱　岚	文学与新闻传播学院	女		在编在岗
1040	王　涛	文学与新闻传播学院	女		在编在岗
1041	周明圣	文学与新闻传播学院	男		在编在岗
1042	程建忠	文学与新闻传播学院	男		在编在岗
1043	杨　寒	文学与新闻传播学院	女		在编在岗
1044	彭　晓	文学与新闻传播学院	女		在编在岗
1045	严虹焰	文学与新闻传播学院	女		在编在岗
1046	郭　岚	文学与新闻传播学院	女		在编在岗
1047	胡映浓	文学与新闻传播学院	女		在编在岗
1048	吴红梅	文学与新闻传播学院	女		在编在岗
1049	李建峰	文学与新闻传播学院	男		在编在岗
1050	陈思君	文学与新闻传播学院	男		在编在岗
1051	朱晓姝	文学与新闻传播学院	女		在编在岗
1052	谢　茵	文学与新闻传播学院	女		在编在岗
1053	张映晖	文学与新闻传播学院	女		在编在岗
1054	李天鹏	文学与新闻传播学院	男		在编在岗
1055	车南林	文学与新闻传播学院	女		在编在岗
1056	张　程	文学与新闻传播学院	男		在编在岗
1057	黄毓芸	文学与新闻传播学院	女		在编在岗
1058	米昊阳	文学与新闻传播学院	男		在编在岗
1059	王　瑜	文学与新闻传播学院	男		在编在岗
1060	戴　骋	文学与新闻传播学院	男		在编在岗

续表

序号	姓名	所在单位	性别	职务名称	人员类别
1061	李 斌	文学与新闻传播学院	男		在编在岗
1062	高 韬	文学与新闻传播学院	女		在编在岗
1063	冉 驰	文学与新闻传播学院	女		在编在岗
1064	曾 思	文学与新闻传播学院	女		在编在岗
1065	刘苗苗	文学与新闻传播学院	女		在编在岗
1066	席 原	外国语学院	男	外国语学院党委书记	在编在岗
1067	李 萍	外国语学院	女	外国语学院院长	在编在岗
1068	张 亮	外国语学院	男	外国语学院党委副书记	在编在岗
1069	牟 磊	外国语学院	男	外国语学院副院长	在编在岗
1070	杨儒平	外国语学院	男	外国语学院副院长	在编在岗
1071	马 敖	外国语学院	女		在编在岗
1072	王 芳	外国语学院	女		在编在岗
1073	郑 帅	外国语学院	男		人事代理
1074	李 玲	外国语学院	女		在编在岗
1075	颛书涵	外国语学院	女		人事代理
1076	汤 蓓	外国语学院	女		在编在岗
1077	崔 楠	外国语学院	女		在编在岗
1078	熊亭玉	外国语学院	女		在编在岗
1079	李茂秀	外国语学院	女		在编在岗
1080	张 岚	外国语学院	女		在编在岗
1081	曾 尼	外国语学院	女		在编在岗
1082	刘春玉	外国语学院	女		在编在岗
1083	郑桂华	外国语学院	女		在编在岗
1084	金 伟	外国语学院	男		在编在岗
1085	杨 晔	外国语学院	女		在编在岗
1086	林艺佳	外国语学院	女		人事代理
1087	刘维一	外国语学院	女		在编在岗
1088	秦仕宇	外国语学院	女		在编在岗
1089	万 灵	外国语学院	女		在编在岗
1090	王 颖	外国语学院	女		人事代理
1091	王 珏	外国语学院	女		在编在岗
1092	王姝绘	外国语学院	女		在编在岗
1093	孙 野	外国语学院	男		在编在岗
1094	左 盈	外国语学院	女		在编在岗
1095	彭若木	外国语学院	男		在编在岗

十三、表彰奖励及附件

续表

序号	姓名	所在单位	性别	职务名称	人员类别
1096	肖维娜	外国语学院	女		在编在岗
1097	曾于芳	外国语学院	女		在编在岗
1098	黄 曦	外国语学院	女		在编在岗
1099	刘 博	外国语学院	男		在编在岗
1100	蒋应辉	外国语学院	女		在编在岗
1101	杨 夏	外国语学院	女		人事代理
1102	肖 敏	外国语学院	女		在编在岗
1103	范雨涛	外国语学院	女		在编在岗
1104	张福群	外国语学院	女		在编在岗
1105	高 坚	外国语学院	男		在编在岗
1106	陈昌琳	外国语学院	女		人事代理
1107	彭艳坤	外国语学院	女		在编在岗
1108	燕 爽	外国语学院	女		在编在岗
1109	李 峥	外国语学院	男		在编在岗
1110	陈 果	外国语学院	男		在编在岗
1111	杨柳川	外国语学院	女		在编在岗
1112	袁 夏	外国语学院	女		在编在岗
1113	刘 懿	外国语学院	女		人事代理
1114	陈红宇	外国语学院	女		人事代理
1115	张 苡	外国语学院	女		在编在岗
1116	晏宗福	外国语学院	男		在编在岗
1117	刘 畅	外国语学院	女		在编在岗
1118	李 蕾	外国语学院	女		在编在岗
1119	宗端华	外国语学院	男		在编在岗
1120	谢 爽	外国语学院	女		在编在岗
1121	王利华	外国语学院	女		在编在岗
1122	杨 建	外国语学院	男		在编在岗
1123	黄 鸣	外国语学院	女		在编在岗
1124	肖 晓	外国语学院	女		在编在岗
1125	周 成	外国语学院	女		在编在岗
1126	牟宇清	外国语学院	女		人事代理
1127	李若珺	外国语学院	女		在编在岗
1128	马 菁	外国语学院	女		在编在岗
1129	田寨耕	外国语学院	男		在编在岗
1130	邹小弈	外国语学院	女		在编在岗

续表

序号	姓名	所在单位	性别	职务名称	人员类别
1131	于立杰	外国语学院	女		在编在岗
1132	朱钰杰	外国语学院	男		在编在岗
1133	唐冬梅	外国语学院	女		在编在岗
1134	康　娜	外国语学院	女		人事代理
1135	钟炳芳	外国语学院	女		在编在岗
1136	陈　欣	外国语学院	女		在编在岗
1137	周怡乔	外国语学院	女		在编在岗
1138	李炜勋	外国语学院	男		在编在岗
1139	王增辉	外国语学院	男		在编在岗
1140	樊　皇	外国语学院	男		在编在岗
1141	王　可	外国语学院	女		在编在岗
1142	付　静	外国语学院	女		在编在岗
1143	高　雅	外国语学院	女		人事代理
1144	徐冬萍	外国语学院	女		在编在岗
1145	王静思	外国语学院	女		在编在岗
1146	李　丹	外国语学院	女		人事代理
1147	朱月玲	外国语学院	女		在编在岗
1148	邓　露	外国语学院	女		在编在岗
1149	龙　敬	外国语学院	女		在编在岗
1150	沈　岚	外国语学院	女		在编在岗
1151	刘　丹	外国语学院	女		在编在岗
1152	罗志红	外国语学院	男		在编在岗
1153	杨韵兮	外国语学院	女		人事代理
1154	鄢　黎	外国语学院	女		在编在岗
1155	喻　凌	外国语学院	男		在编在岗
1156	蒲　娟	外国语学院	女		在编在岗
1157	魏尼亚	外国语学院	女		在编在岗
1158	杨煜婷	外国语学院	女		在编在岗
1159	袁　媛	外国语学院	女		在编在岗
1160	丁　静	外国语学院	女		在编在岗
1161	彭　希	外国语学院	女		人事代理
1162	李　平	外国语学院	女		在编在岗
1163	唐敏莉	外国语学院	女		在编在岗
1164	郭粒粒	外国语学院	女		在编在岗
1165	程　敏	外国语学院	女		在编在岗

续表

序号	姓名	所在单位	性别	职务名称	人员类别
1166	王 慧	外国语学院	女		在编在岗
1167	龙波宇	外国语学院	女		在编在岗
1168	魏春泉	外国语学院	男		在编在岗
1169	孙张静	外国语学院	女		在编在岗
1170	刘建海	外国语学院	男		在编在岗
1171	张 婷	外国语学院	女		在编在岗
1172	邝计嘉	外国语学院	女		人事代理
1173	白 杨	外国语学院	女		在编在岗
1174	尹山鹰	外国语学院	女		在编在岗
1175	邱世凤	外国语学院	女		在编在岗
1176	马玉夏	外国语学院	女		在编在岗
1177	谢 敏	外国语学院	女		在编在岗
1178	熊晓蕾	外国语学院	女		在编在岗
1179	孙思涵	外国语学院	女		人事代理
1180	罗 茜	外国语学院	女		在编在岗
1181	何秋萍	外国语学院	女		在编在岗
1182	邱 超	外国语学院	男		在编在岗
1183	屈 陆	马克思主义学院	男	马克思主义学院院长	在编在岗
1184	安 鸿	马克思主义学院	男	马克思主义学院党总支书记	在编在岗
1185	岳 鹏	马克思主义学院	男	马克思主义学院副院长	在编在岗
1186	彭 波	马克思主义学院	男		在编在岗
1187	王建军	马克思主义学院	男		在编在岗
1188	王佳政	马克思主义学院	男		在编在岗
1189	涂 利	马克思主义学院	女		在编在岗
1190	侯 幸	马克思主义学院	女		在编在岗
1191	马 琳	马克思主义学院	女		在编在岗
1192	向 黎	马克思主义学院	女		在编在岗
1193	吕 琳	马克思主义学院	女		在编在岗
1194	王 媛	马克思主义学院	女		在编在岗
1195	曾 莉	马克思主义学院	女		在编在岗
1196	杜 霞	马克思主义学院	女		在编在岗
1197	樊英杰	马克思主义学院	女		在编在岗
1198	吴建瓴	马克思主义学院	男		在编在岗
1199	刘云飞	马克思主义学院	男		在编在岗

续表

序号	姓名	所在单位	性别	职务名称	人员类别
1200	李雪芬	马克思主义学院	女		在编在岗
1201	张旭明	马克思主义学院	男		在编在岗
1202	刘 佳	马克思主义学院	女		在编在岗
1203	秦 晶	马克思主义学院	女		在编在岗
1204	吴会蓉	马克思主义学院	女		在编在岗
1205	江志军	马克思主义学院	女		在编在岗
1206	吴立立	马克思主义学院	女		人事代理
1207	夏咏梅	马克思主义学院	女		在编在岗
1208	赖 静	马克思主义学院	女		在编在岗
1209	肖 良	马克思主义学院	男		在编在岗
1210	魏世军	马克思主义学院	男		在编在岗
1211	蒋卫东	马克思主义学院	男		在编在岗
1212	寇晓燕	马克思主义学院	女		在编在岗
1213	何先月	马克思主义学院	男		在编在岗
1214	杨思玉	马克思主义学院	女		在编在岗
1215	谢 娟	马克思主义学院	女		在编在岗
1216	简荣平	马克思主义学院	女		在编在岗
1217	曹永斌	马克思主义学院	男		在编在岗
1218	刘世炜	马克思主义学院	男		在编在岗
1219	彭玉凌	马克思主义学院	女		在编在岗
1220	王明中	马克思主义学院	男		在编在岗
1221	王 蕾	马克思主义学院	女		在编在岗
1222	黄海昌	马克思主义学院	男		在编在岗
1223	彭 强	马克思主义学院	男		在编在岗
1224	杨 礼	马克思主义学院	女		在编在岗
1225	郭 英	马克思主义学院	女		在编在岗
1226	贺 佳	马克思主义学院	女		在编在岗
1227	林小芳	马克思主义学院	女		人事代理
1228	赵先明	马克思主义学院	男		在编在岗
1229	刘 毅	马克思主义学院	女		在编在岗
1230	杨东晓	马克思主义学院	男		人事代理
1231	倪玖斌	马克思主义学院	男		在编在岗
1232	王 阳	马克思主义学院	男		在编在岗
1233	刘 锋	马克思主义学院	男		在编在岗
1234	周后燕	马克思主义学院	女		在编在岗

续表

序号	姓名	所在单位	性别	职务名称	人员类别
1235	施 亚	法学院	女	法学院党总支书记	在编在岗
1236	邓陕峡	法学院	女	法学院院长	在编在岗
1237	邱晓霞	法学院	女		在编在岗
1238	傅碧波	法学院	男		在编在岗
1239	刘德莉	法学院	女		在编在岗
1240	郭静姝	法学院	女		在编在岗
1241	杨 波	法学院	女		在编在岗
1242	王海燕	法学院	女		在编在岗
1243	沈冬军	法学院	男		在编在岗
1244	刘 剑	法学院	男		在编在岗
1245	赵 琦	法学院	女		在编在岗
1246	戴馥鸿	法学院	男		在编在岗
1247	史浩岑	法学院	女		在编在岗
1248	肖 理	法学院	男		人事代理
1249	卢俊华	法学院	男		在编在岗
1250	张 蕾	法学院	女		在编在岗
1251	杨继玥	法学院	女		人事代理
1252	廖 峻	法学院	男		在编在岗
1253	谢 娟	法学院	女		在编在岗
1254	唐文娟	法学院	女		在编在岗
1255	胡春华	法学院	男		在编在岗
1256	张居盛	法学院	男		在编在岗
1257	吴银涛	法学院	男		在编在岗
1258	吴俊彦	法学院	女		在编在岗
1259	钟佩霖	法学院	男		在编在岗
1260	臧 肖	法学院	男		在编在岗
1261	王梓灼	法学院	女		在编在岗
1262	徐 冉	法学院	女		在编在岗
1263	金翼翔	法学院	男		在编在岗
1264	王德政	法学院	男		在编在岗
1265	米传振	法学院	男		在编在岗
1266	戴琼瑶	法学院	女		在编在岗
1267	文小梅	法学院	女		在编在岗
1268	何秋竺	法学院	女		在编在岗
1269	余海燕	法学院	女		在编在岗

续表

序号	姓名	所在单位	性别	职务名称	人员类别
1270	邱 果	美术与设计学院	女	中国－东盟艺术学院美术与设计学院党总支书记	在编在岗
1271	罗 徕	美术与设计学院	男	中国－东盟艺术学院副院长、美术与设计学院执行院长	在编在岗
1272	刘克彪	美术与设计学院	男		在编在岗
1273	唐国龙	美术与设计学院	男		在编在岗
1274	杨 冬	美术与设计学院	女		在编在岗
1275	董 泓	美术与设计学院	女		在编在岗
1276	赵 浩	美术与设计学院	男		在编在岗
1277	叶 兰	美术与设计学院	女		在编在岗
1278	况 锐	美术与设计学院	女		在编在岗
1279	杨德愚	美术与设计学院	男		在编在岗
1280	熊丽娟	美术与设计学院	女		在编在岗
1281	张 蔚	美术与设计学院	女		在编在岗
1282	刘翱翔	美术与设计学院	男		在编在岗
1283	杨 波	美术与设计学院	男		在编在岗
1284	吴章洪	美术与设计学院	女		在编在岗
1285	汤志刚	美术与设计学院	男		在编在岗
1286	黄 悦	美术与设计学院	女		在编在岗
1287	张郑波	美术与设计学院	男		在编在岗
1288	周于莞	美术与设计学院	女		在编在岗
1289	王 淼	美术与设计学院	男		在编在岗
1290	任怡然	美术与设计学院	女		在编在岗
1291	吴 丹	美术与设计学院	女		在编在岗
1292	吴亚玲	美术与设计学院	女		人事代理
1293	吴飓雪	美术与设计学院	女		在编在岗
1294	刘 颖	美术与设计学院	女		在编在岗
1295	马丽娃	美术与设计学院	女		在编在岗
1296	周 胜	美术与设计学院	男		在编在岗
1297	王婧劼	美术与设计学院	女		在编在岗
1298	段 健	美术与设计学院	男		在编在岗
1299	许燎源	美术与设计学院	男		特聘副研究员
1300	刘 忠	美术与设计学院	男		在编在岗
1301	张建翔	美术与设计学院	男		同工同酬
1302	杨 璐	美术与设计学院	女		在编在岗

续表

序号	姓名	所在单位	性别	职务名称	人员类别
1303	秦 洁	美术与设计学院	女		在编在岗
1304	刘 健	美术与设计学院	男		在编在岗
1305	罗晓飞	美术与设计学院	男		在编在岗
1306	郭云娟	美术与设计学院	女		在编在岗
1307	吕 然	美术与设计学院	男		在编在岗
1308	石 阳	美术与设计学院	男		在编在岗
1309	胡忠浩	美术与设计学院	男		在编在岗
1310	谭 华	美术与设计学院	男		在编在岗
1311	侯李游美	美术与设计学院	女		在编在岗
1312	曾 越	美术与设计学院	女		在编在岗
1313	朱 敬	美术与设计学院	男		在编在岗
1314	徐 斌	美术与设计学院	男		在编在岗
1315	邓 娜	美术与设计学院	女		在编在岗
1316	黄 晨	美术与设计学院	女		在编在岗
1317	郑黎黎	美术与设计学院	女		在编在岗
1318	成 瓅	美术与设计学院	女		在编在岗
1319	陈红梅	美术与设计学院	女		在编在岗
1320	贾玉平	美术与设计学院	男		在编在岗
1321	王文婷	美术与设计学院	女		在编在岗
1322	刘 瀛	美术与设计学院	女		人事代理
1323	李 敏	美术与设计学院	女		在编在岗
1324	郑晓东	美术与设计学院	男		在编在岗
1325	周霜菊	美术与设计学院	女		在编在岗
1326	杨 扬	美术与设计学院	女		在编在岗
1327	高德武	美术与设计学院	男		在编在岗
1328	高 铁	美术与设计学院	男		在编在岗
1329	王 践	美术与设计学院	男		在编在岗
1330	周 凯	美术与设计学院	男		在编在岗
1331	徐 泽	美术与设计学院	男		在编在岗
1332	陈 璃	美术与设计学院	女		在编在岗
1333	王若愚	美术与设计学院	男		在编在岗
1334	张鸳鸳	美术与设计学院	女		在编在岗
1335	朱 鑫	美术与设计学院	女		在编在岗
1336	张钰粮	美术与设计学院	女		在编在岗
1337	高 彤	美术与设计学院	女		人事代理

续表

序号	姓名	所在单位	性别	职务名称	人员类别
1338	严屏	美术与设计学院	男		在编在岗
1339	刘芸	美术与设计学院	女		在编在岗
1340	徐红	美术与设计学院	女		在编在岗
1341	万国	美术与设计学院	男		在编在岗
1342	张霜	美术与设计学院	女		在编在岗
1343	李星丽	美术与设计学院	女		在编在岗
1344	李茜	美术与设计学院	女		在编在岗
1345	郭萍	美术与设计学院	女		在编在岗
1346	郝巍	美术与设计学院	男		在编在岗
1347	徐莉萍	美术与设计学院	女		在编在岗
1348	罗崇蓉	美术与设计学院	女		在编在岗
1349	佘国秀	美术与设计学院	女		在编在岗
1350	王双	美术与设计学院	女		在编在岗
1351	蓝庆伟	美术与设计学院	男		在编在岗
1352	彭芳燕	美术与设计学院	女		在编在岗
1353	樊琪	美术与设计学院	女		在编在岗
1354	杨渝坪	美术与设计学院	女		在编在岗
1355	陈扬	影视与动画学院	女	中国－东盟艺术学院影视与动画学院党总支书记	在编在岗
1356	郭道荣	影视与动画学院	男	中国－东盟艺术学院影视与动画学院执行院长	在编在岗
1357	代钰洪	影视与动画学院	男	中国－东盟艺术学院美术与设计学院副院长	在编在岗
1358	王珏殷	影视与动画学院	男	中国－东盟艺术学院影视与动画学院副院长（挂职）	在编在岗
1359	左永红	影视与动画学院	女		在编在岗
1360	刘彤	影视与动画学院	男		在编在岗
1361	肖梦倚	影视与动画学院	女		在编在岗
1362	代波	影视与动画学院	男		人事代理
1363	杨明	影视与动画学院	男		在编在岗
1364	钟远波	影视与动画学院	男		在编在岗
1365	李灌缨	影视与动画学院	女		在编在岗
1366	钟骥	影视与动画学院	男		在编在岗
1367	杜鑫	影视与动画学院	男		在编在岗
1368	高艺师	影视与动画学院	男		在编在岗

续表

序号	姓名	所在单位	性别	职务名称	人员类别
1369	夏立伟	影视与动画学院	男		在编在岗
1370	陈 赛	影视与动画学院	男		在编在岗
1371	孙 明	影视与动画学院	男		人事代理
1372	杨春梅	影视与动画学院	女		人事代理
1373	牛丽梅	影视与动画学院	女		人事代理
1374	李 姝	影视与动画学院	女		在编在岗
1375	李茂华	影视与动画学院	女		在编在岗
1376	陈 雯	影视与动画学院	女		在编在岗
1377	刘晓萍	影视与动画学院	女		在编在岗
1378	梁 怡	影视与动画学院	男		在编在岗
1379	邓 瑶	影视与动画学院	女		在编在岗
1380	朱婧雯	影视与动画学院	女		在编在岗
1381	王田园	影视与动画学院	男		在编在岗
1382	韦 庠	影视与动画学院	男		在编在岗
1383	李 婷	影视与动画学院	女		在编在岗
1384	邓 杉	影视与动画学院	男		在编在岗
1385	蒲 蕾	影视与动画学院	女		在编在岗
1386	曹 熠	影视与动画学院	女		人事代理
1387	肖雪蕾	影视与动画学院	女		在编在岗
1388	李 鹜	影视与动画学院	男		人事代理
1389	余 洪	影视与动画学院	男		在编在岗
1390	王岩松	影视与动画学院	男		在编在岗
1391	王海波	影视与动画学院	男		在编在岗
1392	伏东海	影视与动画学院	男		在编在岗
1393	苟强诗	影视与动画学院	男		在编在岗
1394	罗 丁	影视与动画学院	女		在编在岗
1395	周子渝	影视与动画学院	女		在编在岗
1396	罗世玉	影视与动画学院	女		在编在岗
1397	廖 涛	影视与动画学院	男		在编在岗
1398	王识瑞	影视与动画学院	女		人事代理
1399	张 璇	影视与动画学院	女		人事代理
1400	吴 翔	影视与动画学院	女		在编在岗
1401	刘 倩	影视与动画学院	女		在编在岗
1402	张 娟	影视与动画学院	女		在编在岗
1403	向朝楚	影视与动画学院	男		在编在岗

续表

序号	姓名	所在单位	性别	职务名称	人员类别
1404	张志巍	影视与动画学院	男		人事代理
1405	陈 矿	影视与动画学院	男		在编在岗
1406	卢 康	影视与动画学院	男		在编在岗
1407	陈彦均	影视与动画学院	女		在编在岗
1408	但 敏	影视与动画学院	女		在编在岗
1409	许志强	影视与动画学院	男		在编在岗
1410	胡 屹	音乐与舞蹈学院	男	中国—东盟艺术学院音乐与舞蹈学院党总支书记	在编在岗
1411	何洋托美次仁	音乐与舞蹈学院	男	中国—东盟艺术学院音乐与舞蹈学院副院长（聘）	在编在岗
1412	宋 平	音乐与舞蹈学院	男		在编在岗
1413	黄萃青	音乐与舞蹈学院	女		在编在岗
1414	廖红梅	音乐与舞蹈学院	女		在编在岗
1415	郑 洋	音乐与舞蹈学院	男		在编在岗
1416	张 强	音乐与舞蹈学院	女		在编在岗
1417	韩 洋	音乐与舞蹈学院	女		在编在岗
1418	唐 榕	音乐与舞蹈学院	女		在编在岗
1419	黄金城	音乐与舞蹈学院	男		在编在岗
1420	田 甜	音乐与舞蹈学院	女		在编在岗
1421	李 刚	音乐与舞蹈学院	男		在编在岗
1422	彭弋的	音乐与舞蹈学院	男		在编在岗
1423	曾 勤	音乐与舞蹈学院	女		在编在岗
1424	喻利福	音乐与舞蹈学院	男		在编在岗
1425	魏 平	音乐与舞蹈学院	女		在编在岗
1426	蒋 平	音乐与舞蹈学院	女		在编在岗
1427	伍光辉	音乐与舞蹈学院	男		在编在岗
1428	胡郁青	音乐与舞蹈学院	女		在编在岗
1429	唐国钧	音乐与舞蹈学院	男		人事代理
1430	汪媛媛	音乐与舞蹈学院	女		在编在岗
1431	黎书宏	音乐与舞蹈学院	女		人事代理
1432	吕宏伟	音乐与舞蹈学院	男		在编在岗
1433	吴婷婷	音乐与舞蹈学院	女		人事代理
1434	邹欣芝	音乐与舞蹈学院	女		在编在岗
1435	周毅琼	音乐与舞蹈学院	女		在编在岗
1436	马 序	音乐与舞蹈学院	女		人事代理

续表

序号	姓名	所在单位	性别	职务名称	人员类别
1437	余超群	音乐与舞蹈学院	女		在编在岗
1438	郭妮娜	音乐与舞蹈学院	女		人事代理
1439	杨 颖	音乐与舞蹈学院	女		在编在岗
1440	刘 宇	音乐与舞蹈学院	女		在编在岗
1441	冯 健	音乐与舞蹈学院	男		在编在岗
1442	周 方	音乐与舞蹈学院	女		人事代理
1443	王任飞	音乐与舞蹈学院	男		在编在岗
1444	刘慧丽	音乐与舞蹈学院	女		在编在岗
1445	于鑫平	音乐与舞蹈学院	女		在编在岗
1446	鱼航海	音乐与舞蹈学院	男		在编在岗
1447	蒲 涛	音乐与舞蹈学院	男		在编在岗
1448	苏 敏	音乐与舞蹈学院	女		在编在岗
1449	罗 丁	音乐与舞蹈学院	男		在编在岗
1450	蒋启辰	音乐与舞蹈学院	女		在编在岗
1451	兰涪玥	音乐与舞蹈学院	女		在编在岗
1452	胡晓晨	音乐与舞蹈学院	女		人事代理
1453	张小燕	音乐与舞蹈学院	女		在编在岗
1454	毛 岚	音乐与舞蹈学院	女		在编在岗
1455	贺佳玥	音乐与舞蹈学院	女		在编在岗
1456	陈正平	音乐与舞蹈学院	女		在编在岗
1457	曾晓利	音乐与舞蹈学院	男		在编在岗
1458	李凌利	音乐与舞蹈学院	男		在编在岗
1459	闫 淼	音乐与舞蹈学院	女		在编在岗
1460	周小骥	中国-东盟艺术学院	女	中国-东盟艺术学院党委书记	在编在岗
1461	黄先政	中国-东盟艺术学院	男	中国-东盟艺术学院党委副书记、纪委书记	在编在岗
1462	冉毅嵩	中国-东盟艺术学院	男	中国-东盟艺术学院国际部主任	在编在岗
1463	杨 琨	中国-东盟艺术学院	男	中国-东盟艺术学院办公室主任	在编在岗
1464	刘启东	中国-东盟艺术学院	男		人事代理
1465	李 超	中国-东盟艺术学院	女		人事代理
1466	徐 冰	中国-东盟艺术学院	女		在编在岗
1467	尚俊霞	中国-东盟艺术学院	女		人事代理
1468	张 勇	中国-东盟艺术学院	男		在编在岗

续表

序号	姓名	所在单位	性别	职务名称	人员类别
1469	万 群	中国—东盟艺术学院	女		在编在岗
1470	陈 天	中国—东盟艺术学院	男		人事代理
1471	王 洋	中国—东盟艺术学院	女		在编在岗
1472	吴加培	中国—东盟艺术学院	女		人事代理
1473	杨 柯	中国—东盟艺术学院	男		在编在岗
1474	欧曦钰	中国—东盟艺术学院	男		人事代理
1475	黄 敏	体育学院	女	体育学院党总支书记	在编在岗
1476	冉 建	体育学院	男	体育学院院长	在编在岗
1477	吕 佳	体育学院	女	体育学院党总支副书记	在编在岗
1478	张 象	体育学院	男	体育学院副院长	在编在岗
1479	李中华	体育学院	男		在编在岗
1480	陈 胜	体育学院	男		在编在岗
1481	张 以	体育学院	男		在编在岗
1482	古成龙	体育学院	男		在编在岗
1483	陈茂林	体育学院	男		在编在岗
1484	侯光辉	体育学院	男		在编在岗
1485	刘 蓉	体育学院	女		在编在岗
1486	王鹏云	体育学院	男		在编在岗
1487	张业廷	体育学院	男		人事代理
1488	唐纪平	体育学院	男		在编在岗
1489	吕寻金	体育学院	男		在编在岗
1490	冯 莉	体育学院	女		在编在岗
1491	代海斌	体育学院	男		在编在岗
1492	凌 勇	体育学院	男		在编在岗
1493	李 欣	体育学院	男		在编在岗
1494	上官若男	体育学院	女		在编在岗
1495	王 建	体育学院	男		在编在岗
1496	刘 武	体育学院	男		在编在岗
1497	夏春秋	体育学院	男		在编在岗
1498	曾 珍	体育学院	女		在编在岗
1499	蔺 浩	体育学院	男		在编在岗
1500	唐 迅	体育学院	女		在编在岗
1501	刘 雨	体育学院	男		在编在岗
1502	赵 祥	体育学院	男		在编在岗
1503	聂 勇	体育学院	男		在编在岗

续表

序号	姓名	所在单位	性别	职务名称	人员类别
1504	王 瑱	体育学院	男		在编在岗
1505	管一世	体育学院	男		人事代理
1506	邵 洁	体育学院	女		在编在岗
1507	甘宏博	体育学院	男		人事代理
1508	李 佳	体育学院	男		在编在岗
1509	鲍高山	体育学院	男		在编在岗
1510	周梦海	体育学院	男		在编在岗
1511	王莎莎	体育学院	女		在编在岗
1512	晏健伟	体育学院	男		在编在岗
1513	陈 东	体育学院	男		在编在岗
1514	杨力源	体育学院	男		在编在岗
1515	李 杉	体育学院	女		在编在岗
1516	李垂坤	体育学院	男		在编在岗
1517	文沫霏	体育学院	女		在编在岗
1518	康 伟	体育学院	女		在编在岗
1519	罗小红	体育学院	女		人事代理
1520	蒋 雯	体育学院	女		在编在岗
1521	李鲁云	体育学院	女		在编在岗
1522	窦 晖	体育学院	女		在编在岗
1523	许 杰	体育学院	男		在编在岗
1524	郑 萌	体育学院	男		在编在岗
1525	殷宏健	体育学院	男		在编在岗
1526	黄 亮	体育学院	男		在编在岗
1527	余文禄	体育学院	男		在编在岗
1528	罗晓珊	体育学院	女		在编在岗
1529	赵 征	体育学院	男		人事代理
1530	詹本乐	体育学院	男		在编在岗
1531	余 翔	体育学院	男		人事代理
1532	祝 林	体育学院	男		在编在岗
1533	周 平	体育学院	女		在编在岗
1534	张 蕾	体育学院	女		在编在岗
1535	邓 嘉	体育学院	女		在编在岗
1536	罗 杰	体育学院	男		在编在岗
1537	刘 杰	体育学院	男		在编在岗
1538	黄巧婷	体育学院	女		在编在岗

续表

序号	姓名	所在单位	性别	职务名称	人员类别
1539	陶朔秀	体育学院	女		在编在岗
1540	金 燕	体育学院	女		在编在岗
1541	杨文斌	体育学院	男		在编在岗
1542	赖 春	体育学院	男		在编在岗
1543	李 宇	体育学院	男		在编在岗
1544	朱 斌	体育学院	男		在编在岗
1545	申俊瑛	体育学院	女		在编在岗
1546	郭必山	体育学院	男		在编在岗
1547	刘 慧	体育学院	女		在编在岗
1548	全利勇	体育学院	男		在编在岗
1549	李慧军	体育学院	男		在编在岗
1550	王 婷	体育学院	女		在编在岗
1551	唐 勇	体育学院	男		在编在岗
1552	余启政	体育学院	男		在编在岗
1553	陈 冉	体育学院	女		人事代理
1554	韩 晨	体育学院	女		在编在岗
1555	肖 红	师范学院	女	师范学院党委书记	在编在岗
1556	李 敏	师范学院	男	师范学院院长	在编在岗
1557	卢 煦	师范学院	女	师范学院党委副书记	在编在岗
1558	张 勇	师范学院	男	师范学院副院长	在编在岗
1559	毛慧琳	师范学院	女		在编在岗
1560	谯小兵	师范学院	男		在编在岗
1561	邓 倩	师范学院	女		在编在岗
1562	卢 悦	师范学院	女		在编在岗
1563	曹云飞	师范学院	男		在编在岗
1564	罗 丹	师范学院	女		在编在岗
1565	代凌薇	师范学院	女		在编在岗
1566	雷 蕾	师范学院	女		在编在岗
1567	刘云颇	师范学院	男		在编在岗
1568	范 红	师范学院	女		在编在岗
1569	杨斐然	师范学院	女		在编在岗
1570	李建波	师范学院	男		在编在岗
1571	魏 泽	师范学院	男		在编在岗
1572	彭 欧	师范学院	男		在编在岗
1573	张 娜	师范学院	女		在编在岗

十三、表彰奖励及附件

续表

序号	姓名	所在单位	性别	职务名称	人员类别
1574	莫春梅	师范学院	女		在编在岗
1575	田　涛	师范学院	男		在编在岗
1576	陈大伟	师范学院	男		在编在岗
1577	肖天华	师范学院	女		在编在岗
1578	蒲永明	师范学院	男		在编在岗
1579	何　叶	师范学院	女		在编在岗
1580	黄媛媛	师范学院	女		在编在岗
1581	汪　萌	师范学院	女		在编在岗
1582	万　中	师范学院	女		在编在岗
1583	彭韵潼	师范学院	女		在编在岗
1584	唐红英	师范学院	女		在编在岗
1585	刘　颖	师范学院	女		在编在岗
1586	马　骋	师范学院	男		在编在岗
1587	符丹丹	师范学院	女		在编在岗
1588	孙　钠	师范学院	女		在编在岗
1589	罗天昱	师范学院	女		在编在岗
1590	常　怡	师范学院	女		在编在岗
1591	张　艳	师范学院	女		在编在岗
1592	黄云峰	师范学院	男		在编在岗
1593	许立红	师范学院	女		在编在岗
1594	黄毕莎	师范学院	女		在编在岗
1595	廖　萍	师范学院	女		在编在岗
1596	刘　静	师范学院	女		在编在岗
1597	彭嘉熙	师范学院	男		特聘副研究员
1598	蔡育坤	师范学院	男		在编在岗
1599	孙　宏	师范学院	男		在编在岗
1600	何国庆	师范学院	男		在编在岗
1601	林　子	师范学院	女		人事代理
1602	黎昌友	师范学院	男		在编在岗
1603	黄　灏	师范学院	男		在编在岗
1604	黄亚萍	师范学院	女		在编在岗
1605	刘明霞	师范学院	女		在编在岗
1606	徐海燕	师范学院	女		在编在岗
1607	钟　点	师范学院	女		人事代理
1608	钟继彬	师范学院	男		在编在岗

序号	姓名	所在单位	性别	职务名称	人员类别
1609	程维薇	师范学院	女		在编在岗
1610	许建华	师范学院	女		在编在岗
1611	周 琳	师范学院	女		在编在岗
1612	于苏滨	师范学院	男		在编在岗
1613	邓泽军	师范学院	男		在编在岗
1614	郑璐璐	师范学院	女		在编在岗
1615	范小梅	师范学院	女		在编在岗
1616	佘 勇	师范学院	男		在编在岗
1617	白 雪	师范学院	女		人事代理
1618	李 红	师范学院	女		在编在岗
1619	孙 霞	师范学院	女		在编在岗
1620	范 勇	师范学院	男		在编在岗
1621	王雨露	师范学院	男		在编在岗
1622	罗 捷	师范学院	女		在编在岗
1623	张 敏	师范学院	女		在编在岗
1624	刘继华	师范学院	女		在编在岗
1625	邓 晶	师范学院	女		在编在岗
1626	王 钢	师范学院	男		在编在岗
1627	杜思雯	师范学院	女		在编在岗
1628	郭 莉	师范学院	女		在编在岗
1629	雷馥鲜	师范学院	女		在编在岗
1630	张 宇	师范学院	女		在编在岗
1631	郭小平	师范学院	男		在编在岗
1632	吴小蓉	师范学院	女		在编在岗
1633	谭 梅	师范学院	女		在编在岗
1634	易 勇	师范学院	男		在编在岗
1635	王德林	师范学院	男		在编在岗
1636	苟 萍	师范学院	女		在编在岗
1637	范崇高	师范学院	男		在编在岗
1638	黄 旭	师范学院	男		在编在岗
1639	刘华锦	师范学院	女		在编在岗
1640	郭俊奇	师范学院	男		在编在岗
1641	曾 珍	师范学院	女		在编在岗
1642	黄 曦	师范学院	女		在编在岗
1643	朱素蓉	师范学院	女		在编在岗

十三、表彰奖励及附件

续表

序号	姓名	所在单位	性别	职务名称	人员类别
1644	万正维	师范学院	女		在编在岗
1645	陈 星	师范学院	女		在编在岗
1646	续 静	师范学院	女		在编在岗
1647	盛 菲	师范学院	女		在编在岗
1648	廖彩之	师范学院	男		在编在岗
1649	陈 蜀	师范学院	男		在编在岗
1650	朱 畅	师范学院	女		在编在岗
1651	王月恒	师范学院	女		在编在岗
1652	冯德雄	师范学院	男		在编在岗
1653	姚便芳	师范学院	女		在编在岗
1654	杨 红	师范学院	女		在编在岗
1655	谷 霄	师范学院	女		在编在岗
1656	马 丽	师范学院	女		在编在岗
1657	周仁会	师范学院	女		在编在岗
1658	崔雪梅	师范学院	女		在编在岗
1659	陈 葵	基础医学院	女	基础医学院党委书记	在编在岗
1660	杨 林	基础医学院	男	基础医学院院长	在编在岗
1661	刘 莉	基础医学院	女	基础医学院党委副书记	在编在岗
1662	时 政	基础医学院	男		在编在岗
1663	宋明珠	基础医学院	男		人事代理
1664	郭文杰	基础医学院	男		在编在岗
1665	刘 娟	基础医学院	女		在编在岗
1666	杨 艳	基础医学院	女		在编在岗
1667	谢 丽	基础医学院	女		特聘副研究员
1668	王 婷	基础医学院	女		在编在岗
1669	黄松林	基础医学院	男		在编在岗
1670	魏媛媛	基础医学院	女		在编在岗
1671	胡志辉	基础医学院	女		在编在岗
1672	王道富	基础医学院	男		在编在岗
1673	付译节	基础医学院	女		在编在岗
1674	伍 艺	基础医学院	男		在编在岗
1675	刘一琪	基础医学院	女		在编在岗
1676	张雪妍	基础医学院	女		在编在岗
1677	汪 丹	基础医学院	女		在编在岗
1678	魏西龙	基础医学院	男		在编在岗

续表

序号	姓名	所在单位	性别	职务名称	人员类别
1679	蔡佩玲	基础医学院	女		在编在岗
1680	许光亚	基础医学院	男		在编在岗
1681	何 陨	基础医学院	女		在编在岗
1682	雨 田	基础医学院	女		在编在岗
1683	岳 青	基础医学院	女		在编在岗
1684	曹丽丽	基础医学院	女		在编在岗
1685	谢 东	基础医学院	男		在编在岗
1686	黄静玮	基础医学院	女		在编在岗
1687	方 明	基础医学院	男		在编在岗
1688	谈学灵	基础医学院	女		在编在岗
1689	伍小飞	基础医学院	男		在编在岗
1690	杜 蓉	基础医学院	女		在编在岗
1691	刘晓云	基础医学院	女		在编在岗
1692	蒋晓峰	基础医学院	男		在编在岗
1693	薛愚愚	基础医学院	女		在编在岗
1694	张乐乐	基础医学院	男		特聘副研究员
1695	弋 新	基础医学院	女		在编在岗
1696	许 毅	基础医学院	女		在编在岗
1697	徐亚吉	基础医学院	女		在编在岗
1698	王昆蓉	基础医学院	女		在编在岗
1699	冯礼福	基础医学院	男		在编在岗
1700	江 澜	基础医学院	女		在编在岗
1701	夏佩萱	基础医学院	女		人事代理
1702	邓 禹	基础医学院	男		在编在岗
1703	牛 蓓	基础医学院	女		在编在岗
1704	易 红	基础医学院	女		在编在岗
1705	阎 妍	基础医学院	女		在编在岗
1706	冉 伶	基础医学院	女		在编在岗
1707	叶 鹏	基础医学院	男		在编在岗
1708	李夏卉	基础医学院	女		在编在岗
1709	张 飞	基础医学院	男		人事代理
1710	张 旭	基础医学院	男		在编在岗
1711	唐红秀	基础医学院	女		在编在岗
1712	张红云	基础医学院	女		在编在岗
1713	杨凯涵	基础医学院	女		人事代理

十三、表彰奖励及附件

续表

序号	姓名	所在单位	性别	职务名称	人员类别
1714	于 威	基础医学院	女		在编在岗
1715	宋登敏	基础医学院	女		在编在岗
1716	曾 琪	基础医学院	女		在编在岗
1717	李 斌	基础医学院	男		在编在岗
1718	程丽佳	基础医学院	女		在编在岗
1719	王战国	基础医学院	男		在编在岗
1720	刘 瑛	基础医学院	女		在编在岗
1721	余 真	基础医学院	女		在编在岗
1722	陈春兰	基础医学院	女		在编在岗
1723	杨 挺	基础医学院	男		在编在岗
1724	钟灵允	基础医学院	女		在编在岗
1725	罗世祥	基础医学院	男		在编在岗
1726	何阳翔	基础医学院	女		在编在岗
1727	周 兰	基础医学院	女		在编在岗
1728	李 建	基础医学院	男		在编在岗
1729	张莉蓉	基础医学院	女		在编在岗
1730	蒋小苹	基础医学院	女		在编在岗
1731	王安勇	基础医学院	男		在编在岗
1732	何海蓉	基础医学院	女		在编在岗
1733	朱 江	基础医学院	女		在编在岗
1734	刘 畅	基础医学院	女		在编在岗
1735	李 辉	基础医学院	男		在编在岗
1736	贺 佳	基础医学院	女		在编在岗
1737	兰 鸿	基础医学院	男		在编在岗
1738	王跃锜	基础医学院	男		在编在岗
1739	陈 彬	基础医学院	女		在编在岗
1740	万 君	基础医学院	女		在编在岗
1741	李麟霞	基础医学院	女		在编在岗
1742	刘 荣	基础医学院	女		在编在岗
1743	苏 滢	基础医学院	女		在编在岗
1744	黄 婵	基础医学院	女		在编在岗
1745	张 珍	基础医学院	女		在编在岗
1746	李 琴	基础医学院	女		在编在岗
1747	任 娟	基础医学院	女		在编在岗
1748	郭晓恒	基础医学院	男		在编在岗

续表

序号	姓名	所在单位	性别	职务名称	人员类别
1749	叶 方	基础医学院	男		在编在岗
1750	何柳兴	基础医学院	女		在编在岗
1751	蒲春霞	基础医学院	女		在编在岗
1752	杜凤英	基础医学院	女		在编在岗
1753	张 艳	基础医学院	女		在编在岗
1754	李 维	基础医学院	女		人事代理
1755	范小军	基础医学院	男		在编在岗
1756	杨洪勤	基础医学院	男		在编在岗
1757	孙 茜	基础医学院	女		在编在岗
1758	曹晓容	基础医学院	女		在编在岗
1759	刘冰花	基础医学院	女		在编在岗
1760	鄢 硕	基础医学院	男		人事代理
1761	胡樱凡	基础医学院	女		在编在岗
1762	郑赛男	基础医学院	女		在编在岗
1763	吕春燕	基础医学院	女		在编在岗
1764	王安齐	基础医学院	男		特聘副研究员
1765	王翙翙	基础医学院	女		在编在岗
1766	魏 枭	基础医学院	男		特聘副研究员
1767	申 玉	基础医学院	女		在编在岗
1768	阳 东	药学院、四川抗菌素工业研究所	男	药学院、四川抗菌素研究所党委书记	在编在岗
1769	郭晓强	药学院、四川抗菌素工业研究所	男	药学院院长、四川抗菌素工业研究所所长	在编在岗
1770	甘茂杰	药学院、四川抗菌素工业研究所	男	药学院、四川抗菌素工业研究所党委副书记、纪委书记	在编在岗
1771	褚以文	药学院、四川抗菌素工业研究所	男	药学院副院长、四川抗菌素工业研究所副所长	在编在岗
1772	刘坤平	药学院、四川抗菌素工业研究所	男		在编在岗
1773	平 原	药学院、四川抗菌素工业研究所	男		在编在岗
1774	黄可建	药学院、四川抗菌素工业研究所	男		在编在岗
1775	樊 荣	药学院、四川抗菌素工业研究所	男		在编在岗
1776	李泽兴	药学院、四川抗菌素工业研究所	男		在编在岗
1777	俞岩青	药学院、四川抗菌素工业研究所	男		在编在岗
1778	沈永泉	药学院、四川抗菌素工业研究所	男		在编在岗
1779	刘 嵬	药学院、四川抗菌素工业研究所	女		在编在岗

续表

序号	姓名	所在单位	性别	职务名称	人员类别
1780	李蔷薇	药学院、四川抗菌素工业研究所	女		在编在岗
1781	廖富贵	药学院、四川抗菌素工业研究所	男		在编在岗
1782	鲁 兰	药学院、四川抗菌素工业研究所	女		在编在岗
1783	廖 毅	药学院、四川抗菌素工业研究所	男		在编在岗
1784	赵军军	药学院、四川抗菌素工业研究所	男		在编在岗
1785	王昆蓉	药学院、四川抗菌素工业研究所	女		在编在岗
1786	杨遵远	药学院、四川抗菌素工业研究所	男		在编在岗
1787	任 静	药学院、四川抗菌素工业研究所	女		在编在岗
1788	陈 勇	药学院、四川抗菌素工业研究所	男		在编在岗
1789	吴万霞	药学院、四川抗菌素工业研究所	男		在编在岗
1790	周 亮	药学院、四川抗菌素工业研究所	男		在编在岗
1791	赵 俊	药学院、四川抗菌素工业研究所	女		在编在岗
1792	姚 倩	药学院、四川抗菌素工业研究所	女		在编在岗
1793	聂敏奎	药学院、四川抗菌素工业研究所	男		在编在岗
1794	邓俊丰	药学院、四川抗菌素工业研究所	男		在编在岗
1795	葛 燕	药学院、四川抗菌素工业研究所	女		在编在岗
1796	赵 斌	药学院、四川抗菌素工业研究所	男		在编在岗
1797	尹 璐	药学院、四川抗菌素工业研究所	女		在编在岗
1798	尹 罡	药学院、四川抗菌素工业研究所	男		在编在岗
1799	毕建军	药学院、四川抗菌素工业研究所	男		在编在岗
1800	范小艳	药学院、四川抗菌素工业研究所	女		在编在岗
1801	胡一冰	药学院、四川抗菌素工业研究所	女		在编在岗
1802	王英英	药学院、四川抗菌素工业研究所	女		在编在岗
1803	刘元璐	药学院、四川抗菌素工业研究所	女		在编在岗
1804	杜伟宏	药学院、四川抗菌素工业研究所	女		在编在岗
1805	陈珍祥	药学院、四川抗菌素工业研究所	男		在编在岗
1806	张春然	药学院、四川抗菌素工业研究所	女		在编在岗
1807	张亦斌	药学院、四川抗菌素工业研究所	男		在编在岗
1808	黄 啸	药学院、四川抗菌素工业研究所	男		在编在岗
1809	谭贵琴	药学院、四川抗菌素工业研究所	女		在编在岗
1810	姚尊伟	药学院、四川抗菌素工业研究所	男		在编在岗
1811	唐春艳	药学院、四川抗菌素工业研究所	女		在编在岗
1812	桑言奎	药学院、四川抗菌素工业研究所	男		在编在岗
1813	戴君武	药学院、四川抗菌素工业研究所	男		在编在岗
1814	刘 昆	药学院、四川抗菌素工业研究所	女		在编在岗

续表

序号	姓名	所在单位	性别	职务名称	人员类别
1815	张 颖	药学院、四川抗菌素工业研究所	女		在编在岗
1816	钟培祥	药学院、四川抗菌素工业研究所	男		在编在岗
1817	朱 烨	药学院、四川抗菌素工业研究所	女		在编在岗
1818	陈江蓉	药学院、四川抗菌素工业研究所	女		在编在岗
1819	邹 昆	药学院、四川抗菌素工业研究所	男		在编在岗
1820	王 建	药学院、四川抗菌素工业研究所	男		特聘副研究员
1821	张 斌	药学院、四川抗菌素工业研究所	男		在编在岗
1822	张 瑛	药学院、四川抗菌素工业研究所	女		在编在岗
1823	何正有	药学院、四川抗菌素工业研究所	男		在编在岗
1824	蒋 用	药学院、四川抗菌素工业研究所	男		在编在岗
1825	贺 英	药学院、四川抗菌素工业研究所	女		在编在岗
1826	杨开川	药学院、四川抗菌素工业研究所	男		在编在岗
1827	龙通斌	药学院、四川抗菌素工业研究所	男		在编在岗
1828	黄金竹	药学院、四川抗菌素工业研究所	女		在编在岗
1829	倪彩霞	药学院、四川抗菌素工业研究所	女		在编在岗
1830	郑 筠	药学院、四川抗菌素工业研究所	女		在编在岗
1831	张静霞	药学院、四川抗菌素工业研究所	女		在编在岗
1832	曾志刚	药学院、四川抗菌素工业研究所	男		在编在岗
1833	王 瑜	药学院、四川抗菌素工业研究所	男		在编在岗
1834	姚 洁	药学院、四川抗菌素工业研究所	女		在编在岗
1835	赵 萍	药学院、四川抗菌素工业研究所	女		在编在岗
1836	梁 立	药学院、四川抗菌素工业研究所	女		在编在岗
1837	胡建平	药学院、四川抗菌素工业研究所	男		在编在岗
1838	徐明琴	药学院、四川抗菌素工业研究所	女		在编在岗
1839	郭义东	药学院、四川抗菌素工业研究所	男		在编在岗
1840	胡 一	药学院、四川抗菌素工业研究所	男		在编在岗
1841	吴 明	药学院、四川抗菌素工业研究所	女		在编在岗
1842	胡 小	药学院、四川抗菌素工业研究所	女		在编在岗
1843	金 天	药学院、四川抗菌素工业研究所	男		在编在岗
1844	贾爱琼	药学院、四川抗菌素工业研究所	女		在编在岗
1845	刘 瑜	药学院、四川抗菌素工业研究所	男		在编在岗
1846	胡远辉	药学院、四川抗菌素工业研究所	女		在编在岗
1847	李进军	药学院、四川抗菌素工业研究所	男		在编在岗
1848	陈 林	药学院、四川抗菌素工业研究所	男		在编在岗
1849	李 楠	药学院、四川抗菌素工业研究所	女		在编在岗

十三、表彰奖励及附件

续表

序号	姓名	所在单位	性别	职务名称	人员类别
1850	谢 伟	药学院、四川抗菌素工业研究所	男		在编在岗
1851	付 强	药学院、四川抗菌素工业研究所	男		在编在岗
1852	李俊龙	药学院、四川抗菌素工业研究所	男		特聘研究员
1853	黎江华	药学院、四川抗菌素工业研究所	男		在编在岗
1854	乐 燕	药学院、四川抗菌素工业研究所	女		在编在岗
1855	林家富	药学院、四川抗菌素工业研究所	男		在编在岗
1856	李 建	药学院、四川抗菌素工业研究所	男		在编在岗
1857	王宇驰	药学院、四川抗菌素工业研究所	男		在编在岗
1858	潘玲珍	药学院、四川抗菌素工业研究所	女		在编在岗
1859	陈 龙	药学院、四川抗菌素工业研究所	男		特聘研究员
1860	谢 娟	药学院、四川抗菌素工业研究所	女		在编在岗
1861	王欣荣	药学院、四川抗菌素工业研究所	男		在编在岗
1862	赵 飞	药学院、四川抗菌素工业研究所	男		特聘研究员
1863	杨 毅	药学院、四川抗菌素工业研究所	女		在编在岗
1864	何 钢	药学院、四川抗菌素工业研究所	男		在编在岗
1865	雷叶明	药学院、四川抗菌素工业研究所	男		在编在岗
1866	王瑛瑛	药学院、四川抗菌素工业研究所	女		在编在岗
1867	王 辂	药学院、四川抗菌素工业研究所	男		在编在岗
1868	陈素芳	药学院、四川抗菌素工业研究所	女		在编在岗
1869	张小菊	药学院、四川抗菌素工业研究所	女		在编在岗
1870	王 炜	药学院、四川抗菌素工业研究所	男		在编在岗
1871	李 直	药学院、四川抗菌素工业研究所	女		在编在岗
1872	郑 林	药学院、四川抗菌素工业研究所	女		在编在岗
1873	郑哲彬	药学院、四川抗菌素工业研究所	男		在编在岗
1874	冯 兴	药学院、四川抗菌素工业研究所	女		在编在岗
1875	张 晓	药学院、四川抗菌素工业研究所	女		在编在岗
1876	赵 晨	药学院、四川抗菌素工业研究所	女		在编在岗
1877	何玉娇	药学院、四川抗菌素工业研究所	女		在编在岗
1878	翟龙飞	药学院、四川抗菌素工业研究所	男		在编在岗
1879	刘超兰	药学院、四川抗菌素工业研究所	女		在编在岗
1880	李江红	药学院、四川抗菌素工业研究所	女		在编在岗
1881	肖 聪	药学院、四川抗菌素工业研究所	男		在编在岗
1882	张 波	药学院、四川抗菌素工业研究所	男		在编在岗
1883	赵经伟	药学院、四川抗菌素工业研究所	男		在编在岗
1884	罗红兵	药学院、四川抗菌素工业研究所	男		在编在岗

续表

序号	姓名	所在单位	性别	职务名称	人员类别
1885	苏建强	药学院、四川抗菌素工业研究所	男		在编在岗
1886	李 强	药学院、四川抗菌素工业研究所	男		在编在岗
1887	颜 军	药学院、四川抗菌素工业研究所	男		在编在岗
1888	赵立峰	药学院、四川抗菌素工业研究所	男		在编在岗
1889	黄 挺	药学院、四川抗菌素工业研究所	男		特聘副研究员
1890	龚华云	药学院、四川抗菌素工业研究所	女		在编在岗
1891	陈 萨	药学院、四川抗菌素工业研究所	女		在编在岗
1892	张新宜	药学院、四川抗菌素工业研究所	女		在编在岗
1893	陶 静	药学院、四川抗菌素工业研究所	女		在编在岗
1894	陈 岚	药学院、四川抗菌素工业研究所	女		在编在岗
1895	刘 悦	药学院、四川抗菌素工业研究所	女		在编在岗
1896	李宗河	药学院、四川抗菌素工业研究所	男		在编在岗
1897	孙晓华	药学院、四川抗菌素工业研究所	男		在编在岗
1898	左宇碧	药学院、四川抗菌素工业研究所	女		在编在岗
1899	杨晓雁	药学院、四川抗菌素工业研究所	女		在编在岗
1900	陈富岗	药学院、四川抗菌素工业研究所	男		在编在岗
1901	阮晓冬	药学院、四川抗菌素工业研究所	男		在编在岗
1902	祝春梅	药学院、四川抗菌素工业研究所	女		在编在岗
1903	何家林	药学院、四川抗菌素工业研究所	男		在编在岗
1904	杜 乐	药学院、四川抗菌素工业研究所	男		在编在岗
1905	曹胜华	药学院、四川抗菌素工业研究所	男		在编在岗
1906	徐玉玲	药学院、四川抗菌素工业研究所	女		在编在岗
1907	樊 静	药学院、四川抗菌素工业研究所	女		在编在岗
1908	马文博	药学院、四川抗菌素工业研究所	男		特聘研究员
1909	宋 芹	药学院、四川抗菌素工业研究所	女		在编在岗
1910	李青竹	药学院、四川抗菌素工业研究所	男		在编在岗
1911	宋艳霞	药学院、四川抗菌素工业研究所	女		在编在岗
1912	石克金	药学院、四川抗菌素工业研究所	男		在编在岗
1913	杨 争	药学院、四川抗菌素工业研究所	男		在编在岗
1914	朱 洁	药学院、四川抗菌素工业研究所	女		在编在岗
1915	程 强	药学院、四川抗菌素工业研究所	男		在编在岗
1916	黄茂林	药学院、四川抗菌素工业研究所	女		在编在岗
1917	曾 文	药学院、四川抗菌素工业研究所	女		在编在岗
1918	许丽佳	药学院、四川抗菌素工业研究所	女		在编在岗
1919	叶 勤	药学院、四川抗菌素工业研究所	女		在编在岗

续表

序号	姓名	所在单位	性别	职务名称	人员类别
1920	李 佳	药学院、四川抗菌素工业研究所	女		在编在岗
1921	赵克雷	药学院、四川抗菌素工业研究所	男		特聘副研究员
1922	刘 源	药学院、四川抗菌素工业研究所	男		在编在岗
1923	赖 可	药学院、四川抗菌素工业研究所	女		在编在岗
1924	龚 立	药学院、四川抗菌素工业研究所	男		在编在岗
1925	辜玲慧	药学院、四川抗菌素工业研究所	女		在编在岗
1926	刘 啸	药学院、四川抗菌素工业研究所	女		在编在岗
1927	马晓黎	药学院、四川抗菌素工业研究所	女		在编在岗
1928	王 婷	药学院、四川抗菌素工业研究所	女		在编在岗
1929	张 舒	药学院、四川抗菌素工业研究所	男		在编在岗
1930	廖 黎	药学院、四川抗菌素工业研究所	女		在编在岗
1931	林 明	药学院、四川抗菌素工业研究所	男		在编在岗
1932	任凤英	药学院、四川抗菌素工业研究所	女		在编在岗
1933	杨 晨	药学院、四川抗菌素工业研究所	男		在编在岗
1934	唐克慧	药学院、四川抗菌素工业研究所	女		在编在岗
1935	郭小照	药学院、四川抗菌素工业研究所	女		人事代理
1936	王 磊	药学院、四川抗菌素工业研究所	男		在编在岗
1937	汪 令	药学院、四川抗菌素工业研究所	女		在编在岗
1938	刘 怡	药学院、四川抗菌素工业研究所	女		在编在岗
1939	邓盛齐	药学院、四川抗菌素工业研究所	男		在编在岗
1940	李端华	药学院、四川抗菌素工业研究所	男		在编在岗
1941	陈 仰	药学院、四川抗菌素工业研究所	男		在编在岗
1942	孙文霞	药学院、四川抗菌素工业研究所	女		在编在岗
1943	董宏波	药学院、四川抗菌素工业研究所	男		在编在岗
1944	刘胜廷	药学院、四川抗菌素工业研究所	男		在编在岗
1945	谭 凯	药学院、四川抗菌素工业研究所	男		在编在岗
1946	刘玉川	药学院、四川抗菌素工业研究所	男		在编在岗
1947	许之晖	药学院、四川抗菌素工业研究所	男		在编在岗
1948	刘 婧	药学院、四川抗菌素工业研究所	女		在编在岗
1949	杨 艳	药学院、四川抗菌素工业研究所	女		在编在岗
1950	刘 涛	药学院、四川抗菌素工业研究所	男		在编在岗
1951	李 维	药学院、四川抗菌素工业研究所	男		在编在岗
1952	漆 婷	药学院、四川抗菌素工业研究所	女		在编在岗
1953	宋 涛	药学院、四川抗菌素工业研究所	男		在编在岗
1954	沈 雪	药学院、四川抗菌素工业研究所	女		在编在岗

续表

序号	姓名	所在单位	性别	职务名称	人员类别
1955	邹 杭	药学院、四川抗菌素工业研究所	男		在编在岗
1956	彭 西	药学院、四川抗菌素工业研究所	女		在编在岗
1957	张 翔	药学院、四川抗菌素工业研究所	男		特聘副研究员
1958	余阳燊	成都大学附属医院（临床医学院）	男	临床医学院、附属医院党委副书记、纪委书记	在编在岗
1959	符 佳	成都大学附属医院（临床医学院）	女	医学中心办公室专职副主任	在编在岗
1960	杨 阳	校友工作办公室	女	校友工作办公室主任	在编在岗
1961	王彦丹	校友工作办公室	女		在编在岗
1962	马 琦	校友工作办公室	女		人事代理
1963	彭时平	图书馆	男	图书馆党总支书记	在编在岗
1964	刘先强	图书馆	男	图书馆馆长	在编在岗
1965	林 玲	图书馆	女	图书馆副馆长	在编在岗
1966	杨 曦	图书馆	女		在编在岗
1967	张 静	图书馆	女		在编在岗
1968	张 佳	图书馆	男		在编在岗
1969	李健华	图书馆	女		在编在岗
1970	吴昌芬	图书馆	女		在编在岗
1971	甘 露	图书馆	女		在编在岗
1972	何 欣	图书馆	女		在编在岗
1973	刘 磊	图书馆	男		在编在岗
1974	邝 喻	图书馆	女		在编在岗
1975	刘 强	图书馆	男		在编在岗
1976	聂慧育	图书馆	女		在编在岗
1977	冯崎峻	图书馆	男		在编在岗
1978	钟 涛	图书馆	男		在编在岗
1979	白 莉	图书馆	女		在编在岗
1980	赵 涛	图书馆	男		在编在岗
1981	张 青	图书馆	女		在编在岗
1982	黄 杉	图书馆	女		在编在岗
1983	于 玉	图书馆	女		在编在岗
1984	龚维桓	图书馆	女		在编在岗
1985	杨蜀冀	图书馆	女		在编在岗
1986	李 慧	图书馆	女		在编在岗
1987	都东浩	图书馆	女		在编在岗

十三、表彰奖励及附件

续表

序号	姓名	所在单位	性别	职务名称	人员类别
1988	张 涵	图书馆	女		在编在岗
1989	汪令江	图书馆	男		在编在岗
1990	田继春	图书馆	女		在编在岗
1991	罗晓燕	图书馆	女		在编在岗
1992	李正清	图书馆	男		在编在岗
1993	钟 峻	图书馆	男		在编在岗
1994	熊 岚	图书馆	女		在编在岗
1995	郭 园	图书馆	女		在编在岗
1996	陈 旺	图书馆	女		在编在岗
1997	陈善云	图书馆	男		在编在岗
1998	谭 芳	图书馆	女		在编在岗
1999	何茂萍	图书馆	女		同工同酬
2000	涂芸竹	图书馆	女		在编在岗
2001	刘维涛	图书馆	男		在编在岗
2002	刘光迪	图书馆	男		在编在岗
2003	胡兴荣	图书馆	男		在编在岗
2004	杨春华	图书馆	女		在编在岗
2005	黄祖丽	图书馆	女		在编在岗
2006	程 川	图书馆	男		在编在岗
2007	郭冬梅	图书馆	女		在编在岗
2008	李 媛	图书馆	女		在编在岗
2009	徐艺心	图书馆	女		人事代理
2010	涂小平	图书馆	女		在编在岗
2011	陈 瑜	图书馆	女		在编在岗
2012	苟晓芬	图书馆	女		同工同酬
2013	李 华	图书馆	男		在编在岗
2014	周 波	图书馆	男		在编在岗
2015	黄 敏	图书馆	女		在编在岗
2016	吴明发	档案馆	男	档案馆馆长兼机关第三党总支部书记	在编在岗
2017	赵雪峰	档案馆	男		人事代理
2018	郑典宜	档案馆	女		在编在岗
2019	舒 涛	档案馆	女		在编在岗
2020	陈 昊	档案馆	男		在编在岗
2021	杨 玫	档案馆	女		在编在岗

续表

序号	姓名	所在单位	性别	职务名称	人员类别
2022	郑波	档案馆	女		在编在岗
2023	罗健丁	档案馆	男		在编在岗
2024	樊英	档案馆	女		在编在岗
2025	桂雨维	档案馆	女		人事代理
2026	田斌	档案馆	女		在编在岗
2027	杜小丹	信息网络中心	女	信息网络中心主任	在编在岗
2028	何源	信息网络中心	男	信息网络中心副主任	在编在岗
2029	王丽萍	信息网络中心	女		在编在岗
2030	杨晓兰	信息网络中心	女		在编在岗
2031	王惟洁	信息网络中心	女		在编在岗
2032	吴成宾	信息网络中心	男		在编在岗
2033	罗德彪	信息网络中心	男		人事代理
2034	杨文	信息网络中心	女		人事代理
2035	刘新跃	信息网络中心	男		在编在岗
2036	周宏	心理健康教育中心	男	心理健康教育中心主任	在编在岗
2037	亢旭东	心理健康教育中心	男		在编在岗
2038	安晓鹏	心理健康教育中心	男		在编在岗
2039	陈希	心理健康教育中心	女		在编在岗
2040	郭玲静	心理健康教育中心	女		人事代理
2041	邵昌玉	心理健康教育中心	女		在编在岗
2042	刘孝群	心理健康教育中心	女		在编在岗
2043	黄梓航	心理健康教育中心	男		在编在岗
2044	代显华	期刊中心	女	期刊中心主任	在编在岗
2045	刘晓红	期刊中心	女		在编在岗
2046	李文赟	期刊中心	女		在编在岗
2047	郑舒	期刊中心	女		在编在岗
2048	贺蓉蓉	期刊中心	女		在编在岗
2049	吴小林	期刊中心	女		在编在岗
2050	吴虹丽	期刊中心	女		在编在岗
2051	张蕾	期刊中心	女		在编在岗
2052	张锦波	期刊中心	男		在编在岗
2053	张珏	期刊中心	女		在编在岗
2054	李文玉	期刊中心	女		在编在岗
2055	黄爱明	期刊中心	女		在编在岗
2056	付晓帆	期刊中心	女		在编在岗

十三、表彰奖励及附件

续表

序号	姓名	所在单位	性别	职务名称	人员类别
2057	陈明慧	期刊中心	女		在编在岗
2058	高 莉	期刊中心	女		在编在岗
2059	苟亚春	期刊中心	女		在编在岗
2060	黄永芬	期刊中心	女		在编在岗
2061	刘晓琴	期刊中心	女		在编在岗
2062	武 英	期刊中心	女		在编在岗
2063	彭文彬	期刊中心	女		在编在岗
2064	周洪彬	期刊中心	女		在编在岗
2065	伍利华	期刊中心	女		人事代理
2066	张 炬	期刊中心	男		在编在岗
2067	陈 红	期刊中心	女		在编在岗
2068	王晓东	期刊中心	男		在编在岗
2069	杜小安	社区建设办公室	男	社区建设办公室主任	在编在岗
2070	刘 蓉	社区建设办公室	女	社区建设办公室副主任	在编在岗
2071	尹 洲	社区建设办公室	男		在编在岗
2072	陆 璐	社区建设办公室	女		在编在岗
2073	聂志萍	社区建设办公室	女		在编在岗
2074	许庆荣	海外教育学院	男	海外教育学院党总支书记	在编在岗
2075	刘亚玲	海外教育学院	女	孔子学院中方院长	在编在岗
2076	邓丽娜	海外教育学院	女	海外教育学院副院长	在编在岗
2077	杨 茜	海外教育学院	女		在编在岗
2078	周 红	海外教育学院	女		在编在岗
2079	范晓灿	海外教育学院	女		在编在岗
2080	裴金梅	海外教育学院	女		在编在岗
2081	李雪婷	海外教育学院	女		人事代理
2082	周晓沫	海外教育学院	女		人事代理
2083	李情花	海外教育学院	女		在编在岗
2084	周 一	海外教育学院	男		在编在岗
2085	刘 海	海外教育学院	女		在编在岗
2086	刘 颖	海外教育学院	女		人事代理
2087	王 倩	海外教育学院	女		人事代理
2088	邬 丹	海外教育学院	女		在编在岗
2089	杜 薇	海外教育学院	女		在编在岗
2090	岳 斌	海外教育学院	女		人事代理
2091	王 丁	海外教育学院	女		在编在岗

续表

序号	姓名	所在单位	性别	职务名称	人员类别
2092	王舒曼	海外教育学院	女		人事代理
2093	杨 眉	海外教育学院	女		人事代理
2094	高莲莲	海外教育学院	女		在编在岗
2095	田海稣	海外教育学院	女		在编在岗
2096	熊柳慧子	海外教育学院	女		人事代理
2097	李昊霖	海外教育学院	男		在编在岗
2098	侯苏庭	海外教育学院	女		人事代理
2099	牛晓丹	海外教育学院	女		人事代理
2100	赵雅婷	海外教育学院	女		人事代理
2101	林 莺	海外教育学院	女		在编在岗
2102	袁 莉	海外教育学院	女		人事代理
2103	刘益琳	海外教育学院	女		人事代理
2104	冉 亦	海外教育学院	女		在编在岗
2105	李 双	海外教育学院	女		在编在岗
2106	黄晓红	继续教育学院	女	继续教育学院党支部书记	在编在岗
2107	魏 青	继续教育学院	女	继续教育学院院长	在编在岗
2108	黎方军	继续教育学院	男	继续教育学院副院长	在编在岗
2109	毛艳萍	继续教育学院	女	继续教育学院副院长	在编在岗
2110	何 靖	继续教育学院	男		在编在岗
2111	高 源	继续教育学院	女		在编在岗
2112	高 峰	继续教育学院	男		在编在岗
2113	吴 明	继续教育学院	男		在编在岗
2114	宋 敏	继续教育学院	女		在编在岗
2115	谌贻会	继续教育学院	女		在编在岗
2116	陈晓蓉	继续教育学院	女		在编在岗
2117	汪文全	继续教育学院	男		在编在岗
2118	康 捷	继续教育学院	男		在编在岗
2119	韩锡发	继续教育学院	男		在编在岗
2120	谢 敏	继续教育学院	女		在编在岗
2121	马 波	继续教育学院	女		在编在岗
2122	唐 英	继续教育学院	女		在编在岗
2123	杨顺祥	继续教育学院	男		在编在岗
2124	宁 珂	继续教育学院	男		在编在岗
2125	李 强	继续教育学院	男		在编在岗
2126	袁崇勇	继续教育学院	男		在编在岗

续表

序号	姓名	所在单位	性别	职务名称	人员类别
2127	刘 雷	继续教育学院	女		在编在岗
2128	李志刚	继续教育学院	男		在编在岗
2129	帅煜朦	继续教育学院	女		在编在岗
2130	雍 静	继续教育学院	女		在编在岗
2131	任卓敏	继续教育学院	女		在编在岗
2132	韩卫刚	继续教育学院	男		在编在岗
2133	刘 浦	继续教育学院	女		在编在岗
2134	陈 苹	继续教育学院	女		在编在岗
2135	黄菊辉	继续教育学院	女		在编在岗
2136	张 燕	继续教育学院	女		在编在岗
2137	刘 皓	张澜学院	男		在编在岗
2138	陈 烈	创新创业学院	女	创新创业学院院长	在编在岗
2139	王 磊	创新创业学院	男	创新创业学院副院长	在编在岗
2140	熊姝闻	创新创业学院	女		在编在岗
2141	白涛涛	创新创业学院	男		在编在岗
2142	刘巧玲	创新创业学院	女		在编在岗
2143	任家乐	高等研究院	男		在编在岗
2144	刘前程	高等研究院	男		特聘副研究员
2145	赵 峰	高等研究院	男		特聘研究员
2146	欧俊科	高等研究院	男		在编在岗
2147	朱振宇	高等研究院	男		特聘副研究员
2148	祝 杰	高等研究院	男		特聘副研究员
2149	吴 双	高等研究院	女		特聘副研究员
2150	董 浩	高等研究院	男		特聘研究员
2151	杨 琳	高等研究院	女		人事代理
2152	王皓民	高等研究院	男		特聘副研究员
2153	赵建强	高等研究院	男		特聘副研究员
2154	王振华	高等研究院	男		特聘副研究员
2155	颜 强	高等研究院	男		特聘副研究员
2156	王志强	高等研究院	男		特聘副研究员
2157	杜联明	高等研究院	男		特聘副研究员
2158	王志君	高等研究院	女		特聘副研究员
2159	王昉彤	高等研究院	女		在编在岗
2160	游 勇	高等研究院	男		特聘副研究员
2161	杨 昆	高等研究院	男		特聘副研究员

续表

序号	姓名	所在单位	性别	职务名称	人员类别
2162	刘力源	高等研究院	男		特聘副研究员
2163	马双英	高等研究院	男		特聘副研究员
2164	钟承勇	高等研究院	男		特聘研究员
2165	袁伟成	高等研究院	男		在编在岗
2166	杨驰	高等研究院	男		特聘副研究员
2167	何俊杰	高等研究院	男		特聘研究员
2168	张谦	高等研究院	男		特聘副研究员
2169	李露明	高等研究院	男		特聘副研究员
2170	杨苏东	高等研究院	男		特聘研究员
2171	赵鹏	高等研究院	男		特聘副研究员
2172	何周坤	高等研究院	男		特聘副研究员
2173	李小琴	高等研究院	女		特聘副研究员
2174	徐妍雪	高等研究院	女		特聘副研究员
2175	高涛涛	高等研究院	男		特聘副研究员
2176	李东哲	高等研究院	男		特聘研究员
2177	王鸣程	高等研究院	男		特聘副研究员
2178	陈琳	高等研究院	女		特聘研究员
2179	黄章益	高等研究院	男		特聘研究员
2180	牟自豪	高等研究院	男		特聘副研究员
2181	羊冯	成大资产经营有限责任公司	男	成大资产经营公司总经理	在编在岗
2182	李群兰	成大资产经营有限责任公司	女	成大资产经营公司副总经理	在编在岗
2183	罗斌	成大资产经营有限责任公司	男	成大资产经营公司副总经理	在编在岗
2184	李云	成大资产经营有限责任公司	男		在编在岗
2185	杨俊竹	成大资产经营有限责任公司	女		在编在岗
2186	杨扬	成大资产经营有限责任公司	男		在编在岗
2187	张吉云	成大资产经营有限责任公司	女		在编在岗
2188	何莉	成大资产经营有限责任公司	女		在编在岗
2189	梁继兵	成大资产经营有限责任公司	男		在编在岗
2190	徐斌	成大资产经营有限责任公司	男		在编在岗
2191	张涛	成大资产经营有限责任公司	男		同工同酬
2192	喻瑾	成大资产经营有限责任公司	女		在编在岗
2193	李斌	成大资产经营有限责任公司	男		在编在岗
2194	万曦	成大资产经营有限责任公司	女		在编在岗

十三、表彰奖励及附件

续表

序号	姓名	所在单位	性别	职务名称	人员类别
2195	尹 谦	成大资产经营有限责任公司	女		在编在岗
2196	魏莎莉	附属医院（十陵医院）	女		在编在岗